2013 临汾统计年鉴

LIN FEN STATISTICAL YEAR BOOK

临汾市统计局 编

Compiled By Linfen Municipal Bureau Of Statistics

中国统计出版社

China Statistics Press

图书在版编目（CIP）数据

临汾统计年鉴. 2013 / 临汾市统计局编.
-- 北京 :中国统计出版社, 2013.8
ISBN 978-7-5037-6877-4
Ⅰ. ①临…
Ⅱ. ①临…
Ⅲ. ①统计资料一临汾市一2013一年鉴
Ⅳ. ①C832.253-54
中国版本图书馆CIP数据核字(2013)第169628号

临汾统计年鉴-2013

作　者/ 临汾市统计局
责任编辑/ 陈越月
装帧设计(或封面设计)/ 柳邮军
出版发行/ 中国统计出版社
通信地址/ 北京市西城区月坛南街75号　邮政编码/100826
办公地址/ 北京市丰台区西三环南路甲6号　邮政编码/100073
电　话/ 邮购（010）63376909　书店（010）68783171
网　址/ http://csp.stats.gov.cn
印　刷/ 西安合鑫统计资料印刷厂
经　销/ 新华书店
开　本/ 880mm × 1240mm　1/16
字　数/ 1280千字
印　张/ 32.5
版　别/ 2013年8 月第1版
版　次/ 2013年8月第1次印刷
定　价/ 328.00元

临汾统计年鉴(2013年)

编 者 说 明

一、《临汾统计年鉴—2013》收录了全市和各县市区、各部门建国以来主要年份及2012年经济、社会、科技等方面的统计数据，是一部全面反映临汾市国民经济和社会发展情况的资料性年刊。

二、全书内容共分18个篇章。即：1.综合；2.人口、从业人员和劳动报酬；3.固定资产投资；4.对外经济贸易；5.能源消费与库存；6.物价；7.人民生活；8.农村经济；9.工业；10.建筑业；11.交通运输、邮电通讯业；12.批发和零售业；13.住宿、餐饮和旅游；14.财政、金融和保险；15.教育、科技；16.文化、体育、卫生、民政和环保；17.县市篇；18.企业篇。为了方便读者使用，各篇末附有《主要统计指标解释》，对主要统计指标的涵义、统计范围和统计方法以及历史沿革予以简要说明。

三、本年鉴的指标口径范围，以国家现行的统计报表制度为准。资料来源于统计年报；部分资料来自于抽样调查和有关部门。

四、为了方便读者使用，对有变动的指标在表下做了简要诠释。凡以前发表过的统计数字与本年鉴不一致的，请以本年鉴为准。

五、本年鉴所使用的度量衡单位，均采用国际统一标准计量单位。

六、本年鉴中部分数据合计数或相对数由于小数位取舍不同而产生的计算误差，均未做机械调整。

七、年鉴中符号使用说明：

“…”，表示数据不足本指标最小单位；空格表示该项统计指标数据不详或无该项指标数据；

“#”表示其中项；　“★“表示本表下有注解。

目 录

二、人口、从业人员和劳动报酬

三、固定资产投资

四、对外经济贸易

五、能源消费与库存

六、物 价

七、人民生活

八、农村经济

九、工　业

十、建筑业

十一、交通运输、邮电通讯业

十二、批发和零售业

十三、住宿、餐饮和旅游

十四、财政、金融和保险

十五、教育、科技

十六、文化、体育、卫生、民政和环保

十七、县市篇

十八、企业篇

临汾统计年鉴

特 载

政府工作报告

——2013年3月27日在临汾市第三届人民代表大会第四次会议上

市长 岳普煜

各位代表：

现在，我代表市人民政府向大会报告工作，请予审议，并请市政协委员和其他列席人员提出意见。

一、2012年工作回顾

过去的一年，面对复杂的宏观环境和国内经济下行的严峻形势，在省委、省政府和市委的正确领导下，在市人大、市政协的监督支持下，市政府团结带领全市人民，紧紧围绕“率先转型、全力跨越”的总目标，牢牢把握“稳中求进、好中求快”的总基调，突出“产业转型、环境提升、城乡统筹、民生改善”四大重点，攻坚克难，开拓进取，圆满完成了各项工作目标。全年地区生产总值完成1220亿元，同比增长10.1%；规模以上工业增加值完成726亿元，增长13.5%；全社会固定资产投资完成822亿元，增长27.5%；财政总收入完成201.6亿元，增长7%；城镇居民人均可支配收入达到18126元，增长13.6%；农民人均纯收入达到6899元，增长13.4%，全市经济社会呈现稳步推进、持续向好的发展态势。

——突出板块引领，“百里汾河新型经济带”建设迈出重大步伐。坚持以基础设施建设为先导，以产业园区建设为支撑，“经济带”一期工程各项审批手续顺利完成，水利生态工程列入全省综改试验标杆项目，汾河生态治理洪洞至襄汾段全线开工，滨河东路砂石路基全线贯通；临汾民航机场复航改造正式获国家批复，完成地基初步处理工程；大西、中南、张台铁路进展顺利；临吉高速、临汾北环、京昆与青兰高速联络线竣工通车；18个工业园区实现销售收入1000亿元，新上项目65个，10个高效农业示范园区有8个初具规模，6个物流园区有4个开工建设，17个旅游景区有12个实施整体开发，19个小城镇有9个启动连片区建设。“经济带”固定资产投资占到全市的49%，招商引资总额占到全市的64%，“百里汾河新型经济带”已成为全市经济发展的重要引擎。

——坚持项目拉动，产业结构调整取得新进展。深入开展“项目落地年”活动，把项目前期作为重中之重，全年共落地项目1225个，落地资金2225亿元；实施了359项省市重点项目，完成投资1466亿元，项目落地和建设均居全省三甲。特别是我们实施了一批重大产业结构调整项目，三次产业结构进一步优化。农业方面，“大水网”涉临工程进展顺利，新增改善灌溉面积98.6万亩，全市粮食总产达22.23亿公斤，再创历史新高；培育了8个省级“一县一业”示范基地县和483个省级“一村一品”专业村，“四个百万亩”基地规模不断扩张，乡宁戎子酒庄、浮山玉杰食用菌、汾西洪昌肉鸡养殖等一批龙头企业进一步壮大，进入省“513”工程的农产品加工企业达到43家，农民专业合作社发展到6308个。工业方面，114座煤矿和41座铁矿完成采矿许可证换领，94座基建矿井批复开工报告；焦化行业产能整合达到4000万吨；钢铁行业产能达到2100万吨，中宇和通才两座1860立方米高炉改造项目，获省经信委核准；安泽永鑫12万吨甲醇、华翔精密制造二期、普泰发泡铝等项目建成投产；飞虹微纳米光电、平阳重工高端制造、翼城舜达锻造等项目进展顺利，新兴产业累计完成工业增加值53亿元，同比增长18.4%。服务业方面，山西国际陆港园区总规及22平方公里起步区控制性详规编制完成，海关特殊监管区卡口竣工投用；侯马开发区被国家商务部授予全省唯一的国家电子商务示范基地，引进电子商务、现代物流等项目80余个。洪洞大槐树、吉县壶口瀑布国家5A级景区创建工作持续推进，曲沃晋国博物馆、乡宁云丘山、霍州七里峪等旅游景点建设取得新进展，全年旅游综合收入达160亿元。

——推进城乡统筹，人居环境进一步改善。市区解放路立交桥道路改造、滨河东路辅道、古城公园二期、平阳大桥景观改造等工程全面完成，城市公厕建设获联合国"迪拜国际最佳范例奖"，新增城市公交车60辆。侯马城乡一体化、霍州霍东新区、曲沃城东新区、蒲县锦绣新区等大县城建设成效明显，洪洞广胜寺、乡宁管头镇、蒲县乔家湾等53个小城镇建设全面铺开。农村新的"五个全覆盖"全面完成，300个重点推进村完成年度目标，30个示范连片区加快建设，整村推进71个，易地扶贫搬迁8570人。大力开展以城乡垃圾清理、市容环境整治、道路交通整治、环境污染整治为重点的"环境建设年"活动，实施并完成重点节能改造项目120个、减排项目79项，完成营造林69.47万亩，万元GDP能耗下降3.5%，市区二级以上天数达到342天，比上年增加3天，其中一级天数达118天，比上年增加10天，综合污染指数1.678，同比下降1.2%，城乡面貌明显改善。

——加快改革开放，发展活力显著增强。事业单位分类改革稳步推进，集体林权制度改革走在全省前列。转型综改试验深入实施，市级《转型综改实施方案》和市、县两级《行动方案》编制完成，"一市两县"、"一市两园"和"一县一企"先行试点和标杆项目加快实施。创新用地机制，将城乡增减挂钩政策与矿业存量土地整合利用有效结合，全年新供建设用地3.6万亩；创新融资方式，发挥财政性存量资金作用，以存促贷，达成贷款协议114亿元，通过信托、债券等多种市场融资模式，直接间接融资63.2亿元，为项目建设提供了有力支撑。同时，积极参加中博会、投洽会、能博会、首届晋商大会等招商推介会，自主举办了"2012山西临汾(广州)经济合作暨招商推介会"，全年引进大企业、大项目167个，签约资金达3120亿元；成功举办首届"汾河论坛"，临汾对外影响力进一步扩大，开放型经济迈出新的步伐。

——着力改善民生，社会事业全面发展。教育方面，临汾一中高中部二期、市第一小学教学楼加快建设；27所公办标准化幼儿园、5个县市区薄弱学校改造和300所义务教育标准化学校建设基本完成；高考二本B类以上学生达12711人，同比增加2014人；启动了5个国贫县义务教育学生营养改善计划，受惠学生36492名；二类城市语言文字工作在全省树立了样板。医疗卫生方面，市精神病医院开工建设，古县、蒲县、乡宁等8个县公立医院改革顺利推进，全市171所政府办的基层医疗卫生机构全部配备使用基本药物，实施零差率销售。低生育水平保持稳定，全市人口自然增长率控制在5.11‰，再次跨入全省综合先进市行列。"新农合"参合率达到98.4%。文化建设方面，市博物馆、图书馆启动建设，广电中心、奥体中心加快前期，全市实现了"县县有两馆"目标，151个乡镇全部建成标准化综合文化站。社会保障方面，五大保障体系进一步完善，全市新增城镇就业5.5万人，城镇登记失业率控制在3.1%以内。社会保险参保人数达到451.3万人次。开工建设各类保障性住房17145套，完成农村危房改造4542户。"十件实事"有5件完成，5件正在加紧实施。

——加强社会管理，发展环境更加和谐稳定。

严格落实安全生产"两个主体"责任，扎实推进企业安全标准化创建，深入开展安全生产专项整治、打击非法违法采矿和两轮百日安全生产活动，有效遏制了事故多发势头。全年共发生各类生产安全事故847起，死亡330人，事故起数同比减少162起，下降16.1%；死亡人数增加24人，同比上升7.8%。积极总结推广安泽县"三级中心、一网一格"基层社会服务管理经验，认真做好信访工作，有效化解社会矛盾；不断强化社会治安综合治理，严厉打击违法犯罪行为；健全完善突发事件应急处置救援机制，妥善处置各类突发事件。深入开展国防教育和双拥工作，积极发展妇女儿童、残疾人、老年人和慈善事业，民族宗教、外事侨务、审计、统计、档案、地震、气象、地方志等工作都取得了新的进展。

在加快经济社会发展同时，市政府坚持把自身建设作为重要保障，自觉接受市人大及其常委会法律监督和市政协民主监督，积极支持各民主党派、工商联、无党派人士参政议政，共办理人大代表建议123件，政协委员提案278件，办结率100%。扎实推进"法治临汾"建设，"六五"普法深入实施。全面深化行政审批制度改革，成立重点项目审批大厅，审批时限压缩到原来的三分之一。大力开展"作风转变年"活动，狠刹"三股歪风"，整治"吃拿卡要"，治理"庸懒散浮"，政务环境进一步优化，政府公信力和执行力进一步增强。

各位代表！过去的一年，我们在十分困难的情况下取得了较好的成绩，这些成绩的取得，得益于省委、省政府和市委的正确领导，得益于市人大、市政协和社会各界的监督支持，得益于全市人民的辛勤努力。一年来，我们在磨砺中经受了考验，在奋进中坚定了信心，在实干中凝聚了力量。在此，我代表市政府，向全市各条战线上的工人、农民、干部、知识分子和广大建设者，向人大代表、政协委员，向各民主党派、工商联、无党派人士和人民团体，向离退休老领导、老同志，向驻临部队、武警官兵、公安干警，向所有关心支持临汾发展的社会各界人士，表示崇高的敬意和衷心的感谢！

在总结成绩的同时，我们也清醒地看到，我市自身发展还存在不少问题和不足，主要表现在：传统产业升级改造步伐不够快，新兴产业规模不够大；城乡、区域发展不平衡，小康社会实现程度低；生态环境比较脆弱，环境保护力度仍需进一步加大；安全生产基础仍不牢固，形势依然严峻；卫生、社保、就业等仍需进一步加强；少数部门还存在作风拖拉、办事不力、效能不高等现象。这些问题，需要我们下大力气，采取更加有力的措施，认真加以解决。

二、2013年总体思路及工作重点

2013年是全面贯彻落实党的十八大精神的开局之年，也是实施"十二五"规划的关键之年。党的十八大和刚刚闭幕的全国"两会"提出全面建成小康社会、实现中华民族伟大复兴的"中国梦"，这既是新一代中央领导集体向人民作出的庄严承诺，也是全国人民对幸福美好生活的共同期待。临汾作为欠发达地区，最大的问题是发展不足，当务之急是加快科学发展，我们必须始终保持清醒头脑，切实增强责任感和紧迫感，以超前的思维，创新的精神，务实的作风，兢兢业业、扎扎实实做好各项工作。

今年政府工作的总体要求是：全面贯彻落实党的十八大和全国"两会"精神，以邓小平理论、"三个代表"重要思想、科学发展观为指导，按照市委三届四次全会的总体部署，紧紧围绕主题主线，以提高经济增长质量和效益为中心，以"百里汾河新型经济带"为龙头，不断深化改革开放，推进城乡统筹发展，构建循环产业体系，加快生态文明建设，促进文化发展繁荣，着力保障改善民生，确保经济持续健康发展和社会和谐稳定，加快建设文明开放、富裕和谐新临汾，为全面建成小康社会奠定坚实基础。

2013年我市经济社会发展的指导性指标是：地

区生产总值增长11%；规模以上工业增加值增长15%；全社会固定资产投资增长23%；社会消费品零售总额增长15%；财政总收入增长12%；城镇居民人均可支配收入增长11%；农民人均纯收入增长15%；居民消费价格总水平涨幅控制在3.5%左右。

约束性指标是：万元GDP综合能耗下降3.5%；万元生产总值二氧化碳排放量下降3.7%；二氧化硫、化学需氧量、氮氧化物减排完成省下达任务；烟尘、粉尘排放量均下降2%；万元工业增加值用水量下降5.2%。

实现上述目标，我们要重点抓好以下八个方面的工作：

（一）着力加快"百里汾河新型经济带"建设

"百里汾河新型经济带"是我市转型跨越的龙头和抓手，必须坚定不移地加以推进。今年，我们要进一步加大"经济带"建设力度，使其成为全省转型综改试验的先行区，力争纳入国家区域发展战略。

加快规划编制。按照"四化一体，科学布局"的原则，进一步加快经济带整体规划和生态修复、产业园区、旅游景区、交通路网、城镇布局、新型农村社区等各类专项规划的编制工作，力争年内全面完成。

坚持基础先行。汾河河道水利工程汛前全面完工，城区段和其它可行河段生态景观工程年内完成。临汾民航机场全面完成建设任务。滨河东路贯通工程完成路基，霍永高速东段、西段一期、大运高速临汾土门连接线拓宽改造、国道108线霍侯一级公路北段、省道桃临线汾西县城至霍州段全面完工，开工建设大西高铁临汾客运站、长临高速和霍永高速西段二期，临汾一级客运西站投入运营。同时，加快推进滨河东路与市级主干道、小城镇及各产业园区、文化旅游景区连接路建设，完善路网结构；新建续建曲沃、霍州北等14项220千伏，侯马高村、翼城南唐等10项110千伏输变电工程，不断提升"经济带"电网保障能力。

狠抓项目建设。按照项目储备、签约、落地、开工、建设和投产"六位一体"的要求，深入开展"项目推进年"活动，引进建设大项目、好项目，特别是要加快推进中煤、奥特莱斯、太原煤气化、大连傅氏、山西国际电力等产业项目的落地建设。全年全市项目储备不低于12000亿元、签约不低于2000亿元、落地不低于1800亿元、开工不低于1300亿元、建设不低于1200亿元。加快完善洪洞煤焦化深加工园、甘亭工业园、曲沃冶金生态工业园等产业园区的管理机制，建立健全组织机构和服务体系，进一步完善水、电、路等基础设施，不断提升园区综合承载能力，为项目入园创造条件，今年新上产业项目入园率达到80%以上。

实施"两区同建"。按照"科学规划、因地制宜、稳步推进"的思路，积极推进新型农村社区与产业园区"两区同建"示范工程。一方面，本着"宜工则工、宜农则农、宜商则商"的原则，尊重农民意愿，鼓励土地流转，推进农村经济集约发展、规模经营。另一方面，结合新农村连片建设、扶贫开发等有利政策，加快推进新型农村社区建设，完善农村社区配套，丰富公共服务内容，改善农民生活条件。今年，"百里汾河新型经济带"沿汾六个县市区都要抓好一个现代农业园区和新型农村社区"两区同建"试点工程。

推进三产发展。物流业，重点推进山西国际陆港园区建设，实施方略保税物流中心二期，加快10平方公里起步区建设；进一步推进侯马开发区国家电子商务示范基地建设。旅游业，大力推进洪洞大槐树、广胜寺、尧庙、尧陵、晋国博物馆、丁村遗址及霍州七里峪等文化旅游景点开发，增强吃、住、行、游、购、娱要素配置，争创国家5A级旅游景区，建设区域性旅游集散中心。文化产业，打造"百里汾河文化长廊"，规划汾河非遗生态保护区，促进剪纸、刺绣等民间工艺规模化发展，建设滨河体育健身绿色休闲园及“融成健身”体育器材制造园，推动文化、体育、文物、旅游深度融合。现代商贸业，重点推进尧都红星美凯龙、临汾开发区居然之家、临汾建材博览城等项目建设，建立“15分钟便民消费圈”，不断提升“经济带”第三产业整体实力。

（二）着力推进工业经济结构优化升级

继续坚持以煤为基、多元发展的思路，大力推进传统产业改造提升，新兴产业发展壮大，构建具有临汾特色的现代工业体系。

加快煤矿基本建设步伐。以绿色、安全、高效为目标，加快煤矿规模化、集约化、机械化、信息化建设，努力实现矿井现代化、矿山新型化、矿区城镇化、矿域生态化。特别是要深入开展“煤矿基本建设攻坚年”活动，加大投资力度，确保上半年地方监管矿井全部批复开工建设，全年新增投产矿井20座，新增产能1800万吨；生产矿井井下安全避险“六大系统”全部完成；王家岭、华宁焦煤两座煤矿实现现代化矿井目标。在确保安全的前提下，全年原煤产量力争达到6000万吨以上。

加大焦化、冶金等行业整合改造力度。以提升技术装备水平，提高产业集中度为目标，大力推进焦化、冶金等传统产业整合改造和产能提升。焦化行业，完成同世达、万鑫达、华康3户独立焦化主体资产重组，改造升级陆合、永鑫、利达等7户煤焦联合主体，进一步实施巨成、宏源等8户限期保留企业并购重组，同时，加快实施山焦60万吨烯烃、中煤尧都区煤化工等13个项目，逐步建成以洪洞煤焦化深加工园区、尧都汾河煤电化工业园区、襄汾河西煤化工园区、古县涧河华宝工业园区、安泽唐城工业园区为主的煤焦化深加工基地。冶金行业，加快“环塔儿山、二峰山”钢铁集群建设，重点做好升级改造项目的手续完善工作，抓好中宇钢铁2×1860立方米高炉、襄汾星原100万吨盘螺等16个项目建设。电力行业，加快推进海姿热电、侯马热电等一批在建项目，做好大唐安峪、蒲县宏源煤矸石发电等项目前期工作，力争用两到三年时间，全市电力装机总容量达到1000万千瓦。

做大做强新兴产业。装备制造业，重点实施翼城舜达锻造、襄汾鸿达高端铸件、浮山智能矿用设备等18个项目。电子产业，重点实施洪洞尧天大功率LED、侯马开发区志盛太阳能电池等项目。新材料工业，重点实施山西秉鼎陶瓷以及临汾山水、侯马汇丰、蒲县龙祥新型干法水泥等11个项目，努力使新兴产业尽快成为我市经济增长的重要支柱。

（三）着力抓好“三农”工作

以农民增收为核心，加快改善农业生产条件，创新农业生产经营机制，突出发展特色农业，全面提高农业和农村经济的综合竞争力。

夯实农业基础。加快推进山西“大水网”涉临工程，重点实施隰县、大宁、蒲县、汾西四县中部引黄工程和禹门口东扩支线工程。实施250万亩高标准农田建设工程、14万亩农业综合开发土地治理工程、西山五县重点水保工程和西山百万亩果业水利配套工程，不断增强农业综合生产能力。积极创新农业耕种模式，提高农机装备和作业水平，发展机械化保护性耕作，稳定面积，主攻单产，突出抓好39个万亩高产示范区，确保粮食总产稳定在20亿公斤以上。

发展特色农业。以“一村一品、一县一业”为主攻方向，以西山百万亩水果基地、百亿元产值“双百”工程为龙头，加快“四个百万亩”特色农业基地建设，年内新发展设施蔬菜3万亩、水果9万亩、干果15万亩、中药材10万亩，新增省级“一村一品”专业村200个以上。继续实施农业产业化“393”工程，加大对汾西洪昌养殖、翼城大众饲料、蒲县昌源马铃薯等一批农业产业化龙头企业的支持力度，提高农产品加工转化率和市场占有率。全年农产品加工销售收入突破60亿元。

创新农业经营机制。引导一般农户提高集约化、专业化水平，扶持农业企业、联户经营、专业大户、家庭农场等经营主体，发展多种形式的新型农民合作组织和多元服务主体，不断提高农民生产组织化程度。抓好"两平台一通道"建设，巩固完善市、县、乡、村农业科技服务体系；加快"新发地"吉县果品市场、永和美特好农产品存储加工配送中心等营销平台建设，鼓励网上销售、农超对接或设立直销网点；充分发挥农信社等金融机构支农扶农作用，在农村设立小额贷款专柜和小额农贷绿色通道，保证农业生产经营资金需求。

扎实搞好新农村建设和扶贫开发。巩固两轮"五个全覆盖"成果，以30个新农村连片示范区和300个重点村基础设施建设为重点，着力打造一批产业连片、设施连通、服务配套、管理有序的新农村综合体。办好省定农村五件实事，启动实施农村困难家庭危房改造、特困群众易地搬迁、行政村街道亮化、村级幼儿园改扩建和乡村清洁工程。加大新一轮扶贫开发力度，以吕梁山集中连片特困地区为主战场，建设吉县中市垣、东城垣，隰县阳德垣，大宁太德垣4个有机示范园区；以片区开发、整村推进为重点，实施安泽、古县等片区开发项目，完成整村推进80个，易地扶贫搬迁9840人。

各位代表，"三农"工作事关农民切身利益，事关全面建成小康社会大局。没有农村的快速发展，就没有全市的跨越发展；没有农民的小康，就没有全市人民的小康。我们一定要千方百计做好"三农"工作，让农业强起来、农村美起来、农民富起来！

(四)着力提高城市综合承载能力和城镇化发展水平

按照"一带两圈多点"的城镇发展总体布局，进一步加快中心城、大县城、重点集镇建设，努力构建规划科学、布局合理、功能完善、内涵丰富的新型城镇化体系，全面提高城镇化质量。

高起点规划城镇发展。以提升城市综合实力和整体功能为先导，加快完成《空港园区控制性详细规划》、《河西新城控制性详细规划》、《尧庙核心区城市设计》、《城市燃气专项规划》等规划编制工作；开展《临汾市旧城区疏解提质专项研究》。快速推进县域规划，完成霍州、襄汾、乡宁总体规划修编，汾西、永和、大宁、洪洞总规报批，启动古县、隰县、浮山城区控制性详规，全年各县市控规覆盖率力争达到70%。

增强中心城区综合承载能力。按照"拓展新城、提升老城"的思路，河西新城突出完善交通网络，启动实施高铁西客站站前广场及景观大道、新高中南路、[illegible]汾花园南路等12项城市道路工程。老城区着力完善功能，继续实施道路畅通工程，启动实施煤化巷、五一东路、二中路、西赵路东段、中大街南北延、秦蜀路南延、北外环东段等道路拓宽改造以及城市防汛排水工程；建设平阳广场和尧都广场应急避难场所；继续推进市区集中供热、供气工程，实现市区供热管网联通，提高集中供热、供气率；大力开展园林绿化"四创"活动，加快园林城市创建步伐。创新城中村、城郊村改造机制，用市场化运作方式，快速推进城中村、城郊村改造。持续开展门店招牌、户外广告、临街建筑立面、占道经营、车辆乱停乱放、建筑垃圾清运等专项整治活动。全面推进数字化管理和社区网格化管理，进一步整治城市交通秩序，增加城市停车场和停车位，有效缓解城市交通拥堵压力。

加快大县城和特色城镇建设。立足县城定位，加快基础设施和配套设施建设。依托煤炭、旅游等特色产业，抓好小城镇建设，努力在人口集聚、产业发展、公用设施建设等方面取得突破性进展。特别是要进一步完善就业、养老、上学、医疗等各项配套政策，引导农村居民向城镇集聚。

(五)着力推进生态文明建设

牢固树立集约、绿色、低碳发展理念，实施"绿色生态工程”，积极推进节能降耗和污染减排，扎实开展国家环保模范城市创建活动，努力建设天蓝、地绿、水净的美丽临汾。

加大环境治理力度。科学编制PM2.5控制规划，完成PM2.5监测设备安装和调试。加大落后产能淘汰力度，从源头上减少污染物排放。启动隆顺、泰华、双山、欧环四个城周焦化企业整合搬迁工程。加大集中供气供热工程建设力度，加快燃煤炉灶气化步伐，改善全民生产生活方式。加大建筑工地、工业企业及车辆运输环节等扬尘治理力度，减少烟尘粉尘污染。全面治理重点污染源，确保全年城市环境空气质量稳定达到国家二级标准以上。建设市区河西污水处理厂，完成市区第一污水处理厂改造，加快北城区污水收集管网建设，实施龙祠水源地周边环境综合整治，保证市区居民饮水安全。开工建设污泥干化处置场、小型垃圾压缩转运站。加快各县市区园林城市、卫生城市创建步伐，为全市创建“国家环保模范城”奠定坚实基础。

扎实推进节能降耗。全面开展能效对标，严格节能评估审查，强化节能监察执法，积极倡导低碳消费，促进全社会节能。落实省千家企业节能低碳行动，督导176家重点企业，重点实施80个节能改造项目。大力推进“十城万盏”半导体照明应用示范工程。积极推广变频电机、建筑节能保温材料等节能技术和节能产品。全年单位生产总值能耗下降3.5%。

大力开展造林绿化。深入推进“两山”造林、“两网”绿化、“两林”富民、“两区”增绿和“两保”资源等造林绿化工程，重点搞好吕梁山生态脆弱区植被恢复和高速公路通道绿化，全年完成营造林50万亩。巩固造林绿化成果，加大林木管护力度，提高森林保有量。继续加快涝洰河生态环境综合治理等生态工程，构建环境优美的生态体系。

（六）着力推进改革创新

以更大的勇气和智慧，进一步解放思想，深化改革，扩大开放，大胆创新，全面加快转型综改试验区建设，创新体制机制，增强发展内生动力。

加大重点领域改革攻坚力度。深入贯彻落实国务院机构改革和职能转变方案，以转变政府职能为核心，进一步加快政府机构改革，稳步推进事业单位分类改革。加快部门预算制度、国库集中收付制度和公务卡制度改革，推进资源税、房产税、环境保护税改革。不断扩大公立医院改革试点，继续推进基层医疗卫生体制综合改革。全面开展农村土地确权登记颁证工作。加快推进征地制度改革。巩固林权制度改革成果，鼓励森林、林地、林木合理流转。

全面加快转型综改试验区建设。围绕产业转型、生态修复、城乡统筹、民生改善四大任务，继续大力推进“一市两县”、“一市两园”、20个省级试点企业和70个市级标杆项目，突出抓好“一市一板块”、“一县一任务”、“一局一专项”改革试点，努力在资金、用地、税收、项目审批等领域取得突破。

加快推进金融创新。深化投融资体制改革，规范完善投融资平台。引进光大、华夏等股份制银行，加快信用社改制商业银行，组建村镇银行。创新融资方式，通过上市、债券、租赁、股权等多种方式，拓宽融资渠道，重点推动山西光宇、安泽永鑫、山西华翔等地方企业上市。发展保险、基金、信托、中介等金融服务业。

积极推进科技和人才创新。加大科技投入，大力实施高新技术企业成长、创新型产业集群构建等科技创新工程。围绕产业集聚区主导产业、龙头企业急需的关键技术，深入开展产学研合作，创建省级以上企业技术中心2家、工程实验室10家以上，市级企业技术中心10家，专利申请量突破800件。落实市委《人才工作服务“百里汾河新型经济带”建设的实施意见》，加大对高层次、高技能人才的引进力度，加强对本地实用人才的培养和使用。加快人才发展体制机制改革，健全完善人才评价、选拔和激励机制，支持技术、科技成果参与分配，激发各类人才创新活力。

进一步扩大对外开放。坚持以资源引资本、引技术、引项目、引人才，紧盯世界500强、国内500强企业，广泛开展专业化、集群式招商引资活动。加大与发达国家和地区的合作交流，开拓国际市场，加快外贸基地和平台建设，支持外贸企业做大做强，促进我市外贸进出口稳定增长。

大力发展非公有制经济。全面落实支持非公有制经济发展的政策措施和我市《大力支持中小微企业发展的实施意见》，鼓励支持民间资本投入重大基础设施、科技研发、战略性新兴产业、社会事业、民生改善等领域。大力实施中小企业成长工程，加大对中小微企业融资的服务力度，培育年销售收入超亿元的"小巨人"企业10户和销售收入超千万元企业30户，确保全年中小企业工业增加值增长15%以上。

（七）着力办好社会事业

推进文化事业发展繁荣。大力实施"文化强市"战略。抓好市图书馆、博物馆、奥体中心、广电中心等文化基础设施建设，巩固提升县级"三馆一院"和乡镇文化站所、农村文化活动场所。实现全市有线电视乡乡通。鼓励文化创新，打造文艺精品。加强文化遗产保护和非物质文化遗产传承。积极开展文化下乡、送戏下乡等文化惠民演出活动。广泛开展全民健身运动，促进群众体育和竞技体育全面发展。

全面抓好各类教育。继续实施教育"党政一把手"工程，加大教育投入，确保全市教育投入增幅高于经常性财政收入增幅。把改善教学条件、整合教育资源、提高教学质量作为教育工作的重中之重，完成市区中小学危房改造扫尾工程。完成5个县薄弱学校改造，建设标准化学校200所。积极发展学前教育，再新建、改扩建公办幼儿园27所。大力发展特色职业教育，全面规范民办教育。积极推动山西师大搬迁工作。支持临汾职业技术学院、临汾学院、临汾电大等高等院校发展。

提高医疗服务水平。加快临汾新医院建设，年内投入使用。稳步推进市精神病医院、市传染病医院和市中医院改建项目。积极推广古县、乡宁、蒲县改革经验，加快推进县级公立医院和县域医药卫生一体化综合改革。全面做好卫生应急、疾病防控、妇幼保健、地方病防治等工作。稳定低生育水平，提高出生人口素质，全市人口自然增长率控制在6.5‰以内。

促进和扩大就业。继续完善创业就业服务体系，积极开辟就业门路，创造就业岗位和就业机会，扶持更多人自主创业，以创业带动就业。大力发展劳动密集型产业，不断扩大就业规模。做好农民工、大中专毕业生、城镇就业困难群体等重点群体的就业工作，力争今年新增城镇就业岗位5.5万个，城镇登记失业率控制在4.2%以内。

进一步加强社会保障。完善社保体系，提高职工、居民医保报销比例和养老、失业、工伤、生育保险待遇，全面推行"社会保障一卡通"。加快廉租住房、公共租赁房、经济适用房建设和农村危房、城市棚户区改造步伐，今年再开工各类保障性住房19753套、完成农村危房改造8000户。

（八）着力推进社会管理创新

坚持不懈抓好安全生产。牢固树立"安全责任大于天"的意识，扎实开展"安全生产稳定年"活动，以"敬畏生命、敬畏责任、敬畏制度"的责任感，深化落实企业主体责任、政府部门监管责任和属地管理责任。深入开展安全生产专项整治和打非治违行动，加大安全生产目标责任考核力度，严格执行安全生产一票否决制和责任追究制，以铁的纪律保证安全生产。突出煤矿、非煤矿山、危险化学品、尾矿库、水库、道路交通、森林防火、食品药品、特种设备、建筑施工、学校等重点行业和重点领域，加强隐患排查、治理和日常监管，坚决遏制3人以上较大事故，全力推动安全生产形势由明显好转向稳定好转的转变。

努力维护社会稳定。扎实开展“夯实基础管理、落实工作责任”集中教育整顿活动，积极落实领导干部定期接待群众来访和部门联合接访制度，完善人民调解、行政调解、司法调解联动工作体系，构建联系群众、服务群众的长效机制，加大矛盾纠纷排查化解力度。积极推广安泽、侯马、乡宁、襄汾等县市社会管理经验，扎实推进社区规范化建设和网格化管理，加强基层社会服务体系建设，努力在矛盾纠纷排查调处、公共安全防控体系、信息网络管理、流动人口和特殊人群管理、社会组织管理等方面实现新突破。深入实施“六五”普法教育，大力推进法治临汾、平安临汾建设。加强对社区矫正人员的监督管理与教育帮扶。严厉打击各类违法犯罪活动，全力维护社会稳定。加强应急管理工作，提高应对自然灾害、事故灾难、公共卫生事件和社会安全事件的应急处置能力。

深入开展双拥共建工作，积极支持驻临部队、武警部队、民兵预备役和人防建设，促进军民融合发展。大力发展社会养老服务，积极支持工会、共青团、妇联等人民团体工作。持续抓好民族宗教、对台、外事侨务、审计、统计、气象、地震、档案、史志、残疾人事业等各项工作。

各位代表，在做好上述工作的同时，市政府今年将为民办好十件实事：

1、全面完成临汾民航机场建设工程。

2、临汾新医院投入使用。

3、启动市区天然气置换煤气工程。

4、新增市区集中供热面积80万平方米。

5、实施百汇等市场搬迁工程。

6、建设社区蔬菜直销点50个。

7、新开工建设保障性住房19753套。

8、实施农村困难家庭危房改造8000户。

9、完成1700个行政村的农村街道亮化工程。

10、改造西山五个贫困县农村公路。

各位代表，全市人民对美好生活的向往，就是我们政府工作的努力方向。我们一定要从群众最关心的事情抓起，从群众最盼望的事情做起，把实事办好，好事办实，让人民群众的生活过得一年更比一年好！

三、加强政府自身建设

当前，我市正处于转型跨越发展的重要战略机遇期，面对人民群众的新期盼和历史赋予的新使命，我们要不断加强政府自身建设，以人民满意为目标，以更加奋发有为的精神状态，求真务实，真抓实干，勤勉工作，克服困难，努力建设服务政府、责任政府、法治政府、廉洁政府和学习型政府。

勇担发展责任。时刻牢记使命，在其位谋其政，任其职尽其责，始终把群众的忧虑和呼声当作第一信号，把群众的需要作为第一选择，把群众满意作为第一标准。要勇于担当，敢于担当、主动担当、善于担当，切实肩负起加快发展的责任、社会管理的责任和改善民生的责任，建设一个真正负责任的政府。

改进工作作风。严格执行中央“八项规定”和省委、省政府及我市的有关要求，改进文风会风，坚持少开会、少发文、讲短话，力戒形式主义、官僚主义。改进调查研究，坚持轻车简从，减少陪同。深入基层一线，向群众学习，拜人民为师，同群众坐一条板凳，与群众真心交流、真情沟通。狠抓工作落实，一旦确定的事，要雷厉风行，一以贯之，一抓到底。

严格依法行政。主动接受人大法律监督和工作监督，虚心接受政协民主监督，广泛接受群众监督，认真听取各民主党派、工商联、无党派人士及各人民团体的意见。进一步规范行政行为，严格依照法定程序和权限行使权利，履行职责。加强电子政务建设，推进政务公开，切实提高政府工作透明度和公众参与度。

全力创优环境。进一步深化行政审批制度改革，全面清理不合理审批事项，简化审批程序，下放审批权限，严格落实服务承诺、限时办结、责任追究等制度，开辟绿色通道，切实增强主动服务、超前服务、创新服务、高效服务意识和能力；加快推动诚信体系建设，依法治理不践诺、不诚信行为，增强全社会诚信意识，以政务诚信带动商务诚信、金融诚信和社会诚信；加强行政效能建设，坚决惩治推诿扯皮、行政不作为和乱作为，坚决杜绝吃、拿、卡、要，全力打造一流的发展环境。

加强廉政建设。全面落实政府系统党风廉政建设责任制，健全廉政教育、权力监控、行政过错责任追究和纠风长效机制，加强效能监察和审计监督，强化对行政权力运行的监督和制约。继续推进煤焦、工程建设等领域专项整治，严肃查处各类违纪违法案件，严厉惩治各种腐败行为。加强节约型机关建设，严控“三公”经费，厉行勤俭节约，反对铺张浪费，千方百计降低行政成本，从自身做起，以为民、务实、清廉的形象取信于民。

各位代表！新的征程已经开启，新的目标催人奋进。让我们紧密团结在以习近平同志为总书记的党中央周围，在市委的坚强领导下，在市人大、市政协的监督支持下，紧紧依靠全市人民，凝心聚力，攻坚克难，加快建设文明开放、富裕和谐的新临汾，为全面建成小康社会、早日实现壮丽的“中国梦”而努力奋斗！

临汾市2012年国民经济和社会发展统计公报

临汾市统计局

2013年3月18日

2012年，全市上下在市委市政府的坚强领导下，以科学发展为主题，以加快转变经济发展方式为主线，充分运用转型综改试验各项有利政策，牢牢把握“稳中求进、好中求快”的工作基调，突出“主攻项目，加快转型，打造特色，改善民生，推进跨越”的工作重点，经济和社会发展取得了新进展。

一、综　合

初步核算，全年全市生产总值1220.5亿元，比上年增长10.1%。其中，第一产业增加值80.5亿元，增长5.8%，占生产总值的比重为6.6%；第二产业增加值758.8亿元，增长11.2%，占生产总值的比重为62.2%；第三产业增加值381.2亿元，增长9.1%，占生产总值的比重为31.2%。第三产业中，金融保险业增加值36.4亿元，增长17.5%；住宿和餐饮业增加值22.1亿元，增长10.4%；交通运输、仓储和邮政业增加值91.8亿元，增长9.5%。

人均地区生产总值28019元，按2012年平均汇率计算为4439美元。

图1　2008—2012年全市生产总值及其增长速度

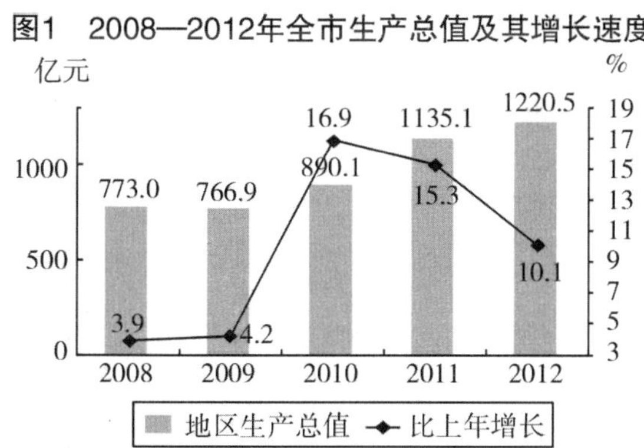

全年全市财政总收入201.6亿元，增长7.0%。一般预算收入110.8亿元，增长24.3%。税收收入51.6亿元，增长3.2%，其中国内增值税、营业税、企业所得税、个人所得税、资源税和城建税共计完成税收42.9亿元，增长1.2%。一般预算支出223.0亿元，增长19.0%。其中农林水事务支出增长7.6%，教育支出增长32.9%，社会保障和就业支出增长2.1%，医疗卫生支出增长7.0%，文化体育与传媒支出增长10.9%，公共安全支出增长8.7%，节能环保支出增长13.3%。

图2　2008—2012年财政总收入及其增长速度

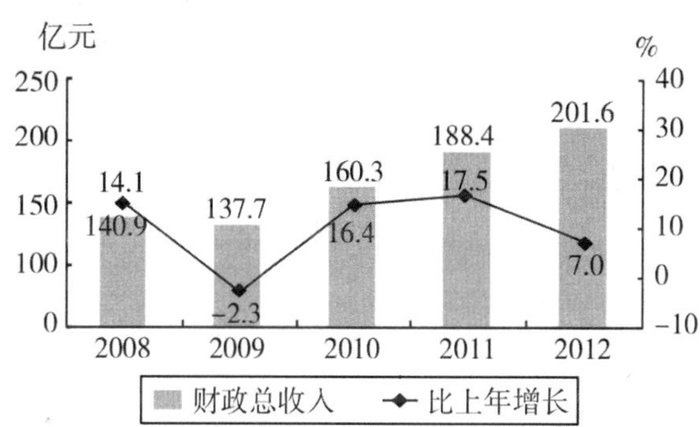

居民消费价格比上年上涨2.8%，其中，食品价格上涨2.9%。工业生产者出厂价格下降8.2%，其中生产资料价格下降8.4%，生活资料价格上涨3.5%。工业生产者购进价格下降4.9%。

表1　2012年居民消费价格比上年涨幅

单位:%

指　标	涨　幅
居民消费价格	2.8
食　品	2.9
烟　酒	0.5
衣　着	4.2
家庭设备用品及维修服务	3.9
医疗保健和个人用品	3.5
交通和通信	0.1
娱乐教育文化用品及服务	2.0
居　住	3.4

全年全市城镇新增就业5.64万人,转移农村劳动力5.42万人。城镇登记失业率3.1%,控制在4.2%的目标范围之内。

二、农业

全年全市农作物种植面积55.98万公顷,比上年减少3147.8公顷,下降0.6%。其中,粮食种植面积50.94万公顷,减少2116.2公顷;油料种植面积11887.7公顷,减少894.5公顷;棉花种植面积3091.1公顷,减少751.7公顷。在粮食种植面积中,玉米种植面积21.36万公顷,增加6244.8公顷;小麦种植面积23.57万公顷,减少6676.4公顷。

全年粮食产量222.2万吨,比上年增加7.6万吨,增产3.6%。其中,夏粮98.2万吨,增产7.7%;秋粮124万吨,增产0.5%。

表2　2012年主要农林产品产量及其增长速度

单位:吨、%

产品名称	产　量	比上年增长%
粮　食	2222488	3.6
其中:玉　米	1108236	1.2
小　麦	982160	7.7
谷　子	43331	-0.4
豆　类	33584	-14.2
薯　类	43274	4.5
油　料	21131	12.0
棉　花	4054	-7.8
蔬　菜	1071907	10.3
水　果	518739	19.3
其中:苹　果	402451	25.9
红　枣	32215	-23.3
食用坚果	22845	31.6
其中:核　桃	20368	32.6

全年完成造林40152公顷。其中,荒山荒地造林面积37820公顷。经济林面积8903公顷。全年木材产量11814立方米,增长82.7%。

全年全市猪牛羊肉总产量98705吨,比上年增长8.5%。其中,猪肉产量86413吨,增长9.8%;牛肉产量5931吨,下降1%;羊肉产量6362吨,增长1.3%。年末生猪存栏83.8万头,生猪出栏103.4万头。牛奶产量36312吨,增长3.4%。禽蛋产量107618吨,增长16.1%。水产品产量5660吨,增长13%。

年末全市农业机械总动力439.9万千瓦,增长4.0%。机械耕地面积36.7万公顷,比上年下降6.9%;机械播种面积38.5万公顷,机械收获面积29.1万公顷,分别比上年增长3.0%和10.6%。全市农机化经营总收入12.3亿元,增长4.7%。

三、工业和建筑业

年末全市规模以上工业企业380家。全年规模以上工业增加值增长13.5%。

图3　2008—2012年规模以上工业增加值增长速度

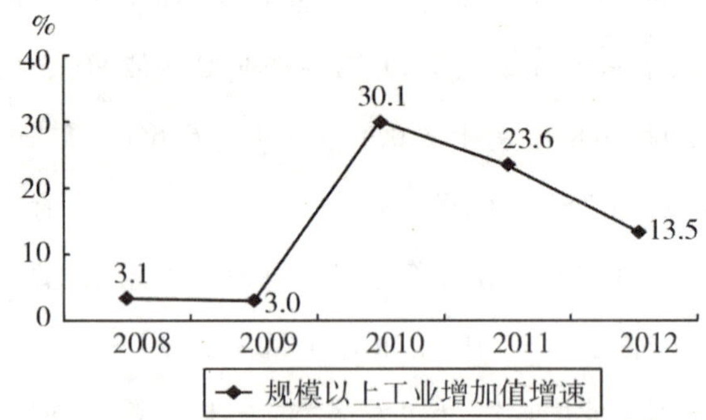

表3　2012年规模以上工业增加值增长速度

指　标	比上年增长%
规模以上工业	13.5
其中:轻工业	12.1
重工业	13.5
其中:国有及国有控股企业	9.5
其中:集体企业	43.8
股份制企业	11.0
外商及港澳台商投资企业	5.5
其中:煤炭工业	14.4
焦炭工业	-0.6
电力工业	-0.9
冶金工业	16.8
化学工业	-10.1
建材工业	-13.1
装备制造业	39.3
医药工业	91.6
食品工业	30.8

全社会原煤产量4970.76万吨,增长2.89%;发电量141.63亿千瓦时,下降4.79%。规模以上工业企业焦炭产量1873.01万吨,下降2.45%;钢材产量1195.67万吨,增长25.43%。

表4 2012年规模以上工业主要工业产品产量及其增长速度

产品名称	单 位	产 量	比上年增长%
原 煤(全社会)	万吨	4970.76	2.89
洗精煤	万吨	3985.26	23.12
发电量	亿千瓦小时	141.63	-4.79
饮料酒	千升	557.35	298.73
纱	吨	4344.14	37.41
软饮料	吨	4631.00	20.91
铁矿石原矿量	万吨	741.06	95.15
焦 炭	万吨	1873.01	-2.45
机 焦	万吨	1873.01	-2.45
焦 油	万吨	67.80	-0.87
1—4丁二醇	万吨	8.32	2.27
硫酸(折100%)	万吨	12.47	-19.19
化肥(折纯)	万吨	12.31	-38.28
粗 苯	万吨	18.82	2.23
塑料制品	万吨	0.25	-5.89
水 泥	万吨	384.83	-5.38
生 铁	万吨	1260.74	19.45
粗 钢	力吨	1197.39	38.52
钢 材	万吨	1195.67	25.34
精练铜	万吨	6.40	13.91

规模以上工业企业实现主营业务收入1967.4亿元,增长4.3%。其中,煤炭、焦炭、冶金和电力工业分别实现主营业务收入606.1亿元、342.7亿元、778.4亿元和40.6亿元,分别增长6.7%、-11.7%、7.7%和5.1%;化学、建材、装备制造、医药和食品工业分别实现主营业务收入102.06亿元、14.2亿元、52.4亿元、6.1亿元和14.8亿元,分别增长19.2%、-5.7%、15.6%、129.2%和43.3%。

规模以上工业实现利税125.9亿元,下降32.0%;实现利润38.6亿元,下降56.1%。

表5 2012年规模以上工业企业利润总额及其增长速度

单位:亿元

指 标	利润总额	比上年增长%
规模以上工业	38.6	-56.1
其中:国有控股企业	10.0	-66.4
其中:集体企业	1.6	25.4
股份制企业	26.7	-66.4
外商及港澳台商投资企业	-2.0	同比减亏2.19亿元

全年全市建筑业实现增加值57.5亿元,比上年增长3.2%。具有建筑业资质等级的总承包和专业承包建筑业企业实现利润2.8亿元,增长45.8%。

四、固定资产投资

全年全市固定资产投资822.5亿元,增长27.5%。其中,国有及国有控股投资477.1亿元,增长23.7%;民间投资432.7亿元,增长38.8%。

在全市固定资产投资中,内资企业投资818.1亿元,增长27.2%;外商及港澳台商企业投资1.9亿元,增长23.4%。

图4 2008—2012年全社会固定资产投资及其增长速度

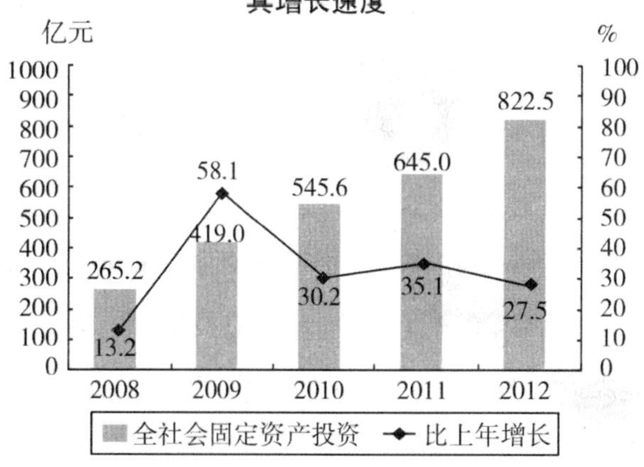

从三次产业看,第一产业投资29.9亿元,增长42.5%;第二产业投资379.5亿元,增长25.9%;第三产业投资413亿元,增长28.1%。在第二产业

中,工业投资379.5亿元,增长25.9%。其中,煤炭工业投资155亿元,增长28.1%。传统产业(煤炭、焦炭、冶金、电力)投资合计243.7亿元,增长17.8%,非传统产业(食品、建材、化工、装备制造等)投资合计135.8亿元,增长43.6%。

表6　2012年分行业全社会固定资产投资及其增长速度

行　业	投资额	比上年增长%
总　计	**822.5**	**27.5**
农林牧渔业	29.9	42.5
采矿业	178.4	30.9
制造业	146.2	17.6
电力、燃气及水的生产和供应业	54.9	34.3
建筑业	–	–
交通运输、仓储和邮政业	122.7	-11.9
信息传输、计算机服务和软件业	3.6	-33.8
批发和零售业	9.6	-56.6
住宿和餐饮业	4.1	278.4
金融业	0.4	6.3
房地产业	134.6	85.8
租赁和商务服务业	1.1	325.5
科学研究、技术服务和地质勘查业	1.7	-50.7
水利、环境和公共设施管理业	106.4	96.0
教　育	8.4	-30.4
卫生、社会保障和社会福利业	9.1	36.5
文化、体育和娱乐业	8.1	142.8
公共管理和社会组织	3.2	130.3

全年全市在建固定资产投资项目1196个。其中,5亿元以上项目52个,计划总投资695.9亿元,完成投资168.8亿元,占全市固定资产投资的比重为20.5%。

全年房地产开发投资55.6亿元,增长48.6%。其中,住宅投资41.9亿元,增长38.8%;商业营业用房投资7.8亿元,增长60.4%。

表7　2012年房地产开发和销售情况

指　标	单　位	绝对数	比上年增长%
投资完成额	亿元	55.6	48.6
其中:住　宅	亿元	41.9	38.8
房屋施工面积	万平方米	704.2	24.6
其中:住　宅	万平方米	547.6	20.7
房屋新开工面积	万平方米	246.6	70.9
其中:住　宅	万平方米	184.5	69.4
房屋竣工面积	万平方米	165.8	51.0
其中:住　宅	万平方米	133.1	45.4
商品房销售面积	万平方米	108.6	-2.0
其中:住　宅	万平方米	102.9	2.2

全年全市市级重点建设工程349项,计划总投资2220.3亿元,其中当年计划投资641.7亿元,全年完成投资688.0亿元,项目开工率87.7%,当年投资计划完成率107.2%。

五、能　源

全年全市一次能源生产折标准煤3550.6万吨,增长3.3%,二次能源生产折标准煤6470.8万吨,比上年增长11.5%。

全年全市向省外运输煤炭666.6万吨,下降21.4%,外运煤炭占煤炭产量6.5%。在外运煤炭中,铁路运输643万吨,下降23.1%;公路运输23.6万吨,增长95.5%;向省外运输焦炭958.5万吨,下降21.8%,外运焦炭占焦炭产量51.2%。

全市能源工业投资完成241.2亿元,增长30.1%。其中,煤炭工业投资155.0亿元,增长28.1%;电力工业投资33.8亿元,下降1.4%;焦化工业投资21.1亿元,增长1.7%。

全年全市全社会用电总量172.9亿千瓦时。其中,第一产业用电4.2亿千瓦时,占全部用电量2.4%;第二产业用电136.7亿千瓦时,占全部用电量79.0%,其中工业用电134.2亿千瓦时;第三产业用电12.4亿千瓦时,占全部用电量7.2%;城乡居民用电16.6亿千瓦时,占全部用电量9.6%。

六、国内贸易

全年全市社会消费品零售总额418.2亿元，增长16.0%。按经营地统计，城镇消费品零售额345.5亿元，增长16.8%；乡村消费品零售额72.7亿元，增长12.2%。按消费形态统计，商品零售额381.3亿元，增长16.3%；餐饮收入额36.9亿元，增长12.2%。

表8 2012年社会消费品零售总额及其增长速度

单位：亿元

指 标	绝对数	比上年增长%
社会消费品零售总额	418.2	16.0
分地域：城 镇	345.5	16.8
其中：城 区	200.2	18.8
乡 村	72.7	12.2
分行业：批发业	50.8	12.6
零售业	330.5	16.9
住宿业	6.2	5.6
餐饮业	30.7	13.6

表9 2012年限额以上批发零售业零售额及其增长速度

单位：亿元

指 标	绝对数	比上年增长%
汽车类	43.8	24.3
石油及制品类	53.6	26.6
金银珠宝类	1.7	65.8
家具类	3.7	36.9
通讯器材类	0.5	22.4
粮油、食品、饮料、烟酒类	10.1	22.2
服装、鞋帽、针纺织品类	7.9	11.5
化妆品类	0.6	53.4
文化办公用品类	0.8	43.3

七、对外经济

全年全市海关进出口总额82554万美元，增长3.7%。其中，进口额54829万美元，下降6.5%；出口额27725万美元，增长32.0%。

表10 2012年海关进出口总额及其增长速度

单位：万美元

指 标	绝对数	比上年增长%
进出口总额	82554	3.7
出口额	27725	32.0
其中：一般贸易	27295	37.8
加工贸易	357	-59.7
其中：机电产品	14543	41.0
高新技术产品	158	-58.7
其中：国有企业	4432	-48.7
外商投资企业	839	-51.0
进口额	54829	-6.5
其中：一般贸易	28070	-5.7
加工贸易	585	54.9
其中：机电产品	2823	69.2
高新技术产品	1404	18.3
其中：国有企业	37	-94.0
外商投资企业	898	1131.2

图5 2008—2012年海关进出口总额及其增长速度

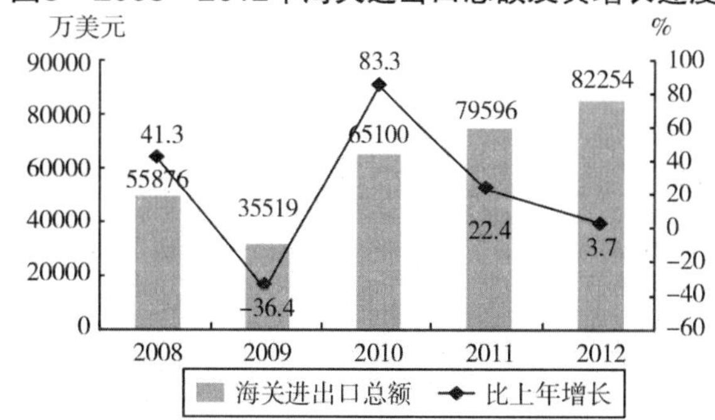

全年出口焦炭1万吨，下降90.1%，出口金额440万美元，下降91.1%；出口钢材1万吨，下降14%，出口金额1112万美元，下降17.1%，出口机电产品14543万美元，增长41%；出口高新技术产品158万美元，下降58.7%。

全年进口铁矿砂419万吨，增长15%，进口金额47720万美元，下降9.7%；进口机电产品2823万美元，增长69.2%。

表 11 2012 年与临汾有贸易往来的主要国家和地区进出口情况

单位:万美元

国家和地区	出口额	比上年增长%	进口额	比上年增长%
澳大利亚	110	69.6	22964	-19.8
巴　西	814	-45.0	12821	17.7
美　国	6106	86.8	373	-51.6
日　本	2199	-39.3	700	-35.4
德　国	1969	22.5	327	109.7
印度尼西亚	96	101.4	1900	4.2
韩　国	1823	-44.2	97	-80.0
欧盟组织	6424	49.7	2299	356.1
东盟组织	3001	293.1	2302	-12.7
非　洲	813	118.7	2576	112.6

全年全市新设立外商直接投资企业 3 家;按全口径统计实际使用外商直接投资金额 13611 万美元,增长 50.7%。

八、交通、邮电和旅游

年末全市公路线路里程 17816 公里,其中高速公路 462 公里,比上年末增加 119 公里。

表 12 2012 年客货运输量及其增长速度

指　标	单　位	绝对数	比上年增长%
旅客运输量	万人	4570	2.01
旅客运输周转量	亿人公里	27.20	2.00
货物运输量	万吨	11486	10.00
货物运输周转量	亿吨公里	186.38	15.00

年末全市民用汽车保有量 33.4 万辆(包括三轮汽车和低速货车 1.5 万辆),比上年末增长 7.5%,其中私人汽车 28.7 万辆,增长 11.9%。本年新注册汽车 5.5 万辆,增长 6.6%。年末轿车保有量 18.8 万辆,比上年末增长 22.5%,其中私人轿车 17.0 万辆,增长 24.7%。

全年全市完成邮电业务总量 33.2 亿元,增长 18.4%。其中,邮政业务总量 2.4 亿元,增长 12.3%;电信业务总量 30.8 亿元,增长 18.9%。年末全市固定电话 62.7 万部,减少 3.8 万部,下降 5.7%;新增移动电话用户 25.2 万户,年末达到 363.9 万户,其中,3G 移动电话用户达到 55 万户。移动电话普及率 83.5 部/百人。全市宽带接入用户 53.1 万户,增长 22.1%。

图6 2008—2012年移动电话用户数

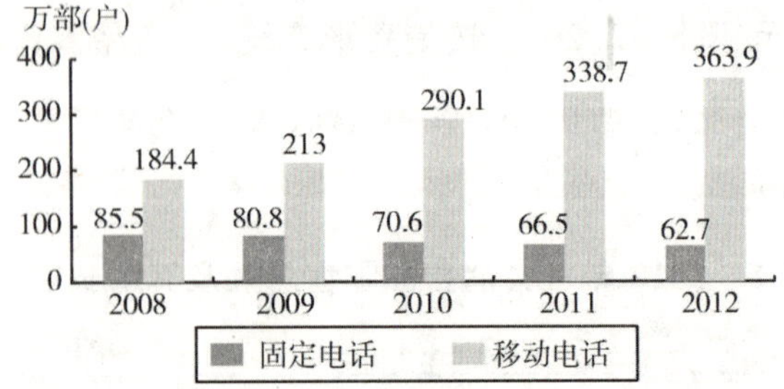

全年全市接待海外旅游者 14.5 万人次,接待国内旅游者 1739.8 万人次,分别增长 21.2% 和 27.4%;旅游外汇收入 3100 万美元,国内旅游收入 157.98 亿元,旅游总收入 160 亿元,分别增长 22.7%、31.8% 和 31.6%。

九、金　融

年末全市金融机构本外币各项存款余额1656.9 亿元,比年初增加 197.9 亿元,比年初增长13.6%。各项贷款余额 749.57 亿元,比年初增加90.99亿元,增长 13.8%。

年末全市农村金融合作机构(农村信用社、农村合作银行、农村商业银行)人民币贷款余额 418.39亿元,比年初增加 42.54 亿元,增长 11.3%;人民币存款余额 639.01 亿元,比年初增加 75.95 亿元,增长 13.5%。

表 13 2012 年年末金融机构本外币存贷款及其增长速度

单位:亿元

指　标	年末数	比年初增长%
各项存款余额	1656.88	13.6
其中:单位存款	512.19	8.4
城乡居民储蓄存款	1068.67	13.2
其中:人民币	1066.59	13.3
各项贷款余额	749.57	13.8
其中:短期贷款	358.09	20.5
中长期贷款	310.56	13.1
其中:个人消费性贷款(人民币)	23.95	32.9

图7 2008—2012年城乡居民储蓄存款余额及其增长速度

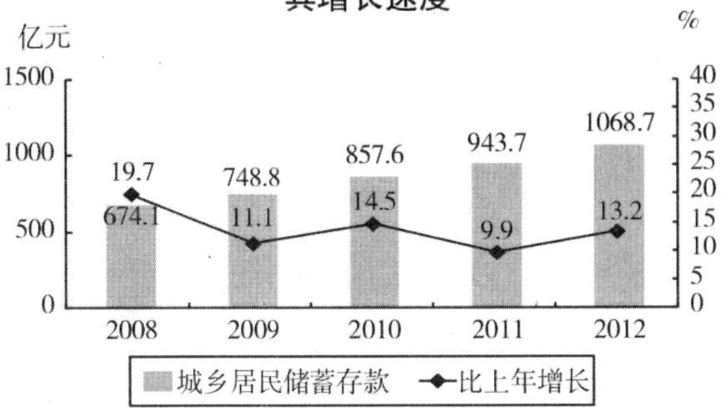

年末全市共有上市公司2家。全市辖区证券市场各类证券成交额403.6亿元,增长29.0%。年末投资者资金账户累计开户数9.1万户,比上年末增长5.1%。

全年全市保费收入35.8亿元,增长3.0%。其中,寿险业务保费收入24.8亿元,下降0.2%;健康险业务保费收入1.3亿元;意外险业务保费收入0.59亿元;财产险业务保费收入10.9亿元,增长11.6%。全年支付各类赔款及给付9.5亿元,增长5.6%。

十、教育和科学技术

年末全市高等院校达到4所。高中阶段毛入学率达到90.8%。学前三年毛入园率61.2%。校舍维修改造项目进展顺利,改造面积15.63万平方米,改造项目学校197所,总投入资金4916万元。

表14 2012年各类教育发展情况

单位:人

指 标	招 生	在校生	毕业生
研究生	1034	2920	814
普通高等教育	13692	41359	11664
中等职业教育	11843	30690	12932
普通高中	33235	95637	30768
初 中	55902	178665	65359
小 学	55967	310326	59335
特殊教育	83	598	61
学前教育	34808	80679	29268

全年全市受理专利申请830件,比上年增长30.7%。受理发明专利申请269件,比上年增长31.2%。全市累计认定高新技术企业达到19家,培育认定科技创新型企业10家,民营科技企业12家。全市已建立国家级研发中心1家,省级研发中心19家,市级研发中心27家。

年末全市共有市、县产品质量监督检验所7个,市授权行业建立的检定机构3个,监督抽查了147家企业7类产品和商品。全市共有法定计量技术机构17个,全年完成强制检定计量器具73588台件。

全市有气象台(站)17个,开展121电话天气自动答询台(站)17个。气象系统开展人工影响天气业务的单位17个,防雹、增雨受益覆盖面积1.5万平方公里。全市有天气预报服务Intel网站2个,卫星云图接收站17个。

全市有专业综合地震台站17个,市级地震台网中心6个,数字测震地震台网1个,数字测震子台2个。

十一、文化、卫生和体育

年末全市共有群众艺术馆1个,文化馆17个,博物馆14个,艺术表演团体13个。广播电视台17座。广播人口覆盖率96.4%,电视人口覆盖率98.31%。全市共有公共图书馆17个,档案馆23个。目前有6个县级图书馆和8个文化馆达到国家三级标准以上。

我市创作编排了现代戏《酸枣岭》荣获第十三届杏花奖,新编眉户剧现代戏《雷雨》参加了全省优秀剧目展演。在十六届全国少儿戏曲小梅花荟萃活动中,又摘得金花1朵,银花3朵,我市大小梅花增加到54朵。在国家、省非物质文化遗产评选中,入选国家级项目18个,省级项目97个,市级项目232个,位居全省前列。霍州威风锣鼓和翼城花鼓获文化部“中国民间文化艺术之乡”称号。

年末全市共有卫生机构(不含村卫生室)1153家,其中妇幼保健院(所、站)18家。全市卫生机构共有床位1.76万张,其中医院床位1.2万张,卫生院床位3539张。卫生技术人员2.1万人。全市各县(市、区)均实行了新型农村合作医疗,300万农民参加了合作医疗,参合率98.37%。

在山西省第十四届运动会上，我市体育代表团共获得金牌20枚、银牌25枚、铜牌30枚，总分868分的好成绩。全年实现销售体育彩票1.39亿元。

十二、人口、人民生活和社会保障

据2012年人口抽样调查，年末全市常住人口为436.7万人，比上年末增加2.2万人。全年全市出生人口4.7万人，人口出生率为10.84‰；死亡人口2.49万人，死亡率为5.72‰；自然增长率为5.11‰。出生人口性别比为106.5。

表15　2012年人口数及其构成

单位：人

指　标	年末数	比　重（%）
全市常住人口	4367259	-
其中：城　镇	1924856	44.1
乡　村	2442403	55.9
其中：男　性	2252407	51.6
女　性	2114852	48.4

全年城镇居民人均可支配收入18126元，比上年增长13.6%；城镇居民人均消费性支出11618元，增长5.4%。全年农村居民人均纯收入6899元，增长13.4%；农村居民人均生活消费支出4428元，增长4.7%。城镇占调查总户数20%的低收入家庭人均可支配收入8217元，增长12.2%；农村占人口20%的低收入者收入2685元，增长8.3%。城镇居民家庭恩格尔系数（即居民家庭食品消费支出占家庭消费支出的比重）28.6%，农村居民家庭恩格尔系数36.2%。

图8　2008—2012年城镇居民人均可支配收入及其增长速度

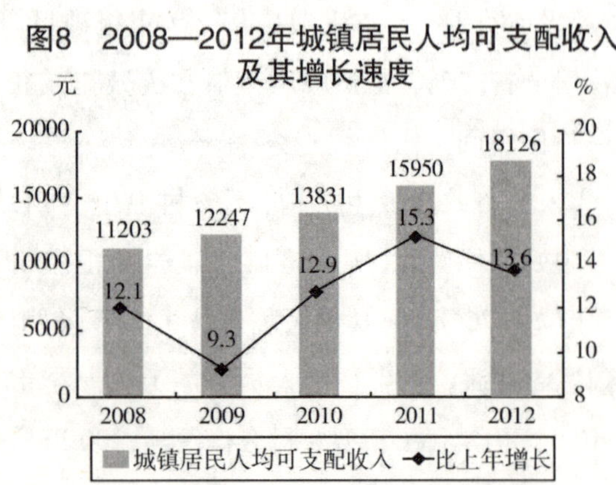

图9　2008—2012年农村居民人均纯收入及其增长速度

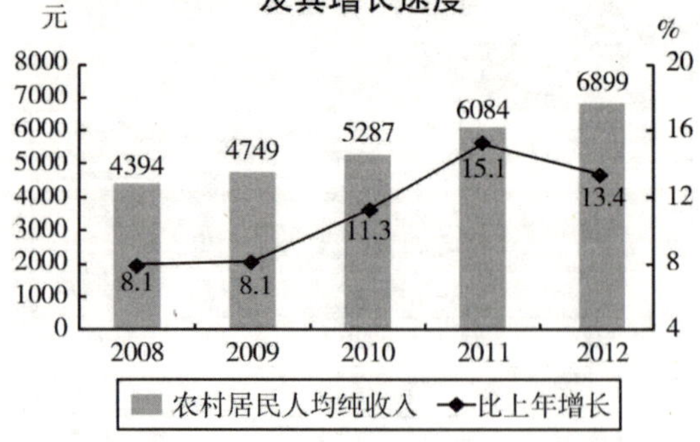

年末参加城镇基本养老保险的人数为59.4万人，比上年增加21.8万人；参加农村社会养老保险的人数为178.8万人，比上年增加19.5万人；参加城镇基本医疗保险的人数为100万人，比上年增加4.4万人；参加失业保险的人数为34.1万人，比上年增加8.1万人；参加工伤保险的人数为44.5万人，比上年增加13.5万人，其中农民工16.6万人；参加生育保险的人数为34.5万人，比上年增加14.8万人。

全年全市纳入城市最低生活保障的居民8.1万人，发放城市低保资金26583.6万元，比上年减少277.1万元；纳入农村最低生活保障的居民1.3万人，发放农村低保资金19814.8万元，比上年减少1241.4万元。

年末全市各类收养性单位床位数4212张，收养人数1871人。城镇建立各种综合性社区服务中心108个。全年销售社会福利彩票2.95亿元，直接接收社会捐赠款11.8万元。

年末市区建成区新增绿化面积29.58万平方米，绿化覆盖率达到37.38%，人均绿化面积10.42平方米。全市建成区新增绿化面积170.81万平方米，绿化覆盖率达到34.37%，人均绿化面积9.92平方米。人均道路面积达到10.74平方米。

农村新"五个全覆盖"工程全面完成。

十三、资源、环境和安全生产

年末耕地保有量741.66万亩。年末全市7座中型水库蓄水总量6810万立方米。

年末全市森林面积 877.5 万亩，森林覆盖率 28.9%；全市已建成自然保护区 3 个，自然保护区面积 62.66 万亩，占全市国土面积的 2.1%。

2012 年市区空气质量好于二级以上天数 342 天，比上年增加 3 天，其中一级天数达到 118 天，比上年增加 10 天，全市 17 个县(市、区)空气质量均达到国家二级标准。

汾河临汾段出境断面(上平望断面)与入境断面(王庄桥南断面)相比，主要污染物 COD 浓度平均下降 16%，水质明显改善，全市饮用水水源地水质达标率 100%。

年末全市城市污水处理率 81.12%，提高 0.43 个百分点；市区城市生活垃圾无害化处理率连续两年达到 100%；全市集中供热普及率 55.58%，提高 2 个百分点。

全年森林没有发生火灾事故，林业有害生物成灾率 0.2‰，严格控制在国家要求的 5‰以内。

全年共发生安全事故 847 起，下降 16.1%；安全生产事故死亡 330 人。全年未发生特别重大事故。全年亿元 GDP 生产安全事故死亡率 0.27。

公报注释：

1. 本公报部分数据为初步统计数据。

2. 地区生产总值、各产业增加值绝对数按现价计算，增长速度按不变价格计算。

3. 所有增长或下降速度均为同上年相比较。

4. 部分数据因四舍五入的原因，存在与分项合计不等的情况。

5. 节能降耗指标单独发布。

一、综　合

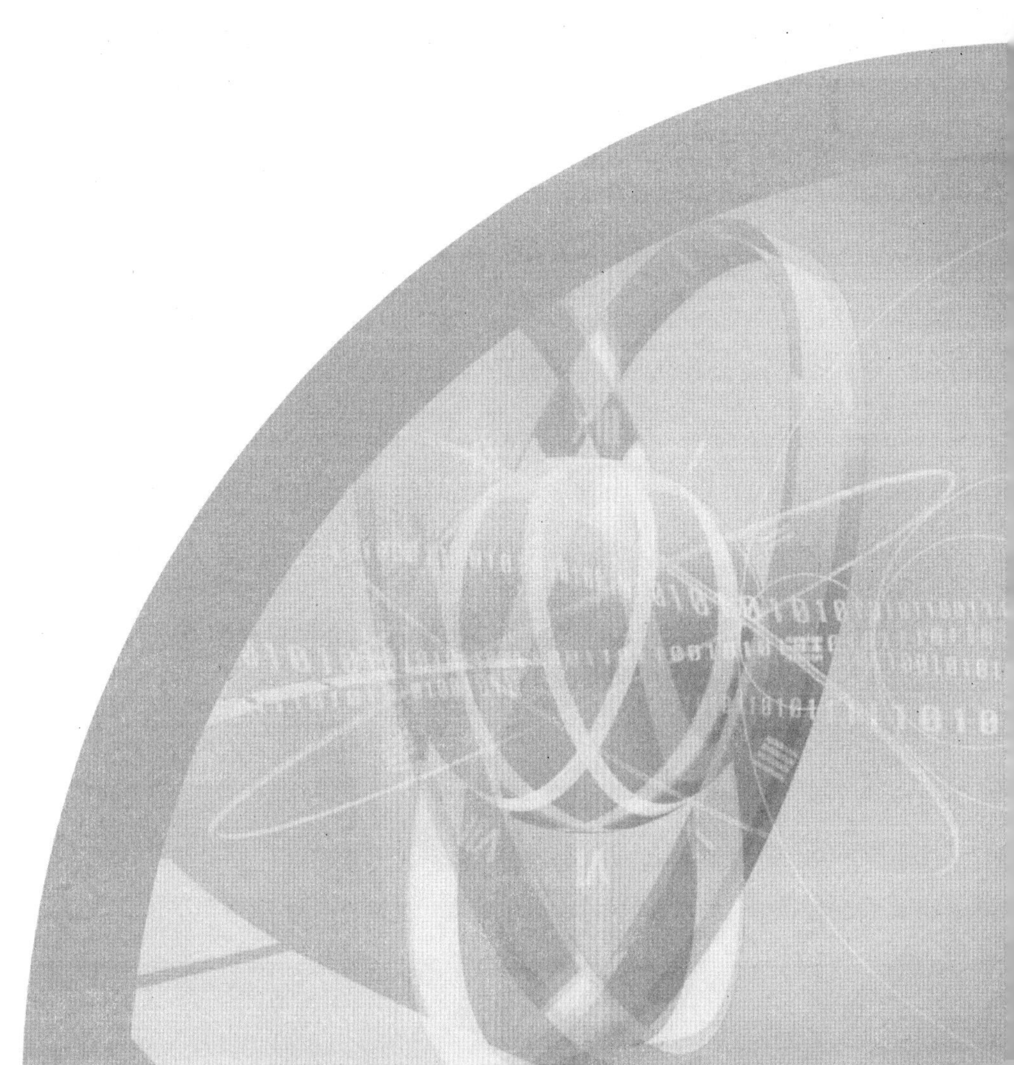

资料整理人员

张增福　　苏彩凤　　尉文明

何晓华　　韩　梅　　刘　燕

综　合

土地面积	20275	平方公里
煤炭探明保有资源储量	486	亿吨
铁矿石保有资源储量	1.33	亿吨
石膏保有资源储量	4.78	亿吨
人口密度	215	人/平方公里

土地面积构成(%)

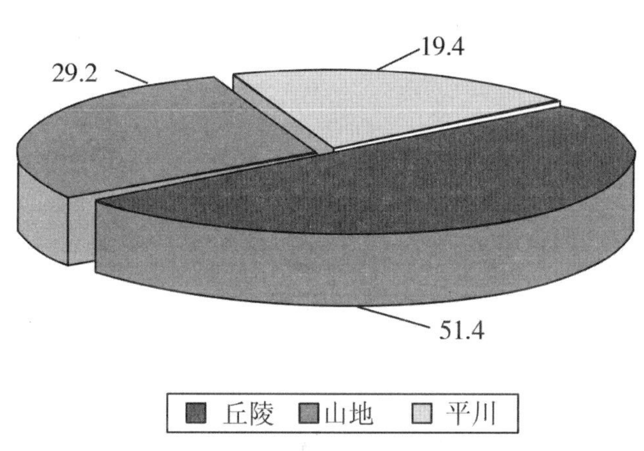

地区生产总值（亿元）

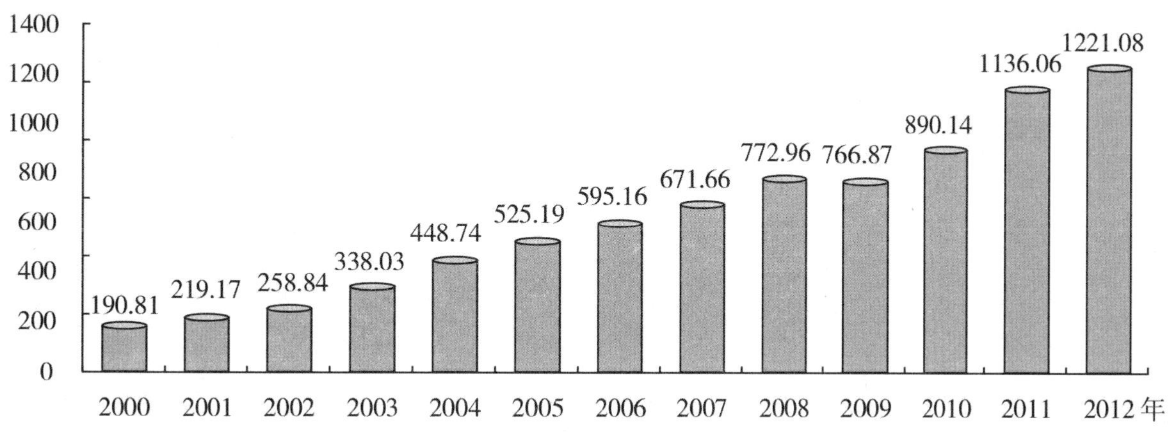

1—1 行政区划(2012年)

县市名称	市辖区	县	县级市	街道办事处	镇	乡	社区居民委员会	村民委员会	自然村
	1	14	2	20	75	76	168	2960	9875

县市名称	乡镇街道
尧都区	解放路街道办事处　鼓楼西街道办事处　水塔街道办事处　南街街道办事处　乡贤街街道办事处　辛寺街街道办事处　铁路东街街道办事处　车站街街道办事处　汾河街道办事处　滨河街道办事处　屯里镇　乔李镇　大阳镇　县底镇　刘村镇　金殿镇　吴村镇　土门镇　魏村镇　尧庙镇　段店乡　贺家庄乡　贾得乡　一平垣乡　枕头乡　河底乡
曲沃县	乐昌镇　史村镇　曲村镇　高显镇　里村镇　北董乡　杨谈乡
翼城县	唐兴镇　南梁镇　里砦镇　隆化镇　桥上镇　西阎镇　中卫乡　南唐乡　王庄乡　浇底乡
襄汾县	新城镇　赵康镇　汾城镇　南贾镇　古城镇　襄陵镇　邓庄镇　陶寺乡　永固乡　景毛乡　西贾乡　南辛店乡　大邓乡
洪洞县	大槐树镇　甘亭镇　曲亭镇　苏堡镇　广胜寺镇　明姜镇　赵城镇　万安镇　刘家垣镇　淹底乡　兴唐寺乡　堤村乡　辛村乡　龙马乡　山头乡　左木乡
古县	岳阳镇　北平镇　古阳镇　旧县镇　石壁乡　永乐乡　南垣乡
安泽县	府城镇　和川镇　唐城镇　冀氏镇　马壁乡　杜村乡　良马乡
浮山县	天坛镇　响水河镇　张庄乡　东张乡　槐埝乡　北王乡　北韩乡　米家垣乡　寨圪塔乡
吉县	吉昌镇　屯里镇　壶口镇　车城乡　文城乡　东城乡　柏山寺乡　中垛乡
乡宁县	昌宁镇　光华镇　台头镇　管头镇　西坡镇　双鹤乡　关王庙乡　尉庄乡　西交口乡　枣岭乡
大宁县	昕水镇　曲峨镇　三多乡　太德乡　徐家垛乡　太古乡
隰县	龙泉镇　午城镇　黄土镇　阳头升乡　寨子乡　陡坡乡　下李乡　城南乡
永和县	芝河镇　桑壁镇　阁底乡　南庄乡　打石腰乡　坡头乡　交口乡
蒲县	蒲城镇　薛关镇　黑龙关镇　克城镇　山中乡　古县乡　红道乡　乔家湾乡　太林乡
汾西县	永安镇　对竹镇　勍香镇　和平镇　僧念镇　佃坪乡　团柏乡　邢家要乡
侯马市	路东街道办事处　路西街道办事处　浍滨街道办事处　上马街道办事处　张村街道办事处　新田乡　高村乡　凤城乡
霍州市	鼓楼街道办事处　北环路街道办事处　南环路街道办事处　开元街道办事处　退沙街道办事处　白龙镇　辛置镇　大张镇　李曹镇　陶唐峪乡　三教乡　师庄乡

1—2 人口和自然资源(2012年)

项　目	2012	项　目	2012
全市总人口(万人)	436.7	土地面积(平方公里)	20275
城镇人口(万人)	192.5	水资源总量(2011年)(亿立方米)	12.36
乡村人口(万人)	244.2	#地表水资源量(亿立方米)	8.65
人口密度(人/平方公里)	215	煤炭探明保有资源储量(亿吨)	486
社会从业人员(万人)	214.0	铁矿石保有资源储量(亿吨)	1.33
#工业劳动者(万人)	34.3	石膏保有储量(万吨)	47763
农业劳动者(万人)	87.4	水泥灰岩保有储量(万吨)	10247

1—3 历届市人民代表大会代表人数

项　目	第一届(2001)	第二届(2006)	第三届(2011)
代表总数(人)	393	403	396
#女代表	91	106	107
占代表总数(%)	23	26	27

1—4 历届市政治协商会议委员人数

项　目	第一届(2001)	第二届(2006)	第三届(2011)
委员总数(人)	328	329	355
#中国共产党委员	120	128	142
占委员总数(%)	37	39	40

1—5 建国以来国民经济主要指标

年份	总人口（人）	人口自然增长率（‰）	社会从业人员（万人）	#职工人数	全市生产总值（万元）	第一产业	第二产业	第三产业
1949	1386715	11.33	56	1	9917	7427	348	2142
1952	1493178	14.84	63	2	15450	11503	852	3095
1957	1706885	17.06	73	5	22108	13288	3059	5761
1960	1852745	14.19	73	13	31246	9969	12896	8381
1962	1989326	25.97	76	8	22473	10579	5150	6744
1965	2151789	21.39	83	9	32376	15695	7907	8774
1970	2458590	22.39	94	14	41843	16947	15820	9076
1975	2771561	14.55	107	20	63083	25285	26393	11405
1978	2894823	10.72	111	24	83730	22621	42446	18663
1980	2975484	9.54	113	26	105445	29867	54039	21539
1985	3155759	7.71	134	31	201541	69597	88090	43854
1986	3195425	8.37	137	33	198246	58141	83112	56993
1987	3243898	8.38	142	34	216039	52760	95111	68168
1988	3310413	9.03	146	36	272106	71387	115899	84820
1989	3363220	10.07	149	39	318952	86664	140454	91834
1990	3466449	14.24	158	40	380878	115573	157550	107755
1991	3520212	11.09	161	41	388299	98959	160299	129041
1992	3582323	9.32	167	41	473468	128690	196126	148652
1993	3641242	10.31	168	41	635954	150540	297186	188228
1994	3684774	8.85	172	42	821400	205695	384459	231246
1995	3729449	8.44	178	42	993034	267503	429292	296239
1996	3789875	8.73	181	43	1249187	312662	555223	381302
1997	3842121	8.21	182	42	1479277	285626	699022	494629
1998	3872458	8.50	177	36	1679828	295612	817804	566412
1999	3936216	9.45	177	35	1739639	249424	857198	633017
2000	3955730	8.23	177	35	1908074	227546	952852	727676
2001	4001348	7.71	178	35	2191699	238334	1126392	826973
2002	4031537	7.30	179	32	2588376	257674	1391483	939219
2003	4061684	7.45	181	32	3380330	287118	1986372	1106840
2004	4091975	7.43	184	33	4487398	339461	2798794	1349143
2005	4120505	6.93	186	33	5251933	304605	3373365	1573963
2006	4147043	6.42	186	33	5951633	339655	3778170	1833808
2007	4172164	6.03	191	33	6716579	386005	4255573	2075001
2008	4198017	6.18	191	35	7729621	385620	4904000	2440001
2009	4221719	5.63	195	35	7668659	555442	4400173	2713044
2010	4320653	5.54	202	35	8901440	665758	5192778	3042904
2011	4344986	5.19	207	35	11360573	748323	7161423	3450827
2012	4367259	5.11	214	34	12210801	810355	7587766	3812680

1—5 续表 1

年份	人均地区生产总值（元）	耕地面积（千公顷）	#水田水浇地	农林牧渔业总产值（万元）	粮食产量（吨）	#小麦	棉花产量（吨）	油料产量（吨）
1949	72	485	22	9801	348450	168610	8770	5829
1952	104	513	27	15178	400555	164195	21980	4714
1957	131	508	36	21076	410795	193015	29400	2429
1960	171	458	63	13997	410385	186920	13285	1308
1962	110	469	64	14482	513090	198495	10520	1338
1965	152	465	74	21028	655120	328325	25605	2686
1970	172	450	86	23278	501095	177405	20475	1710
1975	230	441	130	34648	874965	400940	16495	2387
1978	291	436	126	32439	861260	244560	14368	1627
1980	357	433	129	48987	839600	273725	18125	9380
1985	643	422	128	101287	1316487	768746	16746	41881
1986	624	421	127	87964	1125325	708310	13644	28422
1987	671	420	133	82005	936010	521359	13684	17917
1988	830	415	134	108466	1111569	485662	13543	26532
1989	956	414	137	131990	1401219	786216	19132	25018
1990	1115	413	138	170174	1502065	862708	21128	28396
1991	1112	412	140	158316	1199482	763104	20935	16255
1992	1333	411	141	195474	1378453	710594	21076	18621
1993	1761	409	140	224095	1565192	777719	14446	23798
1994	2242	407	141	307522	1442589	824775	17224	28766
1995	2679	406	143	401480	1524000	733502	16279	36747
1996	3323	406	142	466666	1711561	903427	12634	45096
1997	3877	524	123	431391	1518227	953987	5192	28866
1998	4355	521	125	454609	1714908	826007	6198	46037
1999	4456	521	128	396361	1530932	777536	3824	38470
2000	4835	520	128	378062	1208506	511027	2557	47693
2001	5509	512	128	391115	1216150	656739	6932	30215
2002	6444	478	127	427505	1373435	755124	5151	38151
2003	8353	463	127	480596	1501890	811859	7316	44635
2004	11007	459	128	567116	1725164	875524	9263	44352
2005	12790	458	127	543248	1356452	585301	5990	33413
2006	14398			571939	1667271	793936	7514	30557
2007	16147			669243	1720396	705117	7855	30870
2008	18469			953916	1706979	945496	6563	23937
2009	18215			1021958	1667399	810394	6435	22625
2010	20841			1238033	2073868	867362	4576	21476
2011	26220			1385663	2146040	911982	4395	18872
2012	28031			1517671	2222488	982160	4054	21131

1—5 续表 2

年 份	水果产量（吨）	蔬菜产量（吨）	猪牛羊肉总产量（吨）	大牲畜年末数（头）	猪年末数（头）	羊年末数（只）	乡镇企业总产值（万元）
1949	5267	44847		184425	40902	230806	
1952	6853	46575		239595	59995	348923	
1957	10090	77762		271600	222515	762630	
1960	9321	144230		254461	208167	1091000	
1962	6854	90148		240245	239621	1137850	
1965	6393	74538		268198	436272	1168698	
1970	5947	101435		294009	388879	1471643	
1975	14275	139830		281550	584737	1477975	
1978	27897	188259	14929	275081	658457	1370590	17509
1980	25370	172445	18937	283809	665798	1468380	23925
1985	43540	331097	25353	378509	495921	507981	63898
1986	42491	327043	22242	396652	475297	525760	74988
1987	42026	362871	22564	398713	360810	599715	95258
1988	59117	424184	22835	409422	372628	776159	120944
1989	46719	374580	26523	423647	446830	950729	142721
1990	52121	384086	33800	433660	445248	929154	176437
1991	53654	343169	36166	442774	447840	913833	243358
1992	79585	447205	38599	458697	494615	968220	398400
1993	90168	462841	43385	489638	555450	1063358	92343
1994	101712	445232	53680	525090	645263	1217423	1656700
1995	136973	565233	68082	593569	790769	1425817	1993355
1996	152460	595394	83360	660816	854130	1627723	2218703
1997	179578	696826	60090	531612	594705	1391244	1325097
1998	204553	788937	64613	550104	645812	1440918	1439434
1999	202312	767076	67163	542136	668107	1428291	1909726
2000	196479	847640	70502	528048	704392	1360402	2380006
2001	188781	877458	72727	514897	709815	1322110	3100230
2002	196438	920591	76692	492012	764872	1333190	4085230
2003	213985	989920	82240	503609	832487	1395659	5709381
2004	239520	860065	91106	521290	940653	1440623	7904033
2005	220896	824812	99852	507662	1049647	1488794	10553346
2006	225946	827206	66533	168278	519373	623118	13296328
2007	244361	927869	70960	156827	581157	633692	9983910
2008	259606	784370	78571	164074	835326	772399	11012943
2009	294222	796934	87083	168124	978873	775182	8099465
2010	379563	854062	100658	167275	1045577	838143	10221360
2011	434725	972176	90987	109102	832453	749323	14358429
2012	518739	1071907	98706	95992	838352	805906	15604542

1—5 续表 3

年份	规模以上工业增加值（万元）	轻工业	重工业	主要工业产品产量 原煤（万吨）	焦炭（万吨）	生铁（万吨）	洗精煤（万吨）
1949				23	1		
1952				30	2		
1957				85	7		
1960				199	22	8	11
1962				162	4	…	8
1965				246	5		6
1970				335	11	5	9
1975				391	45	11	29
1978				553	67	17	28
1980				695	84	18	27
1985				1328	119	26	71
1986				1342	177	39	82
1987				1316	226	60	146
1988				1445	283	65	212
1989				1715	311	71	285
1990				1699	349	81	395
1991				1590	302	91	412
1992				1962	411	117	448
1993				2352	809	232	785
1994				2719	1355	340	968
1995	225925	25304	200621	3279	1674	363	1188
1996	285647	31707	253940	3110	1566	391	1348
1997	331927	36512	295415	2940	1678	437	1346
1998	333696	36706	296990	3222	1796	470	1329
1999	345844	36695	309149	2405	1382	474	1339
2000	378124	40120	338004	2540	1406	577	1381
2001	480598	38816	441782	2623	1477	749	1531
2002	654224	44813	609411	3394	1464	897	1663
2003	1161014	42941	1118249	3727	1705	924	1751
2004	1869960	44666	1825294	3884	1909	830	2092
2005	2424092	40804	2383288	5245	2174	1127	2432
2006	2784056	48433	2735624	5593	2432	1326	2884
2007	3297285	53943	3243342	4766	2312	1173	3039
2008	4429717	58540	4371177	4117	1865	767	2796
2009	3726171	51487	3674684	2635	1707	917	2772
2010	4651468	61245	4590223	3741	1814	890	2512
2011	6884379	68256	6816123	4831	1920	1053	3194
2012	7259333	98851	7160482	4971	1873	1261	3985

1—5 续表 4

年 份	主要工业产品产量							
	发电量（万千瓦时）	钢（万吨）	化 肥（吨）	水 泥（万吨）	染 料（吨）	纱（吨）	布（万米）	机制纸及纸板（吨）
1949	42						14	
1952	72						34	
1957	269						59	
1960	4183						54	712
1962	3293						58	553
1965	6124			0.1			148	556
1970	31100		2012	0.4		2448	1470	2734
1975	161913	0.3	10484	6.4		11635	4576	9282
1978	227165	0.5	20001	10.9		14661	7056	17650
1980	284927	0.2	18054	11.3		16747	8332	21287
1985	358714	0.2	28734	20.8	3551	14261	7586	30395
1986	354182	0.4	33359	24.8	5549	17712	8574	33520
1987	351431	0.9	97728	29.4	2794	19743	9407	47586
1988	347970	3.1	69066	31.7	3806	20398	9823	58036
1989	377884	8.3	63342	33.8	2857	15540	7631	73685
1990	368800	10.6	69531	35.7	3152	12271	6646	78788
1991	359846	15.1	68672	38.7	3125	12948	7234	72454
1992	334815	20.2	71663	53.9	3360	13494	1846	97227
1993	340603	22.8	70375	83.8	4675	10469	7074	75859
1994	352119	27.1	70076	85.0	4265	11210	6592	75456
1995	358007	33.0	73245	106.5	4113	11245	6962	93176
1996	367992	40.1	97552	110.2	5200	9408	6255	106624
1997	376903	43.4	108825	116.8	8172	11107	6391	88674
1998	337515	48.1	128069	106.7	11695	8162	4754	96670
1999	342070	56.5	140001	128.0	20716	9597	5297	80871
2000	364037	74.1	146083	146.9	20933	14200	7413	72600
2001	394372	103.9	139847	138.3	24404	14810	7159	78300
2002	430764	124.0	187984	188.5	29966	16661	7180	89300
2003	506024	247.9	175908	215.0	32234	10600	5788	76800
2004	570326	357.9	168600	205.5	27943	10800	5464	122500
2005	723200	436.9	169900	215.1	31149	14000	5303	105972
2006	1043700	488.2	181200	250.7	28765	15000	4735	87964
2007	1061700	526.2	176300	243.8	28592	11000	1843	57079
2008	685425	457.2	142379	214.5	23240	6936	334	31820
2009	640646	605.8	109116	273.5	28450	7628	332	*9305
2010	1055920	770.1	167206	371.3	30648	6834	414	*7871
2011	1500543	864.4	199394	488.7		5120	1234	3506
2012	1416337	1197.4	123059	430.8		6884	1066	182

注:带“*”为规模以上口径。

1—5　续表 5

年　份	规模以上工业企业主要指标(万元)				公路通车里程(公里)	公路客运量(万人)	公路货运量(万吨)
	固定资产原　价	固定资产净　值	资产总计	利税总额			
1949					307	3	
1952					418	11	2
1957					825	34	8
1960					2706	104	308
1962					1911	95	37
1965					2918	117	168
1970					3524	180	137
1975					3671	263	279
1978	98037	78407		7376	3840	343	965
1980	101734	76231		8945	3281	436	1141
1985	202813	150796		16819	3345	1010	1855
1986	222374	163105		20409	3398	1417	1917
1987	244956	177818		21152	3429	1661	2851
1988	274564	198901		34095	3489	1729	2892
1989	325137	238044		40905	3521	1899	2915
1990	374292	273945		37319	3620	1607	3275
1991	419523	303068		30331	3635	1745	1795
1992	473071	304387		46551	3713	1858	2059
1993	549100	373700	906200	83500	3768	1919	2224
1994	651685	440099	1023977	69409	3832	2130	2614
1995	822172	525269	1245672	63622	3921	2337	3111
1996	940398	616800	1396230	90455	3960	3099	3943
1997	1061189	704258	1577159	103981	6690	3405	4628
1998	1168423	723392	1692703	99592	7734	4077	5357
1999	1268132	852472	1880183	84920	8355	4535	5555
2000	1442222	962069	2205262	103673	8714	4171	5773
2001	1747390	1144421	2476520	140869	8761	4683	6475
2002	2071850	1423831	2858387	211248	8872	5715	6904
2003	2572988	1839352	3958135	429311	8975	5679	7768
2004	2963928	2098645	5095250	938277	9013	5355	7978
2005	3821232	2722181	6343088	1061730	9556	5257	7968
2006	4506671	3202791	7378556	1166957	12884	5467	8100
2007	5190418	3707749	9060896	1433036	14379	5545	8310
2008	6064201	4182192	11271441	1561842	16082	4099	9651
2009	6683656	4778813	12307145	725569	16596	4118	8418
2010	8430337	5593526	14711472	1549764	17105	4280	9698
2011	9236311	5616932	17173745	1932475	17390	4480	10442
2012	11409128	6997596	20517156	1269464	17816	4570	11486

1—5 续表 6

年份	公路客运周转量（万人公里）	公路货物周转量（万吨公里）	邮电业务总量（万元）	固定电话（部）	全社会固定资产投资（万元）	国有经济	集体经济
1949	124	4	1		15	10	
1952	491	103	23	205	127	60	25
1957	1792	462	94	1400	1420	932	189
1960	5025	4777	312	8305	15917	12361	2600
1962	4616	1593	267	7797	2190	1490	357
1965	6085	3105	281	9695	4660	3989	301
1970	7864	3606	230	7239	14490	12668	820
1975	11621	6228	299	12241	11471	9440	814
1978	16957	11249	364	14494	22900	18117	993
1980	21742	25621	561	14180	19584	13724	1430
1985	44443	60273	729	16213	38554	24441	6645
1986	52758	62693	729	16257	47225	32336	5489
1987	59428	74568	785	18018	49850	35178	5765
1988	70947	87784	844	19037	55486	37377	7941
1989	81723	100913	1004	20090	47766	31082	5877
1990	68629	125139	2167	22394	63280	39861	6661
1991	87250	77240	2625	25355	80401	55234	9964
1992	94986	88809	3263	29865	90791	64768	8530
1993	96825	98664	4217	34449	137988	94781	15773
1994	108031	105471	7215	45340	165419	110534	12694
1995	115687	127585	12239	63965	154184	110447	9718
1996	140300	150073	19473	94850	225521	158909	14528
1997	145971	182952	25369	125175	243038	169525	16957
1998	166505	218162	36295	167633	346200	253075	26168
1999	167120	225389	50229	224577	421326	291699	14787
2000	175303	231581	71009	297958	451096	240824	21220
2001	200195	299960	78600	414936	518832	203534	23405
2002	231646	356123	107844	500226	655846	218258	29286
2003	219397	382320	160859	681143	1084871	212594	28539
2004	236474	427010	270333	824696	1261423	314533	36565
2005	255277	420697	319095	915215	1530558	595760	38563
2006	227807	430488	407201	917263	1909646	708692	70164
2007	233402	438045	522600	882230	2342429	972530	34640
2008	218929	1266316	603336	855499	2652993	1218777	9230
2009	233734	1295284	566902	808436	4189568	2050736	41822
2010	247831	1387063	655124	705973	5455783	2879399	52428
2011	266639	1620705	280129	665008	6449577	3857202	90977
2012	271970	1863810	331776	627243	8224503	4771034	302623

1—5 续表 7

年 份	固定资产投资新增固定资产（万元）	财政总收入（万元）	#公共财政预算收入	公共财政预算支出（万元）	社会消费品零售总额（万元）	居民消费价格指数（%）	工业生产者出厂价格指数（%）
1949	12				3724		
1952	122	1679	1679	499	5359		
1957	1370	2488	2488	1673	9369		
1960	12501	6095	6095	8800	15913		
1962	1485	3084	3084	2758	13119		
1965	4913	4660	4660	3205	13950		
1970	10648	4172	4172	6827	19143		
1975	5582	7048	7048	9237	27532		
1978	14406	9411	9411	14188	33151		
1980	22459	9251	9251	12823	44334		
1985	26443	14943	14943	23048	79585		
1986	32786	16996	16996	28168	91262		
1987	41453	19792	19792	29159	102419		
1988	60291	23021	23021	34596	141046		
1989	39236	28380	28380	40303	135274		
1990	53878	30860	30860	43197	134538	101.1	
1991	71199	30513	30513	46479	148080	104.9	
1992	106272	33025	33025	51030	172337	105.8	
1993	87588	49123	26564	64443	199593	111.9	
1994	129003	59990	32466	79246	257282	120.7	
1995	123343	80578	44224	91729	356084	115.0	
1996	137665	100114	56977	110082	438957	106.4	
1997	206658	113220	62782	118638	516102	102.1	
1998	207789	126187	74533	135388	561188	97.9	
1999	386605	133988	81135	149994	618228	97.4	
2000	413990	149265	88205	171626	666388	99.6	
2001	452570	187777	105802	227036	725267	100.1	
2002	576363	260168	103145	269096	814082	99.2	107.5
2003	827185	372191	135985	319894	945521	102.6	135.4
2004	937497	588628	197009	439168	1153257	105.4	126.2
2005	1383049	830466	292650	574467	1320377	102.6	101.7
2006	1368171	1021975	399313	739646	1540191	102.1	97.3
2007	1728902	1234815	471259	904763	1856354	104.5	109.5
2008	1506487	1409072	542211	1094878	2240580	105.0	126.1
2009	3408546	1376666	629205	1320408	2582988	100.7	83.0
2010	4113508	1602989	754388	1597644	3064945	102.4	110.2
2011	3964703	1884053	891045	1871259	3606900	104.6	106.2
2012	7325176	2016408	1107773	2226858	4182209	102.8	91.8

1—5 续表 8

年份	职工工资总额(万元)	#国有单位	职工平均货币工资(元)	农民人均纯收入(元)	农民人均生活消费支出(元)	城镇居民人均可支配收入(元)	城镇居民人均消费性支出(元)
1949	328	328	281			121	90
1952	788	754	348			146	110
1957	2586	2240	465			220	180
1960	5920	5459	485	45		231	194
1962	4523	3995	510	43			
1965	5144	4390	574	56		226	199
1970	7068	6201	576	43		206	181
1975	10997	9381	579	56		237	209
1978	13976	12302	585	57		260	236
1980	17519	15479	697	63		377	350
1985	29633	25272	983	335		636	598
1986	35567	30527	1114	283	256	745	692
1987	40164	34560	1212	313	271	787	732
1988	49023	42812	1417	384	330	836	786
1989	56850	49906	1614	440	354	932	780
1990	73201	64965	1898	501	390	1020	795
1991	80419	71093	2045	507	403	1208	946
1992	91439	81563	2291	573	403	1364	975
1993	108554	97551	2706	689	511	1610	1147
1994	142922	129843	3507	809	561	2153	1492
1995	174560	159645	4225	1130	613	2780	1940
1996	192699	175562	4652	1528	972	3178	2344
1997	201723	180820	4953	1872	990	3277	2527
1998	200281	176295	4969	2038	904	3405	2504
1999	214313	191424	6045	2012	964	3769	2679
2000	239060	214638	6790	2195	1048	4158	3073
2001	281080	237308	8082	2320	1115	4697	3330
2002	284493	221024	8823	2465	1199	5160	4064
2003	322870	241467	10079	2666	1332	5820	4329
2004	397948	281877	12347	2976	1657	6857	4924
2005	459941	325352	13962	3326	1846	7852	5481
2006	540126	368623	16506	3598	2089	8853	6181
2007	617522	416411	18729	4065	2528	9997	6982
2008	733331	511022	22307	4394	2864	11203	7944
2009	787288	544720	24217	4749	3083	12247	8436
2010	871524	599909	26601	5287	3381	13831	9466
2011	1000578	684251	30244	6084	4230	15950	11025
2012	1177074	694351	34761	6899	4429	18126	11618

注:农民人均纯收入 1982 年以前不包括家庭经营收入;1995 年以后使用抽样调查数据。

1—5 续表 9

年 份	在校学生数(万人)		专任教师数(人)		毕业生数(万人)		医院床位数(张)	卫生技术人员数(人)
	小 学	普通中学	小 学	普通中学	小 学	普通中学		
1949	12.3	0.1	4000	199	1.1	0.1	31	325
1952	18.2	0.6	5252	369	1.9	0.1	162	642
1957	22.4	1.6	7128	866	3.4	0.3	527	1375
1960	29.6	3.3	9406	1858	4.2	0.8	1006	2378
1962	29.8	2.5	9921	1411	4.2	1.1	1364	2995
1965	34.9	2.6	11130	1648	4.4	0.7	2022	4109
1970	40.7	9.3	14045	5407	6.2	3.0	2774	5845
1975	47.2	16.1	16328	8947	8.3	6.1	5020	7671
1978	45.9	21.0	17733	12774	7.3	9.1	6010	8384
1980	47.0	21.1	19971	11704	7.1	2.6	7033	9785
1985	42.8	16.9	21153	10368	7.1	3.9	8872	12248
1986	40.8	16.6	21985	10614	7.3	4.1	9385	13260
1987	35.1	16.7	22475	11045	6.9	4.9	10104	13782
1988	39.2	16.6	22576	11819	6.8	4.7	10519	14146
1989	38.8	15.9	22760	11981	6.8	5.1	10539	14325
1990	38.6	16.1	22392	12245	6.8	4.9	10659	14645
1991	38.8	16.7	22026	12423	6.8	4.9	10814	15112
1992	39.7	17.2	22269	12589	6.8	4.9	10869	15388
1993	39.9	17.1	22487	12644	6.8	5.2	10716	15411
1994	40.4	18.0	22274	12914	7.2	5.1	10570	15138
1995	40.9	19.3	22287	12735	7.1	5.3	10767	14915
1996	42.1	20.9	21790	13272	7.4	5.8	7327	14595
1997	43.3	22.2	21620	13687	7.6	6.3	7458	14798
1998	43.9	23.7	21955	14041	7.8	6.6	7401	14957
1999	43.4	25.1	22410	14669	8.4	7.2	7594	15622
2000	43.0	26.6	22418	14955	8.4	7.6	7591	15360
2001	42.4	28.6	24174	16126	8.8	8.1	7473	15444
2002	44.7	30.4	22949	17254	9.0	8.7	7165	14994
2003	46.4	33.2	22994	18411	8.3	9.1	7886	14809
2004	44.8	33.3	23424	19578	8.3	10.3	8331	14625
2005	43.0	33.7	23775	20630	8.0	10.4	7982	14119
2006	40.9	34.2	23787	21445	8.2	10.7	8556	14639
2007	40.6	33.1	23454	21644	7.1	10.8	9131	16656
2008	39.7	31.1	23420	21548	6.5	11.2	10235	18066
2009	37.2	30.0	23426	21692	7.2	11.0	10852	19266
2010	35.4	29.6	23110	21640	6.9	9.9	11181	19760
2011	32.3	29.6	23046	21657	6.5	9.2	11112	20023
2012	31.0	27.4	22495	21967	5.9	9.6	12052	21000

1—6 国民经济和社会

指 标	总量指标							
	1980	1990	1995	2000	2005	2010	2011	2012
一、年末总人口(万人)	**297.55**	**346.64**	**372.94**	**395.57**	**412.05**	**432.10**	**434.50**	**436.73**
二、全社会从业人员(万人)	**113.29**	**158.00**	**178.36**	**176.68**	**185.63**	**202.22**	**206.72**	**213.97**
#职工人数	26.07	40.00	42.22	35.27	33.08	35.04	35.15	33.90
三、地区生产总值(亿元)	**10.54**	**38.09**	**99.30**	**190.81**	**525.19**	**890.14**	**1136.05**	**1221.08**
第一产业	2.99	11.56	26.75	22.75	30.46	66.57	74.83	81.04
第二产业	5.40	15.76	42.93	95.29	337.34	519.28	716.14	758.78
第三产业	2.15	10.78	29.62	72.77	157.39	304.29	345.08	381.27
四、农业生产								
主要农产品产量								
粮 食(万吨)	83.96	150.21	152.40	120.85	135.65	207.39	214.60	222.25
棉 花(万吨)	1.81	2.11	1.63	0.26	0.60	0.46	0.44	0.41
油 料(万吨)	0.94	2.84	3.67	4.77	3.34	2.15	1.89	2.11
肉类总产量(万吨)	1.91	3.83	7.50	7.74	10.99	11.39	10.72	11.58
大牲畜年末数(万头)	28.38	43.37	59.36	52.80	50.77	16.73	16.52	9.60
猪年末数(万头)	66.58	44.52	79.08	70.44	104.96	104.56	111.57	83.84
羊年末数(万只)	146.84	92.92	142.58	136.04	148.88	83.81	88.54	80.59
农业机械总动力(万千瓦特)	62.00	125.40	184.48	226.66	318.41	405.08	423.10	439.90
化肥施用量(折纯)(万吨)	3.46	8.84	11.81	13.20	14.19	15.75	16.70	17.00
五、工业生产								
规模以上工业增加值(亿元)			22.59	37.81	242.41	465.15	688.44	725.93
轻工业(亿元)			2.53	4.01	4.08	6.12	6.83	9.89
重工业(亿元)			20.06	33.80	238.33	459.02	681.61	716.05
主要工业产品产量								
原 煤(万吨)	695.10	1699.00	3278.80	2539.70	5244.70	3740.5	4831.0	4970.8
洗精煤(万吨)	26.50	394.90	1187.70	1381.20	2431.90	2511.7	3194.5	3985.3
焦 炭(万吨)	83.80	348.70	1674.10	1406.10	2173.50	1813.5	1920.1	1873.0
发电量(亿千瓦时)	28.49	36.88	35.80	36.40	72.32	105.59	150.05	141.63
铁矿石原矿(万吨)	33.80	103.20	433.70	*161.20	*231.60	*222.3	*406.9	*741.1
生 铁(万吨)	18.20	80.60	363.00	576.70	1127.30	890.47	1053.70	1260.74
钢(万吨)	0.20	10.60	33.00	74.10	436.90	770.15	864.40	1197.39
钢 材(万吨)	3.19	6.21	1.55	13.79	205.34	719.81	943.00	1195.67
布(万米)	8332	6646	6962	7413	5303	414	1234	1066

注:带"*"为规模以上口径。

发展总量与速度指标

速度指标											
指数(2012 为以下各年%)						年平均增长速度(%)					
1980	1990	1995	2000	2005	2010	“八五”	“九五”	“十五”	“十一五”	2006-2012	2010-2012
146.77	**125.99**	**117.10**	**110.40**	**105.99**	**101.07**	**1.5**	**1.2**	**0.8**	**1.0**	**0.8**	**0.4**
188.87	**135.42**	**119.97**	**121.11**	**115.27**	**105.81**	**2.5**	**-0.2**	**1.0**	**1.7**	**2.1**	**1.9**
130.03	84.75	80.29	96.12	102.48	96.75	1.1	-3.5	-1.3	1.2	0.4	-1.1
2529.30	**1256.16**	**702.88**	**417.46**	**205.81**	**126.95**	**12.3**	**11.0**	**15.2**	**10.2**	**10.9**	**14.1**
474.43	247.17	195.12	180.61	144.45	108.76	4.8	1.6	4.6	5.8	5.4	6.1
3267.55	1954.15	868.65	489.89	211.37	132.88	17.6	12.1	18.3	9.7	11.3	17.2
3761.11	1309.38	750.68	399.17	210.59	120.77	11.8	13.5	13.6	11.8	11.2	10.1
264.71	147.96	145.83	183.90	163.84	107.16	0.3	-4.5	2.3	8.9	7.3	2.3
22.40	19.21	24.87	155.92	67.57	88.13	-5.0	-30.7	18.2	-5.2	-5.4	-4.1
224.80	74.40	57.58	44.30	63.27	98.28	5.3	5.4	-6.9	-8.4	-6.3	-0.6
606.28	302.35	154.40	149.61	105.37	101.67	14.4	0.6	7.3	0.7	0.7	0.6
33.82	22.13	16.17	18.18	18.91	57.38	6.5	-2.3	-0.8	-19.9	-21.2	-16.9
125.92	188.31	106.01	119.02	79.87	80.18	12.2	-2.3	8.3	-0.1	-3.2	-7.1
54.88	86.73	56.52	59.24	54.13	96.16	8.9	-0.9	1.8	-10.9	-8.4	-1.3
709.52	350.80	238.45	194.08	138.16	108.60	8.0	4.2	7.0	4.9	4.7	2.8
491.33	192.31	143.95	128.79	119.80	107.94	6.0	2.3	1.5	2.1	2.6	2.6
			819.02	269.07	140.29			24.9	13.9	15.2	22.2
			130.05	104.05	124.79			4.6	-3.6	0.6	10.3
			894.97	274.59	140.50			26.7	14.3	15.5	22.4
715.11	292.57	151.60	195.72	94.78	132.89	14.1	-5.0	15.6	-6.5	-0.8	9.9
15038.72	1009.18	335.54	288.54	163.87	158.67	24.6	3.1	12.0	0.6	7.3	16.6
2235.10	537.14	111.88	133.21	86.17	103.28	36.9	-3.4	9.1	-3.6	-2.1	1.1
497.13	384.04	395.62	389.10	195.84	134.14	-0.6	0.3	14.7	7.9	10.1	10.3
2192.60	718.12	170.88	459.74	319.99	333.38	33.3	-18.0	7.5	-0.8	18.1	49.4
6927.14	1564.19	347.31	218.61	111.84	141.58	35.1	9.7	14.3	-4.6	1.6	12.3
598695.00	11296.13	3628.45	1615.91	274.07	155.48	25.5	17.6	42.6	12.0	15.5	15.8
37481.78	19253.93	77139.92	8670.55	582.29	166.11	-24.2	54.8	71.6	28.5	28.6	18.4
12.79	16.04	15.31	14.38	20.10	257.49	0.9	1.3	-6.5	-40.0	-20.5	37.1

1—6 续

指　　标	总量指标							
	1980	1990	1995	2000	2005	2010	2011	2012
机制纸及纸板(吨)	21287	78788	93176	72600	105972	*7871	3506	182
塑料制品(吨)	881	3614	7988	*7411	*10150	*10155	*390	*2525
水　泥(万吨)	11.3	35.7	106.5	146.9	215.1	371.3	488.7	430.8
六、公路运输邮电								
公路通车里程(公里)	3281	3620	3921	8714	9556	17105	17390	17816
公路货运量(万吨)	1141	3275	3111	5773	7968	9698	10442	11486
公路货物周转量(亿吨公里)	2.56	12.51	12.76	23.16	42.07	138.71	162.07	186.38
公路客运量(万人)	436	1607	2337	4171	5257	4280	4480	4570
公路客运周转量(百万人公里)	217.4	686.3	1156.9	1753.0	2552.8	2478.3	2666.4	2719.7
邮电业务总量(万元)	561	2167	12239	71009	319095	655124	323007	331776
函　件(万件)	935.8	1143.6	2219.0	1741.1	1487.2	680.0	582.0	537.2
固定电话(部)	14180	22394	63965	297958	915215	705973	665008	627243
移动电话(部)			3678	160100	1099684	2901234	3386902	3638520
七、固定资产投资								
全社会固定资产投资(亿元)	1.96	6.33	15.42	45.11	153.06	545.58	644.96	822.45
国　有	1.37	3.99	11.04	24.08	59.58	287.94	385.72	477.10
集　体	0.14	0.67	0.97	2.12	3.86	5.24	9.10	17.46
其　他	0.45	1.67	3.41	18.91	89.62	252.40	250.14	327.89
第一产业	0.06	0.08	0.05	1.73	2.52	22.71	21.02	29.95
第二产业	0.83	5.04	10.76	26.10	105.75	263.99	301.55	379.53
第三产业	1.07	1.21	4.61	17.28	44.79	258.87	322.40	412.98
新增固定资产	2.24	5.39	12.33	41.40	138.30	411.35	396.47	732.52
八、能源生产与消费								
原煤生产总量(万吨)	695	1699	3279	2540	5245	3741	4831	4971
煤炭消费总量(万吨)	432	1098	2947	3045	6868	7626	9083	10422
九、国内贸易								
社会消费品零售总额(亿元)	4.4	13.5	35.6	66.6	132.0	306.5	360.7	418.2
十、对外贸易								
海关进出口总额(万美元)			2206	4753	26547	65100	79596	82554
出口额			2206	1019	17081	14550	21003	27725
进口额				3734	9466	50550	58593	54829
十一、财　政								
财政总收入(亿元)	0.93	3.09	8.06	14.93	83.05	160.30	188.41	201.60
公共财政预算收入(亿元)	0.93	3.09	4.42	8.82	29.27	75.44	89.1	110.78
公共财政预算支出(亿元)	1.28	4.32	9.17	17.16	57.45	159.76	187.13	222.69

表1

速度指标											
指数(2012 为以下各年%)						年平均增长速度(%)					
1980	1990	1995	2000	2005	2010	“八五”	“九五”	“十五”	“十一五”	2006-2012	2010-2012
0.9	0.2	0.2	0.3	0.2	2.3	3.4	-4.9	7.9	-40.5	-59.7	-71.5
286.6	69.9	31.6	34.1	24.9	24.9	17.2	-1.5	6.5	0.0	-18.0	-37.1
3812.0	1206.6	404.5	293.2	200.3	116.0	24.4	6.6	7.9	11.5	10.4	5.1
543.0	492.2	454.4	204.5	186.4	104.2	1.6	17.3	1.9	12.3	9.3	1.4
1006.7	350.7	369.2	199.0	144.2	118.4	-1.0	13.2	6.7	4.0	5.4	5.8
7280.5	1489.9	1460.7	804.8	443.0	134.4	0.4	12.7	12.7	26.9	23.7	10.3
1048.2	284.4	195.5	109.6	86.9	106.8	7.8	12.3	4.7	-4.0	-2.0	2.2
1250.9	396.3	235.1	155.1	106.5	109.7	11.0	8.7	7.8	-0.6	0.9	3.1
59140.1	15311.1	2710.8	467.2	104.0	50.6	41.4	42.1	35.1	15.5	0.6	-20.3
57.4	47.0	24.2	30.9	36.1	79.0	14.2	-4.7	-3.1	-14.5	-13.5	-7.6
4423.4	2800.9	980.6	210.5	68.5	88.8	23.4	36.0	25.2	-5.1	-5.3	-3.9
		98926.6	2272.7	330.9	125.4		112.7	47.0	21.4	18.6	7.8
41961.8	12992.9	5333.7	1823.2	537.3	150.7	19.5	23.9	27.7	28.9	27.2	14.7
34825.1	11957.5	4321.6	1981.3	800.8	165.7	22.6	16.9	19.9	37.0	34.6	18.3
21615.9	4516.8	3119.8	1427.5	784.7	577.2	7.7	16.9	12.7	6.3	34.2	79.4
70018.8	18867.3	9240.0	1666.2	351.6	124.8	15.3	40.9	36.5	23.0	19.7	7.7
49912.8	37434.6	59895.4	1731.1	1188.4	131.9	-9.0	103.1	7.8	55.2	42.4	9.7
45726.1	7530.3	3527.2	1454.1	358.9	143.8	16.4	19.4	32.3	20.1	20.0	12.9
38595.9	34130.2	8958.3	2389.9	922.0	159.5	30.7	30.2	21.0	42.0	37.3	16.8
32701.8	13590.4	5941.0	1769.4	529.7	178.1	18.0	27.4	27.3	24.4	26.9	21.2
715.1	292.6	151.6	195.7	94.8	132.9	14.1	-5.0	15.6	-6.5	-0.8	9.9
2415.2	949.5	353.7	342.3	151.7	136.7	21.8	0.7	17.7	2.1	6.1	11.0
9440.6	3109.4	1174.4	627.6	316.7	136.5	21.5	13.4	14.7	18.3	17.9	10.9
		3742.2	1736.9	311.0	126.8		16.6	41.1	19.7	17.6	8.2
		1256.8	2720.8	162.3	190.5		-14.3	75.7	-3.2	7.2	24.0
			1468.4	579.2	108.5			20.4	39.8	28.5	2.7
21677.4	6524.3	2501.2	1350.3	242.7	125.8	21.1	13.1	40.9	14.1	13.5	7.9
11911.8	3585.1	2506.3	1256.0	378.5	146.8	7.4	14.8	27.1	20.8	20.9	13.7
17397.7	5154.9	2428.5	1297.7	387.6	139.4	16.2	13.4	27.3	22.7	21.4	11.7

1—6 续

指　　标	总量指标							
	1980	1990	1995	2000	2005	2010	2011	2012
十二、物价指数(以上年为100)								
工业品出厂价格总指数					101.7	110.2	106.2	91.8
居民消费价格总指数		101.1	115.0	99.6	102.6	102.4	104.6	102.8
十三、工　资								
在岗职工工资总额(亿元)	1.8	7.3	17.5	23.9	46.0	87.2	100.1	117.7
在岗职工平均工资(元)	697	1898	4225	6790	13962	26601	30244	34761
国有单位职工工资总额(亿元)	1.6	6.5	16.0	21.5	32.5	60.0	68.4	69.4
国有单位职工平均工资(元)	714	2030	4482	7175	13851	26705	30150	32487
十四、人民生活								
城镇居民人均可支配收入(元)	377	1020	2780	4158	7852	13831	15950	18126
城镇居民人均消费性支出(元)	350	795	1940	3073	5481	9466	11025	11618
农民家庭人均纯收入(元)	63	501	1130	2195	3326	5287	6084	6899
农民家庭人均生活费支出(元)		390	613	1048	1846	3381	3956	4429
城乡居民储蓄存款年末余额(亿元)	0.7	21.1	73.6	155.3	430.2	857.6	941.7	1066.6
十五、教育、文化								
高等学校数(所)	3	3	2	1	3	4	4	4
高等学校在校学生数(万人)	0.3	0.5	0.6	0.9	2.6	3.8	4.2	4.1
中等专业学校数(所)	6	9	9	10	4	6	7	7
中等专业学校在校学生数(万人)	0.3	0.6	0.6	1.5	1.2	1.4	1.3	1.3
普通中学学校数(所)	1003	414	386	393	403	324	301	295
普通中学在校学生数(万人)	21.1	16.1	19.3	26.6	33.7	29.6	29.6	27.4
职业中学学校数(所)	17	33	41	46	37	40	38	38
职业中学在校学生数(人)	758	5580	11054	13211	1193	29704	21849	18009
小学学校数(所)	6346	6503	6130	4350	3225	1580	1367	1296
小学在校学生数(万人)	46.96	38.56	40.86	42.98	42.97	35.39	32.27	31.03
文化馆个数(个)	17	18	18	18	18	18	18	18
公共图书馆(个)	14	17	17	17	17	17	17	17
十六、卫　生								
卫生机构数(个)	618	705	666	418	389	824	1166	1152
卫生机构床位数(张)	7593	11097	11129	11622	11301	17051	16546	17254
卫生技术人员(人)	9785	14645	14915	15360	14119	19760	19500	21010

注:1995 年以后“卫生机构”中不包括“门诊所”;“医院”中不包括“卫生院”;2005 年卫生部门数据缺部分单位。

表 2

速度指标											
指数(2012 为以下各年%)						年平均增长速度(%)					
1980	1990	1995	2000	2005	2010	“八五”	“九五”	“十五”	“十一五”	2006－2012	2010－2012
				119.9	97.6				4.2	2.6	2.4
			136.7	124.1	107.5	10.8	0.7	1.9	2.9	3.1	3.3
6725.7	1607.9	674.1	492.3	255.9	135.1	19.0	6.5	14.0	13.6	14.4	10.5
4987.2	1831.5	822.7	511.9	249.0	130.7	17.4	10.0	15.5	13.8	13.9	9.3
4477.4	1067.7	434.8	323.4	213.3	115.7	19.7	6.1	8.7	13.0	11.4	5.0
4550.0	1600.3	724.8	452.8	234.5	121.7	17.2	9.9	14.1	14.0	13.0	6.8
4808.1	1777.7	652.1	435.9	230.8	131.1	22.2	8.4	13.6	12.0	12.7	9.4
3319.4	1460.7	598.9	378.0	212.0	122.7	19.5	9.6	12.3	11.5	11.3	7.1
10951.3	1377.1	610.6	314.3	207.4	130.5	17.7	14.2	8.7	9.7	11.0	9.3
	1134.3	722.0	422.5	240.0	131.0	9.5	11.3	12.0	12.9	13.3	9.4
151980.6	5060.8	1449.8	686.6	247.9	124.4	28.4	16.1	22.6	14.8	13.9	7.5
133.3	133.3	200.0	400.0	133.3	100.0	-7.8	-12.9	24.6	5.9	4.2	
1366.7	803.9	661.3	436.2	160.2	107.9	4.0	8.7	22.2	8.2	7.0	2.6
116.7	77.8	77.8	70.0	175.0	116.7		2.1	-16.7	8.4	8.3	5.3
382.4	228.1	203.1	88.4	109.2	92.9	2.3	18.1	-4.1	3.3	1.3	-2.4
29.4	71.3	76.4	75.1	73.2	91.0	-1.4	0.4	0.5	-4.3	-4.4	-3.1
130.0	170.1	141.7	102.9	81.3	92.6	3.7	6.6	4.8	-2.6	-2.9	2.5
223.5	115.2	92.7	82.6	102.7	95.0	4.4	2.3	-4.3	1.6	0.4	-1.7
2375.9	322.7	162.9	136.3	1509.6	60.6	14.7	3.6	-38.2	90.2	47.4	-15.4
20.4	19.9	21.1	29.8	40.2	82.0	-1.2	-6.6	-5.8	-13.3	-12.2	-6.4
66.1	80.5	75.9	72.2	72.2	87.7	1.2	1.0	0.0	-3.8	-4.5	-4.3
105.9	100.0	100.0	100.0	100.0	100.0						
121.4	100.0	100.0	100.0	100.0	100.0						
186.4	163.4	173.0	275.6	296.1	139.8	-1.1	-8.9	-1.4	16.2	16.8	11.8
227.2	155.5	155.0	148.5	152.7	101.2	0.1	0.9	-0.6	8.6	6.2	0.4
214.7	143.5	140.9	136.8	148.8	106.3	0.4	0.6	-1.7	7.0	5.8	2.1

1—7 水资源总量(2011年)

单位:万立方米

	水资源总量	地表水资源量	地下水资源量	重复计算量	年降水量(亿立方米)
全市	**123646**	**86454**	**102559**	**65367**	**137.19**
尧都区	15188	12863	13131	11105	8.01
曲沃县	4850	882	4553	585	2.85
翼城县	9611	5230	7463	3082	8.84
襄汾县	10232	2026	9073	867	6.78
洪洞县	15487	12819	15470	12802	8.91
古县	8406	5125	5739	2458	7.98
安泽县	17164	17002	13223	13061	13.40
浮山县	4709	4412	3046	2749	6.44
吉县	2750	2660	1918	1827	11.84
乡宁县	16569	4996	13643	2070	14.91
大宁县	1729	1695	1006	973	6.41
隰县	2684	2499	1602	1417	9.71
永和县	2248	2192	1759	1703	8.31
蒲县	2691	2424	1745	1477	10.59
汾西	1221	590	1144	514	5.78
侯马市	2297	368	984	55	1.48
霍州市	5809	8671	5760	8622	4.95

1—8 实际用水量(2012年)

单位:万立方米

	总计	农田灌溉	工业	城镇生活	农村生活	林牧渔业	生态	建筑业	三产
全市	**75341**	**44196**	**11214**	**5700**	**5599**	**3296**	**3225**	**228**	**1882**
尧都区	15969	10948	1073	1901	262	575	810	70	330
曲沃县	5879	3772	722	198	553	439	50	5	140
翼城县	4776	2698	934	326	260	181	44	20	313
襄汾县	12673	8602	948	438	130	903	1225	34	392
洪洞县	17407	12288	2908	812	72	292	824	56	155
古县	1153	351	517	92	89	45	25	11	24
安泽县	707	400	106	53	30	80	3	0	36
浮山县	814	193	108	90	206	161	45	0	10
吉县	360	100	32	86	66	60	0	0	15
乡宁县	895	209	352	113	66	110	33	2	10
大宁县	228	152	7	0	42	10	5	4	8
隰县	3602	246	10	90	3133	100	9	2	11
永和县	314	171	11	45	45	23	1	5	13
蒲县	926	205	112	410	115	39	16	0	29
汾西	381	52	50	114	100	57	2	0	6
侯马市	3774	2068	537	522	357	110	35	15	130
霍州市	5484	1741	2787	410	72	111	98	5	260

1—9 平均每天主要社会经济活动

指　　标	单　位	1980	1990	1995	2000	2005	2010	2011	2012
一、全市每天创造财富									
地区生产总值	万元	288.9	1043.5	2720.6	5277.6	14388.9	24387.5	31124.9	33454.2
农林牧渔业总产值	万元	134.2	466.2	1099.9	1035.8	1488.4	3391.9	3796.3	4158.0
全部工业增加值	万元	126.2	389.2	1081.4	2344.6	8757.6	13003.6	18120.2	19211.9
原　煤	吨	19044	46548	89831	69581	143690	102481	132355	136186
焦　炭	吨	2296	9553	45865	38523	59548	49686	52605	51315
生　铁	吨	499	2208	9945	15800	30885	24397	28867	34541
洗精煤	吨	726	10819	32540	37841	66627	68813	87522	109186
发电量	万千瓦时	780.6	1010.4	980.8	997.4	1981.4	2892.9	4111.1	3880.3
水　泥	吨	310	978	2918	4024	5893	10172	13390	11803
纱	吨	46	34	31	39	38	19	14	19
布	万米	22.8	18.2	19.1	20.3	14.5	1.1	3.4	2.9
机制纸及纸板	吨	58	216	255	199	290	22	10	1
二、其他经济活动									
全社会固定资产投资	万元	63	173	422	1236	4193	14947	17670	22533
施工房屋面积	平方米	3972	4858	5183	8337	8618	27588	14513	44025
竣工房屋面积	平方米	3459	3730	3431	5231	4855	10525	7758	14740
全市用电量	万千瓦时	183.5	443.4	687.7	986.0	2643.5	3664.0	4298.6	4738.1
#人民生活用电	万千瓦时	9.2	38.0	83.9	84.0	162.4	352.6	412.4	455.3
煤炭消费量	吨	11822	30071	80732	83414	188170	208947	248852	285521
财政总收入	万元	25.4	84.6	220.8	409.0	2275.3	4391.8	5161.8	5523.4
社会消费品零售总额	万元	121.5	368.6	975.6	1825.7	3617.5	8397.1	9881.9	11732.1
邮电业务量	万元	1.5	5.9	33.5	194.6	874.2	1794.9	884.9	909.0
公路客运量	人	11945	44000	64027	114272	144027	117260	122740	125206
公路货运量	吨	31260	89726	85233	158164	218301	265699	286082	314685
三、人口变动									
出生人口	人	124	182	131	244	147	127	126	129
死亡人口	人	47	49	46	77	68	62	65	68

1—10 社会经济主要指标人均水平

指 标	单 位	1980	1990	1995	2000	2005	2010	2011	2012
一、地区生产总值	元	**357**	**1115**	**2679**	**4835**	**12790**	**20841**	**26220**	**28031**
二、农林牧渔业总产值	元	**165**	**491**	**1077**	**942**	**1318**	**2899**	**3198**	**3475**
三、主要产品产量									
原 煤	千克	2355	4975	8845	6448	12773	8758	11150	11382
焦 炭	千克	284	1021	4516	3570	5293	4246	4431	4289
生 铁	千克	62	236	979	1464	2745	2085	2432	2887
洗精煤	千克	90	1156	3204	3506	5922	5881	7373	9125
发电量	千瓦时	965	1080	966	924	1761	2472	3463	3243
水 泥	千克	38	105	287	373	524	869	1128	986
纱	千克	6.0	4.0	3.0	4.0	3.0	1.6	1.2	1.6
布	米	28	19	19	19	13	1	3	2
机制纸及纸板	千克	7	23	25	18	26	2	1	0.04
粮 食	千克	284	440	411	307	329	486	495	509
棉 花	千克	6	6	4	1	1	1	1	1
油 料	千克	3	8	10	11	8	5	4	5
水 果	千克	9	15	37	49	54	89	100	119
肉类总产量	千克	6	11	20	19	27	27	26	27
四、财政总收入	元	**31**	**90**	**217**	**379**	**2022**	**3753**	**4348**	**4616**
五、社会消费品零售总额	元	**150**	**394**	**961**	**1692**	**3216**	**7176**	**8325**	**9805**
六、邮电业务量	元	**2**	**6**	**33**	**180**	**777**	**1534**	**745**	**760**
固定电话	部/百人	…	1	2	8	22	16	15	14
移动电话	部/百人			…	4	27	67	78	83
七、人民生活									
职工平均货币工资	元	697	1898	4225	6790	13962	26601	30244	34761
#国有单位	元	714	2030	4482	7175	13851	26705	30150	32487
农民人均纯收入	元	63	501	1130	2195	3326	5287	6084	6899
农民家庭生活消费支出	元		390	613	1048	1846	3381	3956	4429
城镇居民人均可支配收入	元	377	1020	2780	4158	7852	13831	15950	18126
城镇居民消费性支出	元	350	795	1940	3074	5481	9466	11025	11618

1—11 国民经济主要比例关系

单位:%

指　　标	1990	1995	2000	2005	2010	2011	2012
一、地区生产总值中三次产业比例	**100**	**100**	**100**	**100**	**100**	**100**	**100**
第一产业	30.34	26.94	11.92	5.80	7.48	6.59	6.64
第二产业	41.37	43.23	49.94	64.23	58.34	63.04	62.14
第三产业	28.29	29.83	38.14	29.97	34.18	30.37	31.22
二、工业总产值中轻重工业比例	**100**	**100**	**100**	**100**	**100**	**100**	**100**
轻工业	23.30	16.71	9.91	1.71	1.64	1.36	1.62
重工业	76.70	83.29	90.09	98.29	98.36	98.64	98.38
三、农林牧渔业总产值内部比例	**100**	**100**	**100**	**100**	**100**	**100**	**100**
农　业	79.27	73.61	71.93	66.63	65.20	67.25	68.28
林　业	4.23	4.23	5.23	2.87	6.19	6.05	5.18
牧　业	16.16	21.82	22.22	27.48	26.54	24.29	24.00
渔　业	0.34	0.34	0.62	0.60	0.70	0.71	0.73
农林牧渔服务业				2.42	1.36	1.71	1.81
四、固定资产投资中三次产业比重	**100**	**100**	**100**	**100**	**100**	**100**	**100**
第一产业	1.29	0.30	3.83	1.64	4.16	3.26	3.64
第二产业	79.59	69.76	57.86	69.08	48.39	46.75	46.15
采矿业			4.83	17.09	22.26	21.14	21.70
制造业			36.14	35.52	12.11	19.27	17.77
电力燃气及水的生产和供应业			16.89	16.47	14.02	6.34	6.68
第三产业	19.12	29.94	38.31	29.28	47.45	49.99	50.21
五、能源使用比例	**100**	**100**	**100**	**100**	**100**	**100**	**100**
第一产业				0.99	1.06	1.12	2.42
第二产业				90.82	85.01	83.74	80.79
第三产业				3.60	6.62	7.93	7.18
人民生活				4.59	7.31	7.21	9.61

1—12 人民物质文化生活提高情况

指　　标	单　位	1990	1995	2000	2005	2010	2011	2012
一、城乡居民收入								
农民人均纯收入	元	501	1130	2195	3326	5287	6084	6899
城镇居民人均可支配收入	元	1020	2780	4158	7852	13831	15950	18126
在岗职工平均货币工资	元	1898	4225	6790	13962	26601	30244	34716
二、平均每人住房面积(抽样)								
农民家庭	平方米	15.4	19.2	21.9	27.9	30.4	32	33
城镇居民	平方米	12.0	13.0	14.8	29.8	31.6	35	35
三、交通、文化、教育、卫生								
每百户拥有(抽样)								
自行车								
农　民	辆	102	125	118	105	106		71
城镇居民	辆	217	219	172	132			
摩托车								
农　民	辆	1	6	24	72	84	81	80
城镇居民	辆	3	19	45	68	63	54	54
洗衣机								
农　民	台	9	19	50	82	94	93	95
城镇居民	台	79	90	93	96	99	100	102
电冰箱								
农　民	台	1	2	8	22	32	48	50
城镇居民	台	15	32	60	71	92	97	97
彩色电视机								
农　民	台	4	18	56	96	109	109	111
城镇居民	台	56	84	102	103	109	106	108
移动电话								
农　民	部			0.2	44.5	106.8	178	187
城镇居民	部			7.1	121.2	175.0	212	217
电视人口覆盖率	%	85.9	86.0	92.9	97.6	97.9	98.9	98.3
每千人拥有医院床位数	张	3.2	3.0	2.9	2.7	3.8	3.8	3.9
每千人拥有卫生技术人员	人	4.3	4.0	3.9	3.4	4.6	4.6	4.7
四、储　蓄								
城乡居民储蓄存款余额	亿元	21.08	73.57	155.34	430.18	857.62	941.70	1066.60
人均储蓄存款	元	617	1984	3944	10476	19849	21735	24422

1—13 主要年份总产出

按当年价格计算 单位:万元

年份	总产出	第一产业	第二产业	#工业	第三产业	#交通运输、仓储邮政业	#批零住宿餐饮业
1949	14369	9801	912	897	3656	749	1231
1952	21921	15178	2167	2040	4576	616	1814
1957	37596	21076	6835	5415	9685	570	3417
1962	39741	14482	13555	11365	11704	1950	4019
1965	58450	21028	20567	16330	16855	2246	5821
1970	83402	23278	42077	27587	18047	1870	6762
1975	125859	34648	70956	59485	20255	2458	7167
1978	173389	32439	108240	87050	32710	5349	10352
1980	204134	48987	117877	98882	37270	7621	10306
1985	424962	101287	220181	181215	103494	25156	25556
1990	870161	170174	480947	422013	219040	48288	63009
1995	2898318	404849	1877853	1739738	615616	157161	191994
2000	5109965	385730	3166572	2821733	1557663	428694	499531
2001	6071721	399008	3875569	3512373	1797144	538143	567627
2002	7207294	435616	4723441	4289604	2048237	638647	634402
2003	9470064	480596	6671723	6104008	2317745	685577	722340
2004	11316607	567116	8062711	7424880	2686780	721163	963710
2005	13659465	546248	9976793	9277411	3136424	846709	1043598
2006	15886532	597848	11596787	10714731	3691897	967822	1238343
2007	18322677	689314	13448286	12370770	4185077	983051	1423182
2008	20635591	717341	14901574	13629431	5016676	1131872	1719402
2009	20245927	1021959	13736674	12330040	5487294	1197527	1931593
2010	23071874	1238033	15521239	13804062	6312602	1366280	2292373
2011	30430456	1385663	21398942	19237300	7645851	1818185	2687160
2012	32205669	1517671	22229883	19941278	8458115	2009818	2935622

1—14 主要年份总产出构成

单位:%

年　份	总产出	第一产业	第二产业	#工　业	第三产业	#交通运输、仓储邮政业	#批零住宿餐饮业
1949	100.00	68.21	6.35	6.24	25.44	5.21	8.57
1952	100.00	69.24	9.89	9.31	20.87	2.81	8.28
1957	100.00	56.06	18.18	14.40	25.76	1.52	9.09
1962	100.00	36.44	34.11	28.60	29.45	4.91	10.11
1965	100.00	35.97	35.19	27.94	28.84	3.84	9.96
1970	100.00	27.91	50.45	33.08	21.64	2.24	8.11
1975	100.00	27.53	56.38	47.26	16.09	1.95	5.69
1978	100.00	18.71	62.42	50.21	18.87	3.08	5.97
1980	100.00	24.00	57.74	48.44	18.26	3.73	5.05
1985	100.00	23.84	51.81	42.64	24.35	5.92	6.01
1990	100.00	19.56	55.27	48.50	25.17	5.55	7.24
1995	100.00	13.97	64.79	60.03	21.24	5.42	6.62
2000	100.00	7.55	61.97	55.22	30.48	8.39	9.78
2001	100.00	6.57	63.83	57.85	29.60	8.86	9.35
2002	100.00	6.04	65.54	59.52	28.42	8.86	8.80
2003	100.00	5.08	70.45	64.46	24.47	7.24	7.63
2004	100.00	5.01	71.25	65.61	23.74	6.37	8.52
2005	100.00	4.00	73.04	67.92	22.96	6.20	7.64
2006	100.00	3.76	73.00	67.45	23.24	6.09	7.79
2007	100.00	3.76	73.40	67.52	22.84	5.37	7.77
2008	100.00	3.48	72.21	66.05	24.31	5.49	8.33
2009	100.00	5.05	67.85	60.90	27.10	5.91	9.54
2010	100.00	5.37	67.27	59.83	27.36	5.92	9.94
2011	100.00	4.55	70.32	63.22	25.13	5.97	8.83
2012	100.00	4.71	69.03	61.92	26.26	6.24	9.12

1—15 主要年份总产出指数

1949 年 = 100 单位:%

年 份	总产出	第一产业	第二产业	#工 业	第三产业	#交通运输、仓储邮政业	#批零住宿餐饮业
1949	100.0	100.0	100.0	100.0	100.0	100.0	100.0
1952	145.0	142.4	237.7	227.1	132.0	82.2	147.4
1957	211.0	164.1	716.4	593.0	256.2	98.7	288.7
1962	176.9	108.8	1071.8	963.9	225.7	343.7	292.4
1965	250.4	147.2	1594.4	1409.4	315.7	391.7	471.0
1970	293.9	137.0	2958.8	2020.4	255.9	318.8	526.0
1975	438.8	207.3	4918.8	4321.5	271.1	418.5	505.6
1978	579.3	191.3	7496.2	6427.5	383.2	909.8	682.2
1980	588.5	207.0	7316.3	6440.5	413.0	1296.9	533.0
1985	977.4	366.1	11507.4	10417.0	745.3	4280.1	933.9
1990	1396.8	374.6	18033.5	17428.2	1129.1	4566.7	915.4
1995	3123.4	481.5	49967.2	50101.2	1782.4	7956.3	1516.6
2000	5179.8	493.9	85252.5	82630.3	3352.0	16345.1	3123.5
2001	5967.1	505.8	101535.7	100395.8	3677.2	18911.3	3414.0
2002	6939.8	560.9	120827.5	118768.2	4074.3	21521.0	3700.7
2003	8168.1	605.8	145113.8	140977.9	4652.8	23393.4	4229.9
2004	9662.9	654.9	174281.7	171993.0	5406.6	29662.8	4703.7
2005	11266.9	644.4	208615.2	207939.5	6179.7	42388.1	5084.7
2006	12911.9	702.4	238864.4	236635.2	7143.8	47601.8	5949.1
2007	14758.3	743.1	273977.4	270000.7	8172.5	50124.7	6823.6
2008	15629.0	772.9	280552.9	273240.7	9578.1	56590.8	8010.9
2009	16332.3	809.2	288969.5	275153.4	10382.7	59363.8	8723.9
2010	19108.8	902.2	343006.8	327707.7	11763.6	66665.5	10224.4
2011	22242.7	923.9	409893.1	393577.0	13128.2	74665.4	11574.0
2012	24600.4	989.5	456211.0	441593.4	14362.2	82355.9	12453.6

1—16 主要年份总产出指数

上年＝100 单位：%

年份	总产出	第一产业	第二产业	#工业	第三产业	#交通运输、仓储邮政业	#批零住宿餐饮业
1952	116.0	113.4	136.4	138.0	123.2	141.1	120.5
1957	98.7	91.9	105.8	105.5	111.2	105.4	106.2
1962	77.1	108.5	67.9	76.8	62.2	52.1	77.3
1965	119.4	114.4	114.8	129.3	132.1	107.0	152.6
1970	129.2	87.5	205.9	159.2	117.2	100.1	153.9
1975	110.0	112.4	110.2	117.8	105.4	107.0	96.3
1978	115.7	102.7	123.7	123.7	108.2	115.3	111.3
1980	93.8	94.1	94.3	94.8	91.9	118.6	77.2
1985	110.6	89.7	121.3	112.3	115.3	147.7	128.9
1990	107.3	109.3	108.9	109.1	105.3	91.2	94.4
1995	112.7	112.6	114.3	114.5	111.9	117.6	106.5
2000	110.5	96.9	111.9	113.2	110.8	115.7	110.1
2001	115.2	102.4	119.1	121.5	109.7	115.7	109.3
2002	116.3	110.9	119.0	118.3	110.8	113.8	108.4
2003	117.7	108.0	120.1	118.7	114.2	108.7	114.3
2004	118.3	108.1	120.1	122.0	116.2	126.8	111.2
2005	116.6	98.4	119.7	120.9	114.3	142.9	108.1
2006	114.6	109.0	114.5	113.8	115.6	112.3	117.0
2007	114.3	105.8	114.7	114.1	114.4	105.3	114.7
2008	105.9	104.0	102.4	101.2	117.2	112.9	117.4
2009	104.5	104.7	103.0	100.7	108.4	104.9	108.9
2010	117.0	111.5	118.7	119.1	113.3	112.3	117.2
2011	116.4	102.4	119.5	120.1	111.6	112.0	113.2
2012	110.6	107.1	111.3	112.2	109.4	110.3	107.6

1—17 主要年份地区生产总值

按当年价格计算

年 份	地区生产总值（万元）	第一产业	第二产业	#工 业	第三产业	#交通运输、仓储邮政业	#批零住宿餐饮业	人均地区生产总值（元）
1949	9917	7427	348	327	2142	188	1091	72
1952	15450	11503	852	815	3095	281	1571	104
1957	22108	13288	3059	2492	5761	298	2764	131
1962	22473	10579	5150	4370	6744	927	2279	110
1965	32376	15695	7907	6425	8774	1094	3715	152
1970	41843	16947	15820	10829	9076	957	3801	172
1975	63083	25285	26393	22393	11405	1203	4030	230
1978	83730	22621	42446	35120	18663	2649	6052	291
1980	105445	29867	54039	46074	21539	3904	5176	357
1985	201541	69597	88090	73573	43854	12264	9300	643
1990	380878	115573	157550	142053	107755	25108	22668	1115
1995	993034	267503	429292	394724	296239	68030	72958	2679
2000	1908074	227546	952852	855775	727676	187213	182700	4835
2001	2191699	238334	1126392	1021394	826973	221758	206703	5509
2002	2588376	257674	1391483	1278685	939219	263394	229764	6444
2003	3380330	287118	1986372	1838766	1106840	301599	269641	8353
2004	4487398	339461	2798794	2636720	1349143	388016	312091	11007
2005	5251933	304605	3373365	3196525	1573963	464640	330979	12790
2006	5951633	339655	3778170	3556651	1833808	527766	386119	14398
2007	6716579	386005	4255573	3986194	2075001	555061	450674	16147
2008	7729621	385620	4904000	4612000	2440001	635000	530000	18469
2009	7668659	555442	4400173	4026171	2713044	662007	616030	18215
2010	8901440	665758	5192778	4746312	3042904	743051	716714	20841
2011	11360573	748323	7161423	6613879	3450827	832847	837638	26220
2012	12210801	810355	7587766	7012333	3812680	917544	916348	28031

1—18 主要年份地区生产总值构成

单位:%

年份	地区生产总值	第一产业	第二产业	#工业	第三产业	#交通运输、仓储邮政业	#批零住宿餐饮业
1949	100.0	74.9	3.5	3.3	21.6	1.9	11.0
1952	100.0	74.5	5.5	5.3	20.0	1.8	10.2
1957	100.0	60.1	13.8	11.3	26.1	1.3	12.5
1962	100.0	47.1	22.9	19.4	30.0	4.1	10.1
1965	100.0	48.5	24.4	19.8	27.1	3.4	11.5
1970	100.0	40.5	37.8	25.9	21.7	2.3	9.1
1975	100.0	40.1	41.8	35.5	18.1	1.9	6.4
1978	100.0	27.0	50.7	41.9	22.3	3.2	7.2
1980	100.0	28.3	51.3	43.7	20.4	3.7	4.9
1985	100.0	34.5	43.7	36.5	21.8	6.1	4.6
1990	100.0	30.3	41.4	37.3	28.3	6.6	6.0
1995	100.0	27.0	43.2	39.7	29.8	6.9	7.3
2000	100.0	11.9	49.9	44.9	38.2	9.8	9.6
2001	100.0	10.9	51.4	46.6	37.7	10.1	9.4
2002	100.0	10.0	53.7	49.4	36.3	10.2	8.9
2003	100.0	8.5	58.8	54.4	32.7	8.9	8.0
2004	100.0	7.6	62.3	58.8	30.1	8.6	7.0
2005	100.0	5.8	64.2	60.9	30.0	8.8	6.3
2006	100.0	5.7	63.5	59.8	30.8	8.9	6.5
2007	100.0	5.7	63.4	59.3	30.9	8.3	6.7
2008	100.0	5.0	63.4	59.7	31.6	8.2	6.9
2009	100.0	7.2	57.4	52.5	35.4	8.6	8.0
2010	100.0	7.5	58.3	53.3	34.2	8.3	8.1
2011	100.0	6.6	63.0	58.2	30.4	7.3	7.4
2012	100.0	6.7	62.1	57.4	31.2	7.5	7.5

1—19 主要年份地区生产总值指数

1949年=100 单位:%

年 份	地区生产总值	第一产业	第二产业	#工 业	第三产业	#交通运输、仓储邮政业	#批零住宿餐饮业	人均地区生产总值
1949	100.0	100.0	100.0	100.0	100.0	100.0	100.0	100.0
1952	145.3	142.2	241.8	243.7	145.6	147.5	141.8	135.9
1957	185.6	143.3	845.4	736.2	264.4	114.1	240.8	152.8
1962	170.0	105.7	1173.4	1000.7	240.2	285.6	167.8	121.9
1965	241.4	147.4	1835.9	1437.5	296.5	310.1	216.4	157.4
1970	282.3	133.8	3172.6	2232.4	291.1	264.4	198.8	161.2
1975	403.3	203.8	4790.6	4591.0	324.0	242.5	167.4	204.3
1978	466.8	184.6	7378.5	7239.7	456.0	508.9	194.4	225.9
1980	528.9	190.1	8913.0	9012.5	521.1	709.7	143.0	249.3
1985	860.3	333.9	12475.9	12855.4	938.5	1768.0	211.2	381.7
1990	1065.0	364.9	14903.5	17831.0	1496.8	1975.4	190.6	434.3
1995	1903.3	462.2	33527.4	42481.9	2610.7	3129.8	385.5	716.0
2000	3204.6	499.3	59449.1	72608.3	4909.7	6428.2	808.0	1132.5
2001	3632.5	523.3	69117.6	85172.3	5509.5	7576.4	895.5	1273.2
2002	4178.8	567.2	81532.9	101403.4	6226.4	8566.3	1021.6	1450.8
2003	4847.9	615.5	97380.4	120499.5	7052.4	9436.1	1162.7	1670.6
2004	5647.2	663.5	115102.5	143770.4	8199.5	11901.8	1312.4	1931.6
2005	6499.9	624.3	137784.2	173530.9	9306.4	13818.0	1389.8	2206.7
2006	7435.9	680.6	157467.2	197455.7	10767.6	15434.7	1730.3	2508.1
2007	8231.6	717.4	175761.0	219487.6	11812.0	15959.5	1898.1	2758.7
2008	8651.4	722.0	177403.3	220011.5	13560.2	17842.7	2184.8	2881.0
2009	9014.7	754.5	181128.8	220671.6	14672.1	18699.2	2372.6	2984.8
2010	10538.2	829.2	219165.9	268998.7	16227.4	20849.6	2749.9	3441.5
2011	12150.6	852.4	261903.2	322798.4	17963.7	23101.3	3096.4	3909.5
2012	13377.8	901.8	291236.4	361211.4	19598.4	25295.9	3331.7	4284.8

1—20 主要年份地区生产总值指数

上年=100　　　　单位:%

年份	地区生产总值	第一产业	第二产业	#工业	第三产业	#交通运输、仓储邮政业	#批零住宿餐饮业	人均地区生产总值
1952	115.3	113.4	144.7	144.9	119.0	117.1	118.5	112.4
1957	86.3	77.3	99.9	100.5	108.0	106.1	100.1	84.3
1962	95.6	112.7	78.3	86.5	73.5	48.2	68.3	92.5
1965	113.5	114.5	113.0	124.2	112.3	106.1	123.2	111.0
1970	115.2	85.9	185.5	153.9	112.7	103.1	148.8	111.2
1975	107.3	112.5	103.8	119.9	101.8	103.5	98.1	105.2
1978	109.1	108.2	127.8	133.6	107.0	116.1	110.8	107.7
1980	101.9	95.5	105.5	106.4	103.5	117.2	73.5	100.5
1985	105.8	89.6	117.4	109.4	114.1	139.2	108.5	104.4
1990	107.1	115.2	105.8	110.1	101.7	102.1	93.2	104.7
1995	110.2	112.5	109.0	109.0	110.7	111.8	112.7	108.9
2000	109.3	96.8	110.9	112.8	111.7	114.2	112.0	108.2
2001	113.4	104.8	116.3	117.3	112.2	117.9	110.8	112.4
2002	115.0	108.4	118.0	119.1	113.0	113.1	114.1	114.0
2003	116.0	108.5	119.4	118.8	113.3	110.2	113.8	115.1
2004	116.5	107.8	118.2	119.3	116.3	126.1	112.9	115.6
2005	115.1	94.1	119.7	120.7	113.5	116.1	105.9	114.2
2006	114.4	109.0	114.3	113.8	115.7	111.7	124.5	113.7
2007	110.7	105.4	111.6	111.2	109.7	103.4	109.7	110.0
2008	105.1	100.6	100.9	100.2	114.8	111.8	115.1	104.4
2009	104.2	104.5	102.1	100.3	108.2	104.8	108.6	103.6
2010	116.9	109.9	121.0	121.9	110.6	111.5	115.9	115.3
2011	115.3	102.8	119.5	120.0	110.7	110.8	112.6	113.6
2012	110.1	105.8	111.2	111.9	109.1	109.5	107.6	109.6

1—21 支出法地区生产总值

按当年价格计算 单位:万元

指 标	2012	2011	2012 年为 2011 年%
总 计	**12210801**	**11360573**	**110.1**
一、最终消费	5262151	4971891	105.3
居民消费	3704164	3499315	105.1
农村居民	1290893	1264577	101.7
城镇居民	2413271	2234738	107.1
政府消费	1557987	1472576	105.8
二、资本形成总额	7187408	6511576	115.6
固定资本形成总额	6481733	5837672	116.2
存货增加	705675	673904	110.6
三、货物和服务净流出	-238758	-122894	

1—22 支出法地区生产总值构成

单位:%

指 标	2012	2011
总 计	**100.0**	**100.0**
、最终消费	43.1	43.8
居民消费	30.3	30.8
农村居民	10.6	11.1
城镇居民	19.7	19.7
政府消费	12.8	13.0
二、资本形成总额	58.9	57.3
固定资本形成总额	53.1	51.4
存货增加	5.8	5.9
三、货物和服务净流出	-2.0	-1.1

1—23 主要年份最终消费与资本形成总额

按当年价格计算　　　　单位:万元

年份	最终消费	居民消费	政府消费	资本形成总额	固定资本形成	存货增加
1949	9320	8603	717	471	432	39
1952	13916	12518	1398	1454	1280	174
1957	18336	16014	2322	3410	2794	616
1962	20221	17528	2693	2523	3056	-533
1965	26315	23297	3018	5519	4543	976
1970	25658	21432	4226	16850	14284	2566
1975	39943	31378	8565	23293	17779	5514
1978	45999	32752	13247	38053	29462	8591
1980	61616	44839	16777	44230	36121	8109
1985	134601	104778	29823	70241	54103	16138
1990	232864	176850	56014	153359	80610	72749
1995	576178	441885	134293	437401	316725	120676
2000	1065224	735128	330096	863034	667286	195748
2001	1195800	810011	385789	1018525	791934	226591
2002	1369941	915573	454368	1232858	986963	245895
2003	1714677	1106162	608515	1678978	1342159	336819
2004	2137877	1326551	811326	2340079	1837276	502803
2005	2341116	1479527	861589	2900250	2235813	664437
2006	2657842	1679939	977903	3303709	2610989	692720
2007	3026856	1956011	1070845	3697387	3139870	557517
2008	3417098	2240098	1177000	4314435	3664370	650065
2009	3587524	2388872	1198652	4108961	3619760	489201
2010	3970164	2717675	1252489	4945476	4406277	539199
2011	4971891	3499315	1472576	6511576	5837672	673904
2012	5262151	3704164	1557987	7187408	6481733	705675

1—24 主要年份最终消费与资本形成总额构成

单位:%

年 份	最终消费	居民消费	政府消费	资本形成总 额	固定资本形 成	存货增加
1949	95.39	88.05	7.34	4.82	4.42	0.40
1952	90.81	81.69	9.12	9.49	8.35	1.14
1957	84.49	73.79	10.70	15.71	12.87	2.84
1962	89.11	77.24	11.87	11.12	13.47	-2.35
1965	82.89	73.38	9.51	17.38	14.31	3.07
1970	60.55	50.58	9.97	39.77	33.71	6.06
1975	63.29	49.72	13.57	36.91	28.17	8.74
1978	54.89	39.08	15.81	45.41	35.16	10.25
1980	58.39	42.49	15.90	41.92	34.23	7.69
1985	66.62	51.86	14.76	34.77	26.78	7.99
1990	61.07	46.38	14.69	40.22	21.14	19.08
1995	58.02	44.50	13.52	44.05	31.90	12.15
2000	55.83	38.53	17.30	45.23	34.97	10.26
2001	54.56	36.96	17.60	46.47	36.13	10.34
2002	52.93	35.37	17.56	47.63	38.13	9.50
2003	50.73	32.73	18.00	49.67	39.71	9.96
2004	47.64	29.56	18.08	52.15	40.94	11.21
2005	44.58	28.17	16.41	55.23	42.58	12.65
2006	44.66	28.23	16.43	55.51	43.87	11.64
2007	45.10	29.14	15.96	55.08	46.78	8.30
2008	44.27	29.02	15.25	55.90	47.48	8.42
2009	46.73	31.12	15.61	53.53	47.16	6.37
2010	44.60	30.53	14.07	55.56	49.50	6.06
2011	43.76	30.80	12.96	57.32	51.39	5.93
2012	43.10	30.34	12.76	58.86	53.08	5.78

1—25 主要年份最终消费与资本形成总额指数

上年＝100　　单位：%

年份	最终消费	居民消费	政府消费	资本形成总额	固定资本形成	存货增加
1949	100.0	100.0	100.0	100.0	100.0	100.0
1952	113.6	113.4	118.6	193.5	191.3	203.1
1957	100.8	101.2	96.9	97.7	86.5	265.8
1962	93.8	98.6	70.7	28.9	59.1	-10.7
1965	117.1	118.2	106.3	106.8	81.1	118.6
1970	95.2	92.7	116.1	196.6	392.1	68.2
1975	107.6	104.6	114.3	104.8	101.4	166.8
1978	102.5	103.0	99.9	116.2	115.3	117.9
1980	100.8	100.7	101.0	87.2	94.5	65.5
1985	102.7	102.6	102.9	108.0	109.9	105.7
1990	101.5	101.6	101.1	103.6	99.1	109.0
1995	107.2	108.6	104.0	111.2	108.8	118.2
2000	111.9	112.1	111.5	108.0	110.0	101.5
2001	111.3	109.6	115.1	117.2	117.9	115.0
2002	110.5	108.1	115.5	119.8	123.3	107.3
2003	112.0	108.9	117.9	119.0	119.4	117.2
2004	113.0	110.6	117.4	118.2	118.8	115.8
2005	108.6	110.5	105.7	121.6	119.3	130.8
2006	111.3	111.2	111.5	116.5	116.2	117.4
2007	114.8	117.9	109.4	107.9	120.0	67.9
2008	104.4	105.1	103.0	105.9	105.2	109.7
2009	104.5	106.1	101.5	104.0	107.5	84.0
2010	110.3	113.4	104.3	122.1	123.7	110.4
2011	114.9	119.0	106.1	117.5	118.3	110.6
2012	105.3	105.1	105.8	115.6	116.2	110.6

1—26 主要年份最终消费总额及构成

单位:万元、%

年份	最终消费	居民消费			政府消费	构成			
						以最终消费为100		以居民消费为100	
		合计	农村居民	城镇居民		居民消费	政府消费	农村居民	城镇居民
1949	9320	8603	7679	924	717	92.31	7.69	89.26	10.74
1952	13916	12518	10828	1690	1398	89.95	10.05	86.50	13.50
1957	18336	16014	12966	3048	2322	87.34	12.66	80.97	19.03
1962	20221	17528	13122	4406	2693	86.68	13.32	74.86	25.14
1965	26315	23297	18523	4774	3018	88.53	11.47	79.51	20.49
1970	25658	21432	15349	6083	4226	83.53	16.47	71.62	28.38
1975	39943	31378	21188	10190	8565	78.56	21.44	67.53	32.47
1978	45999	32752	21895	10857	13247	71.20	28.80	66.85	33.15
1980	61616	44839	31721	13118	16777	72.77	27.23	70.74	29.26
1985	134601	104778	74015	30763	29823	77.84	22.16	70.64	29.36
1990	232864	176850	119885	56965	56014	75.95	24.05	67.79	32.21
1995	576178	441885	285198	156687	134293	76.69	23.31	64.54	35.46
2000	1065224	735128	431665	303463	330096	69.01	30.99	58.72	41.28
2001	1195800	810011	450085	359926	385789	67.74	32.26	55.57	44.43
2002	1369941	915573	499048	416525	454368	66.83	33.17	54.51	45.49
2003	1714677	1106162	545769	560393	608515	64.51	35.49	49.34	50.66
2004	2137877	1326551	578988	747563	811326	62.05	37.95	43.65	56.35
2005	2341116	1479527	622580	856947	861589	63.20	36.80	42.08	57.92
2006	2657842	1679939	682425	997514	977903	63.21	36.79	40.62	59.38
2007	3026856	1956011	793733	1162278	1070845	64.62	35.38	40.58	59.42
2008	3417098	2240098	861613	1378485	1177000	65.56	34.44	38.46	61.54
2009	3587524	2388872	894423	1494449	1198652	66.59	33.41	37.44	62.56
2010	3970164	2717675	972436	1745239	1252489	68.45	31.55	35.78	64.22
2011	4971891	3499315	1264577	2234738	1472576	70.38	29.62	36.14	63.86
2012	5262151	3704164	1290893	2413271	1557987	70.39	29.61	34.85	65.15

1—27 主要年份居民人均消费水平及指数

按当年价格计算　　　　单位:万元、%

年份	居民总消费	农村居民	城镇居民	以上年为100 居民总消费	农村居民	城镇居民	以1949年为100 居民总消费	农村居民	城镇居民
1949	63	59	129				100.0	100.0	100.0
1952	85	78	189	112.9	115.5	101.6	140.0	143.6	123.6
1957	95	84	202	99.2	96.5	111.1	165.2	185.5	170.0
1962	90	73	278	98.6	94.9	111.3	95.9	94.4	141.2
1965	110	95	262	107.0	118.6	97.7	142.4	171.9	167.4
1970	88	70	270	98.3	81.2	130.8	141.3	131.6	200.1
1975	114	86	340	103.5	104.7	99.1	158.6	152.0	221.1
1978	114	86	325	101.6	101.1	99.3	171.9	155.4	230.8
1980	152	123	352	99.4	103.2	88.3	170.3	163.6	188.3
1985	334	277	663	101.1	101.9	96.9	190.5	175.3	206.8
1990	503	411	968	99.2	100.0	97.2	211.6	197.4	212.7
1995	1192	942	2310	107.3	106.3	107.9	343.7	291.3	333.5
2000	1863	1439	3205	110.9	107.0	109.3	510.1	410.4	472.8
2001	2036	1545	3376	108.7	105.9	106.4	554.4	434.7	503.0
2002	2280	1740	3627	107.1	105.3	105.7	593.7	457.9	531.6
2003	2734	1949	4495	108.1	105.5	106.8	641.7	482.9	568.0
2004	3254	2078	5793	109.7	106.6	111.4	704.2	514.6	632.8
2005	3603	2277	6249	109.7	109.1	106.4	772.5	561.5	673.3
2006	4064	2548	6853	110.5	109.6	107.4	853.6	615.4	723.1
2007	4702	2984	7749	110.6	109.2	109.8	943.7	671.8	794.2
2008	5353	3276	8865	104.5	103.2	103.4	986.0	693.1	821.3
2009	5674	3418	9381	105.4	104.1	105.1	1039.3	721.5	863.2
2010	6363	3765	10337	111.7	109.6	110.0	1160.9	790.8	949.6
2011	8076	4997	12402	117.3	123.3	110.5	1361.7	975.1	1049.3
2012	8503	5220	12813	104.6	104.1	102.5	1424.3	1015.1	1075.5

1—28 地区生产总值构成项目(2012 年)

单位:万元

指 标	总 计	劳动者报酬	生产税净额	固定资产折旧	营业盈余
地区生产总值	**12210801**	**4434058**	**2345259**	**2191224**	**3240260**
第一产业	**810355**	**641868**	**-13217**	**18759**	**162945**
农、林、牧、渔、农林牧渔服务业	810355	641868	-13217	18759	162945
第二产业	**7587766**	**2271658**	**2002430**	**1523185**	**1790493**
工 业	7012333	1963341	1906966	1450853	1691173
建筑业	575433	308317	95464	72332	99320
第三产业	**3812680**	**1520532**	**356046**	**649280**	**1286822**
交通运输、仓储和邮政业	917544	244344	58051	141045	474104
信息传输、计算机服务和软件业	193203	49873	11292	70349	61689
批发和零售业	695487	152312	191259	82763	269153
住宿和餐饮业	220861	63829	19436	17448	120148
金融保险业	364103	138351	44801	18675	162276
房地产业	244295	22395	13236	196082	12582
租赁和商务服务业	51666	28064	3190	8066	12346
科学研究、技术服务和地质勘查业	20735	13519	1078	2219	3919
水利、环境和公共设施管理业	23933	18222	555	4184	972
居民服务和其他服务业	180378	57024	6367	7188	109799
教 育	319360	269860	1672	31105	16723
卫生、社会保障和社会福利业	147963	99302	1248	12945	34468
文化、体育和娱乐业	43631	28598	1749	4641	8643
公共管理和社会组织	389521	334839	2112	52570	

1—29 按行业划分的法人单位及产业活动单位数(2012年)

单位:个

指标	法人单位				产业活动单位	
	单位数	单产业法人	多产业法人	规模、资质或限额以上单位	单位数	#多产业法人所属的产业活动单位
总计	**26935**	**23348**	**3587**	**981**	**37906**	**14558**
农、林、牧、渔业	4853	4837	16		5163	326
采矿业	1189	1182	7	181	1209	27
制造业	2472	2436	36	184	2586	150
电力、燃气及水的生产和供应业	118	113	5	9	166	53
建筑业	597	569	28	149	872	303
交通运输、仓储和邮政业	641	615	26		947	332
信息传输、计算机服务和软件业	228	219	9		766	547
批发和零售业	4885	4644	241	231	6466	1822
住宿和餐饮业	332	324	8	76	379	55
金融业	140	102	38		893	791
房地产业	539	523	16	151	601	78
租赁和商务服务业	1344	1316	28		1533	217
科学研究、技术服务和地质勘查业	565	547	18		746	199
水利、环境和公共设施管理业	258	249	9		380	131
居民服务和其他服务业	484	479	5		520	41
教育	1294	1183	111		2841	1658
卫生、社会保障和社会福利业	677	663	14		3531	2868
文化、体育和娱乐业	299	288	11		391	103
公共管理和社会组织	6020	3059	2961		7916	4857

1—30 按登记注册类型划分的法人单位及产业活动单位数(2012年)

单位:个

指　　标	法人单位数	单产业法人	多产业法人	产业活动单位数
总　　计	**26935**	**23348**	**3587**	**37906**
内　资	**26900**	**23314**	**3586**	**37745**
国　有	5028	4174	854	9918
集　体	677	574	103	2867
股份合作	70	61	9	140
联　营	26	26		69
国有联营	8	8		39
集体联营	8	8		15
国有与集体联营	2	2		5
其他联营	8	8		10
有限责任公司	2573	2505	68	3119
国有独资公司	33	28	5	50
其他有限责任公司	2540	2477	63	3069
股份有限公司	189	160	29	771
私　营	9736	9545	191	10495
私营独资	3474	3435	39	3875
私营合伙	311	311		325
私营有限责任公司	5736	5587	149	6064
私营股份有限公司	215	212	3	231
其他内资	8601	6269	2332	10366
港澳台商投资	**21**	**21**		**24**
与港澳台商合资经营	18	18		20
与港澳台商合作经营	2	2		2
港澳台商独资	1	1		1
港澳台商投资股份有限公司				1
外商投资	**14**	**13**	**1**	**137**
中外合资经营	8	8		10
中外合作经营	2	2		2
外资企业	2	2		14
外商投资股份有限公司	2	1	1	111

主要统计指标解释

地区生产总值 是按市场价格计算的一个地区所有常住单位在一定时期内生产活动的最终成果。地区生产总值有三种表现形态，即价值形态、收入形态和产品形态。从价值形态看，它是所有常住单位在一定时期内所生产的全部货物和服务价值超过同期投入的全部非固定资产货物和服务价值的差额，即所有常住单位的增加值之和；从收入形态看，它是所有常住单位在一定时期内所创造并分配给常住单位和非常住单位的初次分配收入之和；从产品形态看，它是最终使用的货物和服务减去进口货物和服务。在核算中，地区生产总值的三种表现形态表现为三种计算方法，即生产法、收入法和支出法。三种方法分别从不同的方面反映地区生产总值及其构成。

三次产业 三次产业的划分是世界上较为通用的产业结构分类，但各国的划分不尽一致。我国的三次产业划分是：

第一产业：农业（包括种植业、林业、牧业、渔业和农林牧渔服务业）。

第二产业：工业（包括采矿业，制造业，电力、煤气及水的生产和供应业）和建筑业。

第三产业：除第一、二产业以外的其他各业。

总产出 指一定时期内一个地区常住单位生产的所有货物和服务的价值，既包括新增价值，也包括被消耗的货物和服务价值以及固定资产的转移价值。总产出按生产者价格计算，它反映常住单位生产活动的总规模。

中间投入 指常住单位在生产或提供货物与服务过程中，消耗和使用的所有非固定资产货物和服务的价值。中间投入也称为中间消耗，一般按购买者价格计算。

增加值 指常住单位生产过程创造的新增价值和固定资产的转移价值。它可以按生产法计算，也可以按收入法计算，按生产法计算，它等于总产出减去中间投入；按收入法计算，它等于劳动者报酬、生产税净额、固定资产折旧和营业盈余之和。

劳动者报酬 指劳动者因从事生产活动所获得的全部报酬。包括劳动者获得的各种形式的工资、奖金和津贴，既有货币形式的，也有实物形式的，还包括劳动者所享受的公费医疗和医药卫生费、上下班交通补贴、单位支付的社会保险费、住房公积金等。对于个体经济来说，其所有者所获得的劳动报酬和经营利润不易区分，这两部分统一作为劳动者报酬处理。

生产税净额 指生产税减生产补贴后的差额。生产税指政府对生产单位从事生产、销售和经营活动以及因从事生产活动使用某些生产要素（如固定资产、土地、劳动力）所征收的各种税、附加费和规费。生产补贴与生产税相反，指政府对生产单位的单方面转移支付，因此视为负生产税，包括政策性亏损补贴、价格补贴等。

固定资产折旧 指一定时期内为弥补固定资产损耗按照规定的固定资产折旧率提取的固定资产折旧，或按国民经济核算统一规定的折旧率虚拟计算的固定资产折旧。它反映了固定资产在当期生产中的转移价值。各类企业和企业化管理的事业单位的固定资产折旧是指实际计提的折旧费；不计提折旧的政府机关、非企业化管理的事业单位和居民住房的固定资产折旧是按照统一规定的折旧率和固定资产原值计算的虚拟折旧。原则上，固定资产折旧应按固定资产的重置价值计算，但是目前我国尚不具备对全社会固定资产进行重估价的基础，所以暂时还不能采用这种办法。

营业盈余 指常住单位创造的增加值扣除劳动者报酬、生产税净额和固定资产折旧后的余额。它相当于企业的营业利润加上生产补贴，但要扣除从利润中开支的工资和福利等。

支出法地区生产总值 指一个地区所有常住单位在一定时期内用于最终消费、资本形成总额,以及货物和服务净出口的总额,它反映本期生产的地区生产总值的使用情况。

最终消费 指常住单位在一定时期内对于货物和服务的全部最终消费支出,也就是说常住单位为满足物质、文化和精神生活的需要,从本地区经济领土和地区外购买的货物和服务的支出,不包括非常住单位在本地区经济领土内的消费支出。最终消费分为居民消费和政府消费。

居民消费 指常住住户对货物和服务的全部最终消费支出。它除了常住住户直接以货币形式购买货物和服务的消费之外,还包括以其他方式获得的货物和服务的消费,即单位以实物报酬及实物转移的形式提供给劳动者的货物和服务;住户生产并由住户自己消费的货物和服务,其中的服务仅指住户的自有住房服务和付酬的家庭服务;金融机构提供的金融媒介服务;保险公司提供的保险服务。

政府消费 指政府部门为全社会提供公共服务的消费支出和免费或以较低价格向住户提供的货物消费和服务的净支出。前者等于政府服务的产出价值减去政府单位所获得的经营收入后的价值,政府服务的产出价值等于它的经常性业务支出加上固定资产折旧;后者等于政府部门免费或以较低价格向住户提供的货物和服务的市场价值减去向住户收取的价值。

资本形成总额 指常住单位在一定时期内获得的减去处置的固定资产加存货的净变动额,包括固定资本形成总额和存货增加。

固定资本形成总额 指生产者在一定的时期内获得的固定资产减处置的固定资产的价值总额。固定资产是通过生产活动生产出来的,其使用年限在一年以上,单位价值在规定标准以上的资产,不包括自然资产。固定资本形成总额分有形固定资本形成总额和无形固定资本形成总额。有形固定资本形成总额包括一定时期内完成的建筑工程、安装工程、设备工器具购置(减处置)价值以及土地改良、新增役、种、奶、毛、娱乐用牲畜和新增经济林木价值。无形固定资本形成总额包括矿藏的勘探、计算机软件等获得减处置。

存货增加 指常住单位存货实物量变动的市场价值,即期末价值减期初价值的差额,再扣除当期由于价格变动而产生的持有收益。存货增加可以是正值,也可以是负值;正值表示存货增加,负值表示存货减少。它包括生产单位购进的原材料、燃料和储备物资等存货,以及生产单位生产的产成品、在制品存货等。

货物和服务净出口 指货物和服务出口减货物和服务进口的差额。出口包括常住单位向非常住单位出售或无偿转让的各种货物和服务的价值;进口包括常住单位从非常住单位购买或无偿得到的各种货物和服务的价值。由于服务活动的提供与使用同时发生,因此服务的进出口业务并不发生出入境现象,一般把常住单位从国外得到的服务作为进口,常住单位向国外提供的服务作为出口。

临汾统计年鉴

二、人口、从业人员和劳动报酬

资料整理人员

师先明　梁　燕　崔　婷

人　口

总户数	116.06	万户
总人口数	436.73	万人
男　性	225.24	万人
女　性	211.49	万人
出生人口	4.72	万人
死亡人口	2.49	万人

人口构成（%）

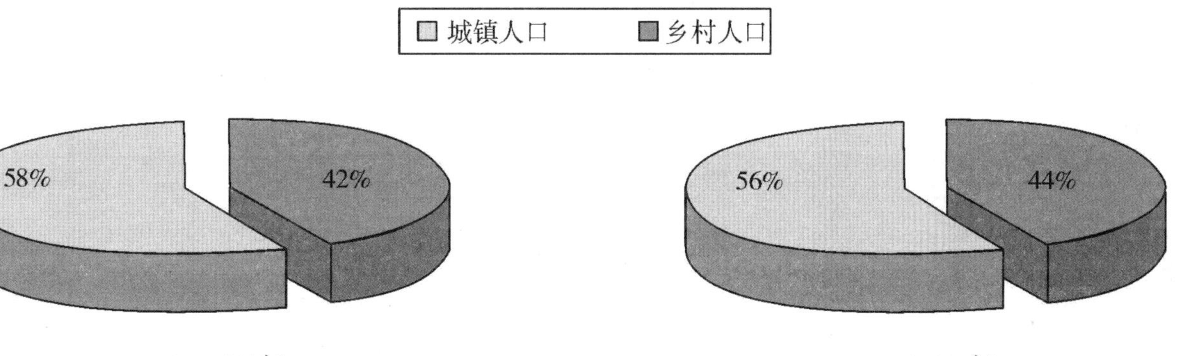

人口出生率、死亡率、自然增长率　（‰）

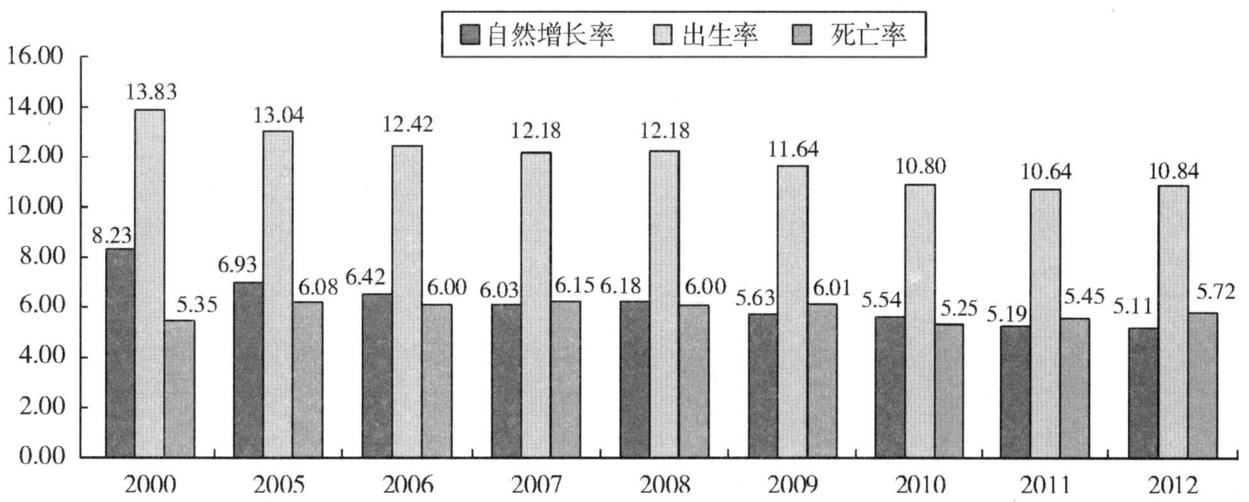

社会从业人员和劳动报酬

社会从业人员	213.97	万人
第一产业	87.43	万人
第二产业	51.39	万人
第三产业	75.15	万人
在岗职工人数	33.90	万人
在岗职工工资总额	117.71	亿元

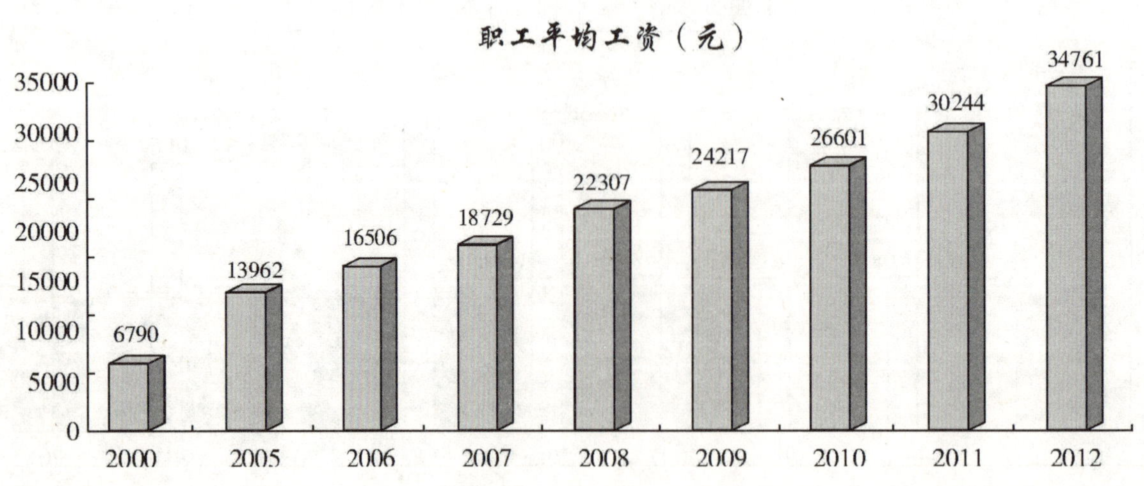

2—1 主要年份总户数、总人口

单位:人

年份	总户数(户)	总人口	按性别分		按城镇乡村分	
			男性	女性	城镇人口	乡村人口
1952	366584	1493178	770426	722752	155367	1337541
1957	399841	1706885	891889	814996	231124	1475761
1962	458431	1989326	1021614	967712	266159	1723167
1965	473172	2151789	1100690	1051099	134832	2016957
1970	534943	2458590	1262196	1196394	229210	2229380
1975	589663	2771561	1426370	1345191	341219	2430342
1978	626326	2894823	1483295	1411528	382455	2512368
1980	651279	2975484	1522853	1452631	471009	2504475
1985	705140	3155759	1625139	1530620	1836560	1319199
1995	918776	3729449	1908923	1820526	2354533	1374916
2000	1048142	3955730	2015355	1940375	1062905	2892825
2001	995074	4001348	2051587	1949761	1069311	2932037
2002	1022622	4031537	2067359	1964178	1227555	2803982
2003	1049297	4061684	2072819	1988865	1265975	2795709
2004	1078579	4091975	2100296	1991679	1314957	2777018
2005	1105548	4120505	2103185	2017320	1427872	2692633
2006	1136176	4147043	2112876	2034167	1483100	2663943
2007	1179856	4172164	2128852	2043312	1516999	2655165
2008	1213300	4198017	2150156	2047861	1571700	2626317
2009	1238806	4221719	2176574	2045145	1614812	2606907
2010	1149647	4320653	2202879	2117774	1761950	2558703
2011	1154664	4344986	2218016	2126970	1841843	2503143
2012	1160603	4367259	2252407	2114852	1924856	2442403

注:总户数指家庭户总户数,不包括集体户。

2—2 主要年份人口自然变动

单位:人

年份	出生		死亡		自然增长	
	人数	出生率(‰)	人数	死亡率(‰)	人数	增长率(‰)
1952	37554	25.46	15656	10.62	21898	14.84
1957	46821	27.74	18019	10.68	28802	17.06
1962	69480	35.61	18812	9.64	50668	25.97
1965	64963	30.55	19467	9.16	45496	21.39
1970	71833	29.64	17568	7.25	54265	22.39
1975	56157	21.51	19150	6.96	40007	14.55
1978	46679	16.24	15853	5.52	30826	10.72
1980	45129	15.29	16973	5.75	28156	9.54
1985	40794	13.01	16610	5.30	24184	7.71
1995	47994	12.95	16714	4.51	31280	8.44
2000	54557	13.83	21118	5.35	33439	8.48
2001	53738	13.51	23060	5.80	30678	7.71
2002	53442	13.31	24117	6.01	29325	7.30
2003	53471	13.21	23320	5.76	30151	7.45
2004	54387	13.34	24096	5.91	30291	7.43
2005	53565	13.04	25004	6.08	28561	6.96
2006	51325	12.42	24787	6.00	26538	6.42
2007	50722	12.18	25591	6.15	25131	6.03
2008	50980	12.18	25130	6.00	25850	6.18
2009	49003	11.64	25302	6.01	23701	5.63
2010	46522	10.80	22634	5.25	23888	5.54
2011	46081	10.64	23630	5.45	22451	5.19
2012	47210	10.84	24931	5.72	22279	5.11

2—3 城乡劳动力资源配置情况

单位:人、%

指　　标	2012	2011
年末劳动力资源总数	**2988750**	**2575276**
年末劳动力配置		
一、从业人员	2139726	2067219
按经济类型分		
国有经济	223345	254323
集体经济	1404092	1416517
私营经济	176828	119881
个体经济	201429	182280
联营经济		
股份制经济	24132	18130
外商投资经济	2510	2292
港澳台投资经济	1824	1395
其他经济	105566	72401
按国民经济行业分组		
农、林、牧、渔业	874324	877377
采矿业	131175	121056
制造业	190717	187338
电力、燃气及水的生产和供应业	21375	20646
建筑业	170668	138882
交通运输、仓储和邮政业	136309	136832
批发和零售业	199978	203510
住宿和餐饮业	71643	65204
信息传输、软件和信息技术服务业	23699	14266
金融业	18596	15307
房地产业	6099	2625
租赁和商务服务业	7980	6802
科学研究、技术服务和地质勘查业	4918	4923
水利、环境和公共设施管理业	9298	8653
居民服务和其他服务业	22490	21825
教　育	62875	61297
卫生和社会工作	23775	23180
文化、体育和娱乐业	13500	9810
公共管理、社会保障和社会组织	150307	147686
按三次产业分		
第一产业	874324	877377
第二产业	513935	467922
第三产业	751467	721920
二、城镇登记失业人员	14511	14102
三、城镇登记失业率	3.1	2.8
四、16 岁以上在校学生	168284	143500
五、其他劳动者	666240	370500
#家务劳动者	127189	185200

2—4 主要年份从业人员年末人数

单位:人

年份	从业人员合计	职工人数				其他从业人员	城镇私营企业及个体从业人员	农村经济从业人员
		合计	国有单位	集体单位	其他单位			
1952	627207	23811	22773	1038			11053	592343
1957	734839	60033	50893	9140			1560	673246
1962	763426	78424	66730	11694			252	684750
1965	834694	94433	76646	17787			292	739969
1970	941784	136321	116881	19440			80	805383
1975	1065445	199230	163000	36230			71	866144
1978	1113986	242851	209907	32944			26	871109
1980	1132912	260719	224453	36266			1238	870955
1985	1341726	312025	250808	61217			18663	1011038
1995	1783620	422224	361692	56022	4510	12499	51674	1297223
2000	1766820	352701	299960	26622	26119	7641	45342	1361136
2001	1780196	352804	282293	23881	46630	8179	45453	1373760
2002	1793762	322165	241585	21676	58904	29866	57731	1384000
2003	1808513	323587	237495	23082	63010	29893	57872	1397161
2004	1837020	326134	236228	23237	66669	30532	70014	1410340
2005	1856339	330754	236808	20435	73511	28601	70095	1426889
2006	1864958	330606	235987	19341	75278	7465	78102	1428785
2007	1908141	333664	233567	18700	81397	6589	89778	1458110
2008	1913312	347624	253732	17307	76585	7715	96667	1461306
2009	1950245	348018	244773	15208	88037	8080	107151	1486996
2010	2022207	350431	247333	15627	87471	7883	148876	1515017
2011	2067219	351507	249039	15209	87259	13898	137993	1563821
2012	2139726	338998	214587	15553	108858	35636	190927	1574165

2—5 主要年份工农业劳动者人数

单位:人

年　份	工农业劳动者合计	工业劳动者	农业劳动者	劳动者构成(%)	
				工业劳动者	农业劳动者
1990	1170167	268772	901395	23.0	77.0
1995	1214442	371778	842664	30.6	69.4
2000	1179730	314115	865615	26.6	73.4
2001	1178860	320602	858258	27.2	72.8
2002	1185559	325638	859921	27.5	72.5
2003	1195012	339190	855822	28.4	71.6
2004	1195642	344735	850907	28.8	71.2
2005	1200210	349402	850808	29.1	70.9
2006	1198596	347644	850952	29.0	71.0
2007	1207723	357516	850207	29.6	70.4
2008	1185190	330517	854673	27.9	72.1
2009	1183145	316181	866964	26.7	73.3
2010	1200050	329272	870778	27.4	72.6
2011	1206417	329040	877377	27.3	72.7
2012	1217591	343267	874324	28.2	71.8

2—6 城镇非私营单位从业人员(2012年)

单位:人

指　　标	从业人员	#女　性	在岗职工	劳务派遣人员	其他从业人员
总　　计	**374634**	**138116**	**338998**	**9447**	**28190**
按企业、事业、机关分组					
企　业	197140	53927	165431	9121	24649
事　业	112005	63148	109835	28	2110
机　关	65193	20798	63441	294	1426
按国民经济行业分组					
农、林、牧、渔业	3724	986	3717		7
采矿业	52928	8029	51502	297	1129
制造业	51282	17417	50369	764	149
电力、燃气及水的生产和供应业	9840	3004	9200		640
建筑业	36309	3006	15675	2455	18179
交通运输、仓储和邮政业	10204	4508	10165	24	15
批发和零售业	14299	6220	12747	1252	300
住宿和餐饮业	2443	1370	2414	8	21
信息传输、软件和信息技术服务业	4082	2132	2094	1988	
金融业	15974	8178	12102	1879	1993
房地产业	945	385	896	1	48
租赁和商务服务业	3537	934	2615	508	414
科学研究、技术服务业	3420	1155	3241	13	166
水利、环境和公共设施管理业	8583	4450	8318	1	264
居民服务、修理和其他服务业	253	87	251		2
教　育	56122	36394	55165		957
卫生和社会工作	17972	12028	17338		634
文化、体育和娱乐业	4268	2121	4185		83
公共管理、社会保障和社会组织	78449	25712	77004	257	1188

2—7 城镇非私营单位从业人员劳动报酬(2012 年)

单位:千元

指　　标	从业人员劳动报酬	在岗职工工资总额	劳务派遣人员劳动报酬	其他从业人员劳动报酬	在岗职工平均工资(元)
总　计	**12863410**	**11770738**	**254481**	**838191**	**34761**
按企业、事业、机关分组					
企　业	7593816	6565352	249500	778964	39497
事　业	3319782	3287328	369	32085	30055
机　关	1942481	1910817	4612	27052	30460
按国民经济行业分组					
农、林、牧、渔业	88547	88458		89	23914
采矿业	2482945	2456515	12045	14385	47675
制造业	1609431	1586423	19505	3503	31136
电力、燃气及水的生产和供应业	560050	542610		17440	59308
建筑业	1269903	482481	81403	706019	30442
交通运输、仓储和邮政业	238943	238616	232	95	23769
批发和零售业	384488	351032	27382	6074	27119
住宿和餐饮业	37738	37597	19	122	15542
信息传输、软件和信息技术服务业	144360	104341	40019		49710
金融业	890353	797641	62371	30341	65872
房地产业	20662	19692	491	479	22377
租赁和商务服务业	95847	74005	6828	15014	27926
科学研究、技术服务业	118357	113797	172	4388	35275
水利、环境和公共设施管理业	150842	148564	8	2270	18269
居民服务、修理和其他服务业	4580	4552		28	18135
教　育	1901086	1885126		15960	34272
卫生和社会工作	496966	490142		6824	28437
文化、体育和娱乐业	96579	95299		1280	22870
公共管理、社会保障和社会组织	2271733	2253847	4006	13880	29544

2—8 国有单位从业人员(2012年)

单位:人

指 标	从业人员	#女 性	在岗职工	劳务派遣人员	其他从业人员
总 计	**223345**	**98900**	**214587**	**3203**	**5555**
按隶属关系分组					
中 央	22564	9270	19165	2077	1322
省	28023	8344	26293	702	1028
市	25213	11261	24592	330	291
县及县以下	147316	69944	144312	94	2910
按企业、事业、机关分组					
企 业	49285	16691	44390	2877	2018
#地 方	29589	8400	27798	1050	741
事 业	108867	61411	106756	28	2083
#地 方	108053	61153	105956	14	2083
机 关	65193	20798	63441	298	1454
#地 方	63139	20077	61668	62	1409
按国民经济行业分组					
农、林、牧、渔业	3724	986	3717		7
采矿业	7960	1259	7814		146
制造业	4931	2199	4931		
电力、燃气及水的生产和供应业	7676	2564	7377		299
建筑业	6942	994	6207	354	381
交通运输、仓储和邮政业	6965	3055	6926	24	15
批发和零售业	6795	2399	5768	829	198
住宿和餐饮业	1163	612	1153	8	2
信息传输、软件和信息技术服务业	2727	1133	1784	943	
金融业	6368	3217	4599	787	982
房地产业	519	212	515		4
租赁和商务服务业	2434	699	2028		406
科学研究、技术服务业	3142	1049	2999		143
水利、环境和公共设施管理业	8324	4300	8152	1	171
居民服务、修理和其他服务业	232	81	230		2
教 育	54806	35538	53849		957
卫生和社会工作	16432	11072	15861		571
文化、体育和娱乐业	3817	1839	3734		83
公共管理、社会保障和社会组织	78388	25692	76943	257	1188

2—9 国有单位从业人员劳动报酬(2012 年)

单位:千元

指　　标	从业人员劳动报酬	在岗职工工资总额	劳务派遣人员劳动报酬	其他从业人员劳动报酬	在岗职工平均工资(元)
总　　计	**7124241**	**6943505**	**84611**	**96125**	**32487**
按隶属关系分组					
中　央	1120137	1038813	61430	19894	53906
省	1147876	1108659	15053	24164	42953
市	702690	690618	6675	5397	28028
县及县以下	4148209	4100184	1453	46572	28157
按企业、事业、机关分组					
企　业	1929483	1812037	79630	37816	40540
#地　方	917740	877355	21981	18404	31340
事　业	3252277	3220651	369	31257	30298
#地　方	3218520	3187070	193	31257	30207
机　关	1942481	1910817	4612	27052	30460
#地　方	1867844	1840267	1007	26570	30190
按国民经济行业分组					
农、林、牧、渔业	88547	88458		89	23914
采矿业	427299	424085		3214	52557
制造业	84325	84325			16603
电力、燃气及水的生产和供应业	482545	472455		10090	63570
建筑业	158994	141863	7666	9465	23479
交通运输、仓储和邮政业	169119	168792	232	95	24580
批发和零售业	234303	212007	17039	5257	36272
住宿和餐饮业	17600	17561	19	20	15152
信息传输、软件和信息技术服务业	119631	94429	25202		52665
金融业	293604	253442	30439	9723	55264
房地产业	10011	9934		77	19402
租赁和商务服务业	76983	62101		14882	30264
科学研究、技术服务业	110910	106658		4252	35707
水利、环境和公共设施管理业	146081	144178	8	1895	18099
居民服务、修理和其他服务业	4260	4232		28	18400
教　育	1872543	1856583		15960	34573
卫生和社会工作	466211	460293		5918	29199
文化、体育和娱乐业	91568	90288		1280	24271
公共管理、社会保障和社会组织	2269707	2251821	4006	13880	29541

2—10 城镇集体单位从业人员(2012年)

单位:人

指标	从业人员	#女性	在岗职工	劳务派遣人员	其他从业人员
总计	**17257**	**8164**	**15553**	**922**	**782**
按企业、事业分组					
企业	15136	7084	13491	922	723
事业	2121	1080	2062		59
按国民经济行业分组					
采矿业	173	18	159		14
制造业	3971	2559	3782	167	22
建筑业	1565	183	1477		88
交通运输、仓储和邮政业	292	113	292		
批发和零售业	1935	827	1907		28
住宿和餐饮业	431	239	431		
金融业	6196	2890	4937	742	517
房地产业	75	34	51		24
租赁和商务服务业	463	184	455		8
科学研究、技术服务业	198	73	162	13	23
水利、环境和公共设施管理业	63	13	63		
居民服务、修理和其他服务业	21	6	21		
教育	402	214	402		
卫生和社会工作	1244	713	1186		58
文化、体育和娱乐业	167	78	167		
公共管理、社会保障和社会组织	61	20	61		

2—11 集体单位从业人员劳动报酬(2012 年)

单位:千元

指　　标	从业人员劳动报酬	在岗职工工资总额	劳务派遣人员劳动报酬	其他从业人员劳动报酬	在岗职工平均工资(元)
总　　计	**686370**	**644417**	**24001**	**17952**	**41586**
按企业、事业分组					
企　业	640974	599849	24001	17124	44658
事　业	45396	44568		828	21593
按国民经济行业分组					
采矿业	4487	4028		459	24864
制造业	126533	122167	3996	370	33370
建筑业	50119	46721		3398	30358
交通运输、仓储和邮政业	4770	4770			16336
批发和零售业	24821	24741		80	13028
住宿和餐饮业	6987	6987			16363
金融业	412730	380451	19833	12446	76921
房地产业	1572	1457		115	28569
租赁和商务服务业	10005	9873		132	21006
科学研究、技术服务业	3887	3579	172	136	22093
水利、环境和公共设施管理业	1600	1600			25397
居民服务、修理和其他服务业	320	320			15238
教　育	11496	11496			29030
卫生和社会工作	23424	22608		816	19111
文化、体育和娱乐业	1593	1593			9773
公共管理、社会保障和社会组织	2026	2026			33213

2—12 其他非私营单位从业人员(2012年)

单位:人

指　　标	从业人员	#女　性	在岗职工	劳务派遣人员	其他从业人员
总　　计	**134032**	**31052**	**108858**	**5322**	**19852**
按登记注册类型分组					
内　资	129698	29729	104557	5304	19837
股份合作	201	93	201		
有限责任公司	104031	21100	81272	3507	19252
#国有独资	38292	9334	36532	393	1367
股份有限公司	24132	7623	21755	1797	580
其　他	1334	913	1329		5
港、澳、台商投资	1824	634	1822	1	1
外商投资	2510	689	2479	17	14
按企业、事业分组					
企　业	132719	30152	107550	5322	19847
事　业	1017	657	1017		
民间非盈利组织	296	243	291		5
按国民经济行业分组					
采矿业	44795	6752	43529	297	969
制造业	42380	12659	41656	597	127
电力、燃气及水的生产和供应业	2164	440	1823		341
建筑业	27802	1829	7991	2101	17710
交通运输、仓储和邮政业	2947	1340	2947		
批发和零售业	5569	2994	5072	423	74
住宿和餐饮业	849	519	830		19
信息传输、软件和信息技术服务业	1355	999	310	1045	
金融业	3410	2071	2566	350	494
房地产业	351	139	330	1	20
租赁和商务服务业	640	51	132	508	
科学研究和技术服务业	80	33	80		
水利、环境和公共设施管理业	196	137	103		93
教　育	914	642	914		
卫生和社会工作	296	243	291		5
文化、体育和娱乐业	284	204	284		

2—13 其他非私营单位从业人员劳动报酬(2012年)

单位:千元

指　　标	从业人员劳动报酬	在岗职工工资总额	劳务派遣人员劳动报酬	其他从业人员劳动报酬	在岗职工平均工资(元)
总　　计	**5052799**	**4182816**	**145869**	**724114**	**38236**
按登记注册类型分组					
内　资	4911714	4043033	145197	723484	38543
股份合作	2562	2562			15341
有限责任公司	3828504	3004577	108217	715710	36722
#国有独资	1416133	1385194	11902	19037	38419
股份有限公司	1050818	1006154	36980	7684	46605
其　他	29830	29740		90	22496
港、澳、台商投资	54194	53655	491	48	29611
外商投资	86891	86128	181	582	32077
按企业、事业分组					
企　业	5023359	4153466	145869	724024	38425
事　业	22109	22109			21847
民间非盈利组织	7331	7241		90	25055
按国民经济行业分组					
采矿业	2051159	2028402	12045	10712	46851
制造业	1398573	1379931	15509	3133	32691
电力、燃气及水的生产和供应业	77505	70155		7350	40859
建筑业	1060790	293897	73737	693156	35546
批发和零售业	125364	114284	10343	737	21978
交通运输、仓储和邮政业	65054	65054			22588
住宿和餐饮业	13151	13049		102	15665
信息传输、软件和信息技术服务业	24729	9912	14817		32392
金融业	184019	163748	12099	8172	63542
房地产业	9079	8301	491	287	26186
租赁和商务服务业	8859	2031	6828		15867
科学研究和技术服务业	3560	3560			46234
水利、环境和公共设施管理业	3161	2786		375	27049
教　育	17047	17047			18754
卫生和社会工作	7331	7241		90	25055
文化、体育和娱乐业	3418	3418			12035

2—14 主要年份职工平均工资及指数

单位:元、%

年份	全部职工平均工资	指数(以上年为100)		国有单位职工平均工资	指数(以上年为100)		城镇集体单位职工平均工资	指数(以上年为100)	
		货币工资	实际工资		货币工资	实际工资		货币工资	实际工资
1949	281			281					
1952	348	108.4		348	108.1		343	114.0	
1957	465	102.2		477	102.8		396	98.3	
1960	485	104.5		492	104.5		417	105.3	
1962	510	108.0		535	108.3		453	108.1	
1965	574	98.5		542	98.2		459	102.5	
1970	576	99.8		558	100.0		475	96.1	
1975	579	100.2		594	100.7		483	100.2	
1978	585	104.3		604	104.1		490	99.2	
1980	697	105.3		714	105.0		594	108.4	
1985	983	103.5		1036	104.4		756	98.7	
1986	1114	113.3		1184	114.3		821	108.6	
1987	1212	108.8		1279	108.0		915	111.4	
1988	1417	116.9		1519	118.8		969	105.9	
1989	1614	113.9	98.4	1729	113.8	98.4	1090	112.5	97.2
1990	1898	117.6	116.3	2030	117.4	116.1	1254	115.0	113.8
1991	2045	107.7	102.7	2165	106.7	101.7	1436	114.5	109.2
1992	2291	112.0	105.9	2431	112.3	106.1	1547	107.7	101.8
1993	2706	118.1	105.6	2863	117.8	105.2	1805	116.7	104.3
1994	3507	129.6	107.4	3757	131.2	108.7	2066	114.5	94.8
1995	4225	120.5	104.8	4482	119.3	103.7	2582	125.0	108.7
1996	4652	110.1	103.5	4889	109.1	102.5	3001	116.2	109.2
1997	4953	106.5	104.3	5263	107.6	105.4	3219	107.3	105.1
1998	4969	100.3	102.5	5823	110.6	113.0	3529	109.6	112.0
1999	6045	121.7	124.9	6376	109.5	112.4	3869	109.6	112.6
2000	6790	112.3	112.8	7175	112.5	113.0	4304	111.2	111.7
2001	8082	119.0	118.9	8517	118.7	118.6	5314	123.5	123.3
2002	8823	109.2	110.0	9084	106.7	107.5	8451	159.0	160.3
2003	10079	114.2	111.3	10199	112.3	109.4	8203	97.1	94.6
2004	12347	122.5	116.2	11999	117.6	111.6	10423	127.1	120.6
2005	13962	113.1	110.2	13851	115.4	112.5	13029	125.0	121.8
2006	16506	118.2	115.8	15742	113.7	111.4	16488	126.6	124.0
2007	18729	113.5	108.6	18058	114.7	109.8	18914	114.7	109.8
2008	22307	119.1	113.5	21932	121.5	115.8	24516	129.6	123.5
2009	24217	108.6	107.8	24443	111.4	110.6	27292	111.3	110.5
2010	26601	109.8	107.2	26705	109.3	106.7	32758	120.0	117.2
2011	30244	113.7	111.3	30150	112.9	110.5	37131	113.3	111.0
2012	34761	114.9	111.7	32487	107.7	105.1	41586	111.9	108.8

注:1989年以前没有实际工资统计。

2—15 私营单位从业人员和劳动报酬(2012 年)

指　　标	期末人数（人）	平均人数（人）	工资总额（千元）	平均工资（元）
总　　计	**150197**	**149293**	**3280640**	**21975**
采矿业	26120	27058	733039	27091
制造业	51751	50226	1228641	24462
电力、燃气及水的生产和供应业	848	818	28426	34751
建筑业	9543	10538	237901	22576
交通运输、仓储和邮政业	17429	17353	264823	15261
信息传输、计算机服务和软件业	2069	2073	56147	27085
批发和零售业	12503	12309	206372	16766
住宿和餐饮业	209	191	3727	19513
金融业	347	228	7030	30833
房地产业	3354	3409	78911	23148
租赁和商务服务业	5385	5564	90034	16182
科学研究、技术服务和地质勘查业	2462	2399	40103	16717
水利、环境和公共设施管理业	950	730	16210	22205
居民服务和其他服务业	2983	2275	30058	13212
教　育	10091	10149	174040	17148
卫生和社会工作	2433	2403	39618	16487
文化、体育和娱乐业	1720	1570	45560	29019

主要统计指标解释

总人口 指一定时点、一定地区范围内有生命的个人总和。

年度统计的年末人口数 指每年12月31日24时的常住人口数。

人口变动抽样调查的对象包括:1、在抽中调查小区居住并且户口在本乡(镇、街道)的人口;2、在抽中调查小区居住半年以上,户口在外乡(镇、街道)的人口;3、在抽中调查小区居住不满半年,离开户口登记地半年以上的人口;4、在抽中调查小区居住,户口待定的人口。

城镇人口和乡村人口 城镇人口指居住在城镇范围内的全部常住人口;乡村人口是除上述人口以外的全部人口。

城镇包括城区和镇区。城区指在市辖区和不设区的市中,街道办事处所辖的居民委员会地域;城市公共设施、居住设施等连接到的其他居民委员会地域和村民委员会地域。

镇区指在城区以外的镇和其他区域,其包括镇所辖的居民委员会地域;镇的公共设施、居住设施等连接到的村民委员会地域。

出生人数 指胎儿脱离母体时(不管怀孕月数),有过呼吸或其他生命现象的活产婴儿数。

出生率 指在一年内平均每千人中所在地出生的人数,用千分率表示。计算公式:

出生率=年出生人数/年平均人数×1000‰。

年平均人数 指年初、年末人口的平均数。

死亡人数 指无论何种原因造成停止呼吸人数,包括出生后随即死亡的婴儿数。

死亡率 指在一年内平均每千人中所在地死亡的人数。用千分率表示。计算公式:

死亡率=年死亡人数/年平均人数×1000‰。

人口自然增长率 指在一年内自然增加的人数(出生人数减死亡人数)与年平均人数之比。用千分率表示。计算公式:

人口自然增长率=(本年出生人数-本年死亡人数)/年平均人数×1000‰。

劳动力资源总数 指在劳动年龄内,具有劳动能力,在正常情况下,可能或实际参加社会劳动的人口数。劳动力资源的范围为:劳动年龄内(16周岁以上),有劳动能力,实际参加社会劳动和未参加社会劳动的人员。劳动力资源也可划分为:经济活动人口和非经济活动人口。劳动力资源不包括下列人员:(1)在押犯人;(2)劳动年龄内丧失劳动能力的人员;(3)16岁以下实际参加社会劳动的人员。

从业人员 指从事一定社会劳动并取得劳动报酬或经营收入的人员。从业人员按就业身份分组包括:职工;再就业的离退休人员;私营业主;个体户主;私营企业和个体从业人员;乡镇企业从业人员;农村从业人员;其他从业人员。其他从业人员中包括现役军人。

单位从业人员 指在各级国家机关、政党机关、社会团体及企业、事业单位中工作,取得工资或其他形式的劳动报酬的全部人员。包括:在岗职工、再就业的离退休人员、民办教师以及在各单位中工作的外方人员和港澳台方人员、兼职人员、借用的外单位人员和第二职业者。不包括离开本单位仍保留劳动关系的职工。

职　工 指在国有经济、城镇集体经济、联营经济、股份制经济、外商和港、澳、台投资经济、其他经济单位及其附属机构工作,并由其支付工资的各类人员,不包括返聘的离退休人员、民办教师、在国有经济单位工作的外方人员和港、澳、台人员(1998年以后的数据均为在岗职工数据,其他相关指标如职工工资总额、职工平均工资等指标也从1998年按此口径进行了相应调整)。

在岗职工 指在本单位工作并由单位支付工资

的人员，以及有工作岗位，但由于学习、病伤产假等原因暂未工作仍由单位支付工资的人员。

离开本单位仍保留劳动关系的职工　指由于各种原因，已经离开本人的生产或工作岗位，并已不在本单位从事其他工作，但仍与用人单位保留劳动关系的职工。

下岗职工　指实行劳动合同制以前参加工作的正式职工（不含从农村招收的临时合同工），以及实行劳动合同制以后参加工作且合同期未满的职工，由于企业的生产和经营状况等原因，已经离开本人的生产和工作岗位，并已不在本企业从事其他工作，但尚未与企业解除劳动关系，没有在社会找到其它工作的人员。

职工平均工资　指企业、事业、机关等单位的职工在一定时期内平均每人所得的货币工资额。它表明一定时期职工工资收入的高低程度，是反映职工工资水平的主要指标。计算公式为：

职工平均工资 = 报告期实际支付的全部职工工资总额/报告期全部职工平均人数

职工平均实际工资　指扣除的物价变动因素后的职工平均工资。计算公式为：

职工平均实际工资 = 报告期职工平均工资/报告期职工生活费价格指数 ×100%

职工平均工资　指数指报告期平均工资与基期平均工资的比率，是反映不同时期职工货币工资水平变动情况的相对数。它表明报告期平均工资比基期平均工资提高或降低程度。计算公式为：

职工平均工资　指数 = 报告期职工平均工资/基期职工平均工资 ×100%

城镇登记失业人员　指有非农业户口，在一定的劳动年龄内（16 周岁至退休年龄），有劳动能力，无业而要求就业，并在当地劳动保障部门进行失业登记的人员。

城镇登记失业率　指城镇登记失业人数同城镇从业人数与城镇登记失业人数之和的比。计算公式为：城镇登记失业率 = 城镇登记失业人数/（城镇从业人数 + 城镇登记失业人数）×100%。

三、固定资产投资

资料整理人员

王福勤　刘　炜　李晓华　李　丁

固定资产投资

全社会固定资产投资	822.45	亿元
第一产业	29.95	亿元
第二产业	379.53	亿元
第三产业	412.98	亿元
本年新增固定资产	732.52	亿元
全社会竣工房屋面积	538.0	万平方米
#住　宅	371.2	万平方米

全社会固定资产投资投资总额构成(%)

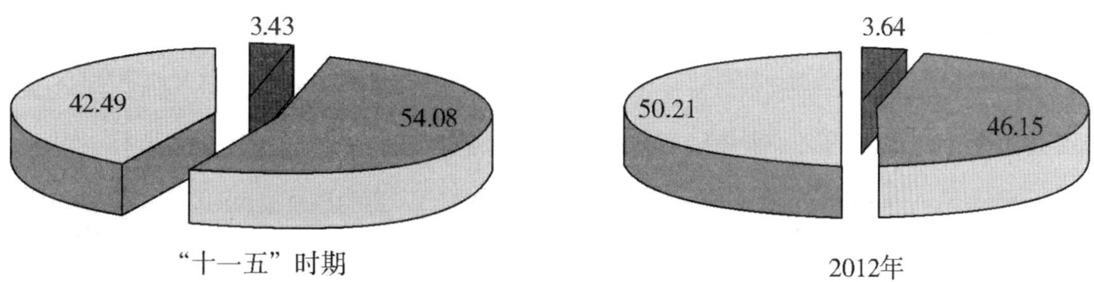

全社会固定资产投资额增速(%)(上年=100)

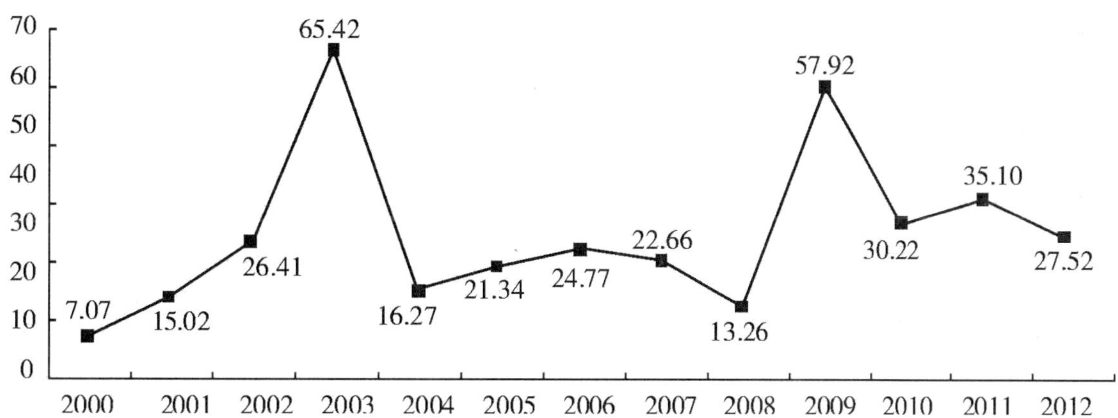

3—1 全社会固定资产投资

单位:万元

年份	全社会固定资产投资	国有	非国有	城镇	农村	新增固定资产	房屋施工面积(万平方米)	房屋竣工面积(万平方米)	#住宅(万平方米)
1949	15	10	5	15		12	0.3	0.3	
1952	127	60	67	115	12	122	2.4	1.8	0.2
1957	1420	932	488	1320	100	1370	15.8	13.0	2.7
1960	15917	12361	3556	13737	2180	12501	107.3	94.4	22.9
1962	2190	1490	700	1994	196	1485	15.7	9.6	0.7
1965	4660	3989	671	4494	166	4913	34.4	24.7	4.4
1970	14490	12668	1822	14039	451	10648	54.1	21.4	5.7
1975	11471	9440	2031	10968	503	5582	66.1	41.9	6.5
1978	22900	18117	4783	22000	900	14406	132.6	103.7	7.7
1980	19584	13724	5860	18284	1300	22459	145.0	126.2	10.4
1985	38554	24441	14113	32997	5557	26443	258.7	205.8	12.9
1990	63280	39861	23419	57351	5929	53878	177.3	136.2	19.7
1995	154184	110447	43737	148081	6103	123343	189.2	125.2	10.6
2000	451096	240824	210272	400714	50382	413990	304.3	190.9	42.5
2001	518832	203534	315298	465482	53350	452570	314.0	197.5	138.8
2002	655846	218258	437588	598277	57569	576363	411.8	219.0	91.0
2003	1084871	212594	872277	1026249	58622	827185	303.7	198.5	104.7
2004	1261423	314533	946890	1229512	31911	937497	338.4	212.6	115.4
2005	1530558	595760	934798	1474348	56210	1372072	314.5	177.2	89.4
2006	1909646	708692	1200954	1822865	86781	1368171	446.6	206.1	89.8
2007	2342429	972530	1369899	2229806	112623	1728902	466.1	197.9	117.2
2008	2652993	1218777	1434216	2541067	111926	1506487	428.0	137.3	74.1
2009	4189568	2050736	2138832	4043756	145812	3408546	718.5	185.02	118.7
2010	5455783	2879399	2576384	5218179	237604	4113508	1007.0	384.2	227.7
2011	6449577	3332344	3117233	6073487	376090	3964703	1094.9	392.9	204.8
2012	8224503	3897139	4327364	7076022	1148481	7325176	1606.9	538.0	371.2

注:本表城镇投资包括房地产开发投资。

3—2 主要年份全社会固定资产投资

单位:万元

年　　份	全社会固定资产投资	按经济类型分			按产业分		
		国有及国有控股	集　体	其　他	第一产业	第二产业	第三产业
恢复时期	310	163	44	103	1	77	232
“一五”时期	3383	2341	466	576	401	1072	1910
“二五”时期	38892	29882	5765	3245	5595	19603	13694
调整时期	13101	10181	1448	1472	1065	8135	3901
“三五”时期	32272	26529	2584	3159	2018	21510	8744
“四五”时期	69358	55420	5018	8920	3689	47463	18206
“五五”时期	93933	70934	5445	17554	8171	55021	30741
“六五”时期	124808	74461	20908	29439	3060	53290	68458
“七五”时期	263607	175834	31733	56040	5844	138609	119154
“八五”时期	628783	435764	56679	136340	5616	336424	286743
“九五”时期	1687181	1114032	93660	479489	31646	761015	894520
1996	225521	158909	14528	52084	1504	125602	98415
1997	243038	169525	16957	56556	1653	113563	127822
1998	346200	253075	26168	66957	3663	101209	241328
1999	421326	291699	14787	114840	7526	159627	254173
2000	451096	240824	21220	189052	17300	261014	172782
“十五”时期	5051530	1544679	156358	3350493	88106	3311729	1651695
2001	518832	203534	23405	291893	17081	289197	212554
2002	655846	218258	29286	408302	16116	367808	271922
2003	1084871	212594	28539	843738	18629	747641	318601
2004	1261423	314533	36565	910325	11126	849572	400725
2005	1530558	595760	38563	896235	25154	1057511	447893
“十一五”时期	16550419	7830134	208284	8512001	567140	8951464	7031815
2006	1909646	708692	70164	1130790	40575	1215563	653508
2007	2342429	972530	34640	1335259	66108	1457950	818371
2008	2652993	1218777	9230	1424986	83593	1527313	1042087
2009	4189568	2050736	41822	2097010	149741	2110722	1929105
2010	5455783	2879399	52428	2523956	227123	2639916	2588744
2011	6449577	3857202	90977	2501398	210154	3015454	3223969
2012	8224503	4771034	174593	3278876	299477	3795269	4129757

3—2 续表

单位:万元

年　　份	新增固定资　　产（万元）	房屋施工面积（平方米）	房屋竣工面积（平方米）	
				#住　宅
恢复时期	297		40743	3332
“一五”时期	3130		274138	57331
“二五”时期	26612		2603431	607770
调整时期	11458		522667	94400
“三五”时期	19498		1202935	164146
“四五”时期	40609		2879642	376659
“五五”时期	63685		4603806	371922
“六五”时期	105632		8232695	557748
“七五”时期	227644		7281945	821477
“八五”时期	519405		7181780	738248
“九五”时期	1352707		9052397	2278698
1996	137665	2155518	1507794	284071
1997	206658	2356492	1543440	367287
1998	207789	3123379	1811711	466179
1999	386605	3195079	2280184	736127
2000	413990	3042926	1909268	425034
“十五”时期	4176664		10047930	5394188
2001	452570	3140412	1974950	1387511
2002	576363	4117926	2189865	910399
2003	827185	3036461	1985437	1047381
2004	937497	3384103	2125618	1154282
2005	1383049	3145435	1772060	894615
“十一五”时期	12125614		11104681	6273102
2006	1368171	4465921	2061049	897514
2007	1728902	4660711	1979135	1171558
2008	1506487	4280299	1372573	740519
2009	3408546	7184719	1850219	1186571
2010	4113508	10069697	3841705	2276940
2011	3964703	10948661	3929530	2048189
2012	7325176	16068723	5380228	3711913

3—3 固定资产投资建设规模和新增生产能力(2012 年)

指　　标	计量单位	建设规模	本　　年 施工规模	本　年 新开工	累　计 生产能力 (或效益)	本年新增
原煤开采	万吨/年	6113	5938	2930	1113	1113
洗　煤	万吨/年	1827	1527	777	907	907
焦　炭	万吨/年	515	515	270	245	245
天然原油开采	万吨/年					
天然气开采	亿立方米/年	6.36	6.36	5.2	4.36	4.36
铁矿开采(原矿)	万吨/年	90.8	90.8	90.8	55	55
铁矿选矿处理原矿量	万吨/年	50	50	50	50	50
铁矿石成品矿	万吨/年	205	205	205	205	205
生　铁	万吨/年	30	30	30	30	30
粗　钢	万吨/年	111	100	100		
铁合金	万吨/年	224	224	200	224	224
钢　材	万吨/年	360	360	180	240	240
水力发电	万千瓦	0.66	0.66		0.66	0.66
火力发电	万千瓦	242.00	182	2	182	182
其他发电	万千瓦	10.20	10.2	10.2	8.4	8.4
输电线路长度(110KV 及以上)	公里	808.62	808.62	789.72	808.62	808.62
水　泥	万吨/年	475	355	205	150	150
石墨及炭素制品	吨/年	30140	30140	140	30140	30140
精甲醇	吨/年	457000	457000	57000	200000	200000
白　酒	万吨/年	0.13	0.1	0.1		
其他酒	万吨/年	0.5	0.5	0.5		
程控交换机(指安装能力)	万线/年	467	467	467	467	467
新建铁路里程	公里	60.82	60.82			
新建公路	公里	663.94	663.94	390.2	498	498
其中:高速公路	公里	264.49	264.49		135.3	135.3
一级公路	公里	24.6	24.6	24.6	0.6	0.6
二级公路	公里					
改建公路	公里	7296.83	7214.83	7062.67	6366.57	6333.27
其中:高速公路	公里					
一级公路	公里	146	73	71		
二级公路	公里	268.98	268.98	143.82	186.45	153.15
新建独立公路桥梁	座	6	5	5	4	4
新建独立公路桥梁	延长米	1452.9	652.9	652.9	566.9	566.9
新(扩)建公路客、货运站	个	3	3	2	1	1
新(扩)建公路客、货运站	平方米	94407	94407	24372	4372	4372
民航机场跑道	条	1	1	1		
民航机场跑道	米	2600	2600	2600		
候机楼	座	1	1	1		
候机楼	平方米	4200	4200	4200		
城市自来水供水能力	万吨/日	6	6		6	6
城市污水处理能力	万吨/日	6.22	0.22	0.22	0.11	0.11

3—4 分经济类型、分行业

	1995	1996	1997	1998	1999	2000	2001
总　计	**154184**	**225521**	**243038**	**346200**	**421326**	**451096**	**518832**
一、按经济类型分组							
国　有	110447	158909	169525	253075	291699	240824	203534
集　体	9718	15228	17663	26168	14787	21220	23405
股份合作				499	14328	4084	1687
联　营	150		6430	4288	3084	6000	15824
有限责任公司	400		472	12635	33023	81220	122091
股份有限公司	1905	14089	4496	5253	6721	28538	68707
私营个体	29428	31255	34215	40233	51854	67870	79036
其他内资		40	5000	2200	3340		60
港澳台投资	1826	3404	2020	1849	2490	1340	60
外商投资	310	2596	3217				4428
二、按三次产业分							
第一产业	349	1504	1653	3663	7526	17300	17081
第二产业	75382	125602	113563	101209	159627	261014	289197
#工　业	75182	125019	112563	98850	157481	260734	286891
第三产业	78453	98415	127822	241328	254173	172782	212554
三、按国民经济行业分类（部分行业）							
农、林、牧、渔业	349	1504	1653	3663	7526	17300	17081
采掘业	32149	54453	41869	20562	24998	18899	22037
煤炭采选业	31233	54353	40839	19348	24068	16469	20195
黑色金属矿采选业	616	65	1030	1214	930	2430	1842
制造业	36321	57443	60370	66554	112231	175872	205495
食品加工制造业	984	2669	265	1322	2658	1385	890
饮料制造业	598	1311		560	2910	1517	238
木材加工及竹、藤、棕、草制品业	3450	4526	4326				115
造纸及纸制品业	1744	2408	1155	156	2220	934	68

全社会固定资产投资

单位:万元

2002	2003	2004	2005	2006	2007	2008	2009	2010	2011	2012
655846	**1084871**	**1261423**	**1530558**	**1909646**	**2342429**	**2652993**	**4189568**	**5455783**	**6449577**	**8224503**
218258	212594	314533	458533	631182	763862	903825	1763807	2589875	3143269	3897139
29286	28539	36565	38563	70164	34640	9230	41822	52428	90977	174593
2300	200	3957	960	4828	10335	20388	8986	10197	45716	48265
3300	2030	13450	9184	4693	2652	238	600	4960	4040	4178
271340	589257	680808	753366	902379	1142918	1306268	1591815	1759616	2165579	2201434
19616	39378	34609	42214	42407	35240	66200	139784	267379	187557	116244
98532	188003	156152	207135	228247	326259	330442	620072	754180	777055	1724805
232				620		1124		4455	20260	39188
8216	16070	17962	8993	5567	4178		3582	3435	14344	7361
4766	8800	3387	11610	18820	20240	15278	15214	9258	780	11296
16116	18629	11126	25154	40575	66108	83593	149741	227123	210154	299477
367808	747641	849572	1057511	1215563	1457950	1527313	2110722	2639916	3015454	3795269
364929	745386	848332	1057233	1212172	1457520	1527313	2110722	2639916	3014884	3795269
271922	318601	400725	447893	653508	818371	1042087	1929105	2588744	3223969	4129757
16116	18629	11126	25154	40575	66108	83593	149741	227123	210154	299477
30654	42327	93497	261506	213569	390373	350741	683509	1214360	1363231	1784493
29475	39977	91381	253406	190259	369528	321886	649612	964186	1209920	1550415
1179	2350	1976	7910	23030	10585	28855	29682	236729	96502	67321
276298	633357	537575	543710	700443	816389	686096	692287	660687	1242954	1461712
5810	2036	9368	8540	28597	44614	24234	21301	18052	1339456	132524
7797	1000	1101	2400	6030	8364	10216	13007	14920	21060	24306
			1916	530			4021	11135	2215	
								15000	13975	17800

3—4 续

	1995	1996	1997	1998	1999	2000	2001
印刷业	220	103	130	406	295	170	2282
石油加工及炼焦业	9637	6194	21078	15242	30925	59765	78951
化学原料及化学制品制造业	5250	4749	5797	3061	4827	30311	37661
医药制造业	60				200	4260	16592
化学纤维制造业	3663	11838	4120	1146			
非金属矿物制品业	576	50	6560	9083	15981	3558	570
黑色金属冶炼及压延加工业	6333	8783	3375	2774	17991	39979	41602
有色金属冶炼及压延加工业	585	8581	7955	23598	18913	22573	6650
金属制品业	188	110	61	1483	1859	4475	1551
通用设备制造业	885	615	10	593	2495	1959	9942
专用设备制造业	822	702	1341	1581	1917	1261	1236
交通运输设备制造业	217	274	597	603	1420		
电气机械及器材制造业	370	450	394	245	698	800	200
电力、燃气及水的生产和供应业	6712	13123	10297	11734	20252	65963	59359
建筑业	200	583	1027	2359	2146	280	2306
地质勘查业、水利管理业	4564	4235	16859	14563	17811	9599	12791
交通运输、仓储及邮政业	19723	27910	32212	119776	105294	30712	35897
#道路运输业		22146	3848	4890	89497	17525	14448
信息传输、计算机服务和软件业	12186	5764	4529	17034	7528	10623	19299
批发、零售、住宿及餐饮业	6730	6618	6777	8454	9227	11100	21102
金融、保险业	2059	3352	4500	7528	10686	5950	5642
房地产业	54	171	75	140	325	1200	1050
社会服务业	5087	5242	5782	8352	18508	29404	37260
卫生、体育和社会福利业	761	2374	1535	2945	2991	3573	3372
教育、文化艺术及广播电影电视业	4069	6967	9474	14544	20410	15596	26380
科学研究和综合技术服务业	231	313	523	600	862	313	289
国家机关、政党机关和社会团体	3031	7331	10101	15642	17621	12540	12092
其他行业	174	244	60	320	620	444	51

表

单位:万元

2002	2003	2004	2005	2006	2007	2008	2009	2010	2011	2012
2000								277		
57158	228820	301602	200094	213901	166684	132866	100296	50792	207174	210774
32924	30039	25740	38524	70729	195051	236610	137493	88990	108620	76229
6961	7410	15536		500	5761	3628	2399	2968	8571	21358
5857	15615	15320	15600	51183	45407	39673	77381	92113	160900	247257
135810	306335	141761	159210	232764	258255	190808	196787	123741	188397	337970
3180	19977		17910	18018	21889	800	14960	20910	27177	4050
		300		3392	3830	1800	28330	9130	4915	37426
9166	18205	13548	62615	36741	30739	17712	44926	84181	183123	66318
2236	1778	6773	5172	15108	7456		28562	52401	36459	77153
2421	1840	2768	18106	13897	13969	10240	3994	17542	52757	39886
1300		800	4000	5000	11550	11809	11478	16267	113571	67282
57977	69702	217260	252017	298160	250758	490476	734926	764869	408699	549064
2879	2255	1240	278	3391	430				570	
18168	20963	15410	15401							
51133	88990	182299	189567	238895	266645	270466	593922	930581	1392315	1226778
24687	40964	120182	145258	163804	213244		553590	865407	1257281	1007666
19826	43035	52287	35461	53577	43319	45830	71522	80211	53762	35610
25580	17912	26956	19174	69599	96407	103979	211929	135854	231567	136964
2496	2006	736	1186	3053	185		1300	821	3886	4130
130		3418	9526	122169	167999	266524	556279	548363	724387	1346103
55015	49585	41292	54868			269225	311907	552550	546604	1064350
4483	3660	6644	6937	2960	7747	15546	83533	100603	67210	90665
31517	23004	41349	46951			58106	119259	258605	153565	164854
422	1479	640	257	4415	4565	4553	695	3743	35000	17260
7306	7716	15418	15562			6858	10304	9506	13070	31966
40							230	2869	2603	11077

3—5 分行业固定资产投资(2012年)

单位:万元、平方米

指　　标	计划总投资	本年完成投资	#住宅	本年新增固定资产	本年施工房屋面积	#住宅	本年竣工房屋面积	#住宅
总　　计	**17004666**	**7668857**	**639701**	**6951678**	**9026915**	**5775392**	**3721885**	**2381144**
农、林、牧、渔业	396207	299477	5	307031	438401	310	98208	310
农　业	107898	63788	5	55123	339333	310	3600	310
林　业	110214	96666		109524	17295		17295	
畜牧业	144558	112060		111826	72713		71853	
渔　业	980	980		980	3600			
农、林、牧、渔服务业	32557	25983		29578	5460		5460	
采矿业	4140202	1784493	756	1125909	34320	3550	18310	3050
煤炭开采和洗选业	3844302	1550415	308	958179	20310	2050	13510	2050
石油和天然气开采业	180000	133400		84500				
黑色金属矿采选业	81770	67321	448	48990	13090	1500	4100	1000
有色金属矿采选业	3500	3500		3500				
非金属矿采选业	4630	3857		4740	920		700	
其他采矿业	26000	26000		26000				
制造业	3108394	1338430	1984	1517515	644446	11385	326564	1380
农副食品加工业	275196	132524	1832	82230	127162	10005	62528	
食品制造业	25536	18180		23600	1670		1670	
饮料制造业	86535	24306		3716	3970		3970	
纺织服装、鞋、帽制造业	4500	4500		4500	15286		15286	
皮革、毛皮、羽毛(绒)及其制品业	1850	1960		1960	1500		1500	
木材加工及木、竹、藤、棕、草制品业	9000			1841				
家具制造业	3000	940		2000				
造纸及纸制品业	25645	17800						
石油加工、炼焦及核燃料加工业	584570	155974		378789	5600		600	
化学原料及化学制品制造业	279080	86029		129233	15256		14906	
医药制造业	41098	21358		3098				
橡胶制品业	14740	13436		10420	3500		3500	
塑料制品业	396549	247257	152	201667	69142	1380	53382	1380
非金属矿物制品业	557974	326970		404906	65300		32300	
黑色金属冶炼及压延加工业	18900	4050			4038			
有色金属冶炼及压延加工业	128700	37426		24600	133000			
金属制品业	108825	66318		53234	111223		111223	
通用设备制造业	255636	77153		133056	9190		690	
专用设备制造业	188360	39886		13400	9900		1300	
电气机械及器材制造业	23000	20000		3000	49009		4009	
仪器仪表及文化、办公用机械制造	9800	865		865				
工艺品及其他制造业	69900	41498		41400	19700		19700	
电力、燃气及水的生产和供应业	1873426	605429	15	1202277	14490	60	4000	60
电力、热力的生产和供应业	1566795	394334	15	1110819	8260	60	3000	60
燃气生产和供应业	266814	179310		66338	5630		1000	
水的生产和供应业	39817	31785		25120	600			
建筑业								
交通运输、仓储和邮政业	3501183	1363675	6480	796923	757022	116383	363084	58983
铁路运输业	81363	45746		66415	185478		61212	

注:本表不含房地产开发投资。

3—5 续表

单位:万元、平方米

指标	计划总投资	本年完成投资	#住宅	本年新增固定资产	本年施工房屋面积	#住宅	本年竣工房屋面积	#住宅
道路运输业	109167	87939	6480	94451	397312	116383	296072	58983
城市公共交通业	284400	174700			144480			
水上运输业	2949585	1010878		610398	11952			
管道运输业	47300	19690						
仓储业	8381	8381		8381	4300		4300	
邮政业	20987	16341		17278	13500		1500	
信息传输、计算机服务和软件业	78500	41075	5660	37885	71470	15982	18372	
计算机服务业	77000	40235	5660	37885	71470	15982	18372	
软件业	1500	840						
批发和零售业	36705	35610		34635				
批发业	36705	35610		34635				
零售业								
住宿和餐饮业	6470	4130		2750	8215			
住宿业	6470	4130		2750	8215			
餐饮业								
金融业	1274270	752661	607062	747099	5684200	5193755	2608992	2283394
保险业	1274270	752661	607062	747099	5684200	5193755	2608992	2283394
房地产业	10765	11077		11077	705		705	
租赁和商务服务业	8940	3760		860	11507			
租赁业	1580	500			3325			
商务服务业	7360	3260		860	8182			
科学研究、技术服务和地质勘查业	1770820	1074273	2147	968225	85717	15000	85717	15000
研究与试验发展	38500	13500		13500	1500		1500	
专业技术服务业	291100	204598		246912	3150		3150	
科技交流和推广服务业	317042	82332		55790				
地质勘查业	1124178	773843	2147	652023	81067	15000	81067	15000
水利、环境和公共设施管理业								
水利管理业								
环境管理业								
公共设施管理业								
居民服务和其他服务业	339861	156603		101930	690390		131315	
居民服务业	145279	83622		72145	314152		106538	
其他服务业	194582	72981		29785	376238		24777	
教　育	38069	17684	9672	8182	416109	402380	2380	2380
卫生、社会保障和社会福利业	99596	54585		44405	14038		13576	
社会保障业	7808	7174		7808				
社会福利业	91788	47411		36597	14038		13576	
文化、体育和娱乐业	85225	57118	5920	30875	127636	16587	33445	16587
新闻出版业	29804	18467		4030	9492			
广播、电视、电影和音像业	8000	8180	5920	8180	19875	16587	19875	16587
体　育	47421	30471		18665	98269		13570	
公共管理和社会组织	2733	1495			3732			
国家机构	760	400			3732			
人民政协和民主党派	1973	1095						

3—6 按控股情况分行业固定资产投资(2012年)

单位:万元

指　　标	总　计	国有控股	集体控股	私人控股	港澳台商控　　股	外商控股
总　　计	**7668857**	**4751247**	**319622**	**2396332**		**994**
农、林、牧、渔业	299477	75072	5709	218696		
农　业	63788	22181	3099	38508		
林　业	96666	26788		69878		
畜牧业	112060	3620	2610	105830		
渔　业	980			980		
农、林、牧、渔服务业	25983	22483		3500		
采矿业	1784493	1275439		451154		
煤炭开采和洗选业	1550415	1169851		356914		
石油和天然气开采业	133400	78000		24400		
黑色金属矿采选业	67321	1588		62483		
有色金属矿采选业	3500			3500		
非金属矿采选业	3857			3857		
其他采矿业	26000	26000				
制造业	1338430	62770	76838	1130084		
农副食品加工业	132524	3552	10460	118512		
食品制造业	18180			18180		
饮料制造业	24306		1566	22740		
纺织服装、鞋、帽制造业	4500			4500		
皮革、毛皮、羽毛(绒)及其制品业	1960			1960		
家具制造业	940			940		
造纸及纸制品业	17800			17800		
石油加工、炼焦及核燃料加工业	155974	17978		127990		
化学原料及化学制品制造业	86029	7800		78229		
医药制造业	21358			21358		
橡胶制品业	13436			13436		
塑料制品业	247257	550	46883	190468		
非金属矿物制品业	326970			305370		
黑色金属冶炼及压延加工业	4050			4050		
有色金属冶炼及压延加工业	37426			9650		
金属制品业	66318	684		65634		
通用设备制造业	77153	32206	17929	27018		
专用设备制造业	39886			39886		
电气机械及器材制造业	20000			20000		
仪器仪表及文化、办公用机械制造	865			865		
工艺品及其他制造业	41498			41498		
电力、燃气及水的生产和供应业	605429	417448	14310	145581		
电力、热力的生产和供应业	394334	279153		103091		
燃气生产和供应业	179310	122260	14310	26740		
水的生产和供应业	31785	16035		15750		
建筑业						

注:本表不含房地产开发投资。

3—6 续表

单位:万元

指　　标	总　计	国有控股	集体控股	私人控股	港澳台商控　　股	外商控股
交通运输、仓储和邮政业	1363675	1172061	32700	152414		
铁路运输业	45746	9783	5700	30263		
道路运输业	87939	44520	16840	20079		
城市公共交通业	174700	96700		78000		
水上运输业	1010878	994918	10160	5800		
管道运输业	19690	19690				
仓储业	8381			8381		
邮政业	16341	6450		9891		
信息传输、计算机服务和软件业	41075	320		40755		
计算机服务业	40235	320		39915		
软件业	840			840		
批发和零售业	35610	35610				
批发业	35610	35610				
住宿和餐饮业	4130	4130				
住宿业	4130	4130				
金融业	752661	488480	174735	79278		
#保险业	752661	488480	174735	79278		
房地产业	11077	11077				
租赁和商务服务业	3760	2400		1360		
租赁业	500			500		
商务服务业	3260	2400		860		
科学研究、技术服务和地质勘查业	1074273	958117	3300	85296		
研究与试验发展	13500			13500		
专业技术服务业	204598	184998	3300	16300		
科技交流和推广服务业	82332	82332				
地质勘查业	773843	690787		55496		
居民服务和其他服务业	156603	140873		13030		
居民服务业	83622	71392		9530		
其他服务业	72981	69481		3500		
教　育	17684	8582		9102		
卫生、社会保障和社会福利业	54585	48435	3850	2300		
社会保障业	7174	4174	3000			
社会福利业	47411	44261	850	2300		
文化、体育和娱乐业	57118	48938	8180			
新闻出版业	18467	18467				
广播、电视、电影和音像业	8180		8180			
体　育	30471	30471				
公共管理和社会组织	1495	1495				
国家机构	400	400				
人民政协和民主党派	1095	1095				

3—7 按隶属关系分行业固定资产投资(2012年)

单位:万元

指　　标	总　计	中　央	省　属	市　属	县　属	其　他
总　　计	**7668857**	**370122**	**1800020**	**216926**	**2524021**	**2757768**
农、林、牧、渔业	299477				90892	208585
农　业	63788				23161	40627
林　业	96666				25188	71478
畜牧业	112060				20395	91665
渔　业	980					980
农、林、牧、渔服务业	25983				22148	3835
采矿业	1784493	132406	867509	66192	258809	459577
煤炭开采和洗选业	1550415	28406	867509	66192	207821	380487
石油和天然气开采业	133400	78000			49400	6000
黑色金属矿采选业	67321				1588	65733
有色金属矿采选业	3500					3500
非金属矿采选业	3857					3857
其他采矿业	26000	26000				
制造业	1338430		53434	4310	148430	1132256
农副食品加工业	132524			10	6242	126272
食品制造业	18180				4000	14180
饮料制造业	24306				3450	20856
纺织服装、鞋、帽制造业	4500					4500
皮革、毛皮、羽毛(绒)及其制品业	1960					1960
家具制造业	940					940
造纸及纸制品业	17800					17800
石油加工、炼焦及核燃料加工业	155974		17178		5780	133016
化学原料及化学制品制造业	86029		3500	4300	9800	68429
医药制造业	21358				2120	19238
橡胶制品业	13436				9000	4436
塑料制品业	247257		550		9750	236957
非金属矿物制品业	326970				29630	297340
黑色金属冶炼及压延加工业	4050					4050
有色金属冶炼及压延加工业	37426					37426
金属制品业	66318				45158	21160
通用设备制造业	77153		32206			44947
专用设备制造业	39886				1500	38386
电气机械及器材制造业	20000					20000
仪器仪表及文化、办公用机械制造	865					865
工艺品及其他制造业	41498				22000	19498
电力、燃气及水的生产和供应业	605429	188250	129557	25670	99855	162097
电力、热力的生产和供应业	394334	188250	6172	8760	62722	128430
燃气生产和供应业	179310		113728	16035	27180	22367
水的生产和供应业	31785		9657	875	9953	11300
交通运输、仓储和邮政业	1363675	1324	648868	38576	388614	286293
铁路运输业	45746		1289	2205	1000	41252
道路运输业	87939		28000		18590	41349
城市公共交通业	174700				78000	96700
水上运输业	1010878	1324	619579	16681	284574	88720
管道运输业	19690			19690		
仓储业	8381					8381
邮政业	16341				6450	9891

注:本表不含房地产开发投资。

3—7 续表

单位:万元

指　　标	总　计	中　央	省　属	市　属	县　属	其　他
信息传输、计算机服务和软件业	41075				320	40755
计算机服务业	40235				320	39915
软件业	840					840
批发和零售业	35610	34599	305		706	
批发业	35610	34599	305		706	
住宿和餐饮业	4130	600		800	2730	
住宿业	4130	600		800	2730	
金融业	752661	9943	90537	20741	387369	244071
保险业	752661	9943	90537	20741	387369	244071
房地产业	11077				11077	
租赁和商务服务业	3760			2400	860	500
租赁业	500					500
商务服务业	3260			2400	860	
科学研究、技术服务和地质勘查业	1074273	3000		31071	929367	110835
研究与试验发展	13500				10000	3500
专业技术服务业	204598			2617	190681	11300
科技交流和推广服务业	82332			180	50152	32000
地质勘查业	773843	3000		28274	678534	64035
居民服务和其他服务业	156603		9810	22073	107257	17463
居民服务业	83622			3005	66654	13963
其他服务业	72981		9810	19068	40603	3500
教　育	17684				8012	9672
卫生、社会保障和社会福利业	54585				48435	6150
社会保障业	7174				4174	3000
社会福利业	47411				44261	3150
文化、体育和娱乐业	57118			5093	39793	12232
新闻出版业	18467				18467	
广播、电视、电影和音像业	8180					8180
体　育	30471			5093	21326	4052
公共管理和社会组织	1495				1495	
国家机构	400				400	
人民政协和民主党派	1095				1095	

3—8 按登记注册类型分

指　　标	总　计	内　资 企　业	国　有 企　业	集　体 企　业	股份合 作企业	联　营 企　业	集体联 营企业	有限责 任公司
总　　计	**7668857**	**6388257**	**3808768**	**246250**	**48265**	**4178**	**4178**	**2150282**
农、林、牧、渔业	299477	194982	73472	4709	1000			115001
农　业	63788	35581	22181	3099				10301
林　业	96666	77788	25188					52600
畜牧业	112060	55630	3620	1610	1000			48600
渔　业	980							
农、林、牧、渔服务业	25983	25983	22483					3500
采矿业	1784493	1653576	697659					877997
煤炭开采和洗选业	1550415	1490760	592071					820769
石油和天然气开采业	133400	127400	78000					49400
黑色金属矿采选业	67321	9416	1588					7828
有色金属矿采选业	3500							
非金属矿采选业	3857							
其他采矿业	26000	26000	26000					
制造业	1338430	569639	57236	21776	32955	4178	4178	439424
农副食品加工业	132524	47768	3552	10460				33756
食品制造业	18180	4000						4000
饮料制造业	24306	14816		1566				1300
纺织服装、鞋、帽制造业	4500	4500						4500
皮革、毛皮、羽毛(绒)及其制品业	1960							
家具制造业	940	940						940
造纸及纸制品业	17800							
石油加工、炼焦及核燃料加工业	155974	56132	17178					38954
化学原料及化学制品制造业	86029	43180	4300					38880
医药制造业	21358	2120						
橡胶制品业	13436	10420						10420
塑料制品业	247257	107109		9750	32955	4178	4178	60226
非金属矿物制品业	326970	75980						75980
黑色金属冶炼及压延加工业	4050	4050						4050
有色金属冶炼及压延加工业	37426	32926						32926
金属制品业	66318	53918						53918
通用设备制造业	77153	55515	32206					23309
专用设备制造业	39886	13400						13400
电气机械及器材制造业	20000	20000						20000
仪器仪表及文化、办公用机械制造	865	865						865
工艺品及其他制造业	41498	22000						22000
电力、燃气及水的生产和供应业	605429	495173	378996		14310			98867
电力、热力的生产和供应业	394334	308966	250570					58396
燃气生产和供应业	179310	165722	112391		14310			36021
水的生产和供应业	31785	20485	16035					4450
交通运输、仓储和邮政业	1363675	1305176	1024933	32700				241043
铁路运输业	45746	18933	9783	5700				3450
道路运输业	87939	73912	16520	16840				34052
城市公共交通业	174700	174700						174700
水上运输业	1010878	1010878	972490	10160				28228
管道运输业	19690	19690	19690					
仓储业	8381							
邮政业	16341	7063	6450					613

注:本表不含房地产开发投资。

行业固定资产投资(2012 年)

单位:万元

国有独资公司	其他有限责任公司	股份有限公司	其他企业	港、澳、台商投资企业	合资经营企业(港或澳、台资)	外商投资企业	中外合资经营企业	个体经营	个体户	个人合伙
75587	**2074695**	**116244**	**14270**	**7361**	**7361**	**11296**	**11296**	**24918**	**23288**	**1630**
	115001		800							
	10301									
	52600									
	48600		800							
	3500									
32820	845177	77920						1630		1630
32820	787949	77920								
	49400									
	7828									
								1630		1630
550	438874	9800	4270	3500	3500	11296	11296	500	500	
	33756									
	4000									
	1300	9800	2150							
	4500									
	940									
	38954									
	38880			3500	3500	11296	11296			
			2120							
	10420									
550	59676							500	500	
	75980									
	4050									
	32926									
	53918									
	23309									
	13400									
	20000									
	865									
	22000									
	98867	3000		1561	1561					
	58396									
	36021	3000		1561	1561					
	4450									
	241043		6500							
	3450									
	34052		6500							
	174700									
	28228									
	613									

3—8 续

指　　标	总　计	内资企业	国有企业	集体企业	股份合作企业	联营企业	集体联营企业	有限责任公司
信息传输、计算机服务和软件业	41075	26320	320					26000
计算机服务业	40235	26320	320					26000
软件业	840							
批发和零售业	35610	35610	10186					500
批发业	35610	35610	10186					500
住宿和餐饮业	4130	4130	780					2750
住宿业	4130	4130	780					2750
金融业	752661	704054	436995	174735				92324
保险业	752661	704054	436995	174735				92324
房地产业	11077	11077	11077					
租赁和商务服务业	3760	3760	2400					1360
租赁业	500	500						500
商务服务业	3260	3260	2400					860
科学研究、技术服务和地质勘查业	1074273	1048711	896876	3300				148535
研究与试验发展	13500	10000						10000
专业技术服务业	204598	202298	184998	3300				14000
科技交流和推广服务业	82332	82332	31906					50426
地质勘查业	773843	754081	679972					74109
居民服务和其他服务业	156603	147603	140873					4030
居民服务业	83622	78122	71392					4030
其他服务业	72981	69481	69481					
教　育	17684	17684	1582					16102
卫生、社会保障和社会福利业	54585	54585	24950	850				28785
社会保障业	7174	7174	4174					3000
社会福利业	47411	47411	20776	850				25785
文化、体育和娱乐业	57118	57118	48938	8180				
新闻出版业	18467	18467	18467					
广播、电视、电影和音像业	8180	8180		8180				
体　育	30471	30471	30471					
公共管理和社会组织	1495	1495	1495					
国家机构	400	400	400					
人民政协和民主党派	1095	1095	1095					

表

单位:万元

国有独资公司	其他有限责任公司	股份有限公司	其他企业	港、澳、台商投资企业	合资经营企业(港或澳、台资)	外商投资企业	中外合资经营企业	个体经营	个体户	个人合伙
	26000									
	26000									
	500	24924								
	500	24924								
	2750	600								
	2750	600								
42217	50107							22788	22788	
42217	50107							22788	22788	
	1360									
	500									
	860									
	148535			2300	2300					
	10000									
	14000			2300	2300					
	50426									
	74109									
	4030		2700							
	4030		2700							
	16102									
	28785									
	3000									
	25785									

3—9 按构成分行业固定资产投资(2012年)

指　　标	总　计	#住　宅	建筑工程	安装工程	设备工器具购置	其他费用
总　　计	**7668857**	**639701**	**5059855**	**396248**	**1479601**	**733153**
农、林、牧、渔业	299477	5	196143	2506	46177	54651
农　业	63788	5	50141	239	3770	9638
林　业	96666		46048		10765	39853
畜牧业	112060		79435	1767	27467	3391
渔　业	980		980			
农、林、牧、渔服务业	25983		19539	500	4175	1769
采矿业	1784493	756	960828	122452	512415	188798
煤炭开采和洗选业	1550415	308	783016	110827	476476	180096
石油和天然气开采业	133400		114400	5000	11200	2800
黑色金属矿采选业	67321	448	39532	3535	18727	5527
有色金属矿采选业	3500		1495	552	1428	25
非金属矿采选业	3857		2590	110	807	350
其他采矿业	26000		19795	2428	3777	
制造业	1338430	1984	663451	123507	482057	69415
农副食品加工业	132524	1832	102094	4932	21431	4067
食品制造业	18180		10155	1780	5820	425
饮料制造业	24306		21427	357	2432	90
纺织服装、鞋、帽制造业	4500		3900	50	84	466
皮革、毛皮、羽毛(绒)及其制品业	1960		730	220	660	350
木材加工及木、竹、藤、棕、草制品业						
家具制造业	940		930		10	
造纸及纸制品业	17800		17800			
石油加工、炼焦及核燃料加工业	155974		74554	35060	36552	9808
化学原料及化学制品制造业	86029		43461	12262	28951	1355
医药制造业	21358		18128	200	2030	1000
橡胶制品业	13436		1740	3409	7187	1100
塑料制品业	247257	152	116660	13902	88589	28106
非金属矿物制品业	326970		102673	38379	176922	8996
黑色金属冶炼及压延加工业	4050		1120	100	2630	200
有色金属冶炼及压延加工业	37426		13000	700	23066	660
金属制品业	66318		36215	1780	25923	2400
通用设备制造业	77153		35430	6877	30246	4600
专用设备制造业	39886		30853	315	8368	350
电气机械及器材制造业	20000		11450	1150	5575	1825
仪器仪表及文化、办公用机械制造	865		865			
工艺品及其他制造业	41498		20266	2034	15581	3617
电力、燃气及水的生产和供应业	605429	15	295551	93347	178926	37605
电力、热力的生产和供应业	394334	15	157003	74169	132092	31070
燃气生产和供应业	179310		126329	13264	34027	5690

注:本表不含房地产开发投资。

3—9 续表

单位:万元

指　　标	总　计	#住　宅	建筑工程	安装工程	设备工器具购置	其他费用
水的生产和供应业	31785		12219	5914	12807	845
交通运输、仓储和邮政业	1363675	6480	1192265	3456	73373	94581
铁路运输业	45746		41916	250	1933	1647
道路运输业	87939	6480	68936	1620	11840	5543
城市公共交通业	174700		133000	400	32000	9300
水上运输业	1010878		918206	516	23431	68725
管道运输业	19690		11590			8100
仓储业	8381		6431	150	1800	
邮政业	16341		12186	520	2369	1266
信息传输、计算机服务和软件业	41075	5660	38390	483	1200	1002
计算机服务业	40235	5660	37550	483	1200	1002
软件业	840		840			
批发和零售业	35610		2181	4455	25030	3944
批发业	35610		2181	4455	25030	3944
住宿和餐饮业	4130		3630			500
住宿业	4130		3630			500
金融业	752661	607062	612737	5058	41146	93720
保险业	752661	607062	612737	5058	41146	93720
房地产业	11077		9477			1600
租赁和商务服务业	3760		3590			170
租赁业	500		330			170
商务服务业	3260		3260			
科学研究、技术服务和地质勘查业	1074273	2147	843597	18228	43488	168960
研究与试验发展	13500		4000	2400	2000	5100
专业技术服务业	204598		153782	7010	9952	33854
科技交流和推广服务业	82332		79640	198	319	2175
地质勘查业	773843	2147	606175	8620	31217	127831
居民服务和其他服务业	156603		119534	7094	19409	10566
居民服务业	83622		68462	2207	9253	3700
其他服务业	72981		51072	4887	10156	6866
教　育	17684	9672	12564		500	4620
卫生、社会保障和社会福利业	54585		35575	3672	14171	1167
社会保障业	7174		4174	2450	550	
社会福利业	47411		31401	1222	13621	1167
文化、体育和娱乐业	57118	5920	49543	2113	4100	1362
新闻出版业	18467		13457	1300	3700	10
广播、电视、电影和音像业	8180	5920	7821			359
体　育	30471		28265	813	400	993
公共管理和社会组织	1495		1475			20
国家机构	400		380			20
人民政协和民主党派	1095		1095			

3—10 按建设性质分行业固定资产投资(2012 年)

指　　标	总　计	新　建	扩　建	改建和技术改造	单纯建造生活设施	迁　建	单纯购置
总　　计	**7668857**	**2128253**	**2063173**	**2631933**	**759375**	**65764**	**20359**
农、林、牧、渔业	299477	152773	100047	45467			1190
农　业	63788	20399	35321	8068			
林　业	96666	49865	26688	20113			
畜牧业	112060	77079	34331	650			
渔　业	980	980					
农、林、牧、渔服务业	25983	4450	3707	16636			1190
采矿业	1784493	90476	579034	1105935			9048
煤炭开采和洗选业	1550415	44819	439647	1056901			9048
石油和天然气开采业	133400	6000	96400	31000			
黑色金属矿采选业	67321	33930	15357	18034			
有色金属矿采选业	3500	3500					
非金属矿采选业	3857	2227	1630				
其他采矿业	26000		26000				
制造业	1338430	678841	426405	205700	4900	22584	
农副食品加工业	132524	84355	48169				
食品制造业	18180	14300	3880				
饮料制造业	24306	21100	3206				
纺织服装、鞋、帽制造业	4500	4500					
皮革、毛皮、羽毛(绒)及其制品业	1960	1960					
木材加工及木、竹、藤、棕、草制品业							
家具制造业	940	940					
造纸及纸制品业	17800			17800			
石油加工、炼焦及核燃料加工业	155974	13006	122100	15968	4900		
化学原料及化学制品制造业	86029	75319	810	9900			
医药制造业	21358	11118	10240				
橡胶制品业	13436		4436	9000			
塑料制品业	247257	197149	37634	12474			
非金属矿物制品业	326970	65434	159170	102366			
黑色金属冶炼及压延加工业	4050	2050	2000				
有色金属冶炼及压延加工业	37426	21706	5150	10570			
金属制品业	66318	48658	7810	9850			
通用设备制造业	77153	48376		7058		21719	
专用设备制造业	39886	15870	13400	10616			
电气机械及器材制造业	20000	20000					
仪器仪表及文化、办公用机械制造	865					865	
工艺品及其他制造业	41498	33000	8400	98			
电力、燃气及水的生产和供应业	605429	141719	291433	168246	3500		531
电力、热力的生产和供应业	394334	70942	184972	137889			531
燃气生产和供应业	179310	70777	94011	11022	3500		

注:本表不含房地产开发投资。

3—10 续表

单位:万元

指　　标	总　计	新　建	扩　建	改建和技术改造	单纯建造生活设施	迁　建	单纯购置
水的生产和供应业	31785		12450	19335			
交通运输、仓储和邮政业	1363675	776464	203420	380044			3747
铁路运输业	45746	18182	21699	5365			500
道路运输业	87939	37359	43150	7430			
城市公共交通业	174700	96700	78000				
水上运输业	1010878	607764	58758	341109			3247
管道运输业	19690			19690			
仓储业	8381	8381					
邮政业	16341	8078	1813	6450			
信息传输、计算机服务和软件业	41075	33905	6850	320			
计算机服务业	40235	33905	6010	320			
软件业	840		840				
批发和零售业	35610		33784	1826			
批发业	35610		33784	1826			
住宿和餐饮业	4130	1950	2180				
住宿业	4130	1950	2180				
金融业	752661		2240		750421		
保险业	752661		2240		750421		
房地产业	11077		11077				
租赁和商务服务业	3760	2900	860				
租赁业	500	500					
商务服务业	3260	2400	860				
科学研究、技术服务和地质勘查业	1074273	112494	253400	708379			
研究与试验发展	13500	11000	2500				
专业技术服务业	204598	7816	36954	159828			
科技交流和推广服务业	82332		180	82152			
地质勘查业	773843	93678	213766	466399			
居民服务和其他服务业	156603	86756	60240	3764			5843
居民服务业	83622	44251	31068	3360			4943
其他服务业	72981	42505	29172	404			900
教　育	17684	9102	8582				
卫生、社会保障和社会福利业	54585	2516	48309	3760			
社会保障业	7174		4174	3000			
社会福利业	47411	2516	44135	760			
文化、体育和娱乐业	57118	19566	30706	6292	554		
广播、电视、电影和音像业	18467	730	14925	2812			
文化艺术业	8180		8180				
体　育	30471	18836	7601	3480	554		
公共管理和社会组织	1495	1095	400				
国家机构	400		400				
人民政协和民主党派	1095	1095					

3—11 按行业分固定资产投资项目及资金来源(2012年)

单位:个、万元

指标	施工项目	#本年新开工	本年投产项目个数	本年资金来源	国家预算内资金	国内贷款	债券	利用外资	自筹资金	其他资金来源
总计	**1242**	**924**	**858**	**6764212**	**438622**	**859068**			**4992449**	**144599**
农、林、牧、渔业	100	77	87	276910	24084	21400			227006	4220
农业	28	21	23	58128	6072	800			51256	
林业	18	15	18	80081	8930				70525	626
畜牧业	39	31	32	115269	500	20600			94169	
渔业	1	1	1	560					560	
农、林、牧、渔服务业	14	9	13	22872	8582				10496	3594
采矿业	185	124	94	1660403	4000	61150			1532817	27697
煤炭开采和洗选业	151	93	72	1437903	4000	61150			1335346	27697
石油和天然气开采业	7	5	5	130854					106010	
黑色金属矿采选业	18	18	8	58321					58321	
有色金属矿采选业	1	1	1	3500					3500	
非金属矿采选业	5	4	5	3825					3640	
其他采矿业	3	3	3	26000					26000	
制造业	198	142	131	1382142	5390	95428			1157191	9700
农副食品加工业	35	26	25	109276	2060	3230			103986	
食品制造业	5	4	4	18200					18200	
饮料制造业	10	7	3	25550	200	400			24950	
纺织服装、鞋、帽制造业	1	1	1	4500					4500	
皮革、毛皮、羽毛(绒)及其制品业	1	1	1	1850		1000			850	
木材加工及木、竹、藤、棕、草制	1		1							
家具制造业	1		1	120					120	
造纸及纸制品业	1	1		25645					25645	
石油加工、炼焦及核燃料加工业	13	8	7	148594		17178			111410	
化学原料及化学制品制造业	12	8	10	74743	130	2000			61413	
医药制造业	4	3	1	25298					25298	
橡胶制品业	3	3	2	13436	3000				10436	
塑料制品业	40	31	32	265547					244242	
非金属矿物制品业	30	23	20	352822		28500			301500	
黑色金属冶炼及压延加工业	3	2		11500					9000	2500
有色金属冶炼及压延加工业	6	3	4	36760		4000			25660	7100
金属制品业	9	7	5	67484		29720			37764	
通用设备制造业	10	5	6	86952					79852	
专用设备制造业	5	3	2	48500		400			38000	100
电气机械及器材制造业	2	2	1	23000		9000			14000	
仪器仪表及文化、办公用机械制造	1		1	865					865	
工艺品及其他制造业	5	4	4	41500					19500	
电力、燃气及水的生产和供应业	99	71	77	598165	41904	147372			382780	23938
电力、热力的生产和供应业	61	42	52	376719	21676	41032			295102	16738
燃气生产和供应业	27	20	18	189713	18716	106340			57457	7200

注:本表不含房地产开发投资。

3—11 续表

单位:个、万元

指标	施工项目	#本年新开工	本年投产项目个数	本年资金来源	国家预算内资金	国内贷款	债券	利用外资	自筹资金	其他资金来源
水的生产和供应业	11	9	7	31733	1512				30221	
交通运输、仓储和邮政业	163	133	127	1257930	127579	462025			473752	32620
铁路运输业	20	14	17	46446	2094				44352	
道路运输业	23	15	20	85182	2069	300			76313	6500
城市公共交通业	2	1		176000		80642			94050	
水上运输业	109	95	83	900887	123416	379802			210903	26120
管道运输业	1	1		26000					26000	
仓储业	2	2	2	7781		1281			6500	
邮政业	6	5	5	15634					15634	
信息传输、计算机服务和软件业	8	4	5	39625		4600			34705	
计算机服务业	7	3	5	38785		4300			34165	
软件业	1	1		840		300			540	
批发和零售业	8	7	7	36325	2326				33379	
批发业	8	7	7	36325	2326				33379	
住宿和餐饮业	4	4	2	5500					5500	
住宿业	4	4	2	5500					5500	
金融业	130	103	88	567937	15364				531755	13489
保险业	130	103	88	567937	15364				531755	13489
房地产业	2	2	2	10365	6965				3400	
租赁和商务服务业	3	3	1	1160					1160	
租赁业	1	1		300					300	
商务服务业	2	2	1	860					860	
科学研究、技术服务和地质勘查业	217	164	164	592548	137993	35193			399190	13118
研究与试验发展	3	2	3	13500					13000	
专业技术服务业	72	56	60	149713	71026	19400			48093	5758
科技交流和推广服务业	9	8	6	80704	12656	12898			54650	
地质勘查业	133	98	95	348631	54311	2895			283447	7360
居民服务和其他服务业	54	38	29	157495	42273	31900			68056	15266
居民服务业	37	25	21	89671	29721	12500			33344	14106
其他服务业	17	13	8	67824	12552	19400			34712	1160
教　育	6	5	3	14620	1120				13500	
卫生、社会保障和社会福利业	17	11	13	47612	8753				33697	4510
社会保障业	3	2	3	7174	3808				1116	2250
社会福利业	14	9	10	40438	4945				32581	2260
文化、体育和娱乐业	39	31	24	46793	17571				29179	41
新闻出版业	7	3	3	14695	7365				7328	
广播、电视、电影和音像业	1	1	1	6180					6180	
体　育	31	27	20	25918	10206				15671	41
公共管理和社会组织	2	2		1500	400				1100	
国家机构	1	1		400	400					
人民政协和民主党派	1	1		1100					1100	

3—12 按行业分固定资产投资房屋面积和价值(2012 年)

单位:平方米、万元

指　　标	本年施工房屋面积	#住　宅	本年竣工房屋面积	#住　宅	本年竣工房屋价值	#住　宅
总　　计	**9026915**	**5775392**	**3751138**	**2394589**	**715769**	**464310**
农、林、牧、渔业	438401	310	98208	310	11074	47
农　业	339333	310	3600	310	580	47
林　业	17295		17295		2328	
畜牧业	72713		71853		7016	
渔　业	3600					
农、林、牧、渔服务业	5460		5460		1150	
采矿业	34320	3550	18310	3050	4939	691
煤炭开采和洗选业	20310	2050	13510	2050	2714	308
黑色金属矿采选业	13090	1500	4100	1000	2133	383
非金属矿采选业	920		700		92	
制造业	644446	11385	326564	1380	57931	239
农副食品加工业	127162	10005	62528		7718	
食品制造业	1670		1670		295	
饮料制造业	3970		3970		453	
纺织服装、鞋、帽制造业	15286		15286		3200	
皮革、毛皮、羽毛(绒)及其制品业	1500		1500		180	
石油加工、炼焦及核燃料加工业	5600		600		200	
化学原料及化学制品制造业	15256		14906		2300	
橡胶制品业	3500		3500		1000	
塑料制品业	69142	1380	53382	1380	7426	239
非金属矿物制品业	65300		32300		7500	
黑色金属冶炼及压延加工业	4038					
有色金属冶炼及压延加工业	133000					
金属制品业	111223		111223		19289	
通用设备制造业	9190		690		140	
专用设备制造业	9900		1300		190	
电气机械及器材制造业	49009		4009		1203	
工艺品及其他制造业	19700		19700		6837	
电力、燃气及水的生产和供应业	14490	60	4000	60	865	8
电力、热力的生产和供应业	8260	60	3000	60	565	8
燃气生产和供应业	5630		1000		300	
水的生产和供应业	600					
交通运输、仓储和邮政业	847022	116383	453084	58983	90010	14936
铁路运输业	185478		61212		9411	
道路运输业	487312	116383	386072	58983	79629	14936
城市公共交通业	144480					
水上运输业	11952					
管道运输业						
仓储业	4300		4300		730	
邮政业	13500		1500		240	

注:本表不含房地产开发投资。

3—12　续表

单位:平方米、万元

指　　标	本年施工房屋面积	#住宅	本年竣工房屋面积	#住宅	本年竣工房屋价值	#住宅
信息传输、计算机服务和软件业	71470	15982	18372		7280	
计算机服务业	71470	15982	18372		7280	
批发和零售业						
批发业						
住宿和餐饮业	8215					
住宿业	8215					
金融业	5594200	5193755	2532437	2296839	484696	442740
保险业	5594200	5193755	2532437	2296839	484696	442740
房地产业	705		705		106	
租赁和商务服务业	11507					
租赁业	3325					
商务服务业	8182					
科学研究、技术服务和地质勘查业	85717	15000	85717	15000	17069	2147
研究与试验发展	1500		1500		235	
专业技术服务业	3150		3150		400	
地质勘查业	81067	15000	81067	15000	16434	2147
居民服务和其他服务业	690390		131315		26311	
居民服务业	314152		106538		22602	
其他服务业	376238		24777		3709	
教　育	416109	402380	5540	2380	962	350
卫生、社会保障和社会福利业	14038		13576		2618	
社会保障业						
社会福利业	14038		13576		2618	
文化、体育和娱乐业	127636	16587	46093	16587	9245	3152
新闻出版业	9492					
广播、电视、电影和音像业	19875	16587	19875	16587	3975	3152
体　育	98269		26218		5270	
公共管理和社会组织	3732					
国家机构	3732					

3—13 近年来分行业固定资产投资

单位:万元

指　　标	2005	2006	2007	2008	2009	2010	2011	2012
总　　计	**1530558**	**1909646**	**2342429**	**2652993**	**4189568**	**5455783**	**6449577**	**8224503**
农、林、牧、渔业	25154	40575	66108	83593	149741	227123	210154	299477
农　业	6498	8310	6755	4510	7717	55876	87384	63788
林　业	3268	4190	34573	36966	45119	32074	34744	96666
畜牧业	7546	12893	9114	24024	59832	63381	52449	112060
渔　业						480		980
农、林、牧、渔服务业	7812	15182	15666	18093	36573	75312	35577	25983
采矿业	261506	213569	390373	350741	683509	1214360	1363231	1784493
煤炭开采和洗选业	253406	190259	369528	321886	649612	964186	1209920	1550415
石油和天然气开采业						9700	45156	133400
黑色金属矿采选业	7910	23030	10585	28855	29682	236729	96502	67321
有色金属矿采选业			400				3500	3500
非金属矿采选业	190	280	9860		4215	3745	8153	3857
开采辅助活动								26000
制造业	543710	700443	816389	686096	692287	660687	1242954	1461712
农副食品加工业	6890	23746	34693	21076	9463	30687	47785	132524
食品制造业	1650	4851	9921	3158	11838	18052	11139	18180
酒、饮料和精制茶制造业	2400	6030	8364	10216	13007	14920	21060	24306
烟草制品业						250		
纺织业	8628	2385	120	5700		700	7141	
纺织服装、鞋、帽制造业		335						4500
皮革、毛皮、羽毛(绒)及其制品业								1960
木材加工及木、竹、藤、棕、草制	1916	530	200		4021	11135	2215	
家具制造业	424	776			7020	1280	2060	940
造纸及纸制品业			1000			15000	13975	17800
印刷业和记录媒介的复制						277		
文教体育用品制造业			1500				2200	
石油加工、炼焦及核燃料加工业	200094	213901	175884	132866	100296	50792	207174	210774
化学原料及化学制品制造业	38524	70729	185906	236610	137493	88990	108620	76229
医药制造业		500	5761	3628	2399	2968	8571	21358
化学纤维制造业								
橡胶和塑料制品业	171	557			102	3760		13436
非金属矿物制品业	15600	51183	45267	39673	77381	92113	160900	247257
黑色金属冶炼及压延加工业	159210	232764	258255	190808	196787	123741	188397	337970

3—13　续表1

单位:万元

指　　标	2005	2006	2007	2008	2009	2010	2011	2012
有色金属冶炼及压延加工业	17910	18018	21889	800	14960	20910	27177	4050
金属制品业		3392	3830	1800	28330	9130	4915	37426
通用设备制造业	62615	36741	30739	17712	44926	84181	183123	66318
专用设备制造业	5172	15108	7541		28562	52401	36459	77153
交通运输设备制造业	18106	13897	13969	10240	3994	17542	52757	39886
电气机械及器材制造业	4000	5000	11550	11809	11478	16267	113571	67282
通信设备、计算机及其他电子设备								20000
仪器仪表及文化、办公用机械制造						371		
工艺品及其他制造业						200	8935	865
废弃资源和废旧材料回收加工业	400				230	5020	34780	41498
电力、燃气及水的生产和供应业	252017	298160	250758	490476	734926	764869	408699	549064
电力、热力的生产和供应业	240832	271544	203373	443819	598473	654963	343127	338334
燃气生产和供应业	1530	6728	5108	22520	80255	67840	48308	179310
水的生产和供应业	9655	19888	42277	24137	56198	42066	17264	31420
建筑业	278	3391	430				570	
房屋和土木工程建筑业	278	3391	430				570	
建筑安装业								
建筑装饰业								
其他建筑业								
交通运输、仓储和邮政业	155500	185498	199790	270466	593922	930581	1392315	1226778
铁路运输业		14350		8400	14100	50096	103192	174700
道路运输业	145258	163984	189708	248717	553590	865407	1257281	1007666
城市公共交通业	1160	1139	412	697	208	352	3175	
水上运输业								
航空运输业								19690
管道运输业								
装卸搬运和其他运输服务业					5430		5600	8381
仓储业	7688	4832	9670	12652	20594	14726	22567	16341
邮政业	1394	1193					500	
信息传输、计算机服务和软件业	34067	53577	43319	45830	71522	80211	53762	35610
电信和其他信息传输服务业	34067	53577	43319	45830	71522	64317	53762	35610
计算机服务业						15894		
批发和零售业	18415	53084	69075	66389	145446	97021	220713	95889
批发业	8347	26329	21448	24099	87401	26905	91680	35950
零售业	10068	26755	47627	42290	58045	70116	129033	59939

3—13 续表 2

单位:万元

指　　标	2005	2006	2007	2008	2009	2010	2011	2012
住宿和餐饮业	759	16515	27332	37590	66483	38833	10854	41075
住宿业	539	14735	23352	34990	59683	17783	10244	40235
餐饮业	220	1780	3980	2600	6800	21050	610	840
金融业	1186	3053	185		1300	821	3886	4130
#银行业	1186	3053	185		1300	821	3886	4130
房地产业	97990	121989	167999	266524	556279	548363	724387	1346103
租赁和商务服务业	1131	420		1000	1570	842	2603	11077
#商务服务业	1131	420		1000	1570	842	2603	11077
科学研究、技术服务和地质勘查业	1554	4415	4671	4553	695	3743	35000	17260
专业技术服务业	257	2715	106	293	395	243		3260
科技交流和推广服务业					300		5000	13500
地质勘查业	1297	1700	4565	4260		3500	30000	
水利、环境和公共设施管理业	67841	103323	229556	269225	311678	549301	542921	1064350
水利管理业	14104	19361	22777	57476	58432	104745	108071	239163
环境管理业		1341	16835	5160	82075	95523	63773	82332
公共设施管理业	53737	82621	189944	206589	171171	349033	371077	742855
居民服务和其他服务业		790			229	3249	3683	
居民服务业		400			229	1449	511	
其他服务业		390				1800	3172	
教　育	34385	50972	13104	37028	85914	222801	120104	83622
卫生、社会保障和社会福利业	5137	2960	7832	15546	50188	64799	67210	90665
卫　生	5057	2940	5023	14226	48294	60574	65806	72981
社会福利业	80	20	2809	1320	1894	4225	594	17684
文化、体育和娱乐业	14366	27546	38825	21078	33345	35804	33461	81232
广播、电视、电影和音像业	2012	1346	1208	2566	5152	6007	2617	7174
文化艺术业	9344	23455	9309	6445	20443	17453	25625	47411
体　育	1800	1645	28228	537	150	3644	5219	18467
娱乐业	1210	1100	80	11530	7600	8700		8180
公共管理和社会组织	15562	29366	16683	6858	10534	12375	13070	31966
中国共产党机关	572		1093	50		458		
国家机构	14610	27164	14246	6498	9854	8843	11976	30471
群众团体、社会团体和宗教组织		72			450	205		400
基层群众自治组织	380	2130	1344	310	230	2869	1094	1095

3—14 近年来分行业非国有控股投资

单位:万元

指　　标	2008	2009	2010	2011	2012
总　　计	**938491**	**1649210**	**1939422**	**2592375**	**3453469**
农、林、牧、渔业	18554	57357	93137	120141	224405
农　业	4360	3160	37407	69647	41607
林　业		5426	7629	7025	69878
畜牧业	12292	45812	46121	42669	108440
渔　业		500	480		980
农、林、牧、渔服务业	1902	2459	1500	800	3500
采矿业	150635	330735	594768	493170	509054
煤炭开采和洗选业	121780	313699	355554	339859	380564
石油和天然气开采业				45156	55400
黑色金属矿采选业	28855	15776	235469	96502	65733
有色金属矿采选业				3500	3500
非金属矿采选业		1260	3745	8153	3857
制造业	413469	555888	527647	1150297	1398942
农副食品加工业	20176	8520	29510	47785	128972
食品制造业	3158	11838	15425	13939	18180
饮料制造业	10216	13007	14420	21060	24306
纺织业	5700		700	7141	
木材加工及木、竹、藤、棕、草制		4021	535	2215	
家具制造业		7020	1280	2060	940
造纸及纸制品业			15000	13975	17800
印刷业和记录媒介的复制			277		
文教体育用品制造业				2200	
石油加工、炼焦及核燃料加工业	29713	50756	49081	177013	192796
化学原料及化学制品制造业	103050	74336	19600	75238	68429
医药制造业	3628	2399	2968	8571	21358
塑料制品业		102	3760		13436
非金属矿物制品业	39673	75347	83251	149400	246707
黑色金属冶炼及压延加工业	162296	193150	115294	158604	337970
有色金属冶炼及压延加工业	800	11960	20910	21177	4050
金属制品业	1800	28330	9130	4915	37426
通用设备制造业	11210	30838	61605	199668	65634
专用设备制造业		28562	52401	35293	44947
交通运输设备制造业	10240	3994	10842	52757	39886
电气机械及器材制造业	11809	11478	16267	113571	67282
仪器仪表及文化、办公用机械制造			371		
工艺品及其他制造业				8935	865
废弃资源和废旧材料回收加工业		230	5020	34780	41498
电力、燃气及水的生产和供应业	2220	41233	42546	60636	131981
电力、热力的生产和供应业		9415	26552	38906	59181
燃气生产和供应业	860	19485	12194	13800	57050

3—14 续表

单位:万元

指　　标	2008	2009	2010	2011	2012
水的生产和供应业	1360	12333	3800	7930	15750
交通运输、仓储和邮政业	22054	31419	18806	74957	112232
铁路运输业	8400	3100		45000	78000
道路运输业	600	2734	5980	4610	15960
城市公共交通业	697				
装卸搬运和其他运输服务业		5430		5600	8381
仓储业	12357	20155	12826	19747	9891
信息传输、计算机服务和软件业			13600		
计算机服务业			13600		
批发和零售业	46530	68072	71645	137743	69586
批发业	7000	21637	18842	35240	26167
零售业	39530	46435	52803	102503	43419
住宿和餐饮业	34990	62203	38386	10674	40755
住宿业	34990	58203	17336	10064	39915
餐饮业		4000	21050	610	840
金融业		1300	821	3106	
银行业		1300	821	3106	
房地产业	241552	457523	436332	447369	809836
房地产业	241552	457523	436332	447369	809836
租赁和商务服务业		470	842		
商务服务业		470	842		
科学研究、技术服务和地质勘查业	1260		3500	5000	14860
科技交流和推广服务业				5000	13500
地质勘查业	1260		3500		
水利、环境和公共设施管理业	1737	25032	66228	73206	102656
水利管理业			340	2200	19600
环境管理业	1022	1862	267	117	
公共设施管理业	715	23170	65621	70889	83056
居民服务和其他服务业			1800	3172	
其他服务业			1800	3172	
教　育		12220	18560	2650	12230
教　育		12220	18560	2650	12230
卫生、社会保障和社会福利业	950	228	1004	594	12602
卫　生	950	130			3500
社会福利业		98	1004	594	9102
文化、体育和娱乐业	4230	5300	9445	8620	14330
文化艺术业			2245	8620	3150
娱乐业	4230	5300	7200		8180
公共管理和社会组织	310	230	355	1040	
基层群众自治组织	310	230	355	1040	

3—15 房地产开发完成情况

单位:万元

指　　标	2007	2008	2009	2010	2011	2012
本年完成投资(万元)	134635	223111	389268	313690	373874	555646
#商品住宅	103631	177811	338718	255478	301763	418718
本年新增固定资产(万元)	54144	77445	74179	273874	225160	390449
本年商品房屋销售额(万元)	113827	155687	179566	172322	320357	321275
#商品住宅	93459	150636	162140	141130	272608	285996
本年销售面积(平方米)	466756	644653	664415	675029	1107902	1085558
#商品住宅	435467	632208	630424	601045	1006578	1028854
本年施工房屋面积(平方米)	1706419	2581226	4161590	5807573	5651274	7041808
#商品住宅	1505362	2236183	3542084	4844969	4537008	5475803
本年新开工施工房屋面积(平方米)	611581	1472980	2280251	1694669	1442843	2465557
#商品住宅	566520	1273043	1901410	1306280	1089010	1845064
本年竣工房屋面积(平方米)	370214	497949	358378	1314411	1098294	1658343
#商品住宅	325519	414473	322816	1163045	915331	1330769
本年竣工房屋价值(万元)	45749	86838	75949	259523	219883	360485
#商品住宅	36157	67559	60680	229696	172199	285807

3—16 房地产开

指　　标	企业数（个）	计　划总投资	累计完成投　资	本年完成投　资	#配套工程投资	建　筑工　程	安　装工　程	设备工器具购置
总　　计	**153**	**2464399**	**1387781**	**555646**	**8614**	**397967**	**42490**	**14396**
按登记注册类型分								
内　资	152	2464399	1387781	555646	8614	397967	42490	14396
国　有	3	42276	14970	12784		12660		
集　体	2	1200	1200	300		240	60	
有限责任公司	14	308472	153856	56336	2069	35867	4968	7159
#其他有限责任公司	14	308472	153856	56336	2069	35867	4968	7159
股份有限公司	1							
私营企业	132	2112451	1217755	486226	6545	349200	37462	7237
私营独资	1	64206	44529	13332		11836	525	68
私营合伙								
私营有限责任公司	128	2040545	1165526	468594	6545	335064	34937	7169
私营股份有限公司	3	7700	7700	4300		2300	2000	
其他企业								
港澳台商投资企业	1							
按隶属关系分								
省	1							
市	3	18296	9468	3480		3480		
县	7	114718	67724	24451		19949	482	
村委会	1							
其　他	141	2331385	1310589	527715	8614	374538	42008	14396

发投资(2012 年)

单位:万元

其他费用	#旧建筑物购置费	#土地购置费	住宅	#90平方米以下住房	办公楼	商业营业用房	其他	本年新增固定资产
100793	**2003**	**64294**	**418718**	**95994**	**19091**	**78521**	**39316**	**390449**
100793	2003	64294	418718	95994	19091	78521	39316	390449
124		124	9029			1299	2456	2066
			250	5		50		
8342	888	3735	36626	9843	147	7725	11838	110923
8342	888	3735	36626	9843	147	7725	11838	110923
92327	1115	60435	372813	86146	18944	69447	25022	277460
903		903	8644		1801	2243	644	
91424	1115	59532	360929	86146	17143	66474	24048	269760
			3240			730	330	7700
			3430	265		20	30	
4020	888	559	14457	533		2514	7480	42066
96773	1115	63735	400831	95196	19091	75987	31806	348383

3—17 房地产开发施工、销售和待售情况(2012 年)

单位:套、平方米、万元

指　　标	合　计	住　宅	#90 平方米以下住房	办公楼	商业营业用　房	其　他
房屋施工面积	7041808	5475803	1104731	205959	801180	558866
#本年新开工面积	2465557	1845064	363253	117554	260086	242853
房屋竣工面积	1658343	1330769	228639	7722	178707	141145
#不可销售面积	238609	175122	41014	4157	27870	31460
商品住宅竣工套数	14452	11681	2771			
竣工房屋价值	360485	285807	44264	1645	41636	31397
出租房屋面积	18510				5259	13251
商品房销售面积	1085558	1028854	201118		50323	6381
现房销售面积	635893	588676	124671		41711	5506
期房销售面积	449665	440178	76447		8612	875
商品房销售额	321275	285996	51123		32808	2471
现房销售额	186062	156686	30904		27501	1875
期房销售额	135213	129310	20219		5307	596
商品住宅销售套数	11467	9059	2408			
现房销售套数		5212	1491			
期房销售套数		3847	917			
平均销售价格	2960	2780	2542		6519	3872
现　房	2926	2662	2479		6593	3405
期　房	3007	2938	2645		6162	6811
待售面积	490382	368949	22980		41391	80042
待售 1－3 年面积	55321	23324			20997	11000
待售 3 年以上面积						

3—18 房地产开发资金来源情况(2012 年)

单位:套、平方米、万元

指　　标	本年资金来源合计	上年末结余资金	本年资金来源小计	国内贷款	利用外资	自筹资金	其他资金来源	#定金及预收款
总　计	**708325**	**96453**	**611872**	**18357**		**383165**	**210350**	**190905**
按登记注册类型分								
内　资	708325	96453	611872	18357		383165	210350	190905
国　有	12784		12784			12704	80	
集　体	758	55	703				703	703
有限责任公司	89953	7411	82542	4117		35101	43324	40446
#其他有限责任公司	89953	7411	82542	4117		35101	43324	40446
股份有限公司								
私营企业	604830	88987	515843	14240		335360	166243	149756
私营独资	8034	1245	6789			1182	5607	5607
私营合伙								
私营有限责任公司	592496	87742	504754	14240		329878	160636	144149
私营股份有限公司	4300		4300			4300		
其他企业								
港澳台商投资企业								
按隶属关系分								
省								
市	3120		3120			360	2760	2760
县	50183	2603	47580			37511	10069	9989
村委会								
其　他	655022	93850	561172	18357		345294	197521	178156

3—19 房地产开发企业

指　标	固定资产原价	固定资产累计折旧	#本年折旧	资产总计	负债总计	所有者权益合计	主营业务收入
总　计	**34615.1**	**8541.5**	**3121.4**	**2114782.3**	**1709320.9**	**405461.4**	**272227.6**
按登记注册类型分							
内　资	34567.6	8503.5	3114.6	2103280.7	1704837.1	398443.6	272227.6
国　有	211.7	89.3	7.2	9435.4	8487	948.4	1364.1
集　体	46.1	9.7		9870.3	9016.7	853.6	703
有限责任公司	3393.9	558.1	70.1	400407.2	266154.5	134252.7	61582.2
#其他有限责任公司	3393.9	558.1	70.1	400407.2	266154.5	134252.7	61582.2
股份有限公司	200	2	2	2058	58	2000	
私营企业	30715.9	7844.4	3035.3	1681509.8	1421120.9	260388.9	208578.3
私营独资	10.1	7.5	3.2	89413.4	89253.7	159.7	
私营合伙							
私营有限责任公司	30378.6	7655.8	2962.9	1514772.8	1265608.2	249164.6	208188.7
私营股份有限公司	327.2	181.1	69.2	77323.6	66259	11064.6	389.6
其他企业							
港澳台商投资企业	47.5	38	6.8	11501.6	4483.8	7017.8	
按隶属关系分							
省	53.6	29.5	4.7	15141.2	14280.1	861.1	261.4
市	118.5	48.9	32.1	114903.7	20503.9	94399.8	3606.3
县	3247	524	25.3	40356.4	20506.3	19850.1	24373
村委会				2979.2	233.2	2746	
其　他	31196	7939.1	3059.3	1941401.8	1653797.4	287604.4	243986.9

财务状况(2012年)

单位:万元

商品房屋销售收入	房屋出租收入	其他收入	营业成本	主营业务成本	营业税金及附加	主营业务税金及附加	营业利润	利润总额	应交所得税
268229.4	**1624.7**	**1434.3**	**222386.9**	**222230.2**	**23804.9**	**23752.1**	**-6745.5**	**-7722.5**	**3279.9**
268229.4	1624.7	1434.3	222386.9	222230.2	23804.9	23752.1	-6898.4	-7887.4	3279.9
1247	117.1		1328.7	1172	65.1	53	-14.5	25.5	
			582.5	582.5	66.2	66.2	38.1	-25	7.4
61396.4	185.8		54253.6	54253.6	2313.9	2276.4	-2683.9	-2703	218.4
61396.4	185.8		54253.6	54253.6	2313.9	2276.4	-2683.9	-2703	218.4
							-21.4	-21.4	
205586	1321.8	1434.3		166222.1		21356.5	-4216.7	-5163.5	3054.1
					509.4	509.4	-913.4	-922.9	
205586	1279.2	1087.3	166118.2	166118.2	20774	20770.8	-2706.9	-3731.3	3054.1
	42.6	347.0	103.9	103.9	76.3	76.3	-596.4	-509.3	
							152.9	164.9	
252.9	8.5		38.9	38.9	15.7	14.2	18.9	18.9	
3489.2	117.1		5512.6	5512.6	310.7	274.7	-2769.2	-2769.2	
23670			17842.3	17685.6	1306.6	1294.5	-1117.4	-1140.5	225.8
240817.3	1499.1	1434.3	198993.1	198993.1	22171.9	22168.7	-2877.8	-3831.7	3054.1

3—20 房地产开发企业土地购置、开发和待售情况(2012年)

单位:平方米

指　标	待开发土地面积"	本年购置土地面积	本年土地成交价款（万元）	待售面积	#待售面积（一年至三年）	#待售面积（三年以上）
总　计	**459781**	**314654**	**44045**	**490382**	**55321**	
按登记注册类型分						
内　资	459781	314654	44045	490382	55321	
国　有						
集　体				6532		
有限责任公司	106568	4640	388	137673		
#其他有限责任公司	106568	4640	388	137673		
股份有限公司						
私营企业	353213	310014	43657	346177	55321	
私营独资	14271	41418	1389	51368		
私营合伙						
私营有限责任公司	338942	268596	42268	294809	55321	
私营股份有限公司						
港澳台商投资企业						
按隶属关系分						
省						
市	50000					
县				4466		
村委会				12834		
其　他	409781	314654	44045	339029	42275	

主要统计指标解释

固定资产投资

本年完成投资 指从本年1月1日起至本年最后一天止完成的全部投资额。实际完成投资额是以货币表示的工作量指标,包括实际完成的建筑安装工程价值,设备、工具、器具的购置费,以及实际发生的其他费用。

没用到工程实体的建筑材料、工程预付款和没有进行安装的需要安装的设备等,都不计算投资完成额。

计算投资额所依据的价格:建筑安装工程投资额一般按预算价格计算。实行招标的工程,按中标价格计算。凡经建设单位与施工单位双方协商同意的工程价差、量差,且经建设银行同意拨款的,应视同修改预算价格。建筑安装工程应按修改后的预算价格计算投资完成额。设备、工具、器具购置投资额一律按实际价格,即支出的全部金额计算。外购设备、工具、器具除设备本身的价格外,还应包括运杂费、仓库保管费等。自制的设备、工具、器具,按实际发生的全部支出计算。其他费用的价格:一般按财务部门实际支付的金额计算。

住　宅 指专供居住使用的房屋,包括职工家属宿舍、职工单身宿舍、学生宿舍等。建设单位填自己建造的住宅,不包括购置的商品住宅。

本年新增固定资产 指报告期内交付使用的固定资产价值。包括本年内建成投入生产或交付使用的工程投资和达到固定资产标准的设备、工具、器具的投资及有关应摊入的费用。属于增加固定资产价值的其他建设费用,应随同交付使用的工程一并计入新增固定资产。

本年施工房屋面积 指报告期内施工的全部房屋建筑面积。包括本期新开工的面积和上期开工跨入本期继续施工的房屋面积,以及上期已停建在本期复工的房屋面积。本期竣工和本期施工后又停缓建的房屋,其建筑面积仍计入本期施工房屋面积中。

本年竣工房屋面积 指在报告期内房屋建筑按照设计要求已全部完工,达到住人和使用条件,经验收鉴定合格(或达到竣工验收标准),可正式移交使用的各栋房屋建筑面积的总和。

本年新增生产能力 指在本年度内按照新增生产能力(或工程效益)的计算条件和标准,实际建成投入生产或交付使用的生产能力(或工程效益)。新增生产能力(或工程效益),指通过固定资产投资活动而增加的设计能力。计算新增生产能力(或工程效益)是以能独立发挥生产能力(或工程效益)的工程为对象,如一座矿井、一座转炉、一套化工装置、一条铁路专用线等。当工程建成,经有关部门验收鉴定合格,正式移交投入生产,即应计算新增生产能力(或效益)。

下列情况不能计算新增生产能力:

(1)主体工程虽已建成,但设备尚不配套或缺乏正常生产所必需的附属辅助工程,因而不具备正常生产条件的工程;

(2)生产作业线尚未建成,采取临时措施(如厂房尚未建成,临时安装部分设备,或缺乏主体配套设备,临时利用代用设备等)进行生产,虽能生产设计规定的产品,但不能保持正常生产的工程。

房地产开发

计划总投资 指房地产开发企业(单位)在建的房屋建设工程或正在开发的土地开发工程,按照总体设计规定的内容全部建成计划(或按设计概算或预算)需要的总投资。

本年计划投资 指经计划部门同意安排的当年计划投资额(以立项报告为准)。

本年完成投资 指从本年1月1日起至本年最后一天止完成的全部用于房屋建设工程、土地开发工程的投资额以及公益性建筑和土地购置费等的投资。其中土地购置费在实际统计工作中如难以区分,计入“商品房建设投资额”中。

商品房建设投资额 指房地产开发企业(单位)开发建设的供出售、出租用的商品住宅、厂房、仓库、饭店、度假村、写字楼、办公楼等房屋工程及其配套的服务设施所完成的投资额(含拆迁、回迁还建用房)。

土地开发投资额 指房地产开发企业完成的前期工程投资,即路通、水通、电通、场地平整等(也称七通一平)所完成的投资。一般指生地开发成熟地的投资。在旧城区(老区拆迁)的开发中,如果有统一的规划,如政府有关部门批准的小区建设的前期工程中,有场地平整,原有建筑物、构筑物拆除,供水供电工程等工作量也可计算。未进行开发工程、只进行单纯的土地交易活动不作为土地开发投资统计。土地开发投资额在房屋用途分组中能分摊的部分就分摊,不能分摊的全部计入其他。

建筑工程 指各种房屋、建筑物的建造工程,又称建筑工作量。这部分投资额必须兴工动料,通过施工活动才能实现。

安装工程 指各种设备、装置的安装工程,又称安装工作量。

设备、工器具购置 指工业企业生产的产品转化为固定资产的购置活动,包括建设单位或企、事业单位购置或自制的,达到固定资产标准的设备、工具、器具的价值。

其他费用 指在固定资产建造和购置过程中发生的,除建筑安装工程和设备、工器具购置投资完成额以外的费用,不指经营中财务上的其他费用。包括土地出让金、大市政费、四源费(煤、热、自来水、污水)、不可预见费、旧房屋购置,基本畜禽支出,林木支出,退耕退牧还林还草、土壤改良、城市绿化,办公生活用家具、器具购置,建设单位管理费,土地征用、购置及迁移补偿费,政府收费,勘察设计费,研究实验费,可行性研究费,临时设施费,施工机械转移费,设备检验费,负荷联合试车费,土地占用、使用费,建设期应付利息,包干结余,企业债券发行费,合同公证费及工程质量监测费,国外借款手续费及承诺费,汇兑损益,调整器材调拨价格折价,坏帐损失,固定资产亏损及损失等。

土地购置费 指房地产开发企业为取得土地使用权而支付的费用。土地购置费按当期发生数计入投资,如土地购置费为分期付款的,可分期计入投资,不计入新增固定资产。土地购置费支出包括:①通过划拨方式取得的土地使用权所支付的土地补偿费、附着物和青苗补偿费、安置补偿费及土地征收管理费等;②通过出让方式取得土地使用权所支付的出让金。

投资额按房屋工程用途分组 指投资额中用于各类房屋建设的投资。

(1)住宅:指专供居住的房屋,包括别墅、公寓、职工家属宿舍和集体宿舍(包括职工单身宿舍和学生宿舍)等。但不包括住宅楼中作为人防用、不住人的地下室等。

(2)办公楼:指企业、事业、机关、团体、学校、医院等单位使用的各类办公用房(又称写字楼)。

(3)商业营业用房:指商业、粮食、供销、饮食服务业等部门对外营业的用房,如度假村、饭店、商店、门市部、粮店、书店、供销店、饮食店、菜店、加油站、日杂等房屋。

(4)其他:凡不属于上述各项用途的房屋建筑物,如中小学教学用房、托儿所、幼儿园、图书馆、体育馆等。

本年新增固定资产 指房地产开发公司进行开发经营活动的最终成果,即为社会提供的固定资产,而且是在报告期内新增加的。不是反映房地产开发企业本身固定资产的增加。

本年购置土地面积 指在本年内通过各种方式获得土地使用权的土地面积。

本年土地成交价款 指进行土地使用权交易活动的最终金额。在土地一级市场,是指土地最后的划拨款和出让价;在土地二级市场是指土地转让、出租、抵押等最后确定的合同价格。土地成交价款与土地购置面积同口径,目的是正确计算平均土地购置价格。

本年完成开发土地面积 指报告期内对土地进行开发并已完成七通一平等前期开发工程,具备进行房屋建筑物施工或出让条件的土地面积。

房屋施工面积 指报告期内施工的全部房屋建筑面积。包括本期新开工的面积和上年开工跨入本期继续施工的房屋面积,以及上期已停建在本期恢复施工的房屋面积。本期竣工和本期施工后又停建缓建的房屋面积仍包括在施工面积中,多层建筑应填各层建筑面积之和。

房屋新开工面积 指在报告期内新开工建设的房屋面积。不包括上期跨入报告期继续施工房屋面积和上期停缓建而在本期恢复施工的房屋面积。

房屋竣工面积 指报告期内房屋建筑按照设计要求已全部完工,达到住人和使用条件,经验收鉴定合格或达到竣工验收标准(实行房地产开发小区综合验收的城市,应经小区综合验收合格),可正式移交使用的各栋房屋建筑面积的总和。

竣工房屋价值 指在报告期内竣工房屋本身的建造价值。竣工房屋的价值一般按房屋设计和预算规定的内容计算。包括竣工房屋本身的基础、结构、屋面、装修以及水、电、卫等附属工程的建筑价值,也包括作为房屋建筑组成部分而列入房屋建筑工程预算内的设备(如电梯、通风设备等)的购置和安装费用;不包括厂房内的工艺设备、工艺管线的购置和安装,工艺设备基础的建造;办公和生活用家具的购置等费用;购置土地的费用;迁移补偿费和场地平整的费用及城市建设配套投资。竣工房屋价值一般按结算价格计算。

商品房销售面积 指报告期内出售商品房屋的合同总面积(即双方签署的正式买卖合同中所

确定的建筑面积)。由现房销售面积和期房销售建筑面积两部分组成。2004 年以前指实际销售面积。

实际销售面积 指报告期已竣工的房屋面积中已正式交付给购房者或已签订(正式)销售合同的商品房屋面积。不包括已签订预售合同正在建设的商品房屋面积,但包括报告期或报告期以前签订了预售合同,在报告期又竣工的商品房屋面积。

空置面积 指报告期末已竣工的可供销售或出租的商品房屋建筑面积中,尚未销售或出租的商品房屋建筑面积,包括以前年度竣工和本期竣工的房屋面积,但不包括报告期已竣工的拆迁还建、统建代建、公共配套建筑、房地产公司自用及周转房等不可销售或出租的房屋面积。注意:未竣工的烂尾楼不能算空置面积。

资产总计 指企业拥有或控制的能以货币计量的经济资源,包括各种财产、债权和其他权利。资产按其流动性(即资产的变现能力和支付能力)

划分为:流动资产、长期投资、固定资产、无形资产、递延资产和其他资产。根据会计“资产负债表”中“资产总计”项的年末数填列。

负债合计 指企业所承担的能以货币计量,将以资产或劳务偿付的债务,偿还形式包括货币、资产或提供劳务。负债一般按偿还期长短分为流动负债和长期负债。根据会计“资产负债表”中“负债合计”的年末数填列。

所有者权益合计 指企业投资人对企业净资产的所有权。企业净资产为企业全部资产与企业全部负债的差额,包括实收资本、资本公积、盈余公积、未分配利润等。根据会计“资产负债表”中“所有者权益”项的年末数填列。

利润总额 指企业在生产经营过程中各种收入扣除各种耗费后的盈余,反映企业在报告期内实现的盈亏总额,包括营业利润、补贴收入、投资净收益和营业外收支净额。根据会计“利润表”中的对应指标年末数填列。

四、对外经济贸易

资料整理人员

张增福　张双玲

对外经济贸易

海关进出口总额	82554	万美元
出口总额	27725	万美元
进口总额	54829	万美元
实际利用外资额	13611	万美元

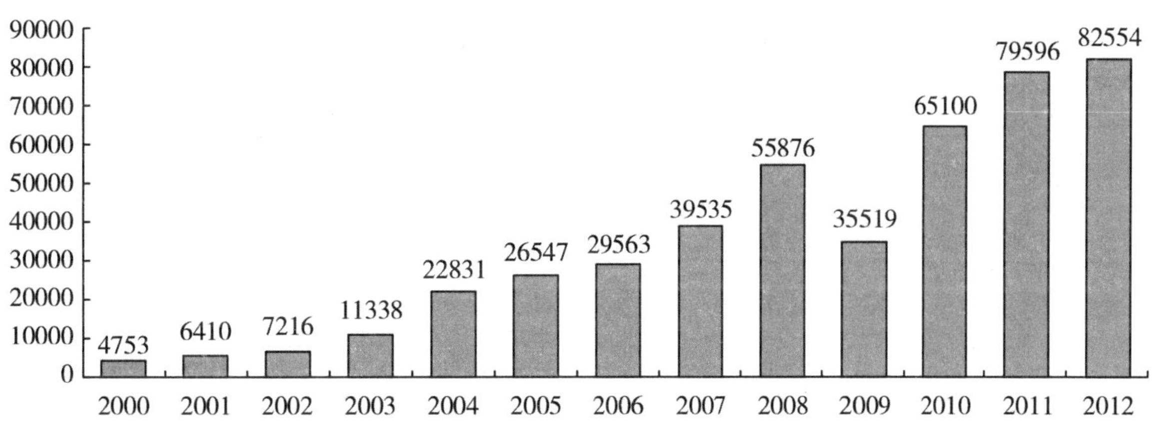

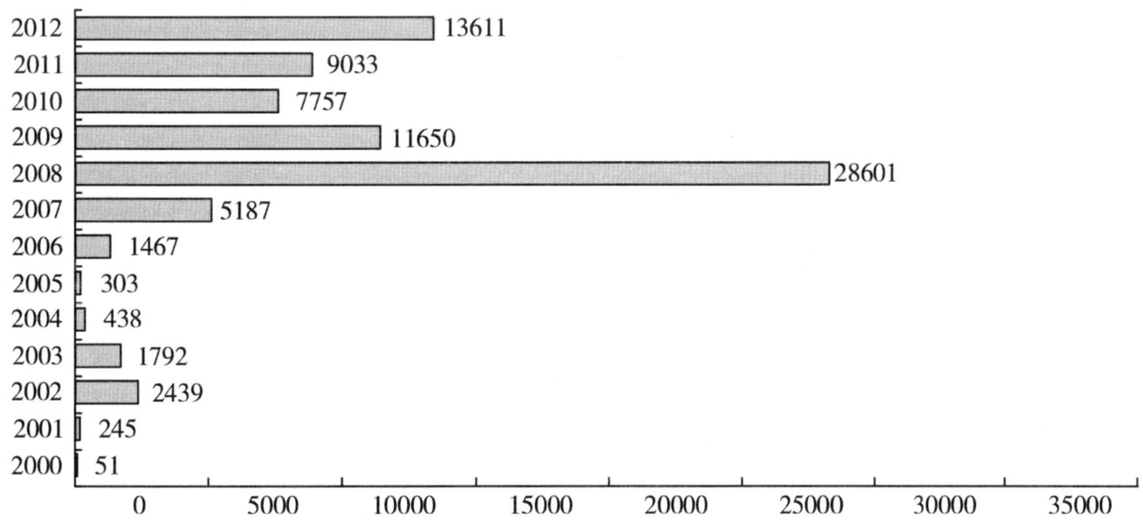

4—1 主要年份海关进出口贸易总额

单位:万美元

年　份	进出口总额	出口总额	进口总额
1993	779	729	50
1994	1269	1269	
1995	2206	2206	
1996	2704	1952	752
1997	3225	2712	513
1998	4246	2781	1465
1999	1743	1316	427
2000	4753	1019	3734
2001	6410	4245	2165
2002	7216	5688	1528
2003	11338	8304	3034
2004	22831	18626	4205
2005	26547	17081	9466
2006	29563	20165	9398
2007	39535	22520	17015
2008	55876	32056	23820
2009	35519	8687	26832
2010	65100	14550	50550
2011	79596	21003	58593
2012	82554	27725	54829

4—2 海关进出口贸易总额(2012年)

单位:万美元

指　　标	进出口总额	出口总额	进口总额
总　　计	**82554**	**27725**	**54829**
一、按企业性质分			
国有企业	4469	4432	37
三资企业	1738	839	898
其　他	76347	22454	53594
二、按贸易方式分			
一般贸易	55366	27295	28070
进料加工贸易	4		4

4—3 海关进出口商品分类总额(2012年)

单位:万美元

指　　标	出口总额	进口总额
总　　计	**27725**	**54829**
植物产品	33	
食品、饮料、酒及醋;烟草及制品	20	
矿产品	734	51067
化学工业及其相关工业的产品	2390	889
塑料及其制品;橡胶及其制品	2413	2
纸浆;纸、纸板及其制品	353	
纺织原料及纺织制品	716	
石料及其制品;陶瓷玻璃及制品	1821	2
贱金属及其制品	2918	46
机器、电子产品、电气设备及其零件	4527	2071
车辆、航空器、船舶及运输设备	5218	
杂项制品	4402	13

4—4 海关分国别(地区)进出口贸易总额(2012 年)

单位:万美元

国别(地区)	进出口总额	出口总额	进口总额
总　计	**82554**	**27725**	**54829**
亚　洲	**20829**	**10289**	**10540**
香　港	693	690	3
印　度	1772	81	1692
日　本	2898	2199	700
韩　国	1920	1823	97
印度尼西亚	1996	96	1900
马来西亚	1059	1055	5
新加坡	1525	1521	4
泰　国	301	179	122
台　湾	927	124	803
土耳其	1572	176	1396
非　洲	**3389**	**813**	**2576**
南　非	1584	609	975
欧　洲	**12834**	**7283**	**5550**
英　国	810	629	181
德　国	2296	1969	327
法　国	997	975	22
意大利	1151	443	708
荷　兰	1598	722	876
俄罗斯	452	452	
拉丁美洲	**15385**	**2560**	**12825**
阿根廷	148	148	
巴　西	13635	814	12821
墨西哥	608	604	3
秘　鲁	23	23	
北美洲	**7005**	**6631**	**373**
加拿大	525	525	
美　国	6479	6106	373
大洋洲	**23112**	**148**	**22964**
澳大利亚	23074	110	22964
新西兰	38	38	
东盟组织	**5303**	**3001**	**2302**
欧盟组织	**8723**	**6424**	**2299**

4—5 主要年份实际利用外资额

单位：万美元

年份	利用外资总额	#外商直接投资
1984	12	12
1985		
1986		
1987		
1988	87	87
1989	13	13
1990		
1991	293	293
1992	134	134
1994	626	626
1995	2903	2903
1996	1360	1360
1997	449	449
1998	2220	2220
1999	74	74
2000	51	51
2001	245	245
2002	2439	2439
2003	1792	1792
2004	438	438
2005	303	303
2006	1467	1467
2007	5187	5187
2008	28601	28601
2009	11650	11650
2010	7757	7757
2011	9033	1255
2012	13611	13611

4—6 按国别(地区)分利用外商直接投资额(2012年)

单位：万美元

国别(地区)	合同项目(个)	合同利用外资金额	实际使用外资金额
总计	**3**	**1431**	**13611**
香港	3	1431	13611
台湾			
德国			
日本			
韩国			
马来西亚			
美国			

注：德国、日本、韩国共同投资1个项目。

主要统计指标解释

进出口总额 指实际进出我国国境的货物总金额。包括对外贸易实际进出口货物,来料加工装配进出口货物,国家间、联合国及国际组织无偿援助物资和赠送品,华侨、港澳台同胞和外籍华人捐赠品,租赁期满归承租人所有的租赁货物,进料加工进出口货物,边境地方贸易及边境地区小额贸易进出口货物(边民互市贸易除外),中外合资经营企业,中外合作经营企业,外商独资经营企业进出口货物和公用物品,到、离岸价格在规定限额以上的进出口货样和广告品(无商业价值、无使用价值和免费提供出口的除外),从保税仓库提取在中国境内销售的进出口货物,以及其他进出口货物。进出口总额用以观察一个国家在对外贸易方面的总规模。我国规定出口货物按离岸价格统计,进口货物按到岸价格统计。

实际利用外资 指各级政府、部门、企业和其他经济组织通过对外借款、吸收外商直接投资以及用其他方式筹措的境外现汇、设备、技术等。

对外借款 是利用外资的主要部分。包括我国通过外国政府贷款、国际金融组织贷款、外国银行商业贷款、出口信贷以及对外发行债券、股票等方式,从境外筹措的资金。

外商直接投资 指外国企业和经济组织或个人(包括华侨、港澳台同胞以及我国在境外注册的企业)按我国有关政策、法规,用现汇、实物、技术等在我市境内开办外商独资企业,与我市境内的企业或经济组织共同举办中外合资经营企业、合作经营企业或合作开发资源的投资(包括外商投资收益的再投资)以及经政府有关部门批准的项目投资总额内,企业从境外借入的资金。

临汾统计年鉴

五、能源消费与库存

资料整理人员

杨晓春　李海娟　王斌良　薛　耿

能源消费与库存

煤炭生产量	10199.1	万吨
煤炭销售量	8758.4	万吨
煤炭消费量	10274.5	万吨
社会用电量	172.9	亿千瓦时
焦炭生产量	1873.0	万吨
焦炭销售量	1737.9	万吨

煤炭生产量（万吨）

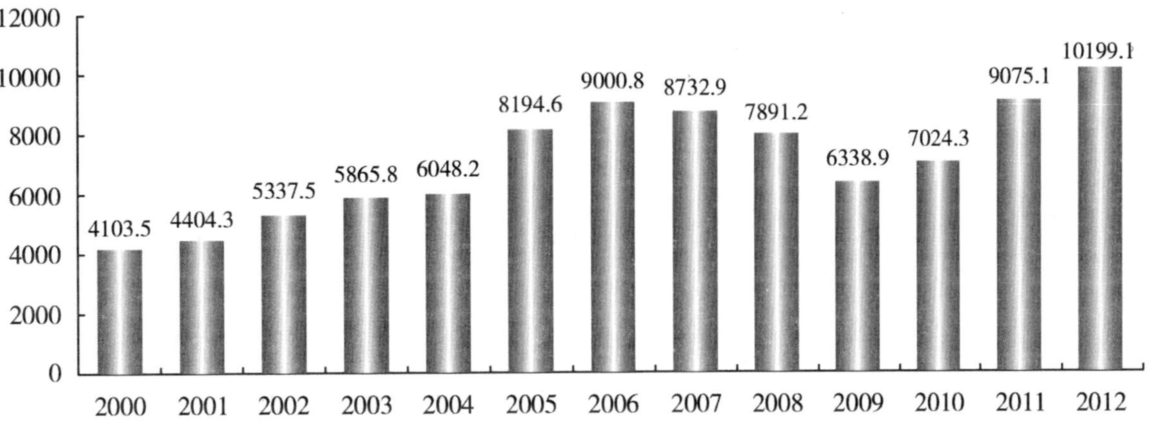

焦炭生产量（万吨）

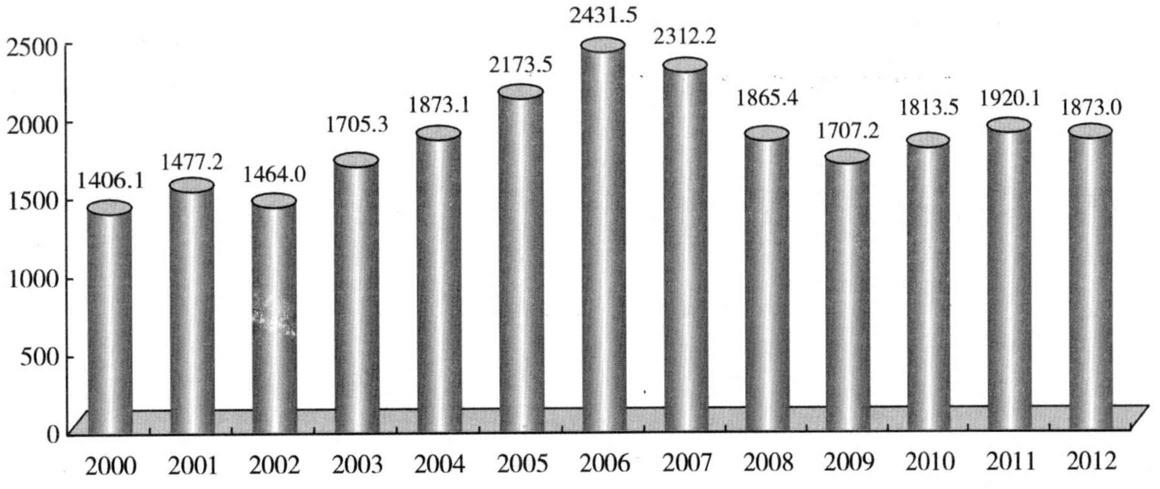

5—1 主要年份煤炭产品产、销、存

单位:万吨

年　份	年初库存	生产量	销售量			年末库存
			合　计	省内地销	销售外省	
1980	68.0	332.8	349.8	310.7	39.1	47.1
1985	306.4	1061.2	761.3	691.4	69.9	434.3
1986	401.4	986.7	728.7	663.6	65.1	474.0
1987	477.4	1026.1	971.1	918.4	52.7	266.8
1988	266.2	1112.1	996.8	920.9	75.9	215.0
1989	215.0	1910.0	1726.0	1335.0	391.0	248.0
1990	248.0	2190.4	1610.6	1238.9	371.7	395.7
1991	395.7	2189.6	1621.8	1258.2	363.6	455.8
1992	453.2	2478.7	1944.3	1523.1	421.2	346.6
1993	355.3	3089.7	2532.0	2075.4	456.6	286.8
1994	286.8	3879.1	3186.5	2804.0	382.5	264.0
1995	264.1	4265.6	3490.5	3138.0	352.5	289.6
1996	289.6	4802.1	3950.3	3702.6	247.7	331.8
1997	331.9	4578.4	3843.2	3436.2	407.0	220.2
1998	220.2	4695.7	3754.7	3307.2	447.5	225.3
1999	225.8	4028.8	3067.7	2518.0	526.3	237.2
2000	237.2	4103.5	3156.5	2612.6	550.9	182.0
2001	182.0	4404.3	3570.5	2783.9	743.0	98.5
2002	111.8	5337.5	3956.2	3205.3	623.3	168.2
2003	168.2	5865.8	4458.0	3672.0	408.4	143.2
2004	143.2	6048.2	4583.6	3537.7	980.1	155.6
2005	155.6	8194.6	6410.1	5335.4	1074.2	239.8
2006	239.7	9000.8	6965.0	5673.2	1291.9	191.4
2007	191.4	8732.9	6615.6	5414.7	1200.9	187.2
2008	187.2	7891.2	5880.7	4547.5	1333.2	266.2
2009	266.2	6338.9	5221.2	3919.0	1302.2	294.3
2010	294.3	7024.3	5769.4	4922.3	847.1	282.3
2011	282.3	9075.1	7807.9	6959.2	847.7	281.2
2012	281.2	10199.1	8758.4	8091.8	666.6	306.9

5—2 主要年份焦炭产品产、销、存

单位:万吨

年　份	年初库存	生产量	销售量			年末库存
			合　计	省内地销	销售外省	
1980	3.2	53.1	39.8	38.8	1.0	4.0
1985	16.0	71.5	65.1	46.5	18.7	18.6
1986	18.6	81.8	71.7	60.5	11.3	25.7
1987	25.7	118.2	121.0	90.4	30.6	19.9
1988	19.9	148.9	129.8	115.7	14.1	32.9
1989	6.7	99.1	70.2	29.9	40.3	10.3
1990	37.1	242.3	227.6	182.4	45.2	37.6
1991	37.6	193.9	181.7	150.0	31.7	42.9
1992	42.9	297.8	284.2	231.6	52.6	49.8
1993	57.7	807.2	752.3	678.5	73.8	82.0
1994	82.0	1318.6	1292.4	1197.2	95.2	83.5
1995	83.9	1670.1	1603.2	1260.2	343.0	115.7
1996	115.7	1551.1	1506.3	1293.7	212.6	115.3
1997	115.3	1776.1	1739.5	1550.8	188.7	102.1
1998	102.1	1795.5	1734.6	1578.0	156.6	111.0
1999	111.0	1381.3	1375.6	1092.5	168.7	112.1
2000	112.1	1406.1	1415.2	1177.0	255.0	96.9
2001	96.9	1477.2	1499.7	1191.2	308.5	70.1
2002	70.1	1464.0	1463.7	935.3	506.7	37.1
2003	37.1	1705.3	1653.8	1048.2	553.0	44.1
2004	44.1	1873.1	1797.1	1011.7	744.9	85.3
2005	85.3	2173.5	2052.9	1088.6	923.9	118.6
2006	118.6	2431.5	2289.4	1212.2	1038.8	151.8
2007	151.8	2312.2	2239.5	1115.1	1094.6	139.7
2008	139.7	1865.4	1819.2	905.8	913.3	140.4
2009	140.4	1707.2	1707.1	820.4	886.7	85.3
2010	85.3	1813.5	2103.9	1032.8	1071.1	62.6
2011	62.6	1920.1	1815.7	867.5	948.2	60.4
2012	60.4	1873.0	1737.9	784.3	953.6	80.5

5—3 主要年份煤炭消费量

单位:万吨

年 份	煤 炭 消费量	生产建设消费				生活消费		入洗原煤
		消费量	比 重 (%)	发电用煤	炼焦用煤	消费量	比 重 (%)	
1978	356.0	267.7	75.2	135.2	121.2	88.3	24.8	42.2
1980	431.5	338.4	78.4	146.5	146.7	93.1	21.6	43.9
1985	672.4	566.7	84.3	196.4	190.7	105.7	15.7	111.5
1990	1097.6	976.3	88.9	204.7	551.1	121.3	11.1	602.6
1995	2946.7	2795.7	94.9	214.9	2080.8	151.0	5.2	1603.2
1996	3026.8	2873.9	94.9	214.3	2059.6	152.9	5.1	1967.9
1997	3177.8	3024.2	95.2	215.8	2258.3	153.6	4.8	2021.1
1998	3264.9	3111.5	95.3	202.7	2410.2	153.4	4.7	1993.8
1999	2964.3	2810.8	94.8	195.9	2003.6	153.5	5.2	1907.7
2000	3044.6	2893.9	95.1	225.9	2038.9	150.7	4.9	1968.3
2001	4640.2	4491.9	96.8	238.0	1972.3	148.3	3.2	2281.6
2002	4839.2	4699.0	97.1	248.9	1965.8	140.2	2.9	2484.3
2003	5622.3	5486.9	97.6	302.6	2557.9	135.4	2.4	2626.4
2004	6108.7	5998.1	98.2	332.4	2526.2	110.6	1.8	3139.5
2005	6868.2	6777.4	98.7	378.1	2963.2	90.8	1.3	3436.1
2006	7972.9	7851.0	98.5	461.8	3297.4	121.9	1.5	4070.2
2007	8846.2	8715.4	98.5	445.5	3248.6	130.8	1.5	4406.0
2008	7494.2	7363.3	98.2	154.7	2706.3	130.9	1.8	4166.3
2009	7591.18	7465.08	98.3	306.12	2771.9	126.1	1.7	4347.3
2010	7626.6	7469.4	97.9	491.9	2545.2	157.1	2.1	4003.2
2011	9083.1	8949.0	98.5	709.7	2702.7	134.1	1.5	5060.2
2012	10274.5	10123.9	98.5	723.9	2620.7	150.6	1.5	6206.9

5—4 主要年份用电量及分类

单位:万千瓦时

年 份	社会用电量	全行业用电量				人民生活用电		
		合 计	第一产业	第二产业	第三产业	合 计	城 镇	乡 村
1978	56026	52999	11354	40093	1552	3027	1842	1185
1980	66992	63653	13856	47536	2261	3339	1983	1356
1985	99067	91203	12139	75537	3527	7864	5329	2640
1990	161836	148108	18760	123088	6260	13728	9000	4728
1995	250991	226038	26744	188358	10936	24953	15095	9858
1996	270835	242908	25940	204873	12095	26795	16191	10604
1997	295128	264644	31784	220103	12757	26176	15077	11099
1998	300917	268318	28476	226442	13400	26549	11323	15226
1999	315537	286750	29219	235955	21576	28787	16683	12104
2000	359882	329259	30423	270948	27888	30623	17918	12705
2001	426151	390632	30815	326705	33112	34010	20168	13842
2002	506751	468952	16355	391458	61139	37799	21218	16581
2003	582684	539617	11249	460710	67658	43067	24130	18937
2004	678863	631821	10166	541958	79696	47042	25931	21111
2005	964873	905586	38323	794083	73180	59287	38647	20639
2006	1189111	1109605	28004	1024182	57419	79506	53411	26095
2007	1326506	1245276	26513	1129841	88922	81230	46807	34423
2008	1158305	1066161	28269	973941	63951	92144	43501	48643
2009	1214884	1096737	36233	966744	93760	118147	58762	59385
2010	1337376	1208684	41103	1068663	98918	128692	68429	60263
2011	1568978	1418436	42484	1262952	113000	150542	79100	71442
2012	1729423	1563233	41806	1397250	124177	166190	84852	81338

5—5 主要年份工业行业用电量

单位:万千瓦时

年 份	煤炭工业	黑色金属	有色金属	金属加工	建材工业	化工工业	纺织工业	造纸工业	其 它
1978	5948	7174	291	3476	1459	10035	3714	2022	5373
1980	8251	7720	700	3884	1324	14431	4112	2532	3945
1985	11547	10758	261	5073	2504	30935	4406	3154	5709
1990	18098	26083	2447	7191	3460	45764	4723	4473	9060
1995	26764	52369	1966	12837	7637	46626	7017	5396	26795
1996	30701	56013	2629	12268	8406	55436	7154	6556	39086
1997	29428	63528	1414	10218	10241	63115	7362	6973	42418
1998	27349	66360	1161	10851	8425	70039	6301	6490	27610
1999	25573	72685	2531	11508	10679	74596	6641	6476	23311
2000	26385	87484	7000	12552	12122	78597	7987	7122	26020
2001	27457	112251	14343	12820	14257	88197	7879	7311	69672
2002	31779	127131	17482	19032	26527	93470	17885	9073	45563
2003	37584	184566	20791	21169	42993	93994	16723	7615	47689
2004	47018	221885	16450	16450	25263	100757	15344	6005	82127
2005	81197	326809	31747	25478	27735	154268	7699	6432	130706
2006	152371	416671	39689	32217	36460	191065	10713	6749	135545
2007	131886	532932	47655	42731	37973	198357	6604	6683	121299
2008	76767	445083	43695	50254	36257	176298	2570	3266	134145
2009	113473	421009	40428	49780	43194	157966	2810	1226	136858
2010	123407	430290	20211	25736	46505	193392	2279	1865	214562
2011	145283	511038	26104	31500	49835	237975	2756	2697	231208
2012	137800	589773	27428	28370	53911	228563	3507	2260	301178

5—6 主要年份能源工业固定资产投资及构成

年份	工业投资（万元）	能源工业投资（万元）				占工业比重（%）	能源工业投资构成（%）		
		合计	煤炭	电力	炼焦		煤炭	电力	焦炭
1952	29	8	2	6		27.6	25.0	75.0	
1957	382	242	225	17		63.4	93.0	7.0	
1962	1154	676	675	1		58.6	99.8	0.2	
1965	3170	868	638	230		27.4	73.5	26.5	
1970	7332	2534	643	1641	250	34.6	25.4	64.8	9.8
1975	7203	2677	882	795	1000	37.2	32.9	29.7	37.4
1978	15216	7370	1763	3451	2156	48.4	23.9	46.8	29.3
1980	10000	5734	2818	934	1982	57.3	49.2	16.3	34.5
1985	18126	10001	8122	1459	420	55.2	81.2	14.6	4.2
1990	29848	21982	17962	2512	1508	73.6	81.7	11.4	6.9
1991	41650	24954	17218	4666	3070	59.9	69.0	18.7	12.3
1992	47485	30611	22404	5413	2794	64.5	73.2	17.7	9.1
1993	63868	39274	30769	8261	244	61.5	78.4	21.0	0.6
1994	61718	41646	31229	9565	852	67.5	75.0	23.0	2.0
1995	75182	47610	31261	6712	9637	63.3	65.7	14.1	20.2
1996	93000	48500	32200	6500	9800	52.2	66.4	13.4	20.2
1997	112536	69600	40400	6500	22700	61.9	58.1	9.3	32.6
1998	98850	45574	19348	10515	15711	46.1	42.5	23.0	34.5
1999	157471	74040	24068	19047	30925	47.0	32.5	25.7	41.8
2000	260734	142197	16469	65963	59765	54.5	11.6	46.4	42.0
2001	286891	158505	20195	59359	78951	55.2	12.7	37.5	49.8
2002	364929	144610	29475	57977	57158	39.6	20.4	40.1	39.5
2003	745386	338499	39977	69702	228820	45.4	11.8	20.6	67.6
2004	848332	610243	91381	217260	301602	71.9	15.0	35.6	49.4
2005	1057233	705517	253406	252017	200094	66.7	35.9	35.7	28.4
2006	1212172	702320	190259	298160	213901	57.9	27.1	42.5	30.4
2007	1457520	786970	369528	250758	166684	54.0	46.9	31.9	21.2
2008	1531605	948648	322486	490476	135666	61.9	33.9	51.7	14.4
2009	2110722	1348381	649612	598473	100296	63.9	48.2	44.4	7.4
2010	2639916	1669941	964186	654963	50792	63.3	57.7	39.3	3.0
2011	3016272	1853685	1209920	343127	207174	61.5	65.3	18.5	11.2
2012	3795269	2412232	1550415	338334	210774	63.6	64.3	14.0	8.7

5—7 主要年份能源产品产量

年份	原煤（万吨）	#霍州煤电集团	#市营以下	发电量（万千瓦时）	#水电	#火电	焦炭（万吨）	#机焦
1949	23.3		23.3	42		42	1.0	
1952	30.0		30.0	72		72	1.6	
1957	84.7	6.6	65.3	269	4	265	6.8	
1960	199.2	50.0	113.5	4183	188	3995	22.2	
1962	161.6	70.0	65.6	3293	296	2997	4.4	
1965	246.4	109.6	108.8	6124	751	5373	4.5	
1970	334.5	152.3	159.4	31100	599	30501	10.8	
1975	391.0	135.0	242.0	161913	452	161461	45.0	19.3
1978	553.0	141.0	398.0	227165	246	226919	67.0	20.8
1980	695.1	144.0	548.3	284927	248	284679	83.8	44.0
1985	1328.0	252.8	1069.9	358714	549	358165	119.2	70.4
1986	1342.3	300.5	1036.8	354182	236	353946	177.3	72.8
1987	1316.4	304.0	1007.7	351431	131	351300	226.3	83.0
1988	1445.3	312.2	1129.4	347970	322	347638	282.6	80.8
1989	1714.9	365.1	1343.7	377884	351	377533	310.8	79.3
1990	1699.0	450.0	1238.9	368800	373	368427	348.7	85.3
1991	1591.9	500.6	1081.3	358150	198	357952	302.0	83.7
1992	1961.7	502.1	1449.5	333540	150	333390	410.8	86.3
1993	2352.4	401.7	1943.5	340603	219	340384	808.6	84.9
1994	2719.3	451.7	2259.3	352119	386	351733	1354.5	94.2
1995	3278.8	448.6	2814.4	358007	354	357953	1674.1	110.9
1996	3110.2	484.9	2617.2	367992	605	367387	1566.4	134.1
1997	2939.9	480.9	2453.3	376903	281	376622	1678.1	144.4
1998	3221.6	598.2	2614.9	337515	56	337459	1795.5	180.2
1999	2405.4	600.0	1797.3	342070	52	343748	1381.9	198.4
2000	2539.7	604.3	1926.1	364037	40	369337	1406.1	255.5
2001	2623.0	661.7	1949.7	394372	54	395518	1477.2	516.1
2002	3394.0	803.2	2578.4	430764	14	430750	1464.0	686.9
2003	3727.4	916.9	2797.7	506024	45	505679	1705.3	1156.5
2004	3884.2	1159.1	2710.1	570338	12	570326	1909.3	1755.1
2005	5244.7	1335.6	3897.0	723210	10	723200	2173.5	2114.3
2006	5592.9	1548.9	4035.4	1043709	9	1043700	2431.5	2226.0
2007	4766.4	1610.1	3144.9	1061708	8	1061700	2312.2	2287.9
2008	4116.7	1562.4	2551.6	685425	8	656810	1865.4	1865.4
2009	2634.7	1121.2	1513.5	640646	26	640620	1707.2	1707.2
2010	3740.5	1162.8	2577.7	1055920	5	1055915	1813.5	1813.5
2011	4813.1	1188.4	3624.7	1500543		1500543	1920.1	1920.1
2012	4970.8	1178.3	3792.4	1741694	3	1741691	1873.0	1873.0

5—8 综合能源消费量

指标	2011年			2012年		
	综合能源消费量（吨标准煤）	工业总产值（万元）	产值单耗（吨标准煤/万元）	综合能源消费量（吨标准煤）	工业总产值（万元）	产值单耗（吨标准煤/万元）
工业消费合计	**19177466**	**18181693**	**1.05**	**20240731**	**19039107**	**1.06**
按轻重工业分						
轻工业	50189	249873	0.20	47194	304809	0.15
重工业	19127277	17931820	1.07	20193537	18734297	1.08
按工业行业分						
采矿业	4041810	5888722	0.69	4555846	6949595	0.66
煤炭开采和洗选业	3998467	5374067	0.74	4491116	6255009	0.72
黑色金属矿采选业	38729	511641	0.08	62941	693156	0.09
非金属矿采选业	4614	3014	1.53	1788	1430	1.25
制造业	12307074	11896447	1.03	12930073	11669919	1.11
农副食品加工业	3905	70964	0.06	3297	101660	0.03
食品制造业	4002	18449	0.22	3811	24030	0.16
饮料制造业	1720	2958	0.58	1844	11445	0.16
纺织业	2195	17064	0.13	2640	15003	0.18
纺织服装、鞋、帽制造业	35	2805	0.01	7	2708	
造纸及纸制品业						
印刷业和记录媒介的复制业						
文教体育用品制造业	38	2320	0.02	27	2054	0.01
石油加工炼焦及核燃料	4354971	3386490	1.29	4269983	2979545	1.43
化学原料及化学制品制造	1186851	647083	1.83	1011908	540048	1.87
医药制造业	6297	25035	0.25	8057	60543	0.13
橡胶、塑料制品业	845	32612	0.03	726	40688	0.02
非金属矿物制品业	181435	152356	1.19	158314	135253	1.17
黑色金属冶炼及压延	6404745	6448149	0.99	7298471	6646993	1.10
有色金属冶炼及压延	97143	571785	0.17	64341	523786	0.12
金属制品业	12801	38899	0.33	8148	20286	0.40
通用设备制造业	28	2421	0.01			
专用设备制造业	24587	310050	0.08	24201	391897	0.06
交通运输设备制造业	20169	63458	0.32	71184	78328	0.91
电气机械及器材制造业	3081	76013	0.04	842	62229	0.01
工艺品及其他制造业	2032	16044	0.13	2058	18234	0.11
废弃资源综合利用业	192	11494	0.02	213	15189	0.01
电力、煤气及水的生产等	2828582	396524	7.13	2754812	419593	6.57
电力、热力的生产和供应	2826913	385743	7.33	2753023	407121	6.76
燃气的生产和供应业	159	5257	0.03	189	6734	0.03
水的生产和供应业	1510	5524	0.27	1600	5737	0.28

主要指标解释

能源生产总量 指一定时期内一次能源生产量的总和，是观察能源生产水平、规模、构成和发展速度的总量指标。一次能源生产量包括原煤，原油，天然气，水电、核能及其他动力能（如风能、地热能等）发电量，不包括低热值燃料生产量、生物质能、太阳能等的利用和由一次能源加工转换而成的二次能源产量。

能源消费总量 指一定时期内物质生产部门、非物质生产部门和生活消费的各种能源的总和，是观察能源消费水平、构成和增长速度的总量指标。能源消费总量包括原煤和原油及其制品、天然气、电力，不包括低热值燃料、生物质能和太阳能等的利用。能源消费总量分为终端能源消费量、能源加工转换损失量和损失量三部分。

⑴终端能源消费量：指一定时期内生产和生活消费的各种能源在扣除了用于加工转换二次能源消费量和损失量以后的数量。

⑵能源加工转换损失量：指一定时期内投入加工转换的各种能源数量之和与产出各种能源产品之和的差额，是观察能源在加工转换过程中损失量变化的指标。

⑶能源损失量：指一定时期内能源在输送、分配、储存过程中发生的损失和由客观原因造成的各种损失量，不包括各种气体能源放空、放散量。

能源生产弹性系数 是研究能源生产增长速度与国民经济增长速度之间关系的指标。计算公式为：

能源生产弹性系数＝能源生产总量年平均增长速度/国民经济年平均增长速度

国民经济年平均增长速度，可根据不同的目的或需要，用国民生产总值、国内生产总值等指标来计算，本年鉴是采用国内生产总值指标计算的。

电力生产弹性系数 是研究电力生产增长速度与国民经济增长速度之间关系的指标。一般来说，电力的发展应当快于国民经济的发展，也就是说电力应超前发展。计算公式为：

电力生产弹性系数＝电力生产量年平均增长速度/国民经济年平均增长速度

能源消费弹性系数 是反映能源消费增长速度与国民经济增长速度之间比例关系的指标。计算公式为：

能源消费弹性系数＝能源消费量年平均增长速度/国民经济年平均增长速度

电力消费弹性系数 反映电力消费增长速度与国民经济增长速度之间比例关系的指标。计算公式为：

电力消费弹性系数＝电力消费量年平均增长速度/国民经济年平均增长速度

能源加工转换效率 指一定时期内能源经过加工、转换后，产出的各种能源产品的数量与同期内投入加工转换的各种能源数量的比率。它是观察能源加工转换装置和生产工艺先进与落后、管理水平高低等的重要指标。计算公式为：

能源加工转换效率＝能源加工、转换产出量/能源加工、转换投入量×100%

六、物 价

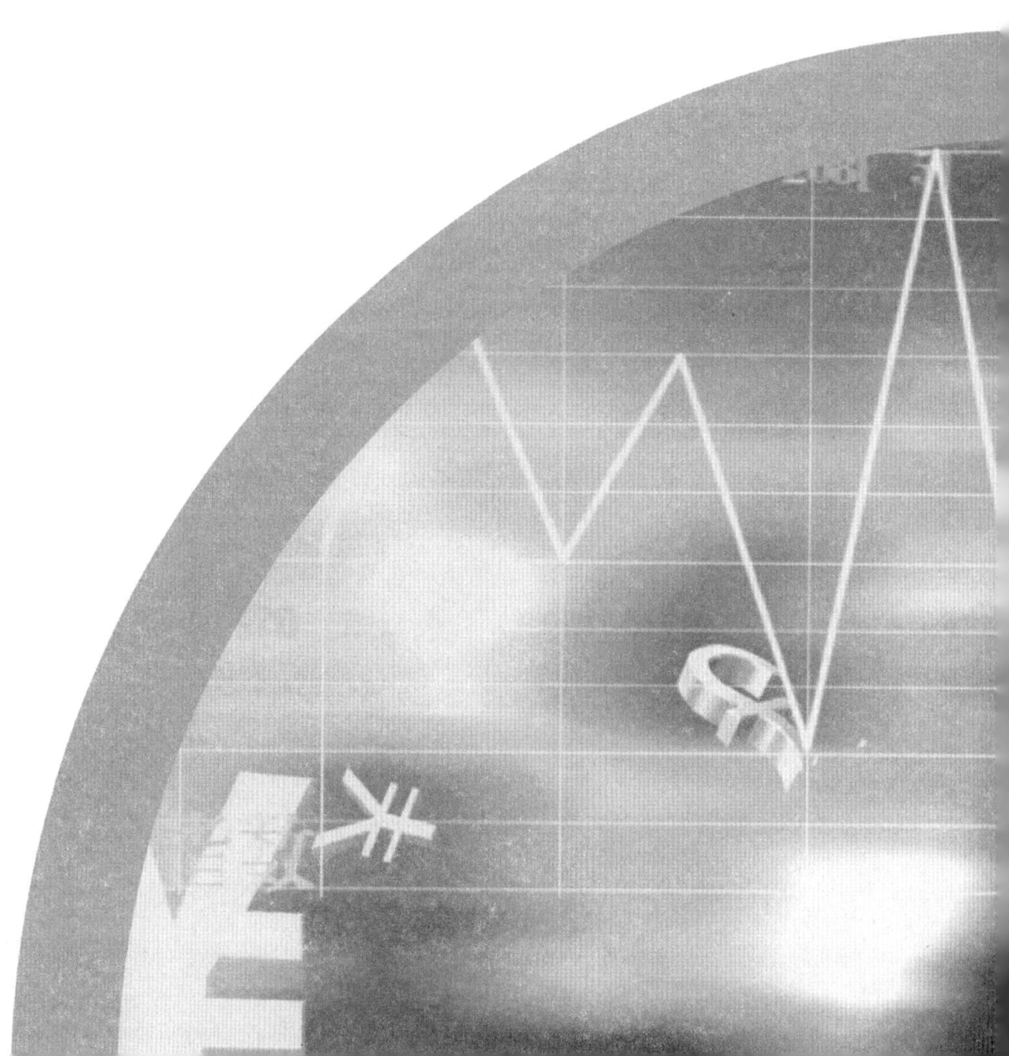

资料整理人员

裴欣丽　吉海燕　乔淑芳

物　价

居民消费价格指数	102.8	%
工业生产者购进价格指数	95.1	%
工业生产者出厂价格指数	91.8	%

居民消费价格指数(上年=100)

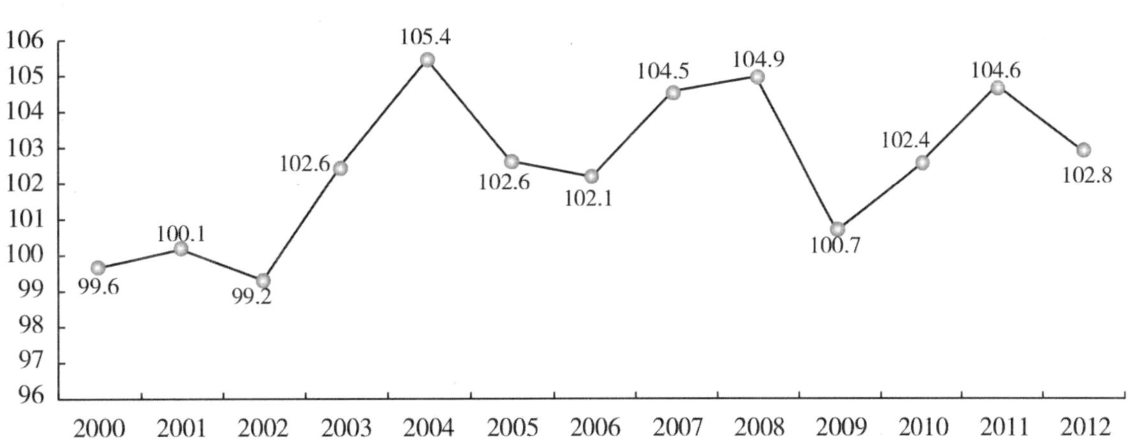

工业生产者出厂价格指数(上年=100)

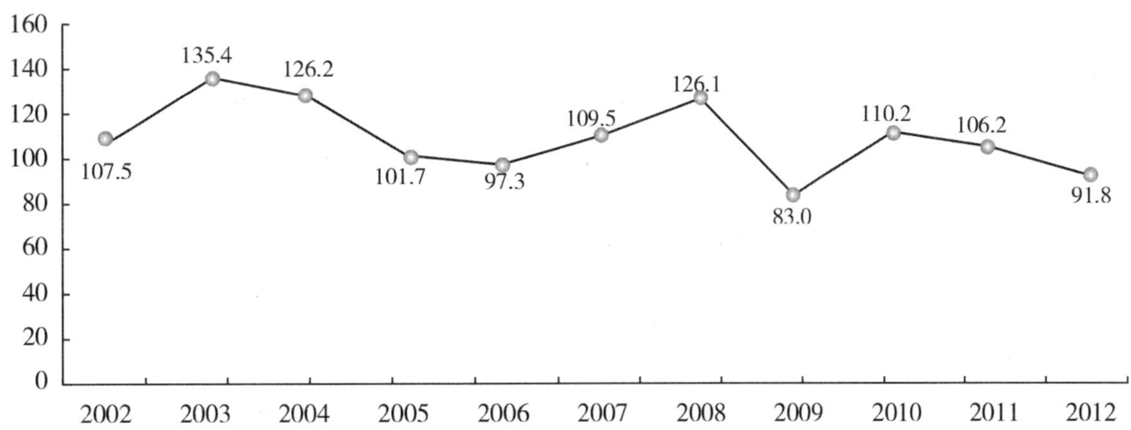

6—1 主要年份物价总指数

上年价格＝100

年　份	全市商品零售价格总指数	全市居民消费价格总指数
1952		
1957		
1962		
1965		
1970		
1975		
1978		
1980		
1985		
1990	100.1	101.1
1995	114.7	115.0
2000	98.0	99.6
2001	99.3	100.1
2002	99.4	99.2
2003	101.3	102.6
2004	105.5	105.4
2005	101.2	102.6
2006	101.4	102.1
2007	103.9	104.5
2008	105.0	104.9
2009	100.2	100.7
2010	102.5	102.4
2011		104.6
2012		102.8

6—2 居民消费价格分类指数(2012 年)

上年价格 = 100

指　　标	全　市	市政府驻地(尧都区)
居民消费价格总指数	102.8	103.0
一、食　品	102.9	103.7
粮　食	102.9	105.9
淀粉及制品	102.8	99.5
干豆类及豆制品	100.3	108.8
油　脂	102.0	104.3
肉禽及其制品	98.8	98.8
食用畜肉及副产品	96.4	95.8
禽	98.1	94.8
加工肉禽	105.7	107.7
蛋	96.7	94.1
水产品	105.7	105.9
鱼	105.6	105.2
其他水产品	106.0	107.9
菜	110.7	107.4
鲜　菜	112.7	107.6
干菜及菜制品	111.2	114.7
调味品	100.3	102.6
糖	103.5	105.3
茶及饮料	103.8	106.4
茶　叶	100.0	100.0
饮　料	104.6	108.8
干鲜瓜果	96.7	98.7
鲜瓜果	94.4	95.4
干(坚)果	106.5	105.7
糕点饼干面包	103.1	100.1
液体乳及乳制品	100.1	99.3
在外用膳食品	108.2	109.6
主　食	105.8	105.8
炒　菜	111.8	114.9
地方小吃	110.5	110.4
其他食品	99.6	102.0
二、烟　酒	100.5	100.2
烟　草	100.1	99.8
酒	101.3	101.4
三、衣　着	104.2	104.9
服　装	103.6	104.5
男式服装	104.0	103.5
女式服装	104.5	106.7
儿童服装	100.3	96.5
衣着材料	105.6	106.5
鞋袜帽	105.6	106.1
鞋	105.8	106.1
袜　子	103.0	104.9
帽　子	113.4	107.6

6—2 续表

上年价格＝100

指　　标	全　市	市政府驻地(尧都区)
衣着加工服务费	102.7	103.4
四、家庭设备用品及维修服务	103.9	102.5
耐用消费品	104.1	99.8
家　具	105.5	99.7
家庭设备	103.2	99.9
室内装饰品	104.9	102.5
床上用品	99.6	94.0
家庭日用杂品	103.5	106.3
家庭服务及加工维修服务	108.8	110.2
五、医疗保健和个人用品	103.5	102.8
医疗保健	103.6	103.7
医疗器具及用品	103.2	100.0
中药材及中成药	105.0	100.8
西　药	99.8	98.8
保健器具及用品	103.5	105.6
医疗保健服务	107.1	112.5
个人用品及服务	103.4	100.3
化妆美容用品	100.6	98.5
清洁化妆用品	104.8	102.3
个人饰品	101.3	97.2
个人服务	105.9	104.4
六、交通和通信	100.1	100.3
交　通	102.3	101.5
交通工具	100.8	100.2
车用燃料及零配件	103.6	104.4
车辆使用及维修费	107.0	102.5
市区公共交通费	101.2	100.0
城市间交通费	102.8	101.6
通　信	98.1	98.7
通信工具	88.7	85.3
通信服务	100.0	100.0
七、娱乐教育文化用品及服务	102.0	101.2
文娱用耐用消费品及服务	98.4	98.9
教　育	102.4	101.0
教材及参考书	104.8	103.7
教育服务	102.3	100.7
文化娱乐类	105.0	108.0
文化娱乐用品	101.8	100.5
书报杂志	101.4	100.0
文娱费	110.1	121.0
旅　游	100.5	95.1
八、居　住	103.4	104.3
建房及装修材料	104.4	103.7
住房租金	105.0	106.8
自有住房	104.0	104.9
水、电、燃料	102.3	102.8

6—3 工业生产者购进价格指数

上年价格 = 100

类　　别	2005	2006	2007	2008	2009	2010	2011	2012
总指数	**104.81**	**96.89**	**111.84**	**124.14**	**88.95**	**111.99**	**107.16**	**95.09**
一、燃料动力类	105.91	94.45	112.02	136.02	92.48	108.50	106.22	94.84
二、黑色金属材料类	101.04	93.32	116.58	132.05	77.21	113.96	106.75	90.95
钢　材	106.38	98.73	110.19	119.69	95.43	107.16	99.35	97.43
其　它	99.89	92.09	118.04	134.69	72.42	116.29	109.84	88.31
三、有色金属材料和电线类	125.45	151.62	108.83	93.00	74.49	145.47	111.56	87.29
四、化工原料类	110.13	103.13	108.13	120.74	91.26	105.86	108.27	100.83
五、木材及纸浆类	108.51	100.67	104.18	111.24	107.51	103.51	102.76	102.29
六、建筑材料及非金属矿类	123.15	103.56	102.78	105.99	100.79	99.76	98.28	105.27
七、其他工业原材料及半成品类	103.00	99.13	104.65	101.87	100.05	107.06	112.74	97.40
八、农副产品类	95.94	104.84	112.74	109.80	105.78	114.67	105.48	99.66
九、纺织原料类				92.21	98.23	109.04	115.38	89.65

6—4 工业生产者出厂价格指数

上年价格 = 100

指　　标	2005	2006	2007	2008	2009	2010	2011	2012
全部工业品	101.65	97.34	109.49	126.13	82.96	110.17	106.22	91.84
轻工业	102.97	101.56	100.42	104.95	97.20	105.95	108.02	98.68
以农产品为原料	101.38	99.43	100.46	104.05	95.01	110.68	111.13	97.56
以非农产品为原料	104.58	102.64	100.85	106.60	99.77	101.86	102.65	100.84
重工业	101.50	97.22	109.92	127.79	82.15	110.35	106.15	91.56
采掘工业	106.26	92.27	105.90	131.96	90.35	107.05	105.82	91.38
原料工业	101.38	98.07	110.48	127.43	80.10	111.53	105.83	91.75
加工工业	98.78	97.99	111.51	124.65	80.83	109.15	107.33	91.17
生产资料	101.66	97.31	109.69	127.05	82.53	110.32	106.27	91.62
采掘工业	111.16	96.02	105.38	131.47	91.04	106.04	105.82	91.38
原料工业	99.22	97.56	111.45	127.20	78.61	112.78	105.83	91.75
加工工业	99.44	98.65	110.03	121.37	82.59	109.11	107.77	91.45
生活资料	100.39	99.84	99.29	103.32	95.90	103.06	103.44	103.45
食　品	100.13	99.60	99.65	102.25	94.43	104.45	101.44	103.42
一般日用品	100.12	100.46	96.99	104.45	98.85	103.17	100.94	100.36
耐用消费品	103.12	101.51	104.91	111.10	98.97	102.83	109.84	105.64
按工业部门分								
冶金工业	98.98	97.72	111.20	124.46	75.40	114.78	108.18	86.71
电力工业	109.31	109.99	110.14	107.55	107.89	105.10	100.11	104.97
煤炭及炼焦工业	102.96	94.64	108.45	136.24	85.29	108.00	104.97	92.16
石油工业	118.75	100.54					102.27	101.59
化学工业	105.08	104.79	113.88	108.57	83.10	106.20	108.50	95.45
机械工业	109.48	107.33	103.44	112.27	94.38	104.43	106.85	97.58
建筑材料工业	103.99	100.28	100.54	104.97	105.07	99.25	109.03	100.22
食品工业	99.90	100.07	100.57	101.85	92.49	108.99	104.21	105.80
纺织工业	102.28	100.33	100.36	99.65	97.06	125.33	115.81	90.77
造纸工业	103.64	99.41	98.57	106.38	98.16	103.46	112.54	101.78
文教艺术用品工业	102.36	101.17	104.25	114.88	98.80	105.68	119.18	108.34
其它工业	103.34	118.17	98.37	101.41	100.00	117.28	97.39	97.95

6—5 工业生产者分行业出厂价格指数

上年价格 = 100

指 标	2005	2006	2007	2008	2009	2010	2011	2012
煤炭开采和洗选业	111.91	96.30	105.18	133.75	92.41	105.56	105.28	94.26
黑色金属矿采选业	105.28	93.43	107.04	118.42	80.30	112.01	102.83	94.72
非金属矿采选业				105.62	102.90	98.22	100.00	100.00
农副食品加工业	100.07	96.90	108.19	112.99	96.12	112.78	109.43	106.55
食品制造业	98.15	95.51	115.43	112.60	63.58	100.00	102.35	101.96
饮料制造业	101.87	100.57	97.28	98.33	93.37	98.80	94.75	105.39
烟草制品业	100.00							
纺织业	102.28	100.33	100.36	99.65	97.06	125.33	115.81	90.77
木材加工及木、竹、藤、棕、草制品业		103.81	108.64	100.74				
造纸及纸制品业	103.64	99.41	98.57	106.38	98.16	103.46	112.54	101.78
印刷业和记录媒介的复制业	100.79	100.33	99.59	100.01	110.42	100.00		
文教体育用品制造业	103.24	101.58	105.36	116.24	98.43	105.86	119.18	108.34
石油加工、炼焦及核燃料加工业	96.05	92.87	111.82	140.33	78.88	111.31	104.41	91.33
化学原料及化学制品制造业	104.94	105.46	116.20	109.98	81.20	106.90	108.77	95.04
医药制造业	100.05	100.00	97.57	104.39	98.24	100.05	105.63	102.56
塑料制品业	113.57	100.47	100.43	102.32	94.99	100.13	100.00	
非金属矿物制品业	105.29	106.75	99.58	103.46	105.55	99.55	107.10	97.98
黑色金属冶炼及压延加工业	97.62	91.17	111.49	128.83	74.40	110.89	107.88	86.36
有色金属冶炼及压延加工业	124.47	173.44	110.31	97.31	79.08	142.17	116.06	90.97
金属制品业	101.45	97.35	105.42	109.39	100.19	102.28	96.84	94.45
通用设备制造业	108.22	109.88	104.86	122.47	93.56	102.38	112.32	103.15
专用设备制造业	107.26	105.67	101.51	105.83	102.01	104.85	102.03	96.59
交通运输设备制造业	114.17	103.39	105.78	119.08	78.41	101.83	106.90	96.49
电气机械及器材制造业	105.93	95.23	104.19	108.97	99.52	107.88	101.04	100.78
电力、热力的生产和供应业	109.31	111.43	110.19	106.84	108.22	105.12	99.93	105.49
燃气生产和供应业	100.00	100.00	100.00			99.83	96.22	100.00
水的生产和供应业	99.03	99.17	101.99	102.79	100.00	117.28	97.60	100.00

主要统计指标解释

居民消费价格指数　是度量消费商品及服务项目价格水平随着时间而变动的相对数，反映居民家庭购买的消费品及服务价格水平的变动情况。它是宏观经济分析和决策、价格总水平监测和调控以及国民经济核算的重要指标。其按年度计算的变动率通常被用来作为反映通货膨胀(或紧缩)程度的指标。调查内容是城乡居民购买并用于日常生活消费的商品和服务项目的价格。调查内容根据全国城乡居民家庭消费支出调查资料以及居民消费结构和消费习惯确定，按用途划分为8个大类，262个基本分类，包括食品、烟酒、衣着、家庭设备用品及维修服务、医疗保健和个人用品、交通和通信、娱乐教育文化用品及服务、居住。

食品　可供人类食用或饮用的物质，包括加工食品，半成品和未加工食品，不包括烟草或只作药品用的物质。

烟酒　包括烟草、酒。

烟草　包括高档卷烟和中低档卷烟等。各地可根据当地消费情况划分卷烟级别并自行选取规格品。

酒　指用高粱、大麦、米、葡萄或其他水果发酵制成的含酒精饮料。主要有白酒、葡萄酒、啤酒等。

衣着类　指各种穿戴用品，包括棉、麻、丝、毛和各种人造纤维、合成纤维纺织的各种布匹、呢绒和绸缎加工而成的服装，各种鞋、袜、帽等，此外还包括衣着加工服务。

家庭设备及维修服务类　包括耐用消费品、室内装饰品、床上用品、家庭日用杂品及家庭服务及加工维修服务。

医疗保健和个人用品类　医疗保健包括医疗器具及用品、中药材及中成药、西药、保健器具及用品和医疗保健服务。个人用品及服务包括化妆美容用品、清洁类化妆品、护肤品、个人饰品及个人服务。

交通和通信类　交通包括交通工具、车用燃料及零配件、车辆使用及维修费市区公共交通费和城市间交通费。通信包括通信工具和通信服务。

娱乐教育文化用品及服务类　包括文娱用耐用消费品及服务、教育、文化娱乐类及旅游。

居住类包括建房及装修材料、租房、自有住房及水电燃料。

工业生产者出厂价格指数　是反映全部工业产品出厂价格总水平的变动趋势和程度的相对数，包括工业企业售给本企业以外所有单位的各种产品和直接售给居民用于生活消费的产品。通过工业生产者出厂价格指数能观察出厂价格变动对工业总产值的影响。

工业生产者购进价格指数　是反映工业企业购进主要原材料、燃料、动力价格水平变动趋势和程度的相对数。根据全省部分重点企业主要原材料、燃料、动力购进价格的定期调查资料，按加权算术平均公式计算。

七、人民生活

资料整理人员

裴欣丽　王华峰　苏志敏　刘浥蓉

人民生活

城镇居民家庭人均可支配收入	18126	元
城镇居民家庭人均消费性支出	11618	元
城镇居民人均住房建筑面积	35.0	平方米
农民人均纯收入	6899	元
农村住户人均生活消费支出	4429	元
农村居民人均居住面积	33.0	平方米

城乡居民恩格尔系数(%)

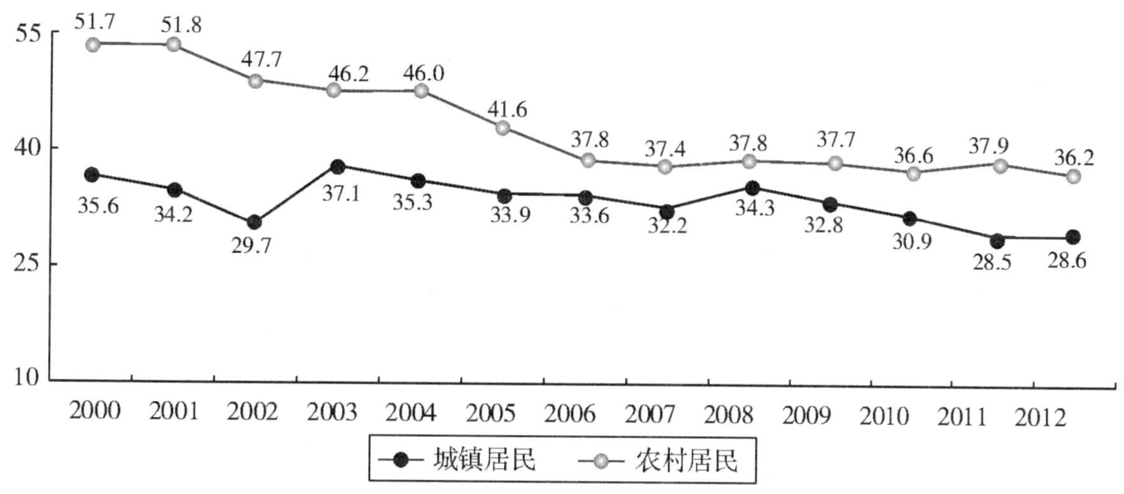

城乡居民家庭人均纯收入(元)

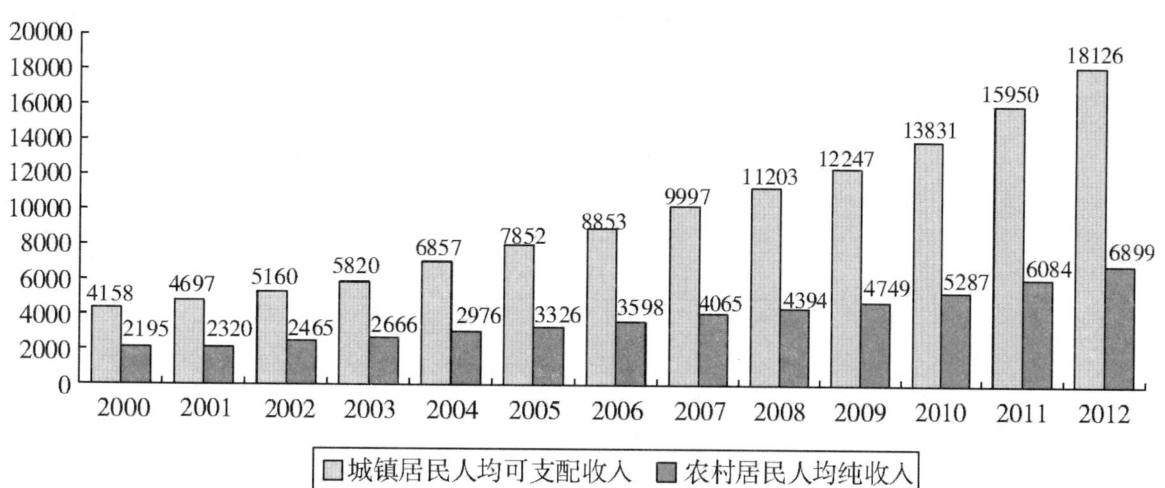

7—1 城镇居民家庭生活基本情况

指　　标	2000	2005	2006	2007	2008	2009	2010	2011	2012
一、调查户数(户)	310	790	790	790	790	790	790	900	900
二、平均每户家庭人口数(人)	3.41	3.36	3.29	3.26	3.30	3.29	3.27	3.05	3.05
三、平均每户就业人口数(人)	1.88	1.78	1.76	1.95	1.71	1.71	1.69	1.79	1.78
四、平均每一就业者负担人数(人)	1.81	1.89	1.87	1.67	1.93	1.92	1.93	1.7	1.71
五、平均每人全年可支配收入(元)	4158	7852	8853	9997	11203	12247	13831	15950	18126
高收入户	7206	15898	17432	16521	19153	20996	24145	29445	30507
中等收入户	3930	7031	8006	9756	11035	12189	13585	15570	17393
低收入户	2237	3487	4063	4612	5267	6193	7370	7322	8217
六、平均每人全年消费性支出(元)	3073	5481	6181	6982	7944	8436	9466	11025	11618
高收入户	4576	8451	9823	10170	12513	13592	14898	16867	15831
中等收入户	3042	5359	5957	7026	7980	8263	9140	11133	11505
低收入户	1901	3370	3779	4317	4884	5361	5615	5988	6888
七、人均住房建筑面积(平方米)	14.82	29.75	30.79	31.09	31.17	31.35	31.60	35.00	34.97

按收入等级分组

指　　标	总　计	最　低收入户	#更低收入户	低收入户	中下收入户
调查户数(户)	900	89	46	90	180
比　重(%)	100	9.89	5.11	10	20
每户家庭人口数(人)	3.05	3.42	3.75	3.41	3.18
每户就业人口数(人)	1.78	1.41	1.43	1.5	1.74
每一就业者负担人数(人)	1.71	2.43	2.62	2.27	1.83
每人可支配收入(元)	18126	6830	5594	10897	14260
每人消费性支出(元)	11618	6308	6525	8007	11006

按收入等级分组(续表)

指　　标	中等收入户	中上收入户	高收入户	最高收入户
调查户数(户)	179	180	91	90
比　重(%)	19.89	20	10.11	10
每户家庭人口数(人)	3.09	3.01	2.89	2.32
每户就业人口数(人)	1.95	1.89	2.15	1.57
每一就业者负担人数(人)	1.58	1.59	1.34	1.48
每人可支配收入(元)	17393	21644	26620	35956
每人消费性支出(元)	11505	13419	14149	18189

7—1 续表1

按人均月可支配收入分组

指　　标	总　计	200元以下	200－400元	400－600元	600－800元	800－1000元
调查户数(户)	900	5	14	36	70	87
比　重(%)	100.00	0.56	1.56	4.00	7.78	9.67
每户家庭人口数(人)	3.05	3.77	4.05	3.60	3.10	3.21
每户就业人口数(人)	1.78	1.74	1.16	1.55	1.39	1.60
每一就业者负担人数(人)	1.71	2.17	3.49	2.32	2.23	2.01
每人可支配收入(元)	18126	－10153	4115	5979	8507	10659
每人消费性支出(元)	11618	5313	7279	4995	6570	8251

指　　标	1000－1500元	1500－2000元	2000－2500元	2500－3000元	3000－4000元	4000元以上
调查户数(户)	291	200	91	52	29	25
比　重(%)	32.33	22.22	10.11	5.78	3.22	2.78
每户家庭人口数(人)	3.10	3.07	2.88	2.49	2.59	2.33
每户就业人口数(人)	1.82	1.96	1.93	1.71	1.73	1.79
每一就业者负担人数(人)	1.70	1.57	1.49	1.46	1.50	1.30
每人可支配收入(元)	14534	20615	26430	32162	40970	63624
每人消费性支出(元)	11323	12940	13559	17079	18823	23116

7—1 续表2

按户主职业分组

指　　标	国家机关、企事业单位负责人	专业技术人　　员	办事人员和有关人员	商业、服务业人员	农、林、牧、渔、水利生产人员	生产、运输设备操作人员及有关人员	其　　它从业人员
调查户数(户)	52	137	401	74	3	56	26
比　重(%)	6.97	18.29	53.54	9.84	0.40	7.49	3.47
每户家庭人口数(人)	3.58	3.03	3.08	2.87	3.67	3.16	2.67
每户就业人口数(人)	2.12	1.88	2.11	1.75	2.33	1.45	1.93
每一就业者负担人数(人)	1.69	1.61	1.46	1.64	1.58	2.18	1.38
每人可支配收入(元)	22582	20555	19822	12750	12388	11201	15166
每人消费性支出(元)	13561	11888	12677	10511	11085	8508	8485

按家庭规模分组

指　　标	总　计	一人户	二人户	三人户	四人户	五人及以上户
调查户数(户)	900	13	160	435	238	54
比　重(%)	100.00	1.44	17.78	48.33	26.44	6.00
每户家庭人口数(人)	3.05	1.00	2.00	3.00	4.00	5.05
每户就业人口数(人)	1.78	0.16	1.36	1.85	2.12	2.12
每一就业者负担人数(人)	1.71	6.25	1.47	1.62	1.89	2.38
每人可支配收入(元)	18126	17322	26331	18417	15866	12606
每人消费性支出(元)	11618	11285	14909	12359	9622	7454

7—2 城镇居民家庭人均全部收入及构成

指　标	2000	2005	2006	2007	2008	2009	2010	2011	2012
家庭总收入(元)	**4170.97**	**8105.04**	**9122.81**	**10770.55**	**11523.66**	**12745.26**	**14398.00**	**17429.88**	**19928.57**
#可支配收入	4158.30	7852.21	8852.87	9997.21	11203.45	12247.14	13830.73	15949.50	18126.49
一、工薪收入	3237.44	6186.51	7071.03	8311.65	9233.61	10088.84	11071.00	13664.59	15998.34
工资及补贴收入	3177.10	5758.92	6628.63	7990.09	8802.45	9762.96	10556.72	13370.89	15663.30
其他劳动收入	60.34	427.59	442.39	321.56	431.16	325.88	514.28	293.71	335.04
二、经营净收入	276.08	746.35	777.61	1320.23	842.32	911.98	1173.98	1423.07	1430.73
三、财产性收入	73.53	180.62	211.01	134.62	154.58	167.02	205.71	225.62	247.63
#利息收入	14.13	6.62	12.67	9.39	8.60	27.14	20.37	34.65	40.09
#股息与红利收入	1.87	33.80	29.16	50.92	11.25	9.36	18.32	11.48	17.23
#其他投资收入		66.45	81.04	63.88	51.21	47.62	76.92	27.77	31.31
#出租房屋收入		59.46	56.08	42.85	69.04	76.76	73.76	140.76	154.71
四、转移性收入	583.92	991.55	1063.16	1004.05	1293.15	1577.42	1947.31	2116.48	2251.87
#养老金或离退休金	418.14	710.66	757.04	824.11	1060.20	1250.95	1592.53	1527.26	1950.03
社会救济收入		9.28	10.94	13.20	18.27	20.96	20.85	25.66	25.48
赡养收入	18.62	23.70	29.14	13.42	32.47	43.24	24.44	67.49	101.83
捐赠收入	65.59	197.11	243.05	120.73	152.47	183.51	225.25	430.00	130.17
家庭总收入构成(%)	**100.00**	**100.00**	**100.00**	**100.00**	**100.00**	**100.00**	**100.00**	**100.00**	**100.00**
#可支配收入	99.70	96.88	97.04	92.82	97.22	96.09	96.06	91.51	90.96
一、工薪收入	77.62	76.33	77.51	77.17	80.13	79.16	76.89	78.40	80.28
工资及补贴收入	76.17	71.05	72.66	74.18	76.38	76.60	73.32	76.71	78.60
其他劳动收入	1.45	5.28	4.85	2.99	3.74	2.56	3.57	1.69	1.68
二、经营净收入	6.62	9.21	8.52	12.26	7.31	7.16	8.15	8.16	7.18
三、财产性收入	1.76	2.23	2.31	1.25	1.34	1.31	1.43	1.29	1.24
#利息收入	0.34	0.08	0.14	0.09	0.07	0.21	0.14	0.20	0.20
股息与红利收入	0.04	0.42	0.32	0.47	0.09	0.07	0.13	0.07	0.09
其他投资收入		0.82	0.89	0.59	0.44	0.37	0.53	0.16	0.16
出租房屋收入		0.73	0.61	0.40	0.59	0.60	0.51	0.81	0.78
四、转移性收入	14.00	12.23	11.66	9.32	11.22	12.38	13.52	12.14	11.30
#养老金或离退休金	10.03	8.77	8.30	7.65	9.20	9.82	11.06	8.76	9.79
社会救济收入		0.11	0.12	0.12	0.15	0.16	0.14	0.15	0.13
赡养收入	0.45	0.29	0.32	0.12	0.28	0.34	0.17	0.39	0.51
捐赠收入	1.57	2.43	2.66	1.12	1.32	1.44	1.56	2.47	0.65

7—3 城镇居民家庭平均每人全年消费性支出及构成

指标	2000	2005	2006	2007	2008	2009	2010	2011	2012
消费性支出(元)	**3073**	**5481**	**6181**	**6982**	**7944**	**8436**	**9466**	**11025**	**11618**
一、食　品	1093	1861	2080	2245	2723	2768	2928	3144	3319
粮油类	301	345	360	423	515	488	520	471	510
肉禽蛋水产品类	174	297	303	390	455	414	431	520	564
蔬菜类	148	225	248	240	281	291	314	275	287
调味品	19	22	26	31	34	36	38	38	41
糖烟酒饮料类	212	265	309	365	415	460	468	411	421
干鲜瓜果类	54	99	120	138	150	168	195	249	331
糕点、奶及奶制品	52	153	181	215	236	238	251	279	242
其他食品	16	32	37	43	46	49	69	86	69
饮食服务	44	422	495	401	591	625	642	815	854
二、衣　着	492	922	1009	1147	1299	1297	1435	1721	1683
三、居　住	260	595	672	785	1089	1210	1016	1288	1759
四、家庭设备用品及服务	206	298	370	374	410	525	1251	733	936
五、医疗保健	211	398	398	383	506	537	629	684	588
六、交通和通信	298	598	669	832	905	967	638	1577	1547
七、教育、文化、娱乐服务	365	627	771	695	736	830	1199	1473	1395
八、杂项商品及服务	150	183	212	240	276	303	370	404	391
消费性支出构成(%)	**100.00**	**100.00**	**100.00**	**100.00**	**100.00**	**100.00**	**100.00**	**100.00**	**100**
一、食　品	35.58	33.95	33.65	32.16	34.28	32.81	30.93	28.52	28.57
粮油类	9.80	6.30	5.83	6.06	6.48	5.78	5.49	4.27	4.39
肉禽蛋水产品类	5.67	5.41	4.90	5.59	5.73	4.91	4.55	4.72	4.85
蔬菜类	4.82	4.11	4.01	3.43	3.53	3.45	3.32	2.50	2.47
调味品	0.61	0.40	0.42	0.44	0.42	0.43	0.40	0.35	0.35
糖烟酒饮料类	6.90	4.84	5.00	5.23	5.21	5.45	4.94	3.72	3.62
干鲜瓜果类	1.77	1.81	1.95	1.98	1.89	1.99	2.06	2.26	2.84
糕点、奶及奶制品	1.68	2.80	2.93	3.07	2.97	2.82	2.65	2.50	2.08
其他食品	0.51	0.58	0.59	0.61	5.70	0.58	0.73	0.78	0.59
饮食服务	1.42	7.70	8.02	5.75	7.43	7.41	6.78	7.39	7.35
二、衣　着	16.00	16.81	16.32	16.43	16.34	15.37	15.16	15.61	14.49
三、居　住	8.45	10.86	10.88	11.25	13.71	14.34	10.73	11.68	15.14
四、家庭设备用品及服务	6.70	5.44	5.98	5.36	5.15	6.22	13.22	6.65	8.06
五、医疗保健	6.86	7.25	6.45	5.48	6.36	6.37	6.64	6.21	5.06
六、交通和通信	9.68	10.91	10.82	11.92	11.39	11.46	6.74	14.30	13.32
七、教育、文化、娱乐服务	11.86	11.44	12.48	9.96	9.26	9.84	12.67	13.36	12.00
八、杂项商品及服务	4.87	3.33	3.43	3.44	3.47	3.59	3.91	3.66	3.37

7—4 主要年份城镇居民人均可支配收入增长情况

年　份	可支配收入（元）	比上年增加额（元）	比上年增长（%）	城镇居民消费价格指数（以上年为100）	扣除物价上涨因素后	
					实际收入（元）	比上年增长（%）
1952	146					
1957	220					
1965	226					
1978	260					
1980	377					
1985	636					
1990	1020	88	9.5	101.1	1009	8.3
1995	2780	627	29.1	115.0	2417	12.3
2000	4158	389	10.3	99.6	4175	10.8
2001	4697	539	13.0	100.1	4692	12.8
2002	5160	463	9.8	99.2	5201	10.7
2003	5820	660	12.8	102.6	5672	9.9
2004	6857	1037	17.8	105.4	6506	11.8
2005	7852	995	14.5	102.6	7653	11.6
2006	8853	1001	12.7	102.1	8671	10.4
2007	9997	1144	12.9	104.5	9567	8.1
2008	11203	1206	12.1	104.9	10223	6.9
2009	12247	1044	9.3	100.7	12162	8.6
2010	13831	1584	12.9	102.4	13507	10.3
2011	15950	2119	15.3	104.6	15249	10.3
2012	18126	2176	13.6	102.8	17632	10.5

7—5 主要年份城镇居民人均消费性支出增长情况

年 份	可支配收 入（元）	比上年增加额（元）	比上年增 长（%）	城镇居民消费价格指数（以上年为100）	扣除物价上涨因素后	
					实际收入（元）	比上年增长（%）
1952	109					
1957	180					
1965	199					
1978	236					
1980	350					
1985	598					
1990	795	15	2.0	101.1	787	0.9
1995	1940	448	30.0	115.0	1687	13.1
2000	3073	395	14.7	99.6	3086	15.2
2001	3330	256	8.3	100.1	3327	8.2
2002	4064	734	22.0	99.2	4097	23.0
2003	4329	265	6.5	102.6	4220	3.8
2004	4924	595	13.7	105.4	4672	7.9
2005	5481	557	11.3	102.6	5342	8.5
2006	6181	700	12.8	102.1	6054	10.5
2007	6982	801	13.0	104.5	6681	8.1
2008	7944	962	13.8	104.9	7248	8.5
2009	8436	492	6.2	100.7	8377	5.5
2010	9466	1030	12.2	102.4	9244	9.6
2011	11025	1559	16.5	104.6	10540	11.3
2012	11618	593	5.4	102.8	11302	2.5

7—6 城镇居民家庭平均每人全年购买的主要商品数量

指　　标	2000	2005	2006	2007	2008	2009	2010	2011	2012
粮　食(公斤)	114.9	95.2	96.5	71.8	98.5	76.0	106.0	81.9	72.9
食用植物油(公斤)	10.2	8.2	8.4	9.4	13.5	9.2	8.5	9.0	7.7
猪　肉(公斤)	7.0	7.6	8.8	8.6	11.4	9.1	8.1	10.0	9.8
牛羊肉(公斤)	0.5	0.8	0.8	1.2	1.2	1.0	0.9	0.5	0.6
家　禽(公斤)	0.5	1.8	2.9	0.8	1.5	1.4	0.9	2.7	2.6
蛋　类(公斤)	14.5	15.6	16.7	17.6	23.3	18.5	15.6	15.9	15.5
鱼　虾(公斤)	1.5	1.8	2.1	2.4	3.0	2.3	1.9	1.5	1.6
蔬　菜(公斤)	119.3	122.9	121.4	107.8	119.9	122.1	103.0	100.5	83.8
酒　类(公斤)	4.4	2.7	2.9	3.3	3.3	2.7	2.3	1.1	1.7
服　装(件)	6.2	8.5	8.6	8.1	7.7	7.8	8.9	10.8	11.4
鞋　类(双)	2.8	3.2	3.1	3.3	3.3	3.4	3.2	3.6	3.4
煤　炭(公斤)	216.4	399.1	378.1	309.3	208.4	181.9	143.5	110.7	54.0

7—7 城镇居民家庭平均每百户年末耐用消费品拥有量

指　　标	2000	2004	2005	2006	2007	2008	2009	2010	2011	2012
洗衣机(台)	92.9	97.0	96.2	98.5	97.0	98.1	98.3	99.4	100.1	101.9
电冰箱(台)	59.7	61.5	71.0	73.6	85.2	90.3	90.5	91.7	96.8	96.9
微波炉(台)		7.7	10.9	11.6	12.2	15.2	15.5	16.5	18.1	18.6
彩色电视机(台)	102.3	107.8	103.0	105.0	106.0	108.3	108.3	108.6	106.3	108.0
组合音响(套)	14.8	15.2	12.0	11.6	15.4	17.8	17.8	18.0	4.9	4.9
空调机(台)	12.9	23.5	33.8	36.3	32.9	42.2	42.4	45.2	88.7	90.7
照相机(架)	30.6	24.7	25.7	26.2	18.6	20.3	20.5	20.5	20.5	21.0
摩托车(辆)	44.5	68.8	67.8	71.5	71.4	63.5	66.3	63.2	54.1	53.5
家用电脑(台)	1.0	10.7	18.2	22.7	31.9	44.6	46.2	49.1	82.5	82.7
移动电话(部)	7.1	87.0	121.2	133.0	153.9	168.3	171.2	175.4	211.9	217.1
家用汽车(辆)	0.3	2.1	3.5	3.8	6.0	10.7	12.2	13.3	31.3	30.7

7—8 城镇居民家庭年末居住情况

单位:%

指　　标	2005	2006	2007	2008	2009	2010	2011	2012
一、按房屋产权	100.00	100.00	100.00	100.00	100.00	100.00	100.00	100.00
租赁公房	5.11	4.33	1.88	1.60	1.47	1.39	1.83	1.85
租赁私房	5.70	6.04	5.22	3.74	3.53	3.55	2.85	2.88
原有私房	40.30	39.94	44.01	40.45	40.53	37.64	21.16	21.42
房改私房	17.05	17.86	8.68	8.08	8.04	12.93	12.90	13.05
商品房	25.14	25.43	38.54	43.55	43.70	42.33	60.38	59.90
其　他	6.70	6.40	1.67	1.49	1.64	1.14	0.84	0.89
二、住宅建筑式样	100.00	100.00	100.00	100.00	100.00	100.00	100.00	100.00
单栋住宅	6.21	7.33	9.02	12.58	12.43	12.42	4.37	4.45
四居室	9.61	9.08	5.30	4.77	4.81	4.84	1.54	1.56
三居室	27.45	26.21	22.33	28.85	28.61	28.90	43.99	43.03
二居室	23.74	24.43	10.33	10.11	10.30	12.04	23.94	24.48
一居室	1.52	1.37	2.19	0.16	0.11	0.25	1.48	1.50
普通楼房	6.49	7.03	9.65	8.18	8.52	8.24	4.39	4.45
平房及其他	24.97	24.54	41.18	35.24	35.12	33.21	20.25	20.50
三、饮水情况	100.00	100.00	100.00	100.00	100.00	100.00	100.00	100.00
自来水	96.71	98.05	99.12	99.35	99.34	99.37	99.72	99.72
矿泉水							0.07	0.07
纯净水	0.25			0.11	0.11	0.13		
井、河水	3.04	1.95	0.88	0.54	0.55	0.51	0.18	0.18
其　他							0.04	0.04
四、用水情况	100.00	100.00	100.00	100.00	100.00	100.00	100.00	100.00
独用自来水	84.27	84.70	93.74	98.02	98.14	98.22	99.05	99.08
公用自来水	12.95	13.22	5.48	1.44	1.31	1.27	0.67	0.64
井、河水	2.79	2.08	0.74	0.54	0.55	0.51	0.18	0.18
其　他							0.11	0.11
五、卫生设备	100.00	100.00	100.00	100.00	100.00	100.00	100.00	100.00
无卫生设备	14.30	13.16	10.13	6.37	6.42	5.96	3.23	3.27
有厕所浴室	35.74	39.03	33.74	51.64	51.49	50.63	86.28	86.19
有厕所无浴室	42.50	41.49	51.51	38.22	38.42	39.97	9.65	9.70
公　用	6.96	5.81	4.62	3.77	3.66	3.43	0.84	0.85
六、取暖设备	100.00	100.00	100.00	100.00	100.00	100.00	100.00	100.00
无取暖设备	0.32	0.46	0.59	1.60	1.61	1.52	1.75	1.78
空调设备	8.35	6.59	3.03	2.33	2.35	2.66	1.66	0.28
暖　气	72.11	76.78	89.10	86.52	86.55	86.80	92.03	93.36
其　他	19.22	16.17	7.28	9.44	9.38	8.88	4.56	4.58
七、炊用燃料使用情况	100.00	100.00	100.00	100.00	100.00	100.00	100.00	100.00
管道天然气							49.87	49.18
管道煤气	20.84	22.16	14.13	19.44	20.08	26.64	21.30	21.64
液化石油气	14.79	15.14	17.13	36.34	35.30	32.80	8.47	8.65
煤	60.53	57.61	60.56	34.31	34.46	31.33	11.03	11.13
其　他	3.84	4.8	8.2	9.9	9.93	9.24	9.31	9.39

7—9 城镇居民家庭平均每人全年消费性支出(2012 年)

按户主职业分组

指　　标	国家机关、企事业单位负责人	专　　业技术人员	办事人员和有关人员	商业服务人　　员	农、林、牧、渔、水利生产人员	生产、运输设备操作人员及有关人员	其它从业人员
消费性支出(元)	**13561**	**11888**	**12677**	**10511**	**11085**	**8508**	**8485**
一、食　品	3685	3526	3639	2662	3577	2633	2526
粮　食	297	340	306	315	406	285	372
油脂类	92	96	110	96	137	71	70
肉禽蛋水产品类	495	642	588	385	538	504	600
蔬菜类	319	315	287	259	267	259	267
糖烟酒饮料类	584	271	499	263	576	352	298
干鲜瓜果类	290	400	371	270	167	262	204
奶及奶制品	206	160	215	130	122	144	172
饮食服务	1057	979	993	716	1093	477	314
二、衣　着	2221	1876	1902	1591	1826	1700	1194
#服　装	1641	1391	1421	1200	1384	1309	845
衣着材料	2	5	12	1		3	5
三、居　住	1407	937	1878	2776	1855	929	677
#住　房	387	121	480	198	595	286	108
水、电、燃料及其他	817	735	1292	2547	350	611	553
四、家庭设备用品及服务	1204	870	1086	569	759	722	567
#耐用消费品	675	404	609	102	546	302	234
五、医疗保健	1142	622	500	433	62	534	1320
六、交通和通讯	1464	1722	1758	1102	1144	762	1062
七、教育文化娱乐服务	1966	1928	1494	995	630	761	807
#文化娱乐用品	461	795	323	167	90	138	155
文化娱乐服务	310	275	260	149	286	175	183
教　育	1194	858	912	678	254	449	469
八、杂项商品和服务	473	408	420	384	1232	467	332

7—9 续

按收入等级分组

指　标	总　计	最低收入户	更低收入户	低收入户
消费性支出(元)	**11618**	**6308**	**6525**	**8007**
一、食　品	3319	1955	1867	2326
粮　食	317	329	306	237
油脂类	100	111	104	69
肉禽蛋水产品类	564	386	368	401
蔬菜类	287	206	186	235
糖烟酒饮料类	421	260	219	349
干鲜瓜果类	331	139	119	236
奶及奶制品	173	94	102	106
饮食服务	854	281	310	483
二、衣　着	1683	800	753	1364
#服　装	1249	563	555	975
衣着材料	8	1	0	5
三、居　住	1759	1768	2196	1401
#住　房	403	99	105	102
水、电、燃料及其他	1274	1620	2086	1266
四、家庭设备用品及服务	936	263	183	536
#耐用消费品	488	48	15	89
五、医疗保健	588	249	281	398
六、交通和通讯	1547	591	442	860
七、教育文化娱乐服务	1395	516	641	748
#文化娱乐用品	414	79	85	172
文化娱乐服务	246	85	101	132
教　育	736	353	454	444
八、杂项商品和服务	391	166	162	375

表 1

中下收入户	中等收入户	中上收入户	高收入户	最高收入户
11006	**11505**	**13419**	**14149**	**18189**
3119	3190	3708	4648	4587
338	261	389	312	272
108	99	109	120	47
494	513	723	682	765
257	267	345	324	395
365	360	333	621	948
270	383	412	441	425
233	177	184	197	194
777	846	893	1666	1179
1393	1946	1923	2322	2136
1016	1463	1427	1736	1654
1	5	22	5	13
2152	974	1691	1381	3613
205	148	773	129	1625
1867	710	843	1138	1902
578	639	1843	800	1804
140	224	1312	261	1171
736	542	674	600	974
1719	1466	1657	2019	2845
918	2244	1583	1800	1785
343	854	288	444	760
190	306	288	244	529
384	1083	1007	1112	496
393	504	340	579	446

7—9 续

按人均月可支配收入分组

指　标	总　计	200元以下	200－400元	400－600元	600－800元
消费性支出(元)	**11618**	**5313**	**7279**	**4995**	**6570**
一、食　品	3319	2121	1395	1811	2304
粮　食	317	249	331	281	339
油脂类	100	555	101	63	98
肉禽蛋水产品类	564	300	284	358	385
蔬菜类	287	186	158	200	226
糖烟酒饮料类	421	222	123	251	376
干鲜瓜果类	331	87	81	145	189
奶及奶制品	173	62	83	96	89
饮食服务	854	330	97	248	397
二、衣　着	1683	407	506	803	986
#服　装	1249	322	355	604	698
衣着材料	8		1	1	5
三、居　住	1759	741	4585	674	844
#住　房	403	82	224	57	102
水、电、燃料及其他	1274	618	4357	556	679
四、家庭设备用品及服务	936	219	116	246	537
#耐用消费品	488	15	4	13	105
五、医疗保健	588	243	168	293	374
六、交通和通讯	1547	691	307	437	799
七、教育文化娱乐服务	1395	631	121	523	478
#文化娱乐用品	414	219	47	88	135
文化娱乐服务	246	213	16	143	96
教　育	736	200	58	292	247
八、杂项商品和服务	391	259	82	208	249

表2

800－1000元	1000－1500元	1500－2000元	2000－2500元	2500－3000元	3000－4000元	4000元以上
8251	**11323**	**12940**	**13559**	**17079**	**18823**	**23116**
2707	3033	3554	4641	4626	4628	6037
269	302	345	344	288	290	403
94	93	99	149	90	56	87
401	504	644	705	769	832	1244
289	253	307	385	346	386	465
316	346	330	734	773	856	674
255	323	378	472	401	407	699
135	206	185	160	181	313	184
681	751	955	1384	1427	1190	1705
1486	1583	1868	1882	2647	2208	5244
1110	1154	1412	1429	2036	1609	3585
7	1	7	22	27		58
833	1758	1676	1418	2722	4205	3328
116	156	697	140	309	2935	2121
680	1504	881	1230	2304	1210	1024
457	636	1501	1067	1393	2241	1430
133	209	1016	547	691	1775	419
382	615	608	692	917	670	1698
1308	1591	1702	1821	2521	2381	2730
731	1661	1668	1574	1708	2023	1902
147	634	368	258	470	1240	444
201	207	294	310	447	429	434
383	820	1006	1006	791	354	1024
347	446	364	463	545	466	747

7—9 续表3

按家庭规模分组

指标	总计	一人户	二人户	三人户	四人户	五人及以上户
消费性支出(元)	**11618**	**11285**	**14909**	**12359**	**9622**	**7454**
一、食品	3319	4458	4406	3418	2986	2110
粮食	317	959	443	311	236	294
油脂类	100	336	112	100	89	90
肉禽蛋水产品类	564	954	848	573	435	384
蔬菜类	287	623	428	287	233	202
糖烟酒饮料类	421	322	603	400	462	271
干鲜瓜果类	331	361	438	360	291	132
奶及奶制品	173	130	154	180	147	196
饮食服务	854	285	1020	929	840	368
二、衣着	1683	1890	2023	1916	1462	525
#服装	1249	1383	1501	1440	1045	362
衣着材料	8	2	13	9	6	1
三、居住	1759	2149	2165	1636	1280	2553
#住房	403	415	1042	347	247	206
水、电、燃料及其他	1274	1634	1077	1182	966	2329
四、家庭设备用品及服务	936	755	1393	1043	653	354
#耐用消费品	488	32	772	588	211	126
五、医疗保健	588	315	949	558	469	529
六、交通和通讯	1547	1085	2127	1702	1228	670
七、教育文化娱乐服务	1395	242	1421	1675	1096	532
#文化娱乐用品	414	72	618	473	278	125
文化娱乐服务	246	69	327	260	215	143
教育	736	101	476	942	603	264
八、杂项商品和服务	391	391	425	411	449	182

7—10 主要年份农民家庭基本情况

单位:人

年　份	调查户数（户）	调查户常住人口	户均常住人口	平均每户整半劳动力	每个劳力负担人口	平均每人居住面积（平方米）
1980	300	1518	5.06	2.57	1.97	9.36
1985	300	1497	4.99	2.69	1.86	12.97
1990	1340	6386	4.77	2.75	1.73	15.40
1995	1060	4743	4.47	2.85	1.57	19.17
2000	1340	5883	4.39	2.80	1.57	21.91
2001	1360	5942	4.37	2.74	1.59	22.48
2002	1360	5898	4.34	2.74	1.58	23.20
2003	1360	5786	4.25	2.81	1.51	23.49
2004	1360	5776	4.25	2.89	1.47	25.53
2005	1360	5758	4.23	2.88	1.47	27.92
2006	1360	5734	4.22	2.90	1.46	28.25
2007	1360	5732	4.21	2.93	1.44	28.73
2008	1360	5717	4.20	2.93	1.43	29.01
2009	1360	5694	4.19	3.00	1.40	29.69
2010	1360	5685	4.18	3.03	1.38	30.40
2011	1360	5083	3.74	2.67	1.40	32.40
2012	1360	5075	3.73	2.70	1.56	33.04

7—11 农民家庭人口状况(2012年)

指　　标	总　　计	每户平均
一、调查户数(户)	**1360**	
二、家庭常住人口(人)	5075	3.73
#整半劳动力数	3672	2.70
#整劳动力	2528	1.86
学龄前人数	271	0.20
7-15岁	564	0.41
16-60岁	3826	2.81
60岁以上	414	0.30

7—12 农民家庭劳动力状况(2012年)

单位:人

指　　标	总　　计	每百人
一、劳动力文化状况		
不识字或识字很少	40	0.79
小学程度	488	9.62
初中程度	1988	39.17
高中程度	404	7.96
中　专	83	1.64
大专及以上	53	1.04
二、劳动力就业情况		
第一产业	1538	30.31
第二产业	775	15.27
采矿业	287	5.66
制造业	288	5.67
电力煤气及水的生产供应业	48	0.95
建筑业	152	3.00
第三产业	743	14.64
交通运输仓储及邮电通讯业	125	2.46
批发和零售贸易业	113	2.23

7—13 农民家庭平均每户房屋情况

指　　标	2000	2005	2006	2007	2008	2009	2010	2011	2012
一、年内新建房屋面积(平方米)	**1.17**	**3.16**	**0.76**	**1.33**	**0.64**	**2.46**	**1.98**	**1.84**	**0.95**
砖木结构面积	0.81	1.38	0.36	0.35	0.24	2.46	0.78	0.85	0.21
钢筋混凝土结构面积	0.34	1.78	0.40	0.98	0.40		0.82	1.13	0.72
年内新建房屋价值(元)	276	1120	342	463	249	878	1002	1252	1054
平均每平方米新建房屋价值(元)	205.00	354.23	451.06	364.72	386.67	396.16	506.32	679.92	1113.21
新建房屋中生活用房面积(平方米)	1.17	3.16	0.76	1.33	0.64	2.46	1.98		
新建房屋中楼房面积(平方米)		1.11				1.21	0.83	0.35	
二、年末住房面积(平方米)	**94.77**	**120.75**	**121.51**	**122.79**	**123.43**	**125.77**	**126.36**	**120.38**	**122.67**
砖木结构面积	61.95	90.30	90.65	85.01	85.25	87.71	81.74	76.39	72.50
钢筋混凝土结构面积	11.91	26.20	26.60	26.18	26.58	26.58	28.52	31.01	35.96
人均生活用房面积(平方米)	21.91	27.92	28.25	28.73	29.01	29.69	30.40	32.40	33.04
三、年末住房价值(元)	**13297**	**27046**	**28150**	**29148**	**29569**	**30372**	**31912**	**55089**	**57289**

7—14 农民家庭土地经营情况(2012年)

单位:亩

指　　标	总　计	每户平均	每人平均
一、期初实际经营土地面积	**6862.20**	**10.17**	**2.81**
#耕　地	4942.60	10.14	2.80
#有效灌溉面积	901.09	4.39	1.15
二、期内增加的经营土地面积	**55.50**	**0.10**	**0.01**
#耕　地	55.50	0.10	0.01
#有效灌溉面积			
三、期内减少的经营土地面积	**5.50**	**0.01**	…
#耕　地	5.50	0.01	…
#有效灌溉面积	5.50	0.01	…
四、期末实际经营的土地面积	**6912.20**	**10.17**	**2.81**
#耕　地	4992.60	10.14	2.80
#有效灌溉面积	895.59	4.39	1.15

7—15 农民家庭收支情况(2012年)

单位:元

指 标	合 计	每人平均
一、总收入	**18061382**	**8686.49**
工资性收入	7712282	3709.17
家庭经营收入	9116595	4384.56
第一产业	6639080	3193.02
农 业	5192860	2497.47
林 业	238482	114.70
牧 业	1207738	580.85
第二产业	452963	217.85
工 业	266028	127.94
建筑业	186935	89.91
第三产业	2024552	973.69
交通、运输、邮电业	595453	286.38
批零贸易业、餐饮业	1159125	557.47
社会服务业	180462	86.79
文教卫生业	80535	38.73
其他行业	8478	4.08
财产性收入	113816	54.74
转移性收入	1118690	538.03
二、总支出	**13715965**	**6596.59**
家庭经营费用	3243323	1559.85
第一产业生产费用	2433419	1170.33
农 业	1629131	783.52
林 业	87568	42.12
牧 业	716720	344.70
第二产业生产费用	130315	62.67
工 业	99793	47.99
建筑业	30522	14.68
第三产业生产费用	679589	326.84
交通运输邮电业	164720	79.22
批零贸易餐饮业	460693	221.57
社会服务业	39518	19.01
文教卫生业	13713	6.60
其他行业	945	0.45
购置生产性固定资产支出	254659	122.48
建造生产性固定资产雇工支出		
税费支出	2762	1.33
生活消费支出	9208448	4428.74
财产性支出	35012	16.84
转移性支出	971761	467.36
三、全年可支配收入	**13481463**	**6484.59**
四、全年纯收入	**14345451**	**6899.34**

7—16 农民家庭平均每百户拥有主要生产性固定资产数量

指　　标	2000	2005	2006	2007	2008	2009	2010	2011	2012
汽　车(辆)	1.79	4.64	5.36	5.89	6.07	5.89	5.00	3.75	4.11
大中型拖拉机(台)	1.79	2.68	2.86	3.21	4.11	4.64	3.93	3.93	3.39
小型和手扶拖拉机(台)	24.86	31.07	33.75	37.68	37.14	26.07	23.39	10.54	13.39
机动脱粒机(台)	0.57	1.43	1.61	1.79	2.50	2.68	2.68	0.54	0.89
胶轮大车(辆)	7.86	0.79	0.18	0.18	0.18	0.14	0.71		
水　泵(台)	5.36	2.50	3.04	6.61	5.18	6.25	6.61	4.46	4.64
役　畜(头)	40.54	17.86	17.68	18.39	15.89	15.71	14.46	4.46	4.29
产品畜(头)	16.79	13.57	17.14	19.29	10.36	28.75	8.75	23.93	22.68

7—17 农民家庭平均每人家庭经营纯收入

单位:元

指　　标	2000	2005	2006	2007	2008	2009	2010	2011	2012
家庭经营纯收入	**1251.42**	**1801.51**	**1857.94**	**2157.11**	**2238.08**	**2390.06**	**2623.84**	**2553.57**	**2666.86**
农业收入	668.49	971.04	1031.39	1212.71	1272.16	1314.65	1461.26	1456.12	1638.18
林业收入	19.59	32.03	26.76	37.18	40.33	39.70	47.74	60.88	71.92
牧业收入	99.92	127.51	113.95	154.77	188.28	183.33	194.37	216.59	220.99
渔业收入									
工业收入	32.49	75.94	83.28	90.51	83.44	79.57	143.52	103.19	73.99
建筑业收入	16.51	95.40	95.95	95.68	97.07	119.36	121.26	65.93	74.29
运输业收入	187.38	206.46	235.09	244.43	220.21	238.64	240.88	205.81	174.36
商业、餐饮业收入	99.89	195.55	193.77	200.44	211.63	243.31	248.18	334.54	322.30
服务业收入	34.87	44.29	62.07	91.74	98.01	129.56	155.54	81.24	60.62
其他收入	92.28	53.29	15.69	29.65	26.95	41.92	11.09	29.28	30.21

7—18 主要年份农村住户每人平均纯收入

单位:元

年份	全年纯收入	按纯收入来源分					按纯收入性质分	
		基本收入	工资性收入	家庭经营纯收入	转移性收入	财产性收入	生产性收入	非生产性收入
1980	63	44	11	33	17	2	44	19
1985	335	300	21	279	31	4	300	35
1990	501	467	123	344	30	4	467	34
1995	1130	1089	269	820	36	5	1089	41
2000	2195	2135	884	1251	54	6	2135	60
2001	2320	2272	1016	1256	41	7	2272	48
2002	2465	2410	1132	1278	45	10	2410	55
2003	2666	2625	1208	1417	33	8	2625	41
2004	2976	2920	1251	1669	43	13	2920	56
2005	3326	3242	1441	1801	64	20	3242	84
2006	3598	3472	1614	1858	104	22	3472	126
2007	4065	3913	1756	2157	118	34	3913	152
2008	4394	4156	1918	2238	196	42	4156	238
2009	4749	4427	2037	2390	274	48	4427	322
2010	5287	4917	2293	2624	295	75	4917	370
2011	6084	5544	2990	2554	459	81	5544	540
2012	6899	6376	3709	2667	468	55	6376	523

7—19 主要年份农村住户每人平均生活消费支出

单位:元

年　份	生活消费支　出	食　品	衣　着	居　住	家庭设备用品及服务	医疗保健	交通和通　讯	文教娱乐用品及服务	其他商品和服务
1986	256.29	155.23	28.84	37.86	20.00	6.65	2.72	3.43	1.56
1987	271.09	157.74	27.79	42.51	24.01	8.20	4.22	4.82	1.80
1988	329.90	196.72	41.27	33.29	22.03	10.90	7.64	12.40	4.84
1989	354.25	202.49	41.63	39.31	38.00	11.90	6.04	10.84	4.04
1990	390.43	232.78	46.48	42.63	37.50	11.40	6.29	9.92	3.43
1991	402.57	232.06	46.86	45.92	38.00	14.58	6.47	13.63	5.05
1992	402.77	246.63	46.36	31.05	40.00	14.44	6.53	13.19	4.57
1993	511.26	319.04	51.07	68.64	22.03	12.29	7.44	26.39	4.36
1994	560.62	359.92	66.46	35.34	34.27	15.96	7.37	33.85	7.45
1995	613.41	382.37	73.37	59.14	28.51	16.31	7.82	38.67	7.22
1996	972.10	537.09	128.98	83.47	55.67	48.38	37.04	69.65	11.82
1997	990.40	533.18	123.05	70.27	56.11	57.61	49.49	85.28	15.41
1998	903.60	492.23	114.04	76.34	52.07	36.77	46.04	76.63	9.48
1999	963.59	499.98	130.15	101.35	64.54	42.54	31.05	81.96	12.02
2000	1048.27	542.06	127.10	106.59	59.81	55.97	36.92	96.21	23.61
2001	1114.67	577.42	130.15	97.96	56.82	66.66	55.34	103.69	26.63
2002	1198.91	571.48	146.36	141.40	60.41	54.36	70.93	128.35	25.62
2003	1332.17	614.85	155.55	171.75	60.49	60.17	90.77	164.10	14.49
2004	1657.44	763.25	177.14	223.81	72.05	74.75	127.69	196.98	21.77
2005	1845.68	767.73	219.83	239.01	78.59	84.84	192.06	238.43	25.19
2006	2089.39	789.40	235.20	254.33	94.13	111.86	253.54	324.68	26.25
2007	2527.71	945.08	280.64	321.39	119.35	149.82	302.33	367.40	41.70
2008	2863.99	1082.39	296.79	424.83	154.79	154.63	313.71	399.37	37.48
2009	3083.29	1161.23	304.57	523.99	151.05	184.56	328.25	385.47	44.18
2010	3380.75	1236.94	324.20	589.75	194.22	202.94	378.33	408.00	46.37
2011	4229.88	1602.85	408.07	794.38	244.94	312.86	498.48	286.64	81.66
2012	4428.74	1601.08	499.08	738.33	302.81	361.18	508.75	339.15	78.36

7—20 农民家庭平均每人现金收入

单位:元

指 标	2000	2005	2006	2007	2008	2009	2010	2011	2012
一、人均现金收入	**2030.06**	**3408.89**	**3799.63**	**4494.13**	**4891.31**	**5314.03**	**5874.95**	**6911.04**	**7756.24**
工资性收入	882.69	1437.84	1613.79	1755.06	1915.10	2036.94	2291.75	2987.03	3709.07
出售产品收入	468.43	829.70	909.27	1303.15	1607.69	1664.51	1786.95	2101.34	2250.42
工业服务性收入	60.55	123.51	147.50	167.99	116.80	94.35	140.87	133.78	126.98
运输业收入	171.24	320.53	377.25	425.82	367.20	374.92	395.07	314.57	286.38
商业、餐饮业收入	102.84	263.12	273.96	277.88	271.51	311.56	332.77	495.19	557.47
服务业收入	93.89	119.73	76.96	113.66	127.21	186.90	237.60	112.61	86.79
其他经营收入	100.84	60.29	96.08	80.63	76.26	51.23	14.57	40.86	42.81
建筑业服务性收入	89.96	130.40	146.16	135.16	137.13	156.40	165.11	80.00	89.91
转移性收入	53.57	105.39	137.31	167.99	219.70	311.53	329.32	496.75	456.94
财产性收入	6.05	18.38	21.34	23.65	22.46	43.51	70.38	70.93	43.58
二、非收入所得	**182.10**	**385.19**	**395.81**	**526.86**	**775.20**	**880.60**	**1076.89**	**2232.95**	**1897.92**

7—21 农民家庭平均每人现金支出

单位:元

指标	2000	2005	2006	2007	2008	2009	2010	2011	2012
总计	**1192.61**	**2333.91**	**2780.20**	**3328.72**	**3819.92**	**4042.34**	**4497.92**	**5905.67**	**6358.02**
一、生产费用支出	**278.05**	**675.68**	**782.26**	**960.14**	**1069.89**	**1103.43**	**1288.43**	**1414.02**	**1651.28**
#家庭经营费用支出	247.88	634.23	749.63	919.22	989.10	1048.84	1224.31	1280.60	1528.80
购置生产性固定资产支出	30.17	41.45	32.63	40.92	80.19	38.91	64.12	133.42	122.48
二、税费支出	**40.30**	**1.24**	**4.41**	**9.93**	**18.19**	**12.65**	**4.94**	**7.56**	**1.33**
三、生活消费支出	**782.52**	**1548.56**	**1827.15**	**2230.58**	**2538.52**	**2731.06**	**3050.35**	**3956.42**	**4221.62**
食品	280.59	486.84	538.74	671.92	775.07	837.28	931.62	1330.90	1394.69
#主食	43.66	55.71	63.76	73.18	88.75	96.71	114.04	187.45	174.70
副食	116.96	367.96	396.13	493.88	578.27	573.76	635.23	653.93	699.74
衣着	126.97	219.82	235.18	280.56	296.77	304.54	323.91	408.07	499.08
居住	102.44	222.92	242.88	297.54	406.71	495.74	564.97	792.89	737.60
家庭设备、用品及服务	59.81	78.59	94.13	119.35	154.79	151.05	194.22	244.94	302.81
医疗保健	55.97	84.84	111.86	149.82	154.63	184.56	202.94	312.86	361.18
交通和通讯	36.92	192.06	253.54	302.33	313.71	328.25	378.33	498.48	508.75
文教娱乐用品及服务	96.21	238.43	324.68	367.40	399.37	385.47	408.00	286.64	339.15
其他商品和服务	23.61	25.06	26.13	41.66	37.48	44.18	46.37	81.64	78.36
四、财产性支出	**4.45**	**4.27**	**7.84**	**7.08**	**7.41**	**4.61**	**9.81**	**6.25**	**16.84**
五、转移性支出	**87.29**	**104.16**	**158.54**	**120.99**	**185.92**	**190.60**	**144.38**	**521.41**	**466.96**

7—22 农村住户调查按平均每人

指　　标	500元以下户	500－800元户	800－1000元户	1000－1300元户	1300－1500元户	1500－1700元户	1700－2000元户	2000－2300元户	2300－2500元户
一、调查户数(户)	6	8	11	24	26	29	42	47	35
二、调查户常住人口(人)	29	34	50	109	102	121	163	196	140
三、整半劳动力数(人)	23	25	36	82	70	92	115	143	98
四、年末经营耕地面积(亩)	28.0	217.1	173.8	362.8	402.5	436.4	699.1	574.7	602.2
五、山地面积(亩)		183.0	124.0	225.0	205.0	178.0	500.1	370.1	275.0
六、生产性固定资产原值(元)	15030	90900	95260	140820	204200	350780	430890	467800	357600
七、主要生产性固定资产数量									
房屋及建筑物(平方米)	160	155	359	573	453	850	1234	945	620
汽　车(辆)							1	1	
大中型拖拉机(台)						5	2	4	2
小型和手扶拖拉机(台)						3	3	5	7
机动脱粒机(台)									1
收割机(台)									
农用动力机械(台)			1	1	2	2	1	4	5
胶轮大车(架)			1		1				
水　泵(台)				1		1	2		
役　畜(头)		2	2	6	4	6	10	22	6
产品畜(头)				2	12		15	12	1
八、住房面积(平方米)	540	600	770	1822	2126	2206	3210	4685	2916
住房价值(元)	61000	233500	163800	322200	538200	575800	654000	947100	1108000
住房结构(平方米)									
#钢筋混凝土结构面积		200			310	296	70	610	310
#砖木结构面积	540	270	600	1350	1416	1500	2335	2235	1876
九、期内粮食收入合计(公斤)	5044	10740	12379	41560	52514	73764	100245	114765	120818
期内粮食支出合计(公斤)	4736	11062	16147	39557	57967	66882	82120	108426	69006
期末粮食结存实际调查数(公斤)	10222	14650	18465	44018	64706	74800	100910	114286	133816
十、生产量(公斤)									
谷　物	4100	7710	7210	32210	41460	61910	77270	84550	104820
薯　类	22	50	404	520	230	970	1193	1224	430
豆　类				498		250	880	3269	375
棉　花				275		130	222		70
油　料				100		40	155	280	
蔬　菜	380	110	510	840	1440	1274	7490	3087	4156
畜　肉					267	210	431	1558	441
家禽肉				15		35	20	2	23
蛋　类	5225		20	62	45	199	294	422	233
皮　(张)									
毛、绒					22			30	

纯收入分组基本情况(2012年)

2500 －2800 元户	2800 －3000 元户	3000 －3500 元户	3500 －4000 元户	4000 －4500 元户	4500 －5000 元户	5000 －5500 元户	5500 －6000 元户	6000 －7000 元户	7000 －8000 元户	8000元 以上户
48	27	87	77	74	93	59	67	106	110	384
191	105	329	296	285	360	235	252	410	423	1246
134	70	236	207	210	257	156	168	291	297	962
707.0	201.3	803.9	830.0	769.9	867.3	569.4	596.8	921.4	1087.1	2909.3
407.0	88.2	202.6	168.0	225.1	278.0	93.4	45.0	159.3	52.9	220.3
451370	242744	1049820	746970	831304	1101055	513700	751770	847510	1119030	4073163
822	680	2149	1837	3421	1644	2475	3763	1311	4364	8691
2		3	1	3	5	6	1	5	5	27
2	2	3	3	2	1	1	2	3	3	14
11	4	11	10	6	9	2	5	4	8	30
1			1	1			2	2	2	5
								2	3	3
4	5	5	12	7	14	4	9	10	6	25
			1	1					1	1
3	1	4	2	9	8	4	5	6	9	37
12	4	13	8	6	3	2	6	5	12	13
5		8	20	29		26		3	3	56
3869	2345	8792	7584	8211	11302	8179	8498	14571	14752	50762
1135800	673200	2939100	3190900	4080900	5585500	3943500	4292500	7136500	8248500	33691300
300		765	1645	1670	2421	1331	1664	5342	4027	14011
1929	2020	5609	4659	5591	7136	5455	5654	7765	8325	30666
141025	60123	227214	216831	202006	259129	160584	220246	310613	391927	1159541
94212	46168	159278	152178	150954	171287	116131	163773	219300	232430	803326
164099	49212	183969	223934	203572	241392	159777	207004	296279	343850	911034
110175	47727	184732	182003	170765	221245	140945	181398	277554	343810	969311
2576	1102	3599	2808	2747	2967	454	4519	1507	3273	17334
1380	1370	3218	1970	3430	2235	620	1190	1710	1495	5975
65	10			15				530		2675
951		202	1191	320	4920		3255	5550	2125	8518
3517	5683	9622	13875	30628	14195	13951	22756	33054	39994	297778
1884	292	2434	4483	3675	1250	3332	7233	3954	5666	35531
15	22	147	64	87	27	3	55	56	8444	370
312	212	812	514	350	574	155	202	469	13406	29245
115				46						

7—22 续

指　标	500元以下户	500-800元户	800-1000元户	1000-1300元户	1300-1500元户	1500-1700元户	1700-2000元户	2000-2300元户	2300-2500元户
奶　类									
十一、出售量(公斤)									
谷　物	2000	7500	8850	24360	43180	49882	53545	63920	44722
薯　类									
豆　类			300	702	110	270	800	2709	240
棉　花				105		30	150		
油　料				150				180	
蔬　菜							3000	589	820
肉猪及猪肉					194		236	1132	76
肉羊及羊肉					74	210	42	316	
肉牛及牛肉							153	110	365
家　禽				15		30	20		23
蛋　类	5225		15	21		127	78	179	90
畜　皮(张)									
毛、绒					22			30	
奶　类									
十二、食品消费情况(公斤)									
粮食消费量	2732.9	3520.9	6484.2	13315.2	13338.1	14953.4	21754.4	27938.5	20146.2
谷　物	2723.3	3454.7	6271.2	12851.3	12932.9	14510.1	21128.8	27069.8	19648.9
薯　类	5.6	44.2	190.5	366.8	258.2	322.1	490.1	637.5	339.6
豆　类	4.0	22.0	22.5	97.1	147.0	121.2	135.5	231.3	157.7
油脂类	105.0	300.5	359.0	744.2	793.0	855.8	1101.0	1402.9	1036.0
蔬菜及菜制品	702.7	951.5	1385.1	3615.4	4212.3	4379.8	7487.1	8175.7	6836.2
肉禽及其制品	68.7	117.9	139.4	370.7	382.7	627.9	577.0	870.5	872.1
蛋类及蛋制品	91.1	144.2	210.4	585.1	520.1	671.1	980.8	1043.3	763.4
奶和奶制品	68.0	32.0	74.0	147.0	109.5	200.4	330.0	249.5	278.7
食　糖	35.5	5.5	36.7	97.9	36.3	57.6	76.1	123.4	70.3
十三、期末主要耐用消费品拥有量									
洗衣机(台)	4	2	6	8	12	18	14	26	22
电冰箱(台)	1	4	2	6	4	7	4	6	8
空调机(台)									3
微波炉(台)								2	3
自行车(辆)				11	3	12	7	12	15
摩托车(台)	2	8	8	13	17	24	31	36	25
移动电话(部)	5	9	13	29	33	49	56	70	53
彩色电视机(台)	6	9	10	24	25	30	40	45	38
影碟机(台)					1	2	1	3	5
照相机(架)									1

表

2500 -2800 元户	2800 -3000 元户	3000 -3500 元户	3500 -4000 元户	4000 -4500 元户	4500 -5000 元户	5000 -5500 元户	5500 -6000 元户	6000 -7000 元户	7000 -8000 元户	8000元 以上户
				1644					20	1887
59019	26310	87314	90267	85278	100863	70048	101559	140752	134199	467538
500	96	1039	573	1101	40		2946	300	1600	4402
1110	1225	2003	1570	1738	1820	850	1300	850	375	3845
								530		2760
475		256	1191	307	1150	100	30	150		270
220	4080	5472	9320	26676	6559	11030	20110	38192	37745	291387
1438		1847	3048	2807	1220	1934	7205	2564	3498	28921
298		266	383	868		630	357	659	728	3595
110	292	321	1053			584	964	657	1137	1970
15	22	131	53	65	5	3	19	40	8428	285
93	62	434	238	87	118	55	78	105	12956	28290
115				36		50	100			
				1644						1887
26872.2	14118.4	57714.6	45288.3	47093.6	60998.2	39629.9	46936.8	68300.9	72837.9	222346.2
25819.9	13217.4	55770.3	44182.4	46169.8	59971.3	38874.5	46118.1	66791.2	71800.1	218405.1
678.5	763.1	919.7	831.2	491.2	473.0	372.0	268.9	468.6	231.0	857.8
373.8	137.9	1024.7	274.8	432.6	553.9	383.5	549.8	1041.1	806.9	3083.3
1591.0	789.2	2611.0	2243.6	2307.6	3099.9	1788.6	2254.8	3474.2	3881.5	12488.9
8594.7	5026.1	14446.3	12841.9	16483.0	20879.8	13133.3	16144.2	23688.3	26139.3	83097.0
909.3	619.5	1829.1	1792.4	2235.2	3108.4	2016.4	2220.6	4350.3	4526.0	16302.3
1084.2	952.7	2237.6	2208.8	2588.7	3268.7	1730.4	2072.8	3655.8	4373.6	15640.1
269.8	264.0	1003.4	671.2	911.3	813.8	690.0	858.0	1444.2	1337.8	5591.7
88.3	63.5	313.6	162.9	210.5	257.4	189.8	221.1	392.2	534.4	1210.7
31	22	65	61	61	85	55	65	96	96	367
13	11	31	24	32	33	22	24	52	49	230
	3	2	4	5	9	7	8	14	18	122
	1	3	4	3	7	3	2	9	11	68
15	14	23	30	38	53	37	35	76	101	323
32	16	58	53	50	68	39	50	90	85	283
58	39	135	123	112	160	105	104	179	196	629
48	27	88	79	77	99	66	71	114	127	415
2	2	9	5	7	10	8	13	13	25	75
		1		1	2	2	3	6	6	24

7—23 农村住户调查按平均每人

指　标	500元以下户	500－800元户	800－1000元户	1000－1300元户	1300－1500元户	1500－1700元户	1700－2000元户	2000－2300元户	2300－2500元户
一、总收入	**64980**	**37567**	**63440**	**161171**	**213115**	**291988**	**424670**	**630415**	**485369**
工资性收入	1798	8117	27050	51898	39562	66933	107263	240055	146137
在非企业组织中劳动得到		2000	6800	1800	6750	10680	3920	2300	9400
在本乡地域内劳动得到	1798	4817	3550	20998	20200	32913	66323	168785	94137
外出从业得到		1300	16700	29100	12612	23340	37020	68970	42600
家庭经营收入	52699	20244	20716	86866	149355	191405	262303	348554	296731
第一产业	52699	20244	20516	86866	124208	181575	236097	321364	267560
农　业	8183	19744	18817	82555	111626	171782	215899	262203	240290
林　业		500	960	3748	410	2630	7138	8763	8081
牧　业	44516		739	563	12172	7164	13059	50397	19189
渔　业									
第二产业			200		5500	4450		240	15412
工　业			200		5500	4450			14830
建筑业								240	582
第三产业					19647	5380	26206	26950	13760
其他产品收入									
第三产业服务性收入					19647	5380	26206	26950	13760
交通、运输、邮电业					6194	3500	7300	23000	
批零贸易业、餐饮业					9253	1880	18156	500	9760
社会服务业									1500
文教卫生业					4200				2500
其他行业							750	3450	
财产性收入	3998	766	2099	3249	2249	1618	353	906	－2772
转移性收入	6485	8440	13575	19158	21949	32031	54752	40901	45273
二、总支出	**127343**	**63108**	**92728**	**224896**	**254235**	**321605**	**477538**	**766452**	**486476**
家庭经营费用支出	79918	7125	8013	28697	58405	75208	87556	174663	124910
第一产业生产费用	79918	7125	8013	28387	51865	72734	78562	162348	106294
农　业	1981	7125	7490	25896	43050	68215	70625	122872	92996
林　业				995		600	850	2990	1272
牧　业	77937		523	1495	8815	3919	7087	36486	12026
渔　业									
第二产业生产费用					1100	900	8		3858
工　业					1100	900	8		3858
建筑业									
第三产业生产费用				310	5440	1574	8986	12315	14758
交通运输邮电业				310	1890	1574	3386	12315	504
批零贸易餐饮业					1500		5600		14250
社会服务业									4
文教卫生业					2050				
其他行业									
购置生产性固定资产支出	8666		540	670	1800	10100	2760	2000	
建造生产性固定资产雇工支出									
税费支出									

纯收入分组收支情况(2012年)

单位:元

2500－2800元户	2800－3000元户	3000－3500元户	3500－4000元户	4000－4500元户	4500－5000元户	5000－5500元户	5500－6000元户	6000－7000元户	7000－8000元户	8000元以上户
729164	**425315**	**1499596**	**1495179**	**1557048**	**2051044**	**1446249**	**1785910**	**3107858**	**3767482**	**17711937**
208070	163517	510567	563994	712497	1070248	773134	855507	1446025	1969942	6951301
14597		42630	26435	38702	30784	42260	31520	77682	171247	819027
160425	110183	319197	347215	559408	811909	536194	639944	970001	1473538	4747469
33048	53334	148740	190344	114387	227555	194680	184043	398342	325157	1384805
456864	241828	827294	784206	731513	843625	539579	798341	1448553	1660215	9825713
417645	217140	712780	706420	605978	678666	456692	671912	946223	1176186	5255660
332103	189674	615946	565222	471592	616554	361041	514541	804932	857370	4075549
37861	13616	34346	29234	17847	26181	35637	32451	48605	34267	135185
47681	13850	62489	111964	116539	35930	60014	124920	92686	284549	1044925
		7000	3000	1000	33598	3000	16000	93404	64695	991875
				1000	4633	1000	2000	43604	29495	487995
		7000	3000		28965	2000	14000	49800	35200	503880
39219	24688	107514	74786	124535	131361	79887	110429	408926	419334	3578179
153		46		200	100		1500			
39066	24688	107468	74786	124335	131261	79887	108929	408926	419334	3578179
20636	1100	32140	21790	29010	86800	32300	18370	184555	108610	1512835
	2550	55180	3200	63755	24661	28542	68970	126520	192492	1789441
14080	20738	17148	23830	14970	3900	3247	18300	67701	47987	155738
		3000		15450	5000	11500		13500	56335	59505
4350	300		25966	1150	10900	4298	3289	16650	13910	60660
402	－10311	5377	26800	32842	5948	6895	3974	34442	25520	185689
63827	30281	156358	120179	80195	131223	126640	128090	178838	111805	749234
756969	**467068**	**1520282**	**1524259**	**1283649**	**1860316**	**1094794**	**1417742**	**2114597**	**2586278**	**10662931**
177479	100880	308962	327986	300736	255776	158932	267448	362637	501931	2813418
158651	92654	257210	300355	259054	207919	143343	221455	275015	406434	1495741
125049	78183	223199	232207	185604	185830	109745	149560	230288	234157	854868
5505	4870	6064	9091	8276	6142	9314	6268	8281	5902	104295
28097	9601	27948	59058	65170	15947	24284	65627	36446	166375	532928
				5						3650
		794	18670	10	3724		7900	11055	5525	275803
		5			694		500	9755	5475	160837
		789	18670	10	3030		7400	1300	50	114966
18828	8226	50958	8961	41672	44133	15589	38093	76567	89972	1041873
8630		14919	2101	7920	35483	8280	4519	38235	27579	363259
	5293	29704	650	22780	5794	5040	32200	21610	43095	624353
9148	2933	6335	3670	6697	1516	50	1022	10237	8147	37585
			210	3970		2200		3320	8485	11958
1050			2330	305	1340	19	352	3165	2666	4718
16610	4282	68735	17630	26789	32250	276	34755	18124	28267	117181
		1800								
		580				1910		20	6000	14281

7—23 续

指　　标	500元以下户	500-800元户	800-1000元户	1000-1300元户	1300-1500元户	1500-1700元户	1700-2000元户	2000-2300元户	2300-2500元户
生活消费支出	34019	48839	73806	169755	163419	204956	342987	499373	331466
#服务性	8076	10810	18002	41536	41802	44804	96793	145337	66995
食　品	15104	23831	35757	92461	88334	109136	169324	193417	174029
衣　着	2675	2175	8634	14842	13423	19799	34348	39661	32529
居　住	4516	8907	6967	15318	16177	19286	28249	126053	26915
家庭设备、用品	2705	2007	2898	12275	7761	7583	17071	25010	23521
交通和通讯	6320	3299	6652	13844	15137	23014	46346	50449	31469
文化教育、娱乐	369	3004	4672	10619	11623	11048	20821	30476	21633
医疗保健	1594	4903	7251	7300	7811	11259	20076	29114	14854
其他商品和服务	737	713	976	3096	3154	3832	6751	5193	6516
财产性支出									
转移性支出	4740	7144	10368	25775	30610	31341	44235	90416	30101
三、全年纯收入	**-15939**	**24272**	**45576**	**122906**	**140817**	**193309**	**302788**	**423823**	**334529**
四、期内现金收支情况									
期内现金收入	70599	32087	61695	134578	207691	251206	359636	559884	383188
工资性收入	1798	8117	27050	51898	39562	66933	107263	240055	146137
在非企业组织中劳动得到		2000	6800	1800	6750	10680	3920	2300	9400
在本乡地域内劳动得到	1798	4817	3550	20998	20200	32913	66323	168785	94137
外出从业得到		1300	16700	29100	12612	23340	37020	68970	42600
家庭经营现金收入	62516	19040	24970	70752	154209	164247	210171	292901	197658
第一产业	62516	19040	24770	70752	129062	154417	184715	266161	168486
第二产业			200		5500	4450		240	15412
第三产业					19647	5380	25456	26500	13760
财产性收入				30				105	280
转移性收入	6285	4930	9675	11898	13920	20026	42202	26823	39113
非收入现金所得	23930	220	1100	47710	23039	67519	139620	222390	170793
期内现金支出	123605	61735	87368	207652	243682	304664	456397	725580	462433
生产费用支出	88584	7125	7839	27374	59129	82747	88773	169816	121586
家庭经营费用支出	79918	7125	7299	26704	57329	72647	86013	167816	121586
第一产业生产费用	79918	7125	7299	26394	50789	70173	77019	155501	102971
第二产业生产费用					1100	900	8		3858
第三产业生产费用				310	5440	1574	8986	12315	14758
购置生产性固定资产支出	8666		540	670	1800	10100	2760	2000	
税费支出									
生活消费支出	30282	47466	69161	157504	153943	190927	323389	465348	310746
财产性支出									
转移性支出	4740	7144	10368	22775	30610	30991	44235	90416	30101
非消费性支出	1800	1470	6080	43195	27710	56310	98141	80220	85610
期末金融资产余额	8588	11227	25276	40826	82175	148587	117896	180924	521928
手存现金	8088	11227	25276	35326	45475	71087	77776	85724	78728
存款余额	500			5500	36700	77500	40120	95200	443200
期末债务余额				9300			2700	52675	

表

单位:元

2500 -2800 元户	2800 -3000 元户	3000 -3500 元户	3500 -4000 元户	4000 -4500 元户	4500 -5000 元户	5000 -5500 元户	5500 -6000 元户	6000 -7000 元户	7000 -8000 元户	8000 元 以上户
493038	328769	1028346	1031612	879101	1419683	858116	1008943	1568519	1893791	6971141
129884	109098	263577	324368	181567	378197	224565	254420	384265	433093	1668527
238485	146621	428180	375464	399507	540520	346404	412137	659718	720359	2305705
54640	32993	96809	111431	98452	161935	82781	122366	194371	234935	918155
47581	34387	127264	167933	95236	204387	144263	157504	189325	272492	1181459
22106	17648	47688	35311	51779	81785	43247	48765	124040	106878	532874
40733	34872	134509	106004	95434	184932	93055	111500	180453	208867	814802
50209	23908	63026	126990	42690	94522	72639	75026	89134	121597	606967
24355	31179	108282	96022	62797	121280	56486	53582	104314	174359	443678
14928	7162	22587	12458	33206	30322	19243	28064	27165	54304	167501
7		300								35005
69836	33136	111559	147031	77023	152607	75560	106596	165298	156289	711905
507808	**304951**	**1072391**	**1110228**	**1200307**	**1720105**	**1232615**	**1443137**	**2646612**	**3173753**	**14510358**
583396	358789	1260136	1274691	1371850	1764657	1296700	1641878	2805975	3339362	16651363
208070	163517	509567	563994	712497	1070248	773134	855507	1446025	1969342	6948201
14597		41630	26435	38702	30784	42260	31520	77682	170647	816127
160425	110183	319197	347215	559408	811909	536194	639944	970001	1473538	4747469
33048	53334	148740	190344	114387	227555	194680	184043	398342	325157	1384605
333662	176129	616385	593154	561914	577456	403010	649410	1181985	1254268	8822834
295193	151741	501871	515368	436529	412497	320123	522981	679655	770389	4252780
		7000	3000	1000	33598	3000	16000	93404	64695	991875
38469	24388	107514	74786	124385	131361	79887	110429	408926	419184	3578179
710		7050	26140	33405	5830	12341	17818	13387	20000	192426
40954	19143	127134	91403	64034	111124	108215	119144	164578	95752	687903
178452	120630	450317	483029	185522	265640	258778	252991	301343	415328	1417176
728300	442271	1435498	1455828	1201021	1768036	1031667	1345557	1998707	2460432	10306080
192738	98896	373111	331700	311369	282268	158080	299871	376387	526614	2900760
176128	94614	302576	314070	284580	250018	157804	265116	358263	498347	2783579
157300	86388	250824	286439	242898	202161	142215	219123	270641	402850	1465902
		794	18670	10	3724		7900	11055	5525	275803
18828	8226	50958	8961	41672	44133	15589	38093	76567	89972	1041873
16610	4282	68735	17630	26789	32250	276	34755	18124	28267	117181
		580				1910		20	6000	14281
465720	310539	950080	977098	812629	1333162	796117	939091	1457002	1771601	6644899
7		300								35005
69836	32836	111427	147031	77023	152607	75560	106596	165298	156217	711135
158790	68874	395885	407522	268423	278762	252567	293140	425086	533080	2205287
182482	172461	559435	1086783	1284748	1195052	1119017	1026376	2040377	2348309	9354725
99099	47769	182135	223373	316949	397626	407480	437029	906761	873456	4300424
83383	124692	377300	863409	967799	797427	711537	589347	1133616	1474854	5054301
9500	18000	71320	84800	22000	15500		244000	183000	58000	170000

7—24 农民家庭平均每人主要消费品消费量

单位:公斤

指　　标	2000	2005	2006	2007	2008	2009	2010	2011	2012
粮　食(原粮)	253.13	214.10	205.30	204.35	198.94	200.12	185.18	184.48	154.32
#细　粮	205.41	177.21	164.95	160.36	160.81	158.46	147.67	150.31	131.87
蔬　菜	51.03	74.68	73.34	81.40	75.39	71.20	67.69	79.97	66.66
食　油	6.17	6.04	6.36	7.16	7.24	8.09	6.31	8.01	7.97
肉禽及其制品	5.25	5.67	5.85	6.17	5.37	6.34	7.43	7.18	7.30
#家　禽	0.09	0.22	0.17	0.39	0.32	0.34	0.34	0.60	0.58
蛋　类	9.20	9.39	9.95	10.22	10.40	8.96	7.86	9.11	9.83
鱼　虾	0.33	0.53	0.44	0.65	0.48	0.44	0.47	0.59	0.66
食　糖	0.98	0.77	0.72	0.88	0.92	0.89	0.86	0.75	0.70
酒	2.83	3.41	3.78	4.23	3.64	3.35	3.21	3.34	3.46

7—25 农民家庭平均每百户耐用消费品拥有量

单位:台、架、部、辆

指　　标	2000	2005	2006	2007	2008	2009	2010	2011	2012
洗衣机	50.18	82.32	84.82	93.04	91.25	92.32	93.93	93.39	95.36
摩托车	23.75	71.79	74.64	82.14	83.21	85.18	83.57	80.89	80.00
微波炉		1.07	2.14	5.18	6.07	6.07	6.07	10.18	10.18
黑白电视机	53.93	10.18	10.00	14.11	5.00	5.00	5.00		
彩色电视机	55.54	95.71	97.68	100.72	103.15	104.32	109.29	109.29	110.54
空调机		1.79	1.79	8.93	5.36	6.43	7.14	15.18	15.54
照相机	3.21	6.25	6.43	6.82	5.00	5.36	5.54	1.96	1.96
电冰箱	7.50	21.96	23.21	30.36	27.68	29.11	32.32	47.50	49.64
影碟机	7.86	28.04	29.82	35.18	35.36	35.54	36.07	13.75	14.29
电话机	8.39	65.71	74.46	79.82	81.43	83.04	82.32	48.39	50.89
移动电话	0.18	44.46	58.04	77.86	90.18	98.39	106.79	178.39	187.14
家用电脑	0.18	0.18	0.18	4.11	1.79	4.82	6.96	23.57	26.43
生活用汽车		0.54	0.71	0.89	1.07	1.25	1.96	7.68	8.39

主要统计指标解释

一、城镇住户

城镇家庭人口 指居住在一起，经济上合在一起共同生活的家庭成员。凡计算为家庭人口的成员其全部收支都包括在本家庭中。

城镇就业面 指就业人口占家庭人口的百分比。

城镇就业者负担人数 指家庭人口与就业人口之比。

城镇家庭总收入 指家庭成员得到的工薪收入、经营净收入、财产性收入、转移性收入之和，不包括出售财物收入和借贷收入。

城镇家庭可支配收入 指家庭成员得到可用于最终消费支出和其它非义务性支出以及储蓄的总和，即居民家庭可以用来自由支配的收入。它是家庭总收入扣除交纳的个人所得税、个人交纳的社会保障支出以及记账补贴后的收入。计算公式为：

可支配收入 = 家庭总收入 - 交纳个人所得税 - 个人交纳的社会保障支出 - 记账补贴

城镇家庭总支出 指除借贷支出以外的全部家庭支出。包括消费性支出、购房建房支出、转移性支出、财产性支出、社会保障支出。

城镇家庭消费性支出 指家庭用于日常生活的支出，包括食品、衣着、居住、家庭设备用品及服务、医疗保健、交通和通信、娱乐教育文化服务、其他商品和服务等八大类支出。

城镇家庭服务性消费支出 指家庭用于支付社会提供的各种非商品性服务费用。

城镇家庭收入分组方法是将所有调查户按户人均可支配收入由低到高排队，按 10%，10%，20%，20%，20%，10%，10% 的比例依次分成：最低收入户、低收入户、中等偏下收入户、中等收入户、中等偏上收入户、高收入户、最高收入户等七组。总体中最低 5% 的户为困难户。

恩格尔系数 指食物支出金额在消费性总支出金额中所占的比例。计算公式为：

$$\text{恩格尔系数} = \frac{\text{食品支出金额}}{\text{消费性总支出金额}} \times 100\%$$

二、农村住户

农村住户 指农村常住户。农村常住户指长期（一年以上）居住在乡镇（不包括城关镇）行政管理区域内的住户，以及长期居住在城关镇所辖行政村范围内的农村住户。户口不在本地而在本地居住一年及以上的住户也包括在本地农村常住户范围内；有本地户口，但举家外出谋生一年以上的住户，无论是否保留承包耕地都不包括在本地农村住户范围内。

常住人口 指全年经常在家或在家居住 6 个月以上，而且经济和生活与本户连成一体的人口。外出从业人员在外居住时间虽然在 6 个月以上，但收入主要带回家中，经济与本户连为一体，仍视为家庭常住人口；在家居住，生活和本户连成一体的国家职工、退休人员也为家庭常住人口。但是现役军人、中专及以上（走读生除外）的在校学生、以及常年在外（不包括探亲、看病等）且已有稳定的职业与居住场所的外出从业人员，不算家庭常住人口。家庭常住人口主要作为计算农村住户平均每人收入、消费和积累水平及分析家庭人口状况的依据。

整、半劳动力 整劳动力指男子 18 周岁到 50 周岁，女子 18 周岁到 45 周岁；半劳动力指男子 16 周岁到 17 周岁，51 周岁到 60 周岁；女子 16 周岁到 17 周岁，46 周岁到 55 周岁，同时具有劳动能力的人。虽然在劳动年龄之内，但已丧失劳动能力的人，不应算为劳动力；超过劳动年龄，但能经常参加劳动，计入半劳动力数内。常住人口中的职工，若这些职工为劳动力，就包括在本户的整半劳动力中。

总收入 指调查期内农村住户和住户成员从各

种来源渠道得到的收入总和。按收入的性质划分为工资性收入、家庭经营收入、财产性收入和转移性收入。

工资性收入 指农村住户成员受雇于单位或个人,靠出卖劳动而获得的收入。

家庭经营收入 指农村住户以家庭为生产经营单位进行生产筹划和管理而获得的收入。农村住户家庭经营活动按行业划分为农业、林业、牧业、渔业、工业、建筑业、交通运输业邮电业、批发和零售贸易餐饮业、社会服务业、文教卫生业和其他家庭经营。

财产性收入 指金融资产或有形非生产性资产的所有者向其他机构单位提供资金或将有形非生产性资产供其支配,作为回报而从中获得的收入。

转移性收入 指农村住户和住户成员无须付出任何对应物而获得的货物、服务、资金或资产所有权等,不包括无偿提供的用于固定资本形成的资金。一般情况下,是指农村住户在二次分配中的所有收入。

现金收入 指农村住户和住户成员在调查期内得到以现金形态表现的收入。按来源分成工资性收入、家庭经营现金收入、财产性收入、转移性收入。

纯收入 指农村住户当年从各个来源得到的总收入相应地扣除所发生的费用后的收入总和。计算方法:

纯收入 = 总收入 - 税费支出 - 家庭经营费用支出 - 生产性固定资产折旧 - 赠送农村内部亲友支出

纯收入主要用于再生产投入和当年生活消费支出,也可用于储蓄和各种非义务性支出。“农民人均纯收入”是按人口平均的纯收入水平,反映的是一个地区农村居民的平均收入水平。

总支出 指农村住户用于生产、生活和再分配的全部支出。包括家庭经营费用支出、购置生产性固定资产支出、税费支出、生活消费支出、财产性支出和转移性支出。

临汾统计年鉴

八、农村经济

资料整理人员

王华峰　柴华萍　程冬凤　郭　敏

农村经济

农作物播种面积	559.83	千公顷
#粮　食	509.41	千公顷
粮食产量	2222488	吨
油料产量	21131	吨
肉类产量	115808	吨
水果产量	518739	吨

农林牧渔业总产值构成

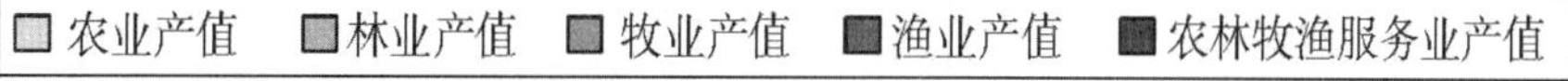

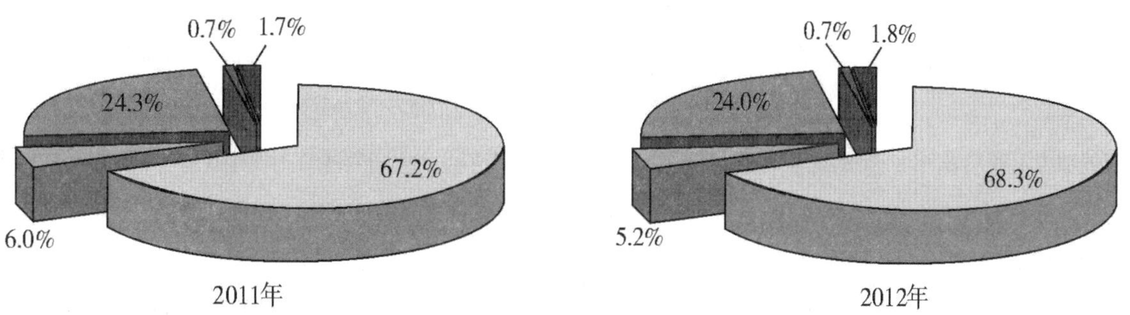

农林牧渔业总产值(亿元)

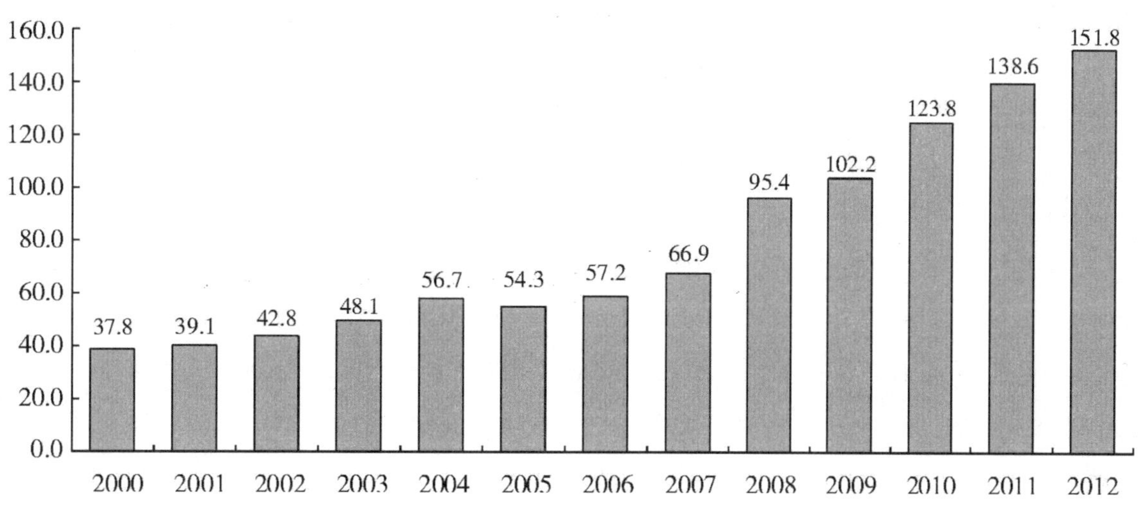

8—1 农村基层组织情况

指　　标	单　位	1995	2000	2005	2007	2008	2009	2010	2011	2012
一、农村基层组织情况										
乡镇政府个数	个	249	248	161	161	161	161	161	161	161
乡政府	个	178	171	86	86	86	86	86	86	86
#农业办事处	个	7	5	10	10	10	10	10	10	10
镇政府	个	71	77	75	75	75	75	75	75	75
村民委员会个数	个	3372	3375	2966	2961	2961	2961	2968	2960	2960
二、农村社会基础设施										
自来水受益村数	个	1546	1853	2089	2175	2259	2443	2563	2682	2715
通汽车村数	个	3185	3309	2957	2961	2961	2961	2968	2960	2960
通电话村数	个	918	2184	2616	2817	2857	2889	2900	2925	2921
通电村数	个	3330	3361	2963	2961	2961	2961	2968	2960	2960
通公路村数	个		3358	2965	2961	2961	2961	2968	2960	2960
通公路乡数	个	249	248	161	161	161	161	161	161	161
三、乡村户数	户	719347	741460	767818	775269	781683	792217	806170	910235	939181
四、乡村人口数	人	2997567	3075054	3173160	3203553	3226856	3244567	3268244	3307046	3315505
五、乡村劳动力资源总数	人	1715302	1801336	1883104	1914819	1926645	1940428	1957023	1988086	1990882
六、乡村实有劳动力	人	1297241	1361136	1426889	1458110	1466812	1486996	1515017	1563821	1574165
按性别分组										
男劳动力	人	713029	746484	795751	816433	820500	833540	850451	875010	883550
女劳动力	人	584212	614652	631138	641677	646312	653456	664566	688811	690615
按部门分组										
农林牧渔业劳动力	人	836757	858935	844958	843914	857436	861971	864498	870934	867903
农　业	人	761777	773821	741755	738267	750507				
林　业	人	19071	23012	29100	31149	30578				
牧　业	人	54768	60844	73076	73447	75477				
渔　业	人	1141	1258	1027	1051	874				
农村工业劳动力	人	190117	188418	220842	232058	211116	201743	208249	210137	206264
建筑业劳动力	人	59924	70816	82523	88617	94346	100826	105982	122935	129107
交通运输仓储和邮电通讯	人	77187	89070	101900	106462	104303	100848	102660	104590	102904
批发、零售贸易餐饮业	人	54770	68992	94738	104391	114624	132698	141966	153487	158789
其　他	人	78486	84905	81928	82668	84987	88910	91662	101738	109198

注:2009 年乡村实有劳动力中按部门分组中的农业、林业、牧业、渔业从业人员指标年报中已经取消。

8—2 主要年份农林牧渔业总产值

按当年价格计算　　　　单位:万元

年　份	农林牧渔业总产值	农业产值	林业产值	牧业产值	渔业产值	农林牧渔服务业产值
1952	15178	13999	234	945		
1957	21076	18626	630	1820		
1962	14482	12654	301	1527		
1965	21028	18295	654	2078	1	
1970	23278	19784	705	2785	4	
1975	34648	28231	2650	3762	5	
1978	32439	26967	1535	3932	5	
1980	48987	41915	1495	5567	10	
1985	101287	80068	7562	13595	62	
1990	170174	134897	7195	27507	575	
1995	401480	295533	16973	87627	1347	
2000	378062	271926	19764	84016	2356	
2001	391115	282956	17195	88800	2164	
2002	427505	311549	20029	93652	2275	
2003	480596	339120	21068	108584	2414	9410
2004	567116	400098	19177	134037	2643	11161
2005	543248	361982	15606	149261	3271	13128
2006	571939	432243	18009	107940	2702	11045
2007	669243	486658	18994	147650	4315	11626
2008	953916	564299	99117	269567	7075	13858
2009	1021958	599350	110717	288921	7428	15542
2010	1238033	807258	76603	328613	8704	16855
2011	1385663	931853	83811	336530	9836	23633
2012	1517671	1036212	78573	364238	11115	27533

注:2008 年、2009 年重新调整了农林牧渔业总产值。

8—3 农林牧渔业总产值、中间消耗、增加值

按当年价格计算　　　　单位:万元

指　　标	1995	2000	2005	2006	2007	2008	2009	2010	2011	2012
一、农林牧渔业总产值	401480	378062	543248	571939	669243	953916	1021958	1238033	1385663	1517671
农　业	295533	271926	361982	432243	486658	564299	599350	807258	931853	1036212
林　业	16973	19764	15606	18009	18994	99117	110717	76603	83811	78573
牧　业	87627	84016	149261	107940	147650	269567	288921	328613	336530	364238
渔　业	1347	2356	3271	2702	4315	7075	7428	8704	9836	11115
农林牧渔服务业			13128	11045	11626	13858	15542	16855	23633	27533
二、农林牧渔业中间消耗	135863	154874	238643	251159	295428	434710	466516	572275	637340	707316
农　业	93882	110268	161735	181729	205420	266144	279515	370469	422581	478543
林　业	4425	5727	5064	10104	10910	49937	56093	37284	41759	39457
牧　业	37322	38471	64745	52779	71487	108602	119829	152139	156652	169987
渔　业	234	408	741	1194	1946	3108	3467	4056	4663	5348
农林牧渔服务业			6358	5353	5665	6919	7612	8327	11684	13981
三、农林牧渔业增加值	265617	223188	304605	320780	373815	519206	555442	665758	748323	810355
农　业	201651	161658	200247	250514	281238	298155	319835	436789	509271	557669
林　业	12548	14037	10542	7905	8084	49180	54624	39319	42052	39116
牧　业	50305	45545	84516	55161	76163	160965	169092	176474	179878	194251
渔　业	1113	1948	2530	1508	2369	3967	3961	4648	5173	5767
农林牧渔服务业			6770	5692	5961	6939	7930	8528	11949	13552

注:2008 年、2009 年重新调整了总产值、中间消耗、增加值。

8—4 分品种农作物播种面积

单位:千公顷

指　　标	1995	2000	2005	2006	2007	2008	2009	2010	2011	2012
农作物总播种面积	**504.74**	**512.99**	**511.71**	**524.00**	**539.53**	**550.68**	**564.23**	**560.20**	**562.97**	**559.83**
一、粮　食	431.59	440.46	436.98	454.46	471.11	486.33	504.36	508.89	511.53	509.41
谷　物	384.97	374.12	392.58	410.37	424.80	445.84	467.57	471.36	474.28	473.74
#稻　谷	0.53	0.42	0.06	0.07	0.06	0.06	0.03	0.03	0.03	0.02
小　麦	246.46	246.16	231.30	237.87	242.09	245.65	247.88	246.85	242.38	235.70
玉　米	98.59	88.08	137.46	145.48	155.74	176.00	194.65	199.49	207.34	213.59
谷　子	20.26	21.02	16.83	19.05	18.88	16.20	16.86	16.58	16.52	16.34
高　粱	5.73	4.07	1.19	1.40	1.37	1.11	1.22	1.44	1.02	0.94
莜　麦	0.79	0.81	0.38	0.38	0.33	0.32	0.33	0.30	0.24	0.33
豆　类	25.92	41.62	26.94	28.37	30.71	27.77	24.84	26.11	25.62	24.10
#大　豆	15.35	24.99	15.38	15.06	14.92	13.68	12.15	11.95	12.18	11.59
薯　类	20.70	24.72	17.46	15.72	15.60	12.72	11.95	11.42	11.63	11.57
#马铃薯	6.93	10.54	9.26	9.23	9.06	7.07	6.45	6.77	7.22	6.88
二、油　料	23.81	30.56	20.98	19.16	17.89	17.07	15.98	14.17	12.78	11.89
花　生	4.32	3.42	2.13	1.99	2.00	1.96	1.49	1.50	1.25	1.36
油菜籽	1.05	0.39	0.59	0.32	0.40	0.36	0.66	0.42	0.26	0.32
芝　麻	1.75	1.97	0.76	0.89	0.73	0.68	0.78	0.67	0.72	0.57
胡　麻	1.83	1.43	0.85	0.82	0.82	0.82	0.81	0.50	0.32	0.35
向日葵	8.64	18.36	11.90	11.51	10.78	10.25	9.64	8.59	7.86	7.16
三、棉　花	25.40	3.66	6.09	7.36	7.14	6.27	5.91	4.05	3.84	3.09
四、麻　类	0.05	0.03	0.01	0.01			0.01	0.01	0.02	
五、甜　菜										
六、烟　叶	3.07	3.37	0.74	0.84	0.87	0.82	0.92	0.92	0.87	0.87
七、药　材	0.86	5.77	9.73	6.80	6.14	5.78	5.26	4.84	4.68	5.30
八、蔬菜、瓜类	16.75	26.23	24.77	24.89	26.77	24.92	22.90	21.59	24.29	25.18
#蔬　菜	13.61	22.07	21.29	21.16	23.65	21.95	19.56	18.72	21.36	22.23
九、其他作物	3.21	2.91	12.41	10.48	9.61	9.49	8.89	5.73	4.99	4.09
#青饲料	3.04	2.76	12.35	10.41	9.48	9.43	8.83	5.66	4.94	4.07

8—5 主要年份农作物播种面积

单位:千公顷

年份	总播种面积	粮食作物		油料	棉花	烟叶	蔬菜
			谷物				
1952	548.32	462.02	410.49	9.22	65.32	2.36	3.02
1957	565.19	451.83	406.00	7.92	88.28	1.95	5.63
1962	540.80	467.97	416.83	5.41	43.04	2.23	5.85
1965	536.84	441.59	396.98	5.53	66.47	1.91	3.93
1970	551.43	458.93	414.08	4.31	65.73	0.95	6.14
1975	541.25	450.04	423.13	4.85	64.67	1.33	5.90
1978	536.71	458.01	418.62	4.63	48.99	1.33	6.08
1980	515.01	422.35	392.12	9.57	56.63	0.50	5.91
1985	478.45	388.07	357.97	35.30	25.70	0.24	8.68
1990	490.31	426.28	375.70	19.41	25.09	1.57	9.80
1995	504.74	431.59	384.97	23.81	25.40	3.07	13.61
2000	512.99	440.46	374.12	30.56	3.66	3.37	22.07
2001	478.35	402.90	342.26	23.34	8.22	2.39	25.65
2002	487.08	401.57	337.18	27.43	5.92	1.72	26.34
2003	474.28	383.67	321.25	27.04	7.40	1.05	27.73
2004	499.87	416.83	365.53	24.76	9.00	0.83	22.77
2005	511.71	436.98	392.58	20.98	6.09	0.74	21.29
2006	524.00	454.46	410.37	19.16	7.36	0.84	21.16
2007	539.53	471.11	424.80	17.89	7.14	0.87	23.65
2008	550.68	486.33	445.84	17.07	6.27	0.82	21.95
2009	564.23	504.36	467.57	15.98	5.91	0.92	19.56
2010	560.20	508.89	471.36	14.17	4.05	0.92	18.72
2011	562.97	511.53	474.28	12.78	3.84	0.87	21.36
2012	559.83	509.41	473.74	11.89	3.09	0.87	22.23

8—6 主要年份主要

年 份	粮 食	谷 物	稻 谷	小 麦	玉 米	谷 子	高 粱
1952	400555	362996		164195	112355	48515	15255
1957	410795	374414		193015	105535	38465	14300
1962	513090	455694		198495	154000	46290	14305
1965	655120	606976		328325	207730	37115	16710
1970	501095	454831		177405	188400	46065	16915
1975	874965	822687		400940	299405	56265	32915
1978	861260	779796		244560	389000	68560	39655
1980	839600	789700	3670	273725	418920	52055	16590
1985	1316487	1231281	2779	768746	363780	52420	25744
1990	1502065	1390535	2847	862708	429790	52953	28665
1995	1524000	1389297	3204	733502	537425	65479	25576
2000	1208506	1040231	2794	511027	422417	61197	15323
2001	1216150	1078935	1997	656739	360925	38189	11428
2002	1373435	1220174	1063	755124	388133	49242	11455
2003	1501890	1331778	999	811859	439668	52662	11017
2004	1725164	1592607	374	875524	658326	40398	6405
2005	1356452	1256020	459	585301	616609	41105	4390
2006	1667271	1563730	509	793936	699567	54272	5287
2007	1720396	1606869	487	705117	829384	55576	5335
2008	1706979	1638974	476	945496	648716	32518	3116
2009	1667399	1596665	213	810394	732801	39224	3756
2010	1930835	1856673	147	867362	935441	38598	5424
2011	2146040	2065472	141	911982	1094862	43485	3477
2012	2222488	2145630	103	982160	1108236	43331	2811

注:2010 年粮食、谷物、玉米产量进行了重新调整。

农作物产量

单位:吨

豆类	薯类	油料	棉花	麻类	烟叶	蔬菜
28769	8790	4714	21980	141	2918	46575
25871	10510	2429	29400	195	1633	77762
23401	33995	1338	10520	173	1187	90148
26134	22010	2686	25605	130	559	74538
23979	22285	1710	20475	106	531	101435
20998	31280	2387	16495	108	488	139830
26704	54760	1627	14368	89	568	188259
17755	32145	9380	18125	67	295	172445
24841	60365	41881	16746	145	548	331097
56054	55476	28396	21128	33	2635	384086
46696	88007	36747	16279	34	4745	565233
73324	94951	47693	2557	30	6226	847640
47029	90186	30215	6932	20	4281	877458
55774	97487	38151	5151	21	2824	920591
63079	107033	44635	7316	14	2106	989920
49933	82624	44352	9263	14	1866	860065
39387	61045	33413	5990	5	1688	824812
47948	55593	30557	7514	6	2199	827206
54290	59237	30870	7855		2189	927869
33473	34532	23937	6563		1693	784370
34022	36712	22625	6435	8	2157	796934
36994	37168	21476	4576	16	2218	854062
39163	41405	18872	4395	2	2140	972176
33584	43274	21131	4054	2	2293	1071907

8—7 主要年份主要农

年份	粮食	谷物					
			稻谷	小麦	玉米	谷子	高粱
1952	870	884		630	1590	1106	1123
1957	915	922		750	1665	985	1199
1962	1095	1093		825	1980	1176	1421
1965	1485	1529		1380	2175	1110	1850
1970	1095	1098		765	1965	1225	1585
1975	1950	1944		1695	2820	1570	2469
1978	1875	1863		1080	3555	1832	2506
1980	1995	2014	4493	1245	3705	1776	2020
1985	3390	3440	5955	3180	4650	2661	3481
1990	3525	3701	5550	3428	4965	2643	4266
1995	3531	3609	6045	2976	5451	3232	4464
2000	2744	2780	6652	2076	4796	2911	3765
2001	3018	3152	7988	2842	4432	2136	3401
2002	3420	3619	6644	3411	4631	2493	3648
2003	3915	4146	7685	3866	5308	2944	4304
2004	4139	4357	6233	4025	5234	2923	3905
2005	3104	3199	7650	2530	4486	2442	3689
2006	3669	3811	7271	3338	4809	2849	3776
2007	3652	3783	8117	2913	5325	2944	3894
2008	3510	3676	7933	3849	3686	2007	2807
2009	3306	3415	6656	3269	3765	2327	3069
2010	4075	4242	4779	3514	5406	2329	3772
2011	4196	4355	4653	3762	5280	2633	3425
2012	4364	4529	4665	4167	5189	2652	3002

作物单位面积产量

单位：千克/公顷

豆类	薯类	油料	棉花	麻类	烟叶	蔬菜
644	1277	510	330	291	1237	15422
661	1572	300	330	317	838	13812
655	2203	240	240	294	533	15410
777	2004	480	390	354	293	18966
718	1945	390	315	426	560	16520
1212	3262	495	255	456	368	23700
1250	3038	345	300	430	426	30964
980	2654	975	315	459	593	29179
1833	3651	1185	645	889	2243	38145
1630	3424	1470	840	450	1675	39192
1802	4252	1543	641	680	1546	41531
1762	3841	1561	699	1000	1847	38407
1428	3255	1295	843	1000	1791	34209
1508	3558	1391	870	1050	1642	34950
1796	3922	1651	989	1400	2006	35699
1643	3953	1791	1029	1400	2248	37772
1462	3496	1593	984	500	2281	38742
1690	3536	1595	1021	600	2618	39093
1768	3797	1726	1100		2516	39233
1205	2715	1402	1047		2065	35734
1370	3072	1416	1089	1333	2334	40743
1417	3253	1516	1130	1441	2413	45623
1529	3561	1476	1143	704	2471	45514
1394	3740	1778	1311	740	2634	48228

8—8 畜牧业生产情况

指　　标	单　位	1995	2000	2005	2006	2007	2008	2009	2010	2011	2012
一、大牲畜年末存栏	头	593569	528048	507662	168278	156827	164074	168124	167275	109102	95992
牛	头	444302	425388	437650	130273	122318	131143	139605	143171	88614	80754
二、猪年末存栏	头	790769	704392	1049647	519373	581157	835326	978873	1045577	832453	838352
#能繁殖的母猪	头	68710	58691	82285	45271	55009	103845	138208	144047	97809	119838
三、羊年末存栏	只	1425817	1360402	1488794	623118	633692	772399	775182	838143	749323	805906
山　羊	只	1159491	1078661	888663	416315	439515	485593	448941	477311	418342	439864
绵　羊	只	266326	281741	600131	206803	194178	286806	326241	360832	330981	366042
四、家禽年末存栏	万只	947.50	907.08	1279.46	758.18	908.73	1139.32	1189.99	1223.30	1008.43	1148.66
五、养蜂年末箱数	箱	16985	16206	15938	15638	15928	16764			19496	19285
六、养兔年末存栏	只	596061	572543	1107294	1035746	1068361	1182267	1062560	1246900	1286000	1304500
七、猪、牛、羊出栏											
猪全年出栏	头	700960	735798	1092552	773559	828532	917536	1038836	1185655	1012147	1033735
牛全年出栏	头	91482	83173	95644	33846	34737	38384	36398	42893	42497	42050
羊全年出栏	只	510561	617291	667614	361417	375175	407057	446285	459139	404375	438717
八、当年肉类总产量	吨	74960	77363	109924	73684	77090	86345	98111	113852	107233	115808
猪肉产量	吨	50207	52421	79086	57571	61658	68194	76116	88509	78711	86413
牛肉产量	吨	11220	10138	11841	4291	4454	4918	4676	5482	5993	5931
羊肉产量	吨	6655	7943	8925	4671	4848	5459	6291	6667	6283	6362
禽肉产量	吨	4381	4489	6998	3689	3347	4828	7432	9574	12518	13276
九、畜禽产品产量											
奶　类	吨	19768	27626	35997	34344	40159	36738	36760	42236	44358	43887
#牛　奶	吨	4938	9418	18636	20087	23776	26498	27550	32978	35111	36312
绵羊毛产量	吨	261	248	555	309	300	349	406	488	422	386
山羊毛产量	吨	311	265	238	164	179	173	145	120	123	131
羊绒产量	吨	117	99	81	59	70	62	46	50	45	46
禽蛋产量	吨	42404	39354	62486	54721	60054	72264	75268	83251	92730	107618
蜂蜜产量	吨	356	349	360	359	366	385	395	441	462	463
蚕茧产量	吨	182	52	33	23	24	23	1	23	21	23

注:2009 年、2010 年取消了养蜂箱数的统计。2006 年为农业普查衔接数据;2011、2012 年采用的是抽样推算数据。

8—9 造林和果桑园面积

单位:千公顷

指标	1995	2000	2005	2006	2007	2008	2009	2010	2011	2012
一、当年造林面积	56.35	74.75	13.57	46.85	42.32	51.18	61.60	44.25	40.66	40.15
用材林	10.95	3.93	0.27	9.25	0.27	4.67		0.01		
经济林	30.20	23.41	1.19	10.25	5.31	5.75	6.82	9.32	12.85	8.90
防护林	15.19	46.91	11.70	27.35	36.74	40.76	47.70	29.77	25.42	27.90
二、育苗面积	3.56	4.58	3.59	3.74	3.73	3.36	3.58	3.73	6.54	6.27
#本年新育	1.71	2.17	1.85	1.91	1.99	1.73	1.49	1.85	3.45	3.25
三、年末果园面积	24.27	31.55	36.83	35.89	36.60	36.47	35.91	43.52	46.50	49.04
苹果园	18.96	24.74	23.25	22.79	23.74	24.06	24.53	24.70	27.69	30.34
梨　园	2.28	3.22	3.38	3.35	3.27	3.33	3.29	3.09	3.20	3.30
葡萄园	0.25	0.57	2.26	1.91	1.89	1.87	1.86	2.11	2.06	2.23
四、年末桑园面积	0.96	0.26	0.09	0.09	0.11	0.09				

8—10 主要林产品产量

单位:吨

指标	1995	2000	2005	2006	2007	2008	2009	2010	2011	2012
一、主要林产品产量										
核　桃	8801	9487	13467	4014	6480	11778	13903	10840	15356	20368
花　椒	757	456	785	769	944	724	496	586	475	563
二、水果产量	136973	196479	220896	225946	244361	259606	294222	379563	434725	518739
苹　果	103436	156552	154304	160343	178528	190199	211610	273591	319673	402451
梨	7454	10632	8204	9337	12562	11310	13332	15429	18394	24536
葡　萄	2691	3635	22198	17675	17790	18937	19654	21278	22759	24149
红枣(鲜)	6261	8478	15492	18594	14470	19615	30018	40604	41990	32215
柿子(鲜)	8002	6524	6657	6254	6455	6908	5893	7346	7122	7153
沙　果	517	460	215	199	218	218	130	236	183	194
桃	4486	6188	11326	11406	12046	9966	11310	15852	19483	22209
杏	1437	1500	1086	795	888	884	971	671	560	628

8—11 农业机械拥有量

指　标	单位	1995	2000	2005	2006	2007	2008	2009	2010	2011	2012
农业机械总动力	万千瓦特	184.48	226.66	318.41	337.80	357.73	366.10	385.60	405.08	423.10	439.90
大中型农用拖拉机	台	2836	3056	5641	7324	6403	7297	8766	10232	11266	12690
	万千瓦特	9.42	10.27	19.76	23.32	24.06	26.56	34.07	39.92	44.87	51.51
小型农用拖拉机	台	34852	33484	25374	25125	25845	28351	31697	33798	37068	40079
	万千瓦特	33	32	24	24	25	25	30	32	35	37
大中型拖拉机配套机具	部	3561	4630	10025	11148	13001	15757	19509	25194	28467	31683
小型拖拉机配套机具	部	33804	30160	31196	32171	31266	36029	38259	42256	48371	57049
农用排灌动力机械	台	15438	12795	13143	14106	14423	14836	17596	18675	19722	20632
	万千瓦特	17.45	16.41	16.71	16.43	16.61	16.18	18.92	20.82	22.28	23.13
农用水泵	套	15686	14317	13569	13692	14080	14503	15414	16432	17300	17798
联合收割机	台	509	1119	2190	2315	2449	2629	3024	3583	4463	5239
机动晒割机	台	5676	3564	2234	2197	2008	1603	1682	2492	2937	3019
机动脱粒机	台	12714	12762	9973	9535	9355	7611	8214	8223	8671	9194
机动喷粉(雾)器	部	1135	1383	960	1005	1084	5913	1332	1855	1974	2188

8—12 化肥施用量和农村用电量

指　　标	单　位	1995	2000	2005	2006	2007	2008	2009	2010	2011	2012
农村电气化情况											
农村用电量	万千瓦时	37417	40031	51181	53254	54900	58096	58772	62036	67724	78321
农用化肥施用量											
按实物量计算	吨	445205	496933	528458	534147	546327	551556	551656	555980	572019	574215
氮　肥	吨	239737	254939	259898	259596	266212	266919	262171	262279	261196	261073
磷　肥	吨	154968	186457	191966	194938	195388	193648	189561	187080	189893	185039
钾　肥	吨	7534	11234	15456	15579	15497	15278	15306	16724	17527	17704
复合肥	吨	42966	44303	61138	64034	69230	75711	84619	89897	103403	110399
按折纯法计算	吨	118104	131969	141881	143343	147824	151269	154126	157473	167043	170013
氮　肥	吨	64136	70197	70290	69661	71268	71572	70302	70360	71676	71512
磷　肥	吨	25113	30246	30585	31023	31077	30778	29999	29700	30130	29372
钾　肥	吨	3769	5621	7524	7583	7528	7417	7434	8123	8526	8603
复合肥	吨	25086	25905	33482	35076	37951	41502	46392	49290	56711	60526
农用塑料薄膜使用量	吨	2540	3608	4835	4901	5353	5409	5220	5383	5815	5930
#地膜使用量	吨	1793	2506	3199	3259	3347	3435	3218	3180	3577	3646
地膜覆盖面积	公顷	30132	40259	48162	48532	50102	50173	44720	44328	49157	51479
农业用柴油	吨	33631	43931	53402	55093	57292	59749	60894	56801	60175	61621
农药使用量	吨	2039	2921	3727	3894	4070	4355	4448	4584	4822	5114

8—13 主要年份乡镇企业基本情况

年　份	乡镇企业单位数（个）	乡镇企业总产值（万元）	乡镇企业增加值（万元）	乡镇企业从业人员（万人）	乡镇企业上缴税金（万元）
1952					
1957					
1962					
1965					
1970					
1975					
1978	8184	17509		11.0	380
1980	9681	23925		13.1	313
1985	43168	63898		24.1	2340
1990	58882	176437		31.5	6968
1995	134254	1993355	373587	73.7	18164
2000	83505	2380006	650222	48.8	40750
2001	84979	3100230	859913	47.7	48160
2002	90185	4085230	1133910	53.1	68566
2003	92304	5709381	1608571	61.6	112853
2004	99182	7904033	2226881	63.7	192668
2005	102603	10553346	3007047	67.3	268073
2006	107216	13296328	3769063	70.2	337937
2007	10567	9983910	3021399	42.5	442895
2008	7008	11012943	3261403	34.8	510400
2009	6961	8099465	2301309	25.9	386269
2010	6739	10221360	2784674	25.7	517053
2011	8635	14358429	4088298	32.3	426752
2012	8665	15604542	4542782	32.4	731051

注：从2007年起，乡镇企业统计口径调整，数据不可比。

主要统计指标解释

农林牧渔业总产值 指以货币表现的农、林、牧、渔业全部产品和对农林牧渔业生产活动进行的各种支持性服务活动的价值总量,它反映一定时期内农林牧渔业生产总规模和总成果。1957 年以前的农林牧渔业总产值中包括了厩肥和农民自给性手工业(如农民自制衣服、鞋、袜,自己从事粮食初步加工等)。1958 年及以后,林业中增加了村及村以下竹木采伐产值;牧业中取消了厩肥产值;副业中取消了农民自给性手工业产值,增加了村及村以下办的工业产值;渔业中增加了海洋捕捞水产品产值。1980 年及以后,在副业中增加了农民家庭兼营工业商品部分的产值。从 1984 年起村及村以下工业产值划归工业。从 1993 年起取消副业,将野生动物的捕猎划入牧业,野生植物采集和农民家庭兼营商品性工业划归农业。从 2003 年起,执行新的国民经济行业分类标准,农林牧渔业总产值中包括了农林牧渔服务业产值。林业中增加了森林采运业产值。农业中取消了家庭兼营商品性工业产值,将野生林产品的采集划归林业。第一次农业普查以后,由于畜牧业产品年报数据与普查数据之间存在一定的差距,根据农业普查结果对畜牧业年报数据进行了修正,对畜牧业产值进行了相应修正。

农林牧渔业总产值的计算方法通常是按农、林、牧、渔业产品及其副产品的产量分别乘以各自单位产品价格求得;少数生产周期较长,当年没有产品或产品产量不易统计的,则采用间接方法匡算其产值;然后将四业产品产值及农林牧渔服务业产值相加即为农林牧渔业总产值。

粮食产量 指全社会的产量。包括国有经济经营的、集体统一经营的和农民家庭经营的粮食产量,还包括工矿企业办的农场和其他生产单位的产量。粮食除包括稻谷、小麦、玉米、高粱、谷子及其他杂粮外,还包括薯类和豆类。其产量计算方法,豆类按去豆荚后的干豆计算;薯类(包括甘薯和马铃薯,不包括芋头和木薯)1963 年以前按每 4 公斤鲜薯折 1 公斤粮食计算,从 1964 年开始改为按 5 公斤鲜薯折 1 公斤粮食计算。城市郊区作为蔬菜的薯类(如马铃薯等)按鲜品计算,并且不作粮食统计。其他粮食一律按脱粒后的原粮计算。1989 年以前全市粮食产量数据主要靠全面报表取得,1989 年开始使用抽样调查数据。

棉花产量 指全社会的产量。包括春播棉和夏播棉。产量按皮棉计算。不包括木棉。

油料产量 指全部油料作物的生产量。包括花生、油菜籽、芝麻、向日葵籽、胡麻籽(亚麻籽)和其他油料。不包括大豆、木本油料和野生油料。花生以带壳干花生计算。

水产品产量 指人工养殖的水产品和天然生长的水产品的捕捞量。包括海水的鱼类、虾蟹类、贝类和藻类以及内陆水域的鱼类、虾蟹类和贝类,不包括淡水生植物。水产品产量是通过各级水产和统计部门逐级上报取得数据。1995 年及以前,贝类中牡蛎按鲜肉计算;蚶、蛤、蛙按 5 斤鲜品折 1 斤计算。1996 年以后则统一按鲜品计算。

猪、牛、羊肉产量 指当年出栏并已屠宰、除去头蹄下水后带骨肉(即胴体重)的重量。包括全社会范围内的产量。1996 年第一次农业普查以后,由于畜牧业产品年报数据与普查数据之间存在一定的差距,根据普查结果对畜牧业年报数据进行了修正。2007 年,根据第二次农业普查结果,对 2006 年畜牧业年报数据进行了修正。

期初(末)畜禽存栏头(只)数 指报告期初(末)农村各种合作经济组织和国营农场、农民个人、机关、团体、学校、工矿企业、部队等单位以及城镇居民饲养的大牲畜、猪、羊、家禽等畜禽的存栏数。数据上报方式及数据调整情况同猪、牛、羊肉产量。

农作物播种面积 指实际播种或移植有农作物的面积。凡是实际种植有农作物的面积,不论种植在耕地上还是种植在非耕地上,均包括在农作物播种面积中。在播种季节基本结束后,因遭灾而重新改种和补种的农作物面积,也包括在内。它是反映我国耕地面积利用情况的一个重要指标。目前,农作物播种面积主要包括粮食、棉花、油料、糖料、麻类、烟叶、蔬菜和瓜类、药材和其他农作物九大类。

有效灌溉面积 指具有一定的水源,地块比较平整,灌溉工程或设备已经配套,在一般年景下,当年能够进行正常灌溉的耕地面积。在一般情况下,有效灌溉面积应等于灌溉工程或设备已经配备,能够进行正常灌溉的水田和水浇地面积之和。它是反映我国耕地抗旱能力的一个重要指标。

农用化肥施用量 指本年内实际用于农业生产的化肥数量,包括氮肥、磷肥、钾肥和复合肥。化肥施用量要求按折纯量计算数量。折纯量是指把氮肥、磷肥、钾肥分别按含氮、含五氧化二磷、含氧化钾的百分之百成份进行折算后的数量。复合肥按其所含主要成分折算。公式为:

折纯量=实物量×某种化肥有效成份含量的百分比

农业机械总动力 指主要用于农、林、牧、渔业的各种动力机械的动力总和。包括耕作机械、排灌机械、收获机械、农用运输机械、植物保护机械、牧业机械、林业机械、渔业机械和其他农业机械〔内燃机按引擎马力折成瓦(特)计算、电动机按功率折成瓦(特)计算〕。不包括专门用于乡、镇、村、组办工业、基本建设、非农业运输、科学试验和教学等非农业生产方面用的动力机械与作业机械。这个指标的统计数据主要来源于农机部门。

九、工 业

资料整理人员

申淑霞　张　栋　曹睿鹏

工　业

工业单位数（规模以上）	374	个
工业增加值（规模以上）	725.9	亿元
原煤产量	4970.8	万吨
洗精煤	3985.3	万吨
焦　炭	1873.0	万吨
发电量	141.6	亿千瓦时
生铁产量	1260.7	万吨
钢产量	1197.4	万吨
钢材产量	1195.7	万吨

工业总产值构成(%)

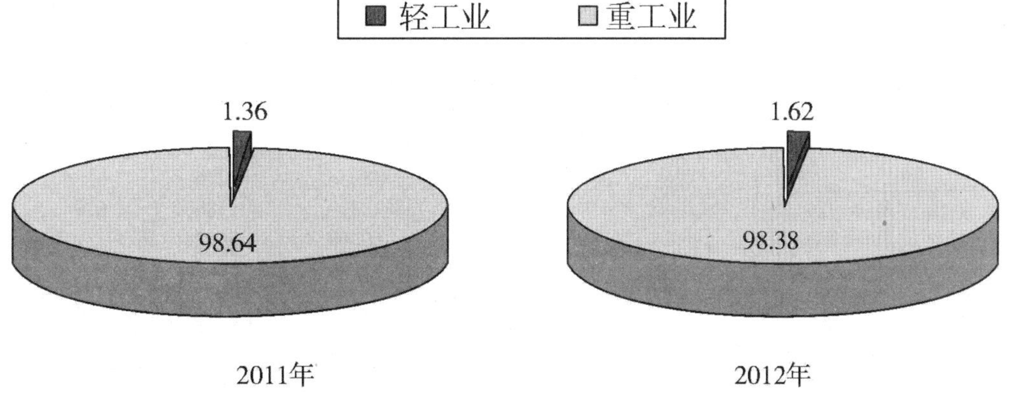

规模以上工业增加值（亿元）

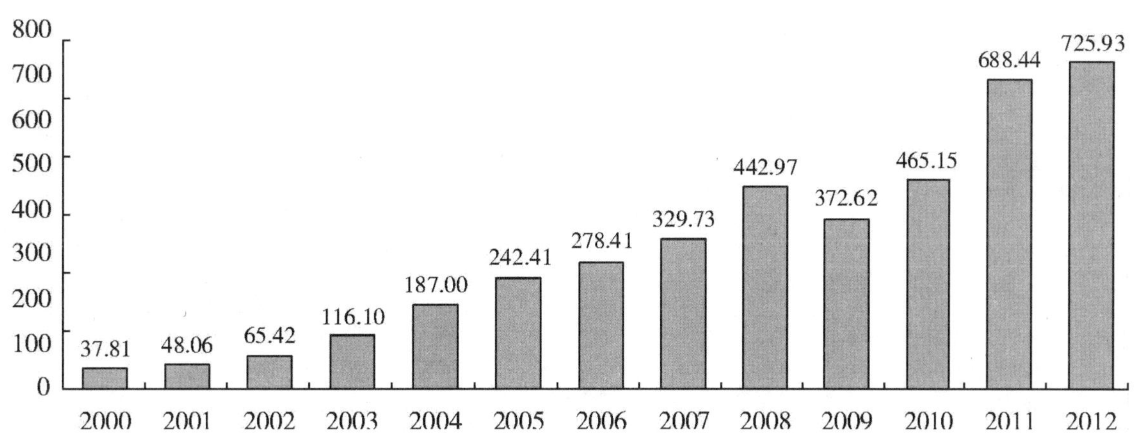

9—1 规模以上工业

指 标	企业单位数（个）	#亏损企业	工业总产值（当年价格）	工业销售产值（当年价格）	#出口交货值	资产总计
总 计	**374**	**140**	**19157838**	**18569478**	**59866**	**20517156**
一、按隶属关系分组						
中央企业	13	6	917228	897953		2090741
省属企业	44	21	5511051	5446623	19449	8147389
市属企业	7	4	135662	121173	3754	283796
县(区市)属企业	19	4	788798	729057		1030900
乡(街道镇)属企业	4	2	87060	84949		27598
村办企业	9	2	338954	338133		42584
其 他	278	101	11379084	10951591	36663	8894149
二、按登记注册类型分组:						
内资企业	359	132	18617750	18040667	36813	19502308
国有企业	17	6	488731	453535		1624818
中央企业	5	3	161381	159763		744034
地方企业	12	3	327350	293772		880783
集体企业	20	5	603445	598164		127467
股份合作企业	1		1229	1181		2791
联营企业						
有限责任公司	54	23	5646678	5536536	7679	7719359
国有独资公司	8	2	1654076	1735601		3895300
其他有限责任公司	46	21	3992601	3800935	7679	3824059
股份有限公司	5	3	814816	808539	15533	1515755
私营企业	262	95	11062852	10642714	13601	8512119
私营独资企业	56	10	1885809	1854995		363097
私营合伙企业	2		47495	49388		13970
私营有限责任公司	199	83	7592213	7238961	6523	6756734
私营股份有限公司	5	2	1537334	1499370	7079	1378318
其他企业						
港、澳、台商投资企业	12	8	493936	488276	6194	966735
合资经营企业(港或澳、台资)	10	7	443869	441584	6194	937269
合作经营企业(港或澳、台资)	2	1	50067	46692		29466
港澳台商独资经营企业						
港澳台商投资股份有限公司						
其他港澳台投资						
外商投资企业	3		46153	40536	16859	48113
中外合资经营企业	1		24954	19946	16859	12491
中外合作经营企业						
外资企业	2		21198	20590		35622
外商投资股份有限公司						
其他外商投资						
三、按经济组织类型分组						
独资企业	95	21	2999182	2927283		2151004
国有企业	17	6	488731	453535		1624818
集体企业	20	5	603445	598164		127467
私营独资企业	56	10	1885809	1854995		363097
港澳台商独资经营企业						
外资企业	2		21198	20590		35622
合作、合伙企业	5	1	98791	97260		46226
股份合作企业	1		1229	1181		2791
国有联营企业						
集体联营企业						
国有与集体联营企业						
其他联营企业						
私营合伙企业	2		47495	49388		13970
合作经营企业(港或澳、台资)	2	1	50067	46692		29466

主要经济指标(2012 年)

单位:万元

流动资产合计	固定资产合计	固定资产原价	累计折旧	固定资产净值	负债合计	流动负债合计	非流动负债合计
9191824	**8212905**	**11409128**	**4411532**	**6997596**	**15564192**	**11431240**	**3502433**
635040	1127720	1228081	176846	1051236	1761218	1172853	498146
3393873	3103805	5114377	2506930	2607447	6156185	3747780	2377288
121151	108630	143618	46769	96849	222231	197530	24700
467529	372751	421739	118903	302836	364931	328532	35139
18156	8639	10591	3080	7511	22618	22618	
33527	9051	12156	3129	9028	25563	24550	
4522548	3482311	4478566	1555875	2922691	7011445	5937376	567159
8912061	7529934	10405446	4071818	6333629	14626497	10941826	3054531
502972	838496	853715	153302	700413	1110888	817678	271970
141503	541380	560213	67818	492395	621879	422232	186009
361469	297115	293502	85484	208018	489009	395446	85961
104283	22098	48246	26296	21950	94294	91316	543
1749	1042	1502	675	827	2340	2340	
3470621	2461732	4144590	2088190	2056401	5734157	3752101	1882122
2214447	813324	1540382	727746	812637	3129746	1663424	1389743
1256174	1648408	2604208	1360444	1243764	2604411	2088677	492380
483501	878025	1193048	422542	770506	972613	613516	359097
4348934	3328541	4164344	1380812	2783532	6712204	5664875	540799
253003	100126	197853	103982	93871	254991	242358	4646
4794	9176	10108	932	9176	5201	4101	1100
3390391	2548654	3275977	1141024	2134954	5122790	4468572	527623
700747	670585	680406	134875	545531	1329223	949845	7430
266306	649534	953385	322848	630537	908532	472421	435730
254252	632884	914375	300162	614213	887943	451997	435565
12054	16651	39010	22686	16324	20589	20424	165
13458	33437	50297	16866	33431	29163	16993	12171
7026	5464	19318	13854	5464	7528	7483	45
6431	27973	30979	3012	27967	21636	9510	12126
866689	988693	1130793	286592	844201	1481808	1160861	289285
502972	838496	853715	153302	700413	1110888	817678	271970
104283	22098	48246	26296	21950	94294	91316	543
253003	100126	197853	103982	93871	254991	242358	4646
6431	27973	30979	3012	27967	21636	9510	12126
18597	26868	50620	24294	26326	28130	26865	1265
1749	1042	1502	675	827	2340	2340	
4794	9176	10108	932	9176	5201	4101	1100
12054	16651	39010	22686	16324	20589	20424	165

9—1 续

指　　标	所有者权益合计	#实收资本	主营业务收入	主营业务成本	主营业务税金及附加	销售费用
总　　计	**4908433**	**2813067**	**19591129**	**17569204**	**116161**	**306258**
一、按隶属关系分组						
中央企业	329523	267775	861190	663459	5863	15429
省属企业	1960231	1039245	6547708	5909467	50040	89033
市属企业	61565	87758	115635	108784	285	6463
县(区市)属企业	665761	80291	729711	479284	13990	5527
乡(街道镇)属企业	4979	5150	83343	71309	223	2704
村办企业	17020	7618	356317	327905	2947	11236
其　他	1869353	1325230	10897225	10008995	42814	175867
二、按登记注册类型分组:						
内资企业	4831507	2573818	19051284	17090234	111732	295631
国有企业	508462	149738	451090	325810	8597	7571
中央企业	122155	111179	155068	141736	352	3888
地方企业	386307	38560	296022	184074	8245	3683
集体企业	33173	18442	620876	557820	4433	13257
股份合作企业	451	80	1450	1339	6	11
联营企业						
有限责任公司	1959490	1045953	6254549	5462472	51188	76814
国有独资公司	765553	379526	2138023	1951688	14020	8905
其他有限责任公司	1193937	666427	4116526	3510784	37167	67909
股份有限公司	543141	137660	1142641	1015164	6102	31333
私营企业	1786791	1221945	10580679	9727630	41407	166645
私营独资企业	103724	71211	1775122	1568321	9288	21492
私营合伙企业	8769	5918	42225	40224	105	316
私营有限责任公司	1625203	1115624	7261540	6674668	29211	126020
私营股份有限公司	49096	29192	1501793	1444416	2802	18818
其他企业						
港、澳、台商投资企业	57976	225188	498066	446521	4189	8676
合资经营企业(港或澳、台资)	49326	207753	445107	395956	3946	6776
合作经营企业(港或澳、台资)	8650	17435	52960	50565	243	1900
港澳台商独资经营企业						
港澳台商投资股份有限公司						
其他港澳台投资						
外商投资企业	18949	14062	41778	32448	240	1951
中外合资经营企业	4963	3000	21188	16792	160	1431
中外合作经营企业						
外资企业	13986	11062	20590	15656	80	520
外商投资股份有限公司						
其他外商投资						
三、按经济组织类型分组						
独资企业	659344	250452	2867677	2467607	22398	42839
国有企业	508462	149738	451090	325810	8597	7571
集体企业	33173	18442	620876	557820	4433	13257
私营独资企业	103724	71211	1775122	1568321	9288	21492
港澳台商独资经营企业						
外资企业	13986	11062	20590	15656	80	520
合作、合伙企业	17870	23433	96634	92128	354	2228
股份合作企业	451	80	1450	1339	6	11
国有联营企业						
集体联营企业						
国有与集体联营企业						
其他联营企业						
私营合伙企业	8769	5918	42225	40224	105	316
合作经营企业(港或澳、台资)	8650	17435	52960	50565	243	1900

表 1

单位:万元、人

管理费用	财务费用	#利息支出	营业利润	利润总额	亏损企业亏损总额	利税总额	本年应付职工薪酬	本年应交增值税	全部从业人员年平均人数
756164	**416208**	**399019**	**419269**	**373755**	**452049**	**1269464**	**883197**	**779440**	**185569**
67166	46416	46649	68366	69149	25475	118410	62074	43398	11237
396006	181466	191517	-27895	-41784	265199	299093	469017	290736	77822
8713	6549	6317	-14265	-13695	14034	-11325	12879	2085	3780
76484	7460	7207	130187	121693	5249	201873	46172	66191	10908
1015	361	364	7873	7870	604	10083	754	1990	233
2070	737	639	11375	11455	584	40833	2189	26431	795
204710	173220	146326	243628	219068	140905	610498	290113	348609	80794
739635	366233	349812	437298	393030	423732	1255204	867182	750333	180905
62340	17163	16929	28616	27671	13403	66691	64113	30424	13199
10281	10609	10655	-3651	-3516	3877	5689	23877	8853	4743
52059	6554	6274	32267	31186	9527	61002	40235	21571	8456
12020	1100	968	17886	16626	995	54378	15062	33320	4631
136	9	9	226	272		319	200	42	100
413012	148396	152504	149825	131481	241684	481026	429016	298256	73671
159687	95886	103727	-37295	-30714	55651	61216	213318	77909	37276
253325	52510	48778	187120	162195	186032	419810	215698	220347	36395
64105	36331	41393	-10971	-10931	45637	42732	85789	47560	12824
188023	163234	138009	251717	227912	122013	610058	273003	340732	76480
10715	7378	7674	87409	81060	6517	177332	14151	86984	5144
143	237	237	1234	1133		1906	78	667	43
158750	145373	122482	155941	138525	115157	382653	189275	214910	59037
18414	10246	7617	7133	7194	339	48167	69500	38171	12256
12956	48988	48262	-20619	-21684	28317	10737	12822	28232	3689
11931	48260	47547	-19080	-19942	26348	10583	10769	26580	3265
1025	728	715	-1538	-1742	1969	154	2053	1652	424
3572	987	946	2590	2409		3524	3194	875	975
1575	247	213	983	775		935	2180		442
1997	740	733	1607	1634		2589	1014	875	533
87073	26381	26302	135518	126990	20915	300990	94339	151603	23507
62340	17163	16929	28616	27671	13403	66691	64113	30424	13199
12020	1100	968	17886	16626	995	54378	15062	33320	4631
10715	7378	7674	87409	81060	6517	177332	14151	86984	5144
1997	740	733	1607	1634		2589	1014	875	533
1304	974	961	-79	-337	1969	2379	2331	2361	567
136	9	9	226	272		319	200	42	100
143	237	237	1234	1133		1906	78	667	43
1025	728	715	-1538	-1742	1969	154	2053	1652	424

9—1 续

指 标	企业单位数（个）	#亏损企业	工业总产值（当年价格）	工业销售产值（当年价格）	#出口交货值	资产总计
中外合作经营企业						
其他企业（内资）						
其他港澳台商投资企业						
其他外商投资企业						
股份有限公司	10	5	2352150	2307908	22611	2894073
股份有限公司（内资）	5	3	814816	808539	15533	1515755
私营股份有限公司	5	2	1537334	1499370	7079	1378318
港澳台商投资股份有限公司						
外商投资股份有限公司						
有限责任公司	264	113	13707714	13237027	37255	15425852
国有独资公司	8	2	1654076	1735601		3895300
私营有限责任公司	199	83	7592213	7238961	6523	6756734
合资经营企业（港或澳、台资）	10	7	443869	441584	6194	937269
中外合资经营企业	1		24954	19946	16859	12491
其他有限责任公司	46	21	3992601	3800935	7679	3824059
四、在总计中：亏损企业	140	140	6545157	6509468	26389	9474019
在总计中：国有控股企业	66	30	6867161	6725238	22517	11113160
在总计中：农村工业	13	4	426014	423082		70182
在总计中：轻工业	33	11	309476	301129	17090	317732
重工业	341	129	18848362	18268350	42776	20199423
在总计中：大型企业	31	12	8916359	8713209	13432	11167766
中型企业	100	39	5305096	5001725	33887	6465302
小型企业	225	85	4700263	4626294	12547	2493318
微型企业	18	4	236120	228251		390770
五、按工业行业大类分组						
采矿业	181	46	6982958	6750061		8346555
煤炭开采和洗选业	151	42	6203001	5968504		8195115
黑色金属矿采选业	29	3	778528	778276		143173
非金属矿采选业	1	1	1430	3282		8267
制造业	184	86	11646763	11296481	59866	10379111
农副食品加工业	7	1	101677	97721		71944
食品制造业	3		24077	25077		17051
酒、饮料和精制茶制造业	1		11445	3625		12994
纺织业	5	2	15003	15178		17135
纺织服装、服饰业	1		2708	2708		1647
文教、工美、体育和娱乐用品制造业	1	1	2054	2377	2335	3053
石油加工、炼焦和核燃料加工业	41	30	2972489	2886878		3786218
化学原料和化学制品制造业	12	8	547207	537280	21103	940319
医药制造业	6	4	60543	61382		44551
橡胶和塑料制品业	5	2	40688	40307		20776
非金属矿物制品业	24	10	145503	146622		232678
黑色金属冶炼和压延加工业	47	15	6614725	6379042	22638	4100058
有色金属冶炼和压延加工业	5	3	523784	515105		201571
金属制品业	2	2	20286	19007		39245
专用设备制造业	7	1	391897	389914		656907
汽车制造业	7	3	73708	75700	6705	85744
电气机械和器材制造业	6	1	62229	61987	7086	102413
其他制造业	1		18234	18066		32842
废弃资源综合利用业	3	3	18506	18506		11964
电力、燃气及水的生产和供应业	9	8	528117	522937		1791490
电力、热力生产和供应业	7	7	515645	511348		1757206
燃气生产和供应业	1		6734	6734		7142
水的生产和供应业	1	1	5737	4855		27142

表 2

单位:万元

流动资产合计	固定资产合计	固定资产原价	累计折旧	固定资产净值	负债合计	流动负债合计	非流动负债合计
1184248	1548611	1873454	557416	1316038	2301836	1563361	366527
483501	878025	1193048	422542	770506	972613	613516	359097
700747	670585	680406	134875	545531	1329223	949845	7430
7122290	5648733	8354261	3543229	4811031	11752418	8680153	2845356
2214447	813324	1540382	727746	812637	3129746	1663424	1389743
3390391	2548654	3275977	1141024	2134954	5122790	4468572	527623
254252	632884	914375	300162	614213	887943	451997	435565
7026	5464	19318	13854	5464	7528	7483	45
1256174	1648408	2604208	1360444	1243764	2604411	2088677	492380
3919908	4104080	6189975	2730865	3459109	8027105	5252674	2729934
4406126	4543204	6693602	2798798	3894804	8274793	5239761	2913858
51683	17690	22747	6209	16538	48182	47169	
174071	120540	172605	69060	103546	194984	140216	36638
9017754	8092366	11236523	4342472	6894051	15369208	11291023	3465794
5168862	4397466	6514978	2773509	3741469	8156655	5762654	1929012
2868674	2576347	3390328	1261610	2128718	5157675	3928214	1152084
1080887	1108414	1358392	339738	1018655	1957014	1527924	368070
73402	130678	145430	36675	108755	292848	212447	53266
3862492	2277615	3160851	1351381	1809470	5359198	3368306	1887742
3777704	2212673	3003076	1255405	1747671	5293008	3303841	1888768
78451	63011	155774	94838	60935	60079	58353	－1026
6336	1931	2001	1137	864	6112	6112	
5103937	4540805	6612351	2792680	3819671	8536746	7240518	768860
29636	36752	32782	3799	28982	34570	19006	11172
5693	10433	13496	3067	10429	7479	7479	
10983	2011	2114	696	1418	8065	8065	
11880	4477	7302	2825	4477	14717	14554	162
1593	55	102	48	55	1216	1216	
2406	166	848	703	145	2666	2666	
1852222	1518838	2169055	818327	1350728	3360038	2965384	376350
277737	607555	830854	310086	520768	685337	594910	90427
25112	15041	21856	7036	14820	36493	32452	4040
15828	4060	5556	1773	3783	16244	15646	598
118887	100281	143639	46295	97344	155926	112386	40881
2065208	1845421	2913369	1436539	1476830	3363003	2850235	102870
96286	83205	121341	41096	80244	123839	66563	57276
25624	13621	23959	11889	12070	30958	22031	8927
449999	204799	219890	65458	154433	566422	438977	50704
45028	28384	39587	11851	27736	42637	34352	6649
41753	53132	44970	22136	22834	60524	43856	16570
20379	8694	16953	8259	8694	19168	5357	172
7685	3881	4677	797	3881	7445	5383	2062
225396	1394485	1635927	267471	1368456	1668247	822416	845831
208128	1378313	1613854	256540	1357314	1645041	814059	830982
1608	4980	5569	589	4980	3226	3226	
15660	11192	16504	10342	6162	19980	5131	14849

9—1 续

指　　标	所有者权益合计	#实收资本	主营业务收入	主营业务成本	主营业务税金及附加	销售费用
中外合作经营企业						
其他企业(内资)						
其他港澳台商投资企业						
其他外商投资企业						
股份有限公司	592237	166852	2644433	2459580	8904	50151
股份有限公司(内资)	543141	137660	1142641	1015164	6102	31333
私营股份有限公司	49096	29192	1501793	1444416	2802	18818
港澳台商投资股份有限公司						
外商投资股份有限公司						
有限责任公司	3638982	2372330	13982384	12549889	84504	211041
国有独资公司	765553	379526	2138023	1951688	14020	8905
私营有限责任公司	1625203	1115624	7261540	6674668	29211	126020
合资经营企业(港或澳、台资)	49326	207753	445107	395956	3946	6776
中外合资经营企业	4963	3000	21188	16792	160	1431
其他有限责任公司	1193937	666427	4116526	3510784	37167	67909
四、在总计中:亏损企业	1444276	1652873	7136123	6933124	33573	106444
在总计中:国有控股企业	2807188	1407699	7782467	6811926	62230	110416
在总计中:农村工业	22000	12768	439660	399214	3170	13940
在总计中:轻工业	122620	66376	319075	269440	1575	8933
重工业	4785813	2746691	19272054	17299764	114586	297325
在总计中:大型企业	2983271	1211944	9819402	9134568	44882	122830
中型企业	1299759	1037480	4939947	4121165	45564	91526
小型企业	532530	495856	4604209	4098763	25274	91012
微型企业	92872	67787	227571	214709	441	891
五、按工业行业大类分组						
采矿业	2949289	982044	6600640	5129194	84431	115124
煤炭开采和洗选业	2864140	934296	5868398	4614001	82391	113918
黑色金属矿采选业	82993	42748	729024	511996	2033	1197
非金属矿采选业	2156	5000	3218	3197	7	9
制造业	1835901	1520813	12468358	11964891	28343	190178
农副食品加工业	37375	18300	120536	107938	55	1100
食品制造业	9571	4571	25077	20256	164	953
酒、饮料和精制茶制造业	4929	1550	2900	1832	342	50
纺织业	2291	2950	15241	15526	26	54
纺织服装、服饰业	431	620	2708	2292	27	57
文教、工美、体育和娱乐用品制造业	387	1500	2844	2505		164
石油加工、炼焦和核燃料加工业	424123	404691	3418321	3272725	8625	87415
化学原料和化学制品制造业	254982	114842	883551	853997	1426	14665
医药制造业	8058	9805	61361	51848	435	1648
橡胶和塑料制品业	4532	2995	39939	36996	389	320
非金属矿物制品业	76751	53547	153199	137456	920	3897
黑色金属冶炼和压延加工业	732779	689073	6695560	6516912	13713	57801
有色金属冶炼和压延加工业	77733	66945	492221	479924	287	1564
金属制品业	8287	10392	20637	15149	108	1373
专用设备制造业	90485	56699	369701	311703	941	11910
汽车制造业	43107	38430	73193	65059	185	3015
电气机械和器材制造业	41889	35701	59483	43177	396	3042
其他制造业	13674	3923	13382	11962	17	386
废弃资源综合利用业	4519	4280	18506	17633	286	765
电力、燃气及水的生产和供应业	123242	310211	522131	475119	3387	957
电力、热力生产和供应业	112164	300231	510458	467082	3302	6
燃气生产和供应业	3915	3000	6693	4514	42	348
水的生产和供应业	7162	6980	4979	3522	43	603

表 3

单位：万元、人

管理费用	财务费用	#利息支出	营业利润	利润总额	亏损企业亏损总额	利税总额	本年应付工资总额	本年应交增值税	全部从业人员年平均人数（人）
82519	46577	49009	-3838	-3737	45976	90899	155288	85731	25080
64105	36331	41393	-10971	-10931	45637	42732	85789	47560	12824
18414	10246	7617	7133	7194	339	48167	69500	38171	12256
585267	342276	322746	287668	250839	383189	875196	631239	539745	136415
159687	95886	103727	-37295	-30714	55651	61216	213318	77909	37276
158750	145373	122482	155941	138525	115157	382653	189275	214910	59037
11931	48260	47547	-19080	-19942	26348	10583	10769	26580	3265
1575	247	213	983	775		935	2180		442
253325	52510	48778	187120	162195	186032	419810	215698	220347	36395
325603	248193	237398	-429873	-452049	452049	-201581	361924	216896	79841
503924	236206	246034	104770	86361	304509	510217	560007	361526	96401
3085	1098	1003	19248	19325	1187	50916	2943	28422	1028
14932	4021	4506	18699	19409	1527	28983	15634	7999	7774
741232	412187	394513	400570	354347	450522	1240481	867563	771441	177795
381967	196410	201410	22857	660	214373	372330	558245	326687	101773
283529	156044	142605	273497	261230	150796	541440	232383	234639	56011
84217	62379	53727	125959	115425	81034	354933	78901	214234	24854
6451	1374	1276	-3044	-3561	5846	761	13669	3880	2931
461866	143165	133023	604376	583357	123157	1163007	439098	495118	77221
453480	140090	129855	521822	503375	122346	1056172	429882	470305	74298
8115	2554	3168	82921	80349	445	107140	9031	24758	2803
271	521		-367	-367	367	-305	185	55	120
282028	203774	196739	-149140	-174303	292923	100285	420293	246238	104896
2111	960	1419	5987	6172	42	6318	1558	91	1304
1545	170	168	2029	2218		3590	1657	1207	704
213			463	414		849	392	92	157
183	324	333	-871	-841	979	-603	1280	212	776
316	-1	1	16	14		275	336	234	95
174	91	75	-91	-48	48	-48	105		60
82271	106673	102179	-94844	-97877	117753	-22673	107592	66572	29279
28204	28550	29231	-44666	-46286	49544	-36587	30580	8272	6140
2201	772	706	4458	4039	212	7768	2038	3294	1051
1830	77	75	326	241	14	1349	3296	719	951
6452	2317	2300	1992	2471	3124	8853	8242	5461	3479
103089	39122	35244	-29697	-53053	112336	105741	198623	145082	45039
10686	4558	4544	-4083	-3508	4618	-300	11023	2922	2323
4244	869	847	-1063	-888	888	486	2220	1266	1193
26626	16002	16000	6169	7621	233	13843	35034	5282	7284
4131	2063	2028	-755	-680	1106	1536	9952	2031	2650
5925	1401	1310	5494	5512	1843	7465	3118	1557	1143
1380	-452	1	226	361		489	2117	110	916
450	278	279	-229	-185	185	1936	1133	1834	352
12270	69269	69258	-35968	-35299	35969	6172	23807	38084	3452
9701	68880	68874	-35789	-35733	35733	5190	21122	37621	2828
1072	48	48	670	670		834	443	122	121
1497	341	336	-848	-236	236	148	2242	341	503

9—2 规模以上国有控股工业

指　　标	企业单位数（个）	#亏损企业	工业总产值（当年价格）	工业销售产值（当年价格）	#出口交货值	资产总计
总　　计	**66**	**30**	**6867161**	**6725238**	**22517**	**11113160**
在总计中						
#亏损企业	30	30	3966934	3996155	19449	6711674
按隶属关系分组						
中央企业	12	6	915542	896306		2089144
地方企业	54	24	5951619	5828931	22517	9024016
省属企业	37	20	5328389	5264537	19449	8021547
市属企业	5	3	104424	92656	3067	225800
县（区市）属企业	12	1	518805	471738		776669
按轻重工业分组						
轻工业	4	2	45535	47495	7670	95584
重工业	62	28	6821626	6677742	14846	11017576
按企业规模分组						
大型企业	17	8	4824802	4807782	13432	7018809
中型企业	32	14	1649192	1537060	3067	3067225
小型企业	13	7	373257	370773	6017	757952
微型企业	4	1	19910	9622		269174
按工业行业大类分组						
采矿业	41	12	2415800	2342411		5811577
煤炭开采和洗选业	39	12	2369660	2296830		5800842
黑色金属矿采选业	2		46140	45580		10735
制造业	20	13	3948252	3884898	22517	3608850
石油加工、炼焦和核燃料加工业	4	2	812562	797688		1158176
化学原料和化学制品制造业	4	3	414999	407235	21103	775242
非金属矿物制品业	1		33141	34113		51388
黑色金属冶炼和压延加工业	3	3	1853328	1820256		747856
有色金属冶炼和压延加工业	2	1	505283	499123		169007
金属制品业	1	1	17800	16597		32175
专用设备制造业	2	1	282055	280070		580065
汽车制造业	1	1	4712	4938	1414	22830
电气机械和器材制造业	1	1	6138	6812		39270
其他制造业	1		18234	18066		32842
电力、燃气及水的生产和供应业	5	5	503109	497929		1692733
电力、热力生产和供应业	4	4	497372	493075		1665591
水的生产和供应业	1	1	5737	4855		27142

主要经济指标(2012 年)

单位:万元

流动资产合计	固定资产合计	固定资产原价	累计折旧	固定资产净值	负债合计	流动负债合计	非流动负债合计
4406126	**4543204**	**6693602**	**2798798**	**3894804**	**8274793**	**5239761**	**2913858**
2438496	3041560	4468782	1969964	2498818	5596389	3078614	2497705
633679	1127485	1227438	176437	1051001	1760639	1172273	498146
3772447	3415719	5466164	2622361	2843803	6514154	4067487	2415711
3313813	3080881	5083284	2498639	2584645	6070378	3670678	2368745
87802	90421	117256	36743	80513	186216	165116	21100
370833	244417	265624	86979	178646	257560	231694	25866
58895	32630	65987	38472	27515	65293	34081	17573
4347232	4510574	6627615	2760326	3867289	8209500	5205679	2896285
3389030	2422719	4211965	2128999	2082967	4936093	3137288	1722224
889102	1576565	1888010	602323	1285687	2449995	1568085	864977
90238	464781	511728	62395	449333	701347	407886	273390
37756	79139	81899	5081	76818	187359	126501	53266
2500142	1605237	2381884	1125171	1256714	3846673	2105559	1713442
2497758	1596886	2370700	1122335	1248365	3842152	2101038	1713442
2384	8351	11185	2835	8349	4521	4521	
1715218	1606876	2752751	1425763	1326987	2848784	2381255	374027
547957	487734	692459	207496	484963	1074667	933307	138077
227315	526270	695109	251662	443447	564346	491476	72870
20548	26776	45541	18765	26776	36088	6052	30036
387318	250153	955721	823378	132343	478017	474952	3065
80960	68069	101471	33402	68069	108207	54531	53676
21364	10811	20936	10457	10479	24282	15869	8413
394913	185152	197430	60931	136499	507498	380278	50640
7472	10939	12576	1637	10939	4622	422	4200
6992	32278	14555	9776	4779	31888	19010	12878
20379	8694	16953	8259	8694	19168	5357	172
190766	1331092	1558968	247864	1311104	1579336	752947	826389
175107	1319899	1542464	237522	1304942	1559356	747816	811540
15660	11192	16504	10342	6162	19980	5131	14849

9—2 续

指　　标	所有者权益合计	#实收资本	主营业务收入	主营业务成本	主营业务税金及附加	销售费用
总　　计	**2807188**	**1407699**	**7782467**	**6811926**	**62230**	**110416**
在总计中						
#亏损企业	1114680	1046933	4549880	4390628	25105	46169
按隶属关系分组						
中央企业	328505	267380	859523	662070	5851	15269
地方企业	2478683	1140319	6922944	6149856	56379	95146
省属企业	1920196	1028627	6357863	5754122	48020	86484
市属企业	39584	74258	87613	86564	178	4378
县(区市)属企业	518903	37435	477469	309170	8181	4285
按轻重工业分组						
轻工业	30291	16031	43282	36879	172	2510
重工业	2776897	1391669	7739185	6775047	62058	107906
按企业规模分组						
大型企业	2057611	785734	5874915	5398993	31883	68889
中型企业	611033	447768	1542953	1109857	28480	31323
小型企业	56001	122347	357978	298981	1743	9886
微型企业	82544	51850	6621	4095	125	318
按工业行业大类分组						
采矿业	1933725	689026	2256610	1486878	50267	37304
煤炭开采和洗选业	1927511	681552	2214982	1465494	50122	37304
黑色金属矿采选业	6214	7474	41628	21384	146	
制造业	760065	429363	5029342	4873938	8751	72509
石油加工、炼焦和核燃料加工业	83509	47815	1327497	1282600	2472	14733
化学原料和化学制品制造业	210896	65489	752737	730529	1264	12162
非金属矿物制品业	15300	13000	34031	28776	228	820
黑色金属冶炼和压延加工业	269838	147009	2144833	2127056	4105	30565
有色金属冶炼和压延加工业	60800	56207	477903	466429	268	1394
金属制品业	7893	8854	18227	13175	100	1293
专用设备制造业	72567	46166	249642	202620	253	10502
汽车制造业	18207	20000	4933	4997		365
电气机械和器材制造业	7382	20901	6157	5794	44	290
其他制造业	13674	3923	13382	11962	17	386
电力、燃气及水的生产和供应业	113397	289311	496514	451110	3211	603
电力、热力生产和供应业	106235	282331	491535	447588	3168	
水的生产和供应业	7162	6980	4979	3522	43	603

表

单位:万元、人

管理费用	财务费用	利息支出	营业利润	利润总额	亏损企业亏损总额	利税总额	本年应付职工薪酬	本年应交增值税	全部从业人员年平均人数
503924	**236206**	**246034**	**104770**	**86361**	**304509**	**510217**	**560007**	**361526**	**96401**
258005	178538	179688	-295082	-304509	304509	-121619	291030	157785	51944
67037	46409	46643	68356	69138	25475	118301	61752	43312	11185
436888	189797	199391	36414	17222	279034	391916	498255	318214	85216
382124	180661	190717	-43138	-56749	265033	273546	452808	282173	73688
6280	3262	3053	-12238	-11735	12032	-10304	9812	1253	2699
48484	5874	5621	91791	85706	1969	128674	35634	34788	8829
4057	1074	1327	-539	195	243	1733	6307	1365	2575
499867	235132	244707	105309	86166	304266	508485	553699	360160	93826
310039	137983	148941	-14401	-26057	192494	217412	420037	211485	71071
169827	74870	73856	132527	125673	78991	288055	115001	133902	20750
20092	22752	22635	-10988	-10427	29691	6326	16156	15010	2952
3967	601	602	-2368	-2829	3333	-1576	8813	1129	1628
356141	81643	86051	285740	274028	106523	562051	359103	237655	58971
355870	81643	86051	277675	265988	106523	552123	358226	235912	58654
271			8065	8040		9929	877	1744	317
139519	88057	93487	-150596	-157774	168093	-61644	178722	87378	34576
25831	35906	41051	-29284	-26866	28134	-4396	55335	19998	9218
22332	26396	27068	-41654	-42220	42297	-33681	26106	7274	4398
1320	209	208	2492	2630		4970	1343	2112	402
52829	6748	5826	-81003	-92378	92378	-36841	53517	51433	11480
9541	3088	3075	-2102	-1548	1640	1316	9866	2596	1978
3828	428	402	-651	-650	650	585	1821	1135	1055
20202	15567	15593	4119	5659	233	7966	26440	2053	4471
566	18	17	-881	-918	918	-311	983	607	333
1691	149	246	-1858	-1843	1843	-1740	1194	60	325
1380	-452	1	226	361		489	2117	110	916
8264	66506	66496	-30375	-29893	29893	9810	22182	36492	2854
6767	66165	66160	-29527	-29657	29657	9662	19940	36152	2351
1497	341	336	-848	-236	236	148	2242	341	503

9—3 规模以上外商投资及港澳台

指　　标	企　业单位数（个）	#亏　损企　业	工　业总产值（当年价格）	工业销售产　　值（当年价格）	#出　口交货值	资　产总　计
总　　计	**15**	**8**	**540088**	**528811**	**23053**	**1014848**
港、澳、台商投资企业	12	8	493936	488276	6194	966735
合资经营企业（港或澳、台资）	10	7	443869	441584	6194	937269
合作经营企业（港或澳、台资）	2	1	50067	46692		29466
港澳台商独资经营企业						
港澳台商投资股份有限公司						
其他港澳台投资						
外商投资企业	3		46153	40536	16859	48113
中外合资经营企业	1		24954	19946	16859	12491
中外合作经营企业						
外资企业	2		21198	20590		35622
外商投资股份有限公司						
其他外商投资						
在总计中：亏损企业	8	8	382765	376319	4603	849687
在总计中：国有控股企业	3	3	302473	300436	4603	682415
按轻重工业分组						
轻工业	2	1	15836	15227	4603	12864
重工业	13	7	524253	513584	18450	1001983
按企业规模分组						
大型企业						
中型企业	7	3	448359	440694	18450	866493
小型企业	7	4	87583	83862	4603	140350
微型企业	1	1	4147	4256		8004
按工业行业大类分组						
采矿业	1		30304	28966		8102
煤炭开采和洗选业	1		30304	28966		8102
制造业	12	7	224943	215004	23053	342033
食品制造业	1		11233	10624		9383
石油加工、炼焦和核燃料加工业	3	3	65824	63935		137195
化学原料和化学制品制造业	4	2	67378	65152	4603	112844
黑色金属冶炼和压延加工业	2		66041	63345	18450	52535
有色金属冶炼和压延加工业	2	2	14467	11948		30076
电力、燃气及水的生产和供应业	2	1	284842	284842		664712
电力、热力生产和供应业	1	1	278107	278107		657571
燃气生产和供应业	1		6734	6734		7142

投资工业主要经济指标(2012年)

单位:万元

流动资产合　计	固定资产合　计	固定资产原　价	累计折旧	固定资产净　值	负债合计	流动负债合　计	非流动负债合计
279764	**682971**	**1003682**	**339714**	**663968**	**937695**	**489414**	**447901**
266306	649534	953385	322848	630537	908532	472421	435730
254252	632884	914375	300162	614213	887943	451997	435565
12054	16651	39010	22686	16324	20589	20424	165
13458	33437	50297	16866	33431	29163	16993	12171
7026	5464	19318	13854	5464	7528	7483	45
6431	27973	30979	3012	27967	21636	9510	12126
217249	611872	891320	298119	593201	847760	419699	427681
116821	552277	733093	195858	537235	662863	242535	420328
5720	6219	9945	3810	6135	4473	4473	
274044	676752	993737	335904	657833	933222	484941	447901
207789	615447	913798	313308	600490	835431	403256	432175
69146	62955	82821	23804	59017	101555	85449	15726
2828	4569	7063	2603	4460	708	708	
4125	3216	3363	474	2889	3875	3875	
4125	3216	3363	474	2889	3875	3875	
167036	137518	300842	167044	133798	285014	256895	27739
3822	4635	6407	1772	4635	3903	3903	
86610	45439	138357	94567	43791	169719	165586	3753
22451	61087	98770	37774	60996	65423	53132	12291
40335	12200	37437	25237	12200	30792	22697	8095
13818	14157	19870	7694	12175	15178	11578	3600
108603	542238	699477	172196	527281	648805	228643	420163
106995	537258	693908	171607	522301	645579	225417	420163
1608	4980	5569	589	4980	3226	3226	

9—3 续

指　　标	所有者权益合计	#实收资本	主营业务收入	主营业务成本	主营业务税金及附加	销售费用
总　　计	**76925**	**239249**	**539844**	**478969**	**4429**	**10627**
港、澳、台商投资企业	57976	225188	498066	446521	4189	8676
合资经营企业(港或澳、台资)	49326	207753	445107	395956	3946	6776
合作经营企业(港或澳、台资)	8650	17435	52960	50565	243	1900
港澳台商独资经营企业						
港澳台商投资股份有限公司						
其他港澳台投资						
外商投资企业	18949	14062	41778	32448	240	1951
中外合资经营企业	4963	3000	21188	16792	160	1431
中外合作经营企业						
外资企业	13986	11062	20590	15656	80	520
外商投资股份有限公司						
其他外商投资						
四、在总计中:亏损企业	1927	199188	386286	349510	3772	5216
在总计中:国有控股企业	19552	166665	304261	265444	3368	1740
按轻重工业分组						
轻工业	8391	5201	14324	11620	80	618
重工业	68534	234048	525520	467349	4349	10010
按企业规模分组						
大型企业						
中型企业	31061	196206	445461	383358	4282	8800
小型企业	38568	36105	90127	91271	140	1808
微型企业	7296	6939	4256	4340	7	20
五、按工业行业大类分组						
采矿业	4000	4000	28966	28342	38	260
煤炭开采和洗选业	4000	4000	28966	28342	38	260
制造业	57019	81249	227617	206442	1185	10020
食品制造业	5480	2971	10624	8070	80	518
石油加工、炼焦和核燃料加工业	-32524	22284	70604	72386	398	3322
化学原料和化学制品制造业	47421	41756	70387	61699	284	2503
黑色金属冶炼和压延加工业	21743	4000	64582	52607	417	3523
有色金属冶炼和压延加工业	14899	10239	11421	11681	7	153
电力、燃气及水的生产和供应业	15907	154000	283261	244185	3205	348
电力、热力生产和供应业	11991	151000	276568	239671	3163	
燃气生产和供应业	3915	3000	6693	4514	42	348

表

单位:万元、人

管理费用	财务费用	#利息支出	营业利润	利润总额	亏损企业亏损总额	利税总额	本年应付工资总额	本年应交增值税	全部从业人员年平均人数
16529	**49975**	**49207**	**-18029**	**-19275**	**28317**	**14261**	**16015**	**29107**	**4664**
12956	48988	48262	-20619	-21684	28317	10737	12822	28232	3689
11931	48260	47547	-19080	-19942	26348	10583	10769	26580	3265
1025	728	715	-1538	-1742	1969	154	2053	1652	424
3572	987	946	2590	2409		3524	3194	875	975
1575	247	213	983	775		935	2180		442
1997	740	733	1607	1634		2589	1014	875	533
9039	48605	47905	-27263	-28317	28317	1058	8443	25603	2480
3864	39176	39547	-7790	-8883	8883	19328	4820	24843	1123
1172	28	18	855	880	7	1837	1180	877	665
15357	49947	49189	-18884	-20155	28311	12423	14835	28230	3999
11179	47588	46841	-8179	-9446	16844	23372	12578	28536	3478
4533	2357	2335	-8892	-8853	10497	-8304	2697	408	1036
816	31	30	-957	-976	976	-807	740	163	150
87	12	12	227	227		457	243	192	85
87	12	12	227	227		457	243	192	85
12531	11462	10304	-12906	-13264	21409	-6666	12644	5412	3829
1084	22	18	860	886		1842	855	875	510
4048	7977	6906	-16474	-16456	16456	-15554	2505	505	1035
3125	1494	1471	1365	1135	1975	3568	4004	2149	966
3147	517	456	4342	4149		6194	4162	1628	996
1126	1453	1453	-2999	-2978	2978	-2717	1117	255	322
3911	38501	38892	-5350	-6239	6908	20469	3129	23503	750
2839	38453	38844	-6019	-6908	6908	19636	2686	23381	629
1072	48	48	670	670		834	443	122	121

9—4 大中型工业主要

指标	企业单位数(个)	#亏损企业	工业总产值(当年价格)	工业销售产值(当年价格)	#出口交货值	资产总计
总计	**131**	**51**	**14221455**	**13714934**	**47319**	**17633068**
一、按隶属关系分组						
中央企业	9	4	779835	760599	0	1452872
省属企业	36	16	5426683	5358572	13432	7926007
市属企业	4	2	95945	95132	3754	176956
县(区市)属企业	9	1	604717	552136	0	899404
乡(街道镇)属企业	0	0	0	0	0	0
村办企业	0	0	0	0	0	0
其他	73	28	7314275	6948496	30133	7177829
二、按登记注册类型分组:						
内资企业	124	48	13773096	13274240	28869	16766575
国有企业	13	6	433870	399564	0	1521740
中央企业	4	3	159281	157663	0	658555
地方企业	9	3	274590	241901	0	863185
集体企业	5	1	144740	145025	0	71294
股份合作企业	0	0	0	0	0	0
联营企业	0	0	0	0	0	0
有限责任公司	37	15	5372167	5273966	7672	7024765
国有独资公司	7	1	1606019	1682084	0	3868798
其他有限责任公司	30	14	3766148	3591882	7672	3155967
股份有限公司	3	1	696234	689732	14119	1220665
私营企业	66	25	7126084	6765953	7079	6928111
私营独资企业	2	1	130910	130027	0	49873
私营合伙企业	0	0	0	0	0	0
私营有限责任公司	61	24	5466577	5145086	0	5505200
私营股份有限公司	3	0	1528597	1490841	7079	1373037
其他企业	0	0	0	0	0	0
港、澳、台商投资企业	5	3	412172	410124	1591	844619
合资经营企业(港或澳、台资)	4	2	392409	392398	1591	823256
合作经营企业(港或澳、台资)	1	1	19763	17726	0	21363
港澳台商独资经营企业	0	0	0	0	0	0
港澳台商投资股份有限公司	0	0	0	0	0	0
其他港澳台投资	0	0	0	0	0	0

经济指标(2012 年)

单位:万元

流动资产合　计	固定资产合　计	固定资产原　价	累计折旧	固定资产净　值	负债合计	流动负债合　计	非流动负债合计	所有者权益合计
8037535	**6973814**	**9905306**	**4035119**	**5870187**	**13314330**	**9690869**	**3081097**	**4283031**
598676	691134	751033	136383	614650	1165166	832885	242062	287706
3332924	3041971	5049913	2488855	2561058	5970183	3656208	2310520	1924729
93930	75329	106726	38985	67742	172498	151397	21100	4458
430578	333761	373775	105783	267992	257825	235632	22193	641371
0	0	0	0	0	0	0	0	0
0	0	0	0	0	0	0	0	0
3581427	2831620	3623858	1265113	2358746	5748659	4814746	485222	1424766
7829746	6358366	8991508	3721811	5269697	12478898	9287613	2648921	4251970
490958	781758	792898	149221	643677	1030893	745274	271970	484651
136926	492994	510581	66573	444008	553997	354349	186009	104558
354032	288764	282317	82649	199669	476896	390925	85961	380092
62020	8601	11789	3310	8479	58935	58231	543	12359
0	0	0	0	0	0	0	0	0
0	0	0	0	0	0	0	0	0
3348661	2203767	3863871	2042648	1821224	5132426	3284954	1767608	1867233
2198644	802626	1529048	726422	802626	3086637	1620314	1389743	782161
1150017	1401142	2334824	1316226	1018598	2045789	1664639	377865	1085073
455116	626843	909485	390161	519324	714361	576548	137813	506304
3472991	2737398	3413465	1136471	2276994	5542284	4622607	470988	1381423
37526	10951	29498	18575	10923	29128	29128	0	20746
0	0	0	0	0	0	0	0	0
2737835	2058009	2706403	983716	1722687	4192712	3652088	463558	1308085
697630	668438	677564	134180	543384	1320445	941391	7430	52592
0	0	0	0	0	0	0	0	0
196941	605348	888072	297682	590390	824001	391871	432130	20618
189012	591913	852426	275470	576956	807288	375322	431965	15968
7929	13435	35647	22212	13435	16713	16548	165	4650
0	0	0	0	0	0	0	0	0
0	0	0	0	0	0	0	0	0
0	0	0	0	0	0	0	0	0

9—4 续

指　　标	企　业 单位数 （个）	#亏　损 企　业	工　业 总产值 （当年价格）	工业销售 产　　值 （当年价格）	#出　口 交货值	资　产 总　计
外商投资企业	2	0	36187	30570	16859	21873
中外合资经营企业	1	0	24954	19946	16859	12491
中外合作经营企业	0	0	0	0	0	0
外资企业	1	0	11233	10624	0	9383
外商投资股份有限公司	0	0	0	0	0	0
其他外商投资	0	0	0	0	0	0
三、按经济组织类型分组						
独资企业	21	8	720753	685240	0	1652291
国有企业	13	6	433870	399564	0	1521740
集体企业	5	1	144740	145025	0	71294
私营独资企业	2	1	130910	130027	0	49873
港澳台商独资经营企业	0	0	0	0	0	0
外资企业	1	0	11233	10624	0	9383
合作、合伙企业	1	1	19763	17726	0	21363
股份合作企业	0	0	0	0	0	0
国有联营企业	0	0	0	0	0	0
集体联营企业	0	0	0	0	0	0
国有与集体联营企业	0	0	0	0	0	0
其他联营企业	0	0	0	0	0	0
私营合伙企业	0	0	0	0	0	0
合作经营企业（港或澳、台资）	1	1	19763	17726	0	21363
中外合作经营企业	0	0	0	0	0	0
其他企业（内资）	0	0	0	0	0	0
其他港澳台商投资企业	0	0	0	0	0	0
其他外商投资企业	0	0	0	0	0	0
股份有限公司	6	1	2224831	2180572	21197	2593702
股份有限公司（内资）	3	1	696234	689732	14119	1220665
私营股份有限公司	3	0	1528597	1490841	7079	1373037
港澳台商投资股份有限公司	0	0	0	0	0	0
外商投资股份有限公司	0	0	0	0	0	0
有限责任公司	103	41	11256108	10831396	26122	13365712
国有独资公司	7	1	1606019	1682084	0	3868798
私营有限责任公司	61	24	5466577	5145086	0	5505200

表1

单位:万元

流动资产合计	固定资产合计	固定资产原价	累计折旧	固定资产净值	负债合计	流动负债合计	非流动负债合计	所有者权益合计
10848	10100	25725	15626	10100	11430	11385	45	10443
7026	5464	19318	13854	5464	7528	7483	45	4963
0	0	0	0	0	0	0	0	0
3822	4635	6407	1772	4635	3903	3903	0	5480
0	0	0	0	0	0	0	0	0
0	0	0	0	0	0	0	0	0
594327	805945	840592	172878	667714	1122858	836535	272513	523235
490958	781758	792898	149221	643677	1030893	745274	271970	484651
62020	8601	11789	3310	8479	58935	58231	543	12359
37526	10951	29498	18575	10923	29128	29128	0	20746
0	0	0	0	0	0	0	0	0
3822	4635	6407	1772	4635	3903	3903	0	5480
7929	13435	35647	22212	13435	16713	16548	165	4650
0	0	0	0	0	0	0	0	0
0	0	0	0	0	0	0	0	0
0	0	0	0	0	0	0	0	0
0	0	0	0	0	0	0	0	0
0	0	0	0	0	0	0	0	0
0	0	0	0	0	0	0	0	0
7929	13435	35647	22212	13435	16713	16548	165	4650
0	0	0	0	0	0	0	0	0
0	0	0	0	0	0	0	0	0
0	0	0	0	0	0	0	0	0
0	0	0	0	0	0	0	0	0
1152746	1295281	1587049	524341	1062708	2034806	1517939	145242	558896
455116	626843	909485	390161	519324	714361	576548	137813	506304
697630	668438	677564	134180	543384	1320445	941391	7430	52592
0	0	0	0	0	0	0	0	0
0	0	0	0	0	0	0	0	0
6282534	4859154	7442018	3315687	4126331	10139953	7319847	2663176	3196249
2198644	802626	1529048	726422	802626	3086637	1620314	1389743	782161
2737835	2058009	2706403	983716	1722687	4192712	3652088	463558	1308085

9—4 续

指标	企业单位数(个)	#亏损企业	工业总产值(当年价格)	工业销售产值(当年价格)	#出口交货值	资产总计
合资经营企业(港或澳、台资)	4	2	392409	392398	1591	823256
中外合资经营企业	1	0	24954	19946	16859	12491
其他有限责任公司	30	14	3766148	3591882	7672	3155967
四、在总计中:亏损企业	51	51	5670714	5648616	18037	7896728
在总计中:国有控股企业	49	22	6473994	6344843	16500	10086034
在总计中:农村工业	0	0	0	0	0	0
在总计中:轻工业	10	1	159477	157732	10146	190562
重工业	121	50	14061978	13557202	37174	17442507
在总计中:大型企业	31	12	8916359	8713209	13432	11167766
中型企业	100	39	5305096	5001725	33887	6465302
五、按工业行业大类分组						
采矿业	39	9	2952816	2781704	0	6935757
煤炭开采和洗选业	39	9	2952816	2781704	0	6935757
制造业	89	39	10899136	10568909	47319	9555371
农副食品加工业	2	0	44321	42044	0	39615
食品制造业	1	0	11233	10624	0	9383
纺织业	1	0	3514	3449	0	5254
石油加工、炼焦和核燃料加工业	29	19	2837681	2758709	0	3558651
化学原料和化学制品制造业	5	3	491763	481843	16500	876727
医药制造业	1	0	36106	35347	0	11269
橡胶和塑料制品业	1	0	28905	28905	0	14137
非金属矿物制品业	3	1	54262	55540	0	64957
黑色金属冶炼和压延加工业	30	11	6373667	6142324	18450	3976718
有色金属冶炼和压延加工业	2	1	505283	499123	0	169007
金属制品业	1	1	17800	16597	0	32175
专用设备制造业	6	1	385883	383899	0	639866
汽车制造业	4	1	64441	65914	5291	57700
电气机械和器材制造业	2	1	26044	26525	7079	67071
其他制造业	1	0	18234	18066	0	32842
电力、燃气及水的生产和供应业	3	3	369502	364322	0	1141941
电力、热力生产和供应业	2	2	363765	359467	0	1114798
水的生产和供应业	1	1	5737	4855	0	27142

表 2

单位:万元

		固定资产原价	累计折旧	固定资产净值	负债合计			所有者权益合计
流动资产合计	固定资产合计					流动负债合计	非流动负债合计	
189012	591913	852426	275470	576956	807288	375322	431965	15968
7026	5464	19318	13854	5464	7528	7483	45	4963
1150017	1401142	2334824	1316226	1018598	2045789	1664639	377865	1085073
3362847	3328908	5310736	2554115	2756620	6658115	4271936	2385378	1238613
4278132	3999284	6099975	2731322	3368653	7386087	4705373	2587201	2668644
0	0	0	0	0	0	0	0	0
99390	73383	110958	47011	63947	106910	62594	30525	83524
7938145	6900431	9794348	3988108	5806240	13207420	9628275	3050572	4199507
5168862	4397466	6514978	2773509	3741469	8156655	5762654	1929012	2983271
2868674	2576347	3390328	1261610	2128718	5157675	3928214	1152084	1299759
3194819	1856435	2609174	1171091	1438083	4329988	2468240	1814328	2574465
3194819	1856435	2609174	1171091	1438083	4329988	2468240	1814328	2574465
4682376	4174252	6163937	2654972	3508965	7932596	6741188	696464	1618370
11264	22932	20254	1535	18720	17913	6687	11172	21702
3822	4635	6407	1772	4635	3903	3903	0	5480
5092	34	37	3	34	4625	4625	0	501
1733059	1417599	2057518	777720	1279798	3127549	2776528	347737	431102
257159	566716	784692	300715	483977	643598	565297	78301	233128
6366	4569	9122	4553	4569	4131	3481	650	7138
11956	1958	2822	863	1958	13266	12867	398	872
30048	30721	50428	20023	30405	45919	15803	30116	19038
2005661	1783700	2830878	1410482	1420396	3292722	2792928	98667	679721
80960	68069	101471	33402	68069	108207	54531	53676	60800
21364	10811	20936	10457	10479	24282	15869	8413	7893
441445	197330	212594	63918	148676	553264	425819	50704	86603
33612	16403	25509	9538	15971	34039	31590	2449	23661
20189	40082	24317	11734	12583	40012	25905	14008	27060
20379	8694	16953	8259	8694	19168	5357	172	13674
160340	943127	1132195	209056	923139	1051745	481441	570304	90196
144680	931935	1115692	198714	916977	1031765	476310	555456	83033
15660	11192	16504	10342	6162	19980	5131	14849	7162

9—4 续

指　　标	#实收资本	主营业务收入	主营业务成本	主营业务税金及附加	销售费用	管理费用
总　计	**2249424**	**14759349**	**13255732**	**90446**	**214355**	**665496**
一、按隶属关系分组						
中央企业	206092	725916	533488	5846	15269	63109
省属企业	988423	6464849	5842696	49582	79652	385292
市属企业	32078	94554	88368	262	5866	5875
县(区市)属企业	67189	557916	359604	12394	4982	67276
乡(街道镇)属企业	0	0	0	0	0	0
村办企业	0	0	0	0	0	0
其　他	955643	6916114	6431577	22362	108587	143944
二、按登记注册类型分组:						
内资企业	2053219	14313888	12872374	86164	205556	654316
国有企业	141264	402840	300331	8327	7496	60281
中央企业	110179	155068	141736	352	3888	10281
地方企业	31085	247772	158594	7975	3608	49999
集体企业	8024	152785	140542	1231	1669	8338
股份合作企业	0	0	0	0	0	0
联营企业	0	0	0	0	0	0
有限责任公司	928651	6001064	5247034	49278	64303	392847
国有独资公司	374226	2089121	1910669	13945	1415	158271
其他有限责任公司	554425	3911943	3336365	35333	62888	234576
股份有限公司	83408	1023838	909154	6098	30969	59611
私营企业	891872	6733360	6275314	21231	101119	133240
私营独资企业	20432	98971	94939	450	61	1406
私营合伙企业	0	0	0	0	0	0
私营有限责任公司	844058	5141125	4744397	17982	82277	113700
私营股份有限公司	27382	1493264	1435977	2799	18782	18134
其他企业	0	0	0	0	0	0
港、澳、台商投资企业	190235	413649	358495	4042	6850	8520
合资经营企业(港或澳、台资)	176800	389655	336272	3837	5210	7582
合作经营企业(港或澳、台资)	13435	23994	22223	205	1641	938
港澳台商独资经营企业	0	0	0	0	0	0
港澳台商投资股份有限公司	0	0	0	0	0	0
其他港澳台投资	0	0	0	0	0	0

表 3

单位:万元、人

财务费用	#利息支出	营业利润	利润总额	亏损企业亏损总额	利税总额	本年应付职业薪酬	本年应交增值税	全部从业人员年平均人数
352455	**344015**	**296354**	**261890**	**365170**	**913770**	**790628**	**561326**	**157784**
24641	24908	88869	88893	5720	131273	55102	36534	10213
180557	190627	-18608	-32366	255263	304331	458683	287014	75887
4516	4283	-9553	-8581	8699	-6327	8689	1993	2961
7096	6907	108642	101836	1969	172919	40077	58689	9189
0	0	0	0	0	0	0	0	0
0	0	0	0	0	0	0	0	0
135646	117291	127003	112108	93519	311573	228077	177096	59534
304866	297174	304533	271336	348326	890398	778050	532790	154306
17163	16929	20011	19127	13403	55974	61621	28520	12389
10609	10655	-3651	-3516	3877	5689	23298	8853	4250
6554	6274	23663	22643	9527	50284	38323	19667	8139
60	24	946	785	166	5742	11847	3726	3553
0	0	0	0	0	0	0	0	0
0	0	0	0	0	0	0	0	0
138812	143008	159863	142903	210343	481161	410514	288879	69857
95886	103727	-36571	-29991	54928	60843	211906	76888	36980
42926	39281	196435	172894	155415	420319	198608	211990	32877
22135	27217	-4990	-5615	40321	40657	80030	40175	12248
126696	109996	128702	114136	84093	306864	214038	171490	56259
508	508	2644	1655	149	5352	1460	3248	828
0	0	0	0	0	0	0	0	0
116109	102035	118566	104948	83943	253029	143457	130093	43373
10080	7454	7493	7533	0	48483	69121	38150	12058
0	0	0	0	0	0	0	0	0
47319	46610	-10022	-11107	16844	20596	9543	27661	2526
46603	45907	-8256	-9139	14875	20899	7733	26201	2187
716	703	-1765	-1969	1969	-304	1809	1460	339
0	0	0	0	0	0	0	0	0
0	0	0	0	0	0	0	0	0
0	0	0	0	0	0	0	0	0

9—4 续

指 标	#实收资本	主营业务收入	主营业务成本	主营业务税金及附加	销售费用	管理费用
外商投资企业	5971	31812	24862	240	1950	2659
中外合资经营企业	3000	21188	16792	160	1431	1575
中外合作经营企业	0	0	0	0	0	0
外资企业	2971	10624	8070	80	518	1084
外商投资股份有限公司	0	0	0	0	0	0
其他外商投资	0	0	0	0	0	0
三、按经济组织类型分组						
独资企业	172691	665221	543882	10087	9743	71109
国有企业	141264	402840	300331	8327	7496	60281
集体企业	8024	152785	140542	1231	1669	8338
私营独资企业	20432	98971	94939	450	61	1406
港澳台商独资经营企业	0	0	0	0	0	0
外资企业	2971	10624	8070	80	518	1084
合作、合伙企业	13435	23994	22223	205	1641	938
股份合作企业	0	0	0	0	0	0
国有联营企业	0	0	0	0	0	0
集体联营企业	0	0	0	0	0	0
国有与集体联营企业	0	0	0	0	0	0
其他联营企业	0	0	0	0	0	0
私营合伙企业	0	0	0	0	0	0
合作经营企业(港或澳、台资)	13435	23994	22223	205	1641	938
中外合作经营企业	0	0	0	0	0	0
其他企业(内资)	0	0	0	0	0	0
其他港澳台商投资企业	0	0	0	0	0	0
其他外商投资企业	0	0	0	0	0	0
股份有限公司	110790	2517102	2345131	8897	49750	77745
股份有限公司(内资)	83408	1023838	909154	6098	30969	59611
私营股份有限公司	27382	1493264	1435977	2799	18782	18134
港澳台商投资股份有限公司	0	0	0	0	0	0
外商投资股份有限公司	0	0	0	0	0	0
有限责任公司	1952509	11553032	10344496	71257	153221	515704
国有独资公司	374226	2089121	1910669	13945	1415	158271
私营有限责任公司	844058	5141125	4744397	17982	82277	113700

表4

单位:万元、人

财务费用	#利息支出	营业利润	利润总额	亏损企业亏损总额	利税总额	本年应付职业薪酬	本年应交增值税	全部从业人员年平均人数
269	231	1843	1662	0	2777	3036	875	952
247	213	983	775	0	935	2180	0	442
0	0	0	0	0	0	0	0	0
22	18	860	886	0	1842	855	875	510
0	0	0	0	0	0	0	0	0
0	0	0	0	0	0	0	0	0
17753	17478	24461	22453	13719	68909	75783	36369	17280
17163	16929	20011	19127	13403	55974	61621	28520	12389
60	24	946	785	166	5742	11847	3726	3553
508	508	2644	1655	149	5352	1460	3248	828
0	0	0	0	0	0	0	0	0
22	18	860	886	0	1842	855	875	510
716	703	-1765	-1969	1969	-304	1809	1460	339
0	0	0	0	0	0	0	0	0
0	0	0	0	0	0	0	0	0
0	0	0	0	0	0	0	0	0
0	0	0	0	0	0	0	0	0
0	0	0	0	0	0	0	0	0
0	0	0	0	0	0	0	0	0
716	703	-1765	-1969	1969	-304	1809	1460	339
0	0	0	0	0	0	0	0	0
0	0	0	0	0	0	0	0	0
0	0	0	0	0	0	0	0	0
0	0	0	0	0	0	0	0	0
32215	34671	2503	1918	40321	89140	149151	78325	24306
22135	27217	-4990	-5615	40321	40657	80030	40175	12248
10080	7454	7493	7533	0	48483	69121	38150	12058
0	0	0	0	0	0	0	0	0
0	0	0	0	0	0	0	0	0
301771	291163	271155	239488	309161	756024	563884	445172	115859
95886	103727	-36571	-29991	54928	60843	211906	76888	36980
116109	102035	118566	104948	83943	253029	143457	130093	43373

9—4 续

指　　标	#实收资本	主营业务收入	主营业务成本	主营业务税金及附加	销售费用	管理费用
合资经营企业(港或澳、台资)	176800	389655	336272	3837	5210	7582
中外合资经营企业	3000	21188	16792	160	1431	1575
其他有限责任公司	554425	3911943	3336365	35333	62888	234576
四、在总计中:亏损企业	1292136	6250672	6071667	31145	83197	289684
在总计中:国有控股企业	1233502	7417868	6508851	60362	100212	479866
在总计中:农村工业	0	0	0	0	0	0
在总计中:轻工业	35234	170604	137757	850	6580	10593
重工业	2214190	14588745	13117975	89596	207776	654903
在总计中:大型企业	1211944	9819402	9134568	44882	122830	381967
中型企业	1037480	4939947	4121165	45564	91526	283529
五、按工业行业大类分组						
采矿业	737713	2679957	1675936	61398	37888	401696
煤炭开采和洗选业	737713	2679957	1675936	61398	37888	401696
制造业	1282690	11716486	11257269	25841	175864	259463
农副食品加工业	10300	58802	52368	0	402	954
食品制造业	2971	10624	8070	80	518	1084
纺织业	500	3449	3400	1	1	47
石油加工、炼焦和核燃料加工业	351495	3286245	3133974	8280	82394	77142
化学原料和化学制品制造业	89568	828332	803266	1343	13732	25955
医药制造业	680	35347	28318	341	1054	981
橡胶和塑料制品业	590	28890	26434	345	318	1534
非金属矿物制品业	15600	55390	48190	556	896	2735
黑色金属冶炼和压延加工业	641320	6448634	6285111	13213	56488	99879
有色金属冶炼和压延加工业	56207	477903	466429	268	1394	9541
金属制品业	8854	18227	13175	100	1293	3828
专用设备制造业	56349	360608	304290	841	11906	25983
汽车制造业	17550	65291	57348	177	2599	3328
电气机械和器材制造业	26784	25361	14934	280	2484	5093
其他制造业	3923	13382	11962	17	386	1380
电力、燃气及水的生产和供应业	229022	362907	322527	3206	603	4336
电力、热力生产和供应业	222042	357928	319005	3163	0	2839
水的生产和供应业	6980	4979	3522	43	603	1497

表5

单位:万元、人

财务费用	#利息支出	营业利润	利润总额	亏损企业亏损总额	利税总额	本年应付职业薪酬	本年应交增值税	全部从业人员年平均人数
46603	45907	-8256	-9139	14875	20899	7733	26201	2187
247	213	983	775	0	935	2180	0	442
42926	39281	196435	172894	155415	420319	198608	211990	32877
204375	196260	-347821	-365170	365170	-139160	327433	194865	68761
212853	222797	118126	99617	271485	505467	535038	345387	91821
0	0	0	0	0	0	0	0	0
2133	2696	11951	12728	236	19138	10151	5561	5176
350322	341319	284402	249163	364933	894632	780476	555765	152608
196410	201410	22857	660	214373	372330	558245	326687	101773
156044	142605	273497	261230	150796	541440	232383	234639	56011
118138	116212	446298	433619	95456	795145	388862	300026	62611
118138	116212	446298	433619	95456	795145	388862	300026	62611
189579	183041	-140083	-161591	259575	95843	385655	231585	92798
442	902	3053	3379	0	3379	585	0	798
22	18	860	886	0	1842	855	875	510
0	0	0	0	0	7	624	6	410
103003	98617	-75495	-75165	95029	-2435	103550	64444	27332
26988	27673	-44453	-45623	48062	-36320	29093	7959	5443
75	76	4579	4238	0	7093	876	2514	320
2	0	257	173	0	1135	2851	618	688
238	221	2589	2723	166	5860	3431	2582	1240
37077	33471	-35932	-58926	111771	96032	185019	141746	42108
3088	3075	-2102	-1548	1640	1316	9866	2596	1978
428	402	-651	-650	650	585	1821	1135	1055
16002	16000	5206	6670	233	12459	34303	4949	7098
2014	1980	-93	-29	182	1509	8593	1361	2157
651	605	1872	1921	1843	2892	2072	691	745
-452	1	226	361	0	489	2117	110	916
44738	44761	-9861	-10138	10138	22782	16112	29714	2375
44397	44425	-9013	-9902	9902	22634	13870	29373	1872
341	336	-848	-236	236	148	2242	341	503

9—5 规模以上工业主要经济效益指标(2012年)

指 标	总资产贡献率(%)	资产负债率(%)	流动资产周转率(次/年)	成本费用利润率(%)	产品销售率(%)
总 计	**8.05**	**75.86**	**2.21**	**1.9**	**96.93**
一、按隶属关系分组					
中央企业	7.83	84.24	1.41	8.35	97.90
省属企业	5.89	75.56	2.12	-0.58	98.83
市属企业	-1.78	78.31	0.99	-10.18	89.32
县(区市)属企业	20.23	35.40	1.56	21.39	92.43
乡(街道镇)属企业	37.85	81.96	4.59	10.44	97.58
村办企业	97.38	60.03	10.63	3.35	99.76
其他	8.45	78.83	2.42	2.07	96.24
二、按登记注册类型分组:					
内资企业	8.15	75.00	2.22	2.06	96.90
国有企业	5.08	68.37	0.91	6.64	92.80
中央企业	2.12	83.58	1.13	-2.07	99.00
地方企业	7.58	55.52	0.82	12.66	89.74
集体企业	43.42	73.97	5.95	2.85	99.12
股份合作企业	11.76	83.86	1.03	18.18	96.05
联营企业					
有限责任公司	8.12	74.28	1.99	1.97	98.05
国有独资公司	4.07	80.35	1.05	-1.32	104.93
其他有限责任公司	12.24	68.11	3.63	3.75	95.20
股份有限公司	5.29	64.17	2.41	-0.94	99.23
私营企业	8.74	78.85	2.45	2.22	96.20
私营独资企业	50.77	70.23	7.02	5.04	98.37
私营合伙企业	15.34	37.23	8.81	2.77	103.98
私营有限责任公司	7.42	75.82	2.16	1.94	95.35
私营股份有限公司	4.04	96.44	2.14	0.48	97.53
其他企业					
港、澳、台商投资企业	6.05	93.98	1.88	-3.88	98.85
合资经营企业(港或澳、台资)	6.15	94.74	1.76	-3.95	99.49
合作经营企业(港或澳、台资)	2.92	69.87	4.39	-3.21	93.26
港澳台商独资经营企业					
港澳台商投资股份有限公司					
其他港澳台投资					

9—5 续表1

指 标	总资产贡献率(%)	资 产负债率(%)	流动资产周 转 率(次/年)	成本费用利 润 率(%)	产 品销售率(%)
外商投资企业	7.81	60.61	3.12	6.16	87.83
中外合资经营企业	9.21	60.27	3.02	3.87	79.93
中外合作经营企业					
外资企业	7.32	60.74	3.23	8.57	97.13
外商投资股份有限公司					
其他外商投资					
三、按经济组织类型分组					
独资企业	15.10	68.89	3.32	4.83	97.60
国有企业	5.08	68.37	0.91	6.64	92.80
集体企业	43.42	73.97	5.95	2.85	99.12
私营独资企业	50.77	70.23	7.02	5.04	98.37
港澳台商独资经营企业					
外资企业	7.32	60.74	3.23	8.57	97.13
合作、合伙企业	7.21	60.85	5.22	-0.35	98.45
股份合作企业	11.76	83.86	1.03	18.18	96.05
国有联营企业					
集体联营企业					
国有与集体联营企业					
其他联营企业					
私营合伙企业	15.34	37.23	8.81	2.77	103.98
合作经营企业(港或澳、台资)	2.92	69.87	4.39	-3.21	93.26
中外合作经营企业					
其他企业(内资)					
其他港澳台商投资企业					
其他外商投资企业					
股份有限公司	4.70	79.54	2.25	-0.14	98.12
股份有限公司(内资)	5.29	64.17	2.41	-0.94	99.23
私营股份有限公司	4.04	96.44	2.14	0.48	97.53
港澳台商投资股份有限公司					
外商投资股份有限公司					
有限责任公司	7.69	76.19	2.06	1.75	96.57
国有独资公司	4.07	80.35	1.05	-1.32	104.93
私营有限责任公司	7.42	75.82	2.16	1.94	95.35
合资经营企业(港或澳、台资)	6.15	94.74	1.76	-3.95	99.49
中外合资经营企业	9.21	60.27	3.02	3.87	79.93
其他有限责任公司	12.24	68.11	3.63	3.75	95.20

9—5　续表2

指　　标	总资产贡献率(%)	资　产负债率(%)	流动资产周 转 率(次/年)	成本费用利 润 率(%)	产　品销售率(%)
四、在总计中:亏损企业	0.33	84.73	1.99	-5.51	99.45
在总计中:国有控股企业	6.69	74.46	1.92	1.04	97.93
在总计中:农村工业	73.97	68.65	8.51	4.63	99.31
在总计中:轻工业	10.34	61.37	1.85	6.48	97.30
重工业	8.01	76.09	2.22	1.83	96.92
在总计中:大型企业	5.03	73.04	2.03	0.01	97.72
中型企业	10.52	79.77	1.74	5.54	94.28
小型企业	16.31	78.49	4.28	2.65	98.43
微型企业	0.52	74.94	3.12	-1.59	96.67
五、按工业行业大类分组					
采矿业	15.41	64.21	1.75	9.81	96.66
煤炭开采和洗选业	14.36	64.59	1.60	9.29	96.22
黑色金属矿采选业	76.57	41.96	9.29	15.34	99.97
非金属矿采选业	-3.68	73.92	0.51	-9.17	229.51
制造业	2.79	82.25	2.55	-1.32	96.99
农副食品加工业	10.54	48.05	4.10	5.43	96.11
食品制造业	22.04	43.86	4.43	9.61	104.15
酒、饮料和精制茶制造业	6.53	62.07	0.26	19.77	31.67
纺织业	-1.58	85.89	1.28	-5.23	101.16
纺织服装、服饰业	16.68	73.81	1.70	0.52	100.00
文教、工美、体育和娱乐用品制造业	0.88	87.33	1.18	-1.63	115.72
石油加工、炼焦和核燃料加工业	1.99	88.74	1.87	-2.75	97.12
化学原料和化学制品制造业	-0.76	72.88	3.23	-4.96	98.19
医药制造业	19.02	81.91	2.44	7.15	101.39
橡胶和塑料制品业	6.85	78.19	2.52	0.61	99.06
非金属矿物制品业	4.80	67.01	1.29	1.64	100.77
黑色金属冶炼和压延加工业	3.40	82.02	3.47	-0.74	96.44
有色金属冶炼和压延加工业	2.09	61.44	5.13	-0.71	98.34
金属制品业	3.38	78.88	0.87	-3.82	93.70
专用设备制造业	4.44	86.23	0.89	1.91	99.49
汽车制造业	4.13	49.73	1.68	-0.89	102.70
电气机械和器材制造业	8.55	59.10	1.44	10.14	99.61
其他制造业	0.11	58.37	0.66	2.72	99.08
废弃资源综合利用业	18.51	62.23	2.41	-0.97	100.00
电力、燃气及水的生产和供应业	4.18	93.12	2.33	-5.89	99.02
电力、热力生产和供应业	4.18	93.62	2.47	-6.09	99.17
燃气生产和供应业	12.34	45.17	4.16	11.19	100
水的生产和供应业	1.79	73.61	0.33	-3.95	84.62

9—6 规模以上国有控股工业主要经济效益指标(2012 年)

指　　标	总资产贡献率(%)	资产负债率(%)	流动资产周转率(次/年)	成本费用利润率(%)	产品销售率(%)
总　　计	**6.69**	**74.46**	**1.92**	**1.04**	**97.93**
在总计中					
亏损企业	0.82	83.38	2.12	-5.59	100.74
按隶属关系分组					
中央企业	7.83	84.28	1.41	8.37	97.90
地方企业	6.43	72.19	2.00	0.23	97.94
省属企业	5.66	75.68	2.11	-0.81	98.80
市属企业	-3.23	82.47	1.03	-11.48	88.73
县(区市)属企业	17.23	33.16	1.29	23.30	90.93
按轻重工业分组					
轻工业	2.71	68.31	0.76	0.43	104.31
重工业	6.73	74.51	1.93	1.05	97.89
按企业规模分组					
大型企业	5.07	70.33	1.93	-0.40	99.65
中型企业	11.74	79.88	1.74	8.78	93.20
小型企业	3.81	92.53	4.02	-2.92	99.33
微型企业	-0.36	69.61	0.21	-27.90	48.33
按工业行业大类分组					
采矿业	11.01	66.19	0.97	13.36	96.96
煤炭开采和洗选业	10.86	66.23	0.95	13.10	96.93
黑色金属矿采选业	92.49	42.11	17.46	37.12	98.79
制造业	0.78	78.94	3.22	-2.79	98.40
石油加工、炼焦和核燃料加工业	2.90	92.79	2.44	-1.97	98.17
化学原料和化学制品制造业	-0.73	72.80	3.37	-5.28	98.13
非金属矿物制品业	10.07	70.23	1.66	8.44	102.93
黑色金属冶炼和压延加工业	-4.18	63.92	6.68	-3.48	98.22
有色金属冶炼和压延加工业	2.57	64.03	5.92	-0.32	98.78
金属制品业	3.06	75.47	0.93	-3.20	93.24
专用设备制造业	3.94	87.49	0.71	2.01	99.30
汽车制造业	-1.30	20.25	0.66	-15.44	104.79
电气机械和器材制造业	-3.83	81.20	1.00	-21.16	110.98
其他制造业	0.11	58.37	0.66	2.72	99.08
电力、燃气及水的生产和供应业	4.47	93.30	2.62	-5.26	98.97
电力、热力生产和供应业	4.52	93.62	2.82	-5.28	99.14
水的生产和供应业	1.79	73.61	0.33	-3.95	84.62

9—7 规模以上外商投资及港澳台投资工业主要经济效益指标(2012 年)

指　　标	总资产贡献率(%)	资　产负债率(%)	流动资产周 转 率(次/年)	成本费用利 润 率(%)	产　品销售率(%)
总　　计	**6.13**	**92.40**	**1.94**	**-3.22**	**97.91**
港、澳、台商投资企业	6.05	93.98	1.88	-3.88	98.85
合资经营企业(港或澳、台资)	6.15	94.74	1.76	-3.95	99.49
合作经营企业(港或澳、台资)	2.92	69.87	4.39	-3.21	93.26
港澳台商独资经营企业					
港澳台商投资股份有限公司					
其他港澳台投资					
外商投资企业	7.81	60.61	3.12	6.16	87.83
中外合资经营企业	9.21	60.27	3.02	3.87	79.93
中外合作经营企业					
外资企业	7.32	60.74	3.23	8.57	97.13
外商投资股份有限公司					
其他外商投资					
四、在总计中:亏损企业	5.70	99.77	1.79	-6.24	98.32
在总计中:国有控股企业	8.56	97.13	2.62	-2.53	99.33
按轻重工业分组					
轻工业	14.44	34.77	2.54	6.47	96.16
重工业	6.03	93.14	1.93	-3.45	97.97
按企业规模分组					
大型企业					
中型企业	8.04	96.42	2.15	-1.92	98.29
小型企业	-4.76	72.36	1.32	-8.86	95.75
微型企业	-9.71	8.85	1.50	-18.75	102.64
五、按工业行业大类分组					
采矿业	5.79	47.83	7.02	0.79	95.58
煤炭开采和洗选业	5.79	47.83	7.02	0.79	95.58
制造业	0.84	83.33	1.37	-5.51	95.58
食品制造业	19.85	41.59	2.82	8.99	94.58
石油加工、炼焦和核燃料加工业	-6.36	123.71	0.82	-18.76	97.13
化学原料和化学制品制造业	3.82	57.98	3.14	1.65	96.70
黑色金属冶炼和压延加工业	12.70	58.61	1.60	6.93	95.92
有色金属冶炼和压延加工业	-4.20	50.46	0.83	-20.66	82.59
电力、燃气及水的生产和供应业	8.86	97.61	2.62	-1.90	100.00
电力、热力生产和供应业	8.82	98.18	2.60	-2.14	100.00
燃气生产和供应业	12.34	45.17	4.16	11.19	100.00

9—8 大中型工业主要经济效益指标(2012 年)

指 标	总资产贡献率(%)	资 产负债率(%)	流动资产周转率(次/年)	成本费用利润率(%)	产 品销售率(%)
总 计	**7.04**	**75.51**	**1.93**	**1.73**	**96.44**
一、按隶属关系分组					
中央企业	10.66	80.20	1.27	13.24	97.53
省属企业	6.11	75.32	2.13	-0.46	98.74
市属企业	-1.18	97.48	1.04	-7.99	99.15
县(区市)属企业	19.94	28.67	1.30	23.20	91.30
乡(街道镇)属企业					
村办企业					
其 他	5.93	80.09	1.94	1.64	95.00
二、按登记注册类型分组:					
内资企业	6.99	74.43	1.92	1.85	96.38
国有企业	4.72	67.74	0.83	4.92	92.09
中央企业	2.39	84.12	1.17	-2.07	98.98
地方企业	6.49	55.25	0.70	10.35	88.10
集体企业	8.09	82.66	2.46	0.52	100.20
股份合作企业					
联营企业					
有限责任公司	8.78	73.06	1.98	2.23	98.17
国有独资公司	4.09	79.78	1.04	-1.32	104.74
其他有限责任公司	14.54	64.82	3.79	4.20	95.37
股份有限公司	5.25	58.52	2.30	-0.54	99.07
私营企业	5.97	80.00	1.95	1.71	94.95
私营独资企业	11.75	58.40	2.65	1.71	99.32
私营合伙企业					
私营有限责任公司	6.40	76.16	1.90	2.07	94.12
私营股份有限公司	4.07	96.17	2.14	0.51	97.53
其他企业					
港、澳、台商投资企业	7.90	97.56	2.11	-2.40	99.50
合资经营企业(港或澳、台资)	8.05	98.06	2.07	-2.09	100.00
合作经营企业(港或澳、台资)	1.83	78.23	3.03	-7.70	89.69
港澳台商独资经营企业					
港澳台商投资股份有限公司					
其他港澳台投资					
外商投资企业	13.78	52.26	2.95	5.56	84.48

9—8 续表1

指　　标	总资产贡献率（%）	资　产负债率（%）	流动资产周转率（次/年）	成本费用利润率（%）	产　品销售率（%）
中外合资经营企业	9.21	60.27	3.02	3.87	79.93
中外合作经营企业					
外资企业	19.85	41.59	2.82	8.99	94.58
外商投资股份有限公司					
其他外商投资					
三、按经济组织类型分组					
独资企业	5.16	67.96	1.13	3.47	95.07
国有企业	4.72	67.74	0.83	4.92	92.09
集体企业	8.09	82.66	2.46	0.52	100.20
私营独资企业	11.75	58.40	2.65	1.71	99.32
港澳台商独资经营企业					
外资企业	19.85	41.59	2.82	8.99	94.58
合作、合伙企业	1.83	78.23	3.03	-7.70	89.69
股份合作企业					
国有联营企业					
集体联营企业					
国有与集体联营企业					
其他联营企业					
私营合伙企业					
合作经营企业（港或澳、台资）	1.83	78.23	3.03	-7.70	89.69
中外合作经营企业					
其他企业（内资）					
其他港澳台商投资企业					
其他外商投资企业					
股份有限公司	4.62	78.45	2.20	0.08	98.01
股份有限公司（内资）	5.25	58.52	2.30	-0.54	99.07
私营股份有限公司	4.07	96.17	2.14	0.51	97.53
港澳台商投资股份有限公司					
外商投资股份有限公司					
有限责任公司	7.76	75.87	1.95	2.01	96.23
国有独资公司	4.09	79.78	1.04	-1.32	104.74
私营有限责任公司	6.40	76.16	1.90	2.07	94.12
合资经营企业（港或澳、台资）	8.05	98.06	2.07	-2.09	100.00

9—8 续表2

指　　标	总资产贡献率（%）	资　产负债率（%）	流动资产周 转 率（次/年）	成本费用利 润 率（%）	产　品销售率（%）
中外合资经营企业	9.21	60.27	3.02	3.87	79.93
其他有限责任公司	14.54	64.82	3.79	4.20	95.37
四、在总计中:亏损企业	0.67	84.31	2.05	-5.06	99.61
在总计中:国有控股企业	7.10	73.23	1.89	1.26	98.01
在总计中:农村工业					
在总计中:轻工业	11.13	56.10	1.74	7.99	98.91
重工业	7.00	75.72	1.93	1.67	96.41
在总计中:大型企业	5.03	73.04	2.03	0.01	97.72
中型企业	10.52	79.77	1.74	5.54	94.28
五、按工业行业大类分组					
采矿业	13.01	62.43	0.89	18.71	94.21
煤炭开采和洗选业	13.01	62.43	0.89	18.71	94.21
制造业	2.85	83.02	2.62	-1.30	96.97
农副食品加工业	10.42	45.22	5.31	6.06	94.86
食品制造业	19.85	41.59	2.82	8.99	94.58
纺织业	0.14	88.04	0.68	0.01	98.16
石油加工、炼焦和核燃料加工业	2.58	87.89	1.92	-2.21	97.22
化学原料和化学制品制造业	-0.88	73.41	3.27	-5.19	97.98
医药制造业	63.61	36.66	5.55	13.93	97.90
橡胶和塑料制品业	8.02	93.83	2.42	0.61	100.00
非金属矿物制品业	9.37	70.69	1.85	5.23	102.35
黑色金属冶炼和压延加工业	3.22	82.80	3.45	-0.85	96.37
有色金属冶炼和压延加工业	2.57	64.03	5.92	-0.32	98.78
金属制品业	3.06	75.47	0.93	-3.20	93.24
专用设备制造业	4.34	86.47	0.88	1.71	99.49
汽车制造业	6.02	58.99	2.01	-0.04	102.28
电气机械和器材制造业	5.19	59.66	1.30	8.02	101.85
其他制造业	0.11	58.37	0.66	2.72	99.08
电力、燃气及水的生产和供应业	5.87	92.10	2.28	-2.45	98.60
电力、热力生产和供应业	5.97	92.55	2.49	-2.43	98.82
水的生产和供应业	1.79	73.61	0.33	-3.95	84.62

9—9 主要年份工业企业单位数

单位:个

年 份	全部工业企业单位数	规模以上企业单位数	按隶属关系分		按经济类型分			按轻重工业分		按企业规模分		
			中央企业	地方企业	国有及控股企业	集体企业	其他企业	轻工业	重工业	大型	中型	小微型
1952		2246		2246	44	32	2170	2020	226			
1957		552		552	81	309	162	435	117			
1962		597	1	596	156	419	22	450	147			
1965		445	1	444	151	294		315	130			
1970		553	2	551	194	359		350	203			
1975		908	9	899	316	592		504	404			
1978	4437	1164	9	1155	364	800		603	561			
1980	5582	1147	8	1139	366	781		591	556	3	8	1136
1985	14938	1112	10	1102	330	781	1	498	614	8	9	1095
1990	19995	1264	19	1245	377	886	1	493	771	8	13	1243
1995	24916	1315	20	1295	416	850	49	410	905	11	22	1282
2000	20292	416	11	405	154	106	156	74	342	13	25	378
2001	22123	428	11	417	140	93	195	65	363	13	25	390
2002	21559	436	10	426	131	77	228	65	371	12	23	401
2003	22115	445	10	435	115	82	248	57	388	8	63	374
2004	16567	591	11	580	98	112	381	60	531	7	103	481
2005	18410	603	10	593	96	126	381	61	542	8	114	481
2006	18110	572	10	562	92	83	397	60	512	9	126	437
2007	17550	540	9	531	63	31	446	49	491	10	116	414
2008	11639	507	8	499	55	25	427	52	455	9	118	380
2009												
2009	9669	455	9	446	57	19	379	58	397	10	109	336
2010	–	458	11	447	61	25	372	56	402	11	114	333
2011	–	380	9	371	52	20	308	32	348	24	119	237
2012	–	374	13	361	66	20	288	33	341	31	100	243

注:规模以上工业单位数1998年以前为乡及乡以上统计口径,1998年—2010年为全部国有及年主营业务收入500万元以上(含500万元)非国有工业企业(即规模以上)口径,2011年为主营业务收入2000万元及以上工业企业口径。国有及国有控股1998年以前为国有企业口径。大中小微型企业划分2011年起执行新标准。

9—10 主要年份主要工业产品产量

年 份	原 煤（万吨）	洗精煤（万吨）	焦 炭（万吨）	发电量（万千瓦时）	铁矿石原矿（万吨）	生 铁（万吨）	钢（万吨）
1952	30.0		1.6	72	0.1		
1957	84.7		6.8	269	0.3		
1962	161.6	8.4	4.4	3293	0.8	0.4	
1965	246.4	6.4	4.5	6124			
1970	334.5	8.5	10.8	31100	10.2	5.1	
1975	391.0	28.6	45.0	161913	35.3	10.9	0.3
1978	553.0	27.8	67.0	227165	57.4	16.5	0.5
1980	695.1	26.5	83.8	284927	33.8	18.2	0.2
1985	1328.0	70.6	119.2	358714	72.3	25.5	0.2
1990	1699.0	394.9	348.7	368800	103.2	80.6	10.6
1995	3278.8	1187.7	1674.1	358007	433.7	363.0	33.0
2000	2539.7	1381.2	1406.1	364037	*161.2	576.7	74.1
2001	2623.0	1530.9	1477.2	394372	*182.9	748.9	103.9
2002	3394.0	1663.4	1464.0	430764	*226.9	896.6	124.0
2003	3727.4	1750.9	1705.3	506024	896.5	923.7	247.9
2004	3884.2	2092.4	1909.3	570326	932.3	829.6	357.9
2005	5244.7	2431.9	2173.5	723200	*231.6	1127.3	436.9
2006	5592.9	2883.7	2431.5	1043700	*304.5	1326.0	488.2
2007	4766.4	3038.7	2312.2	1061700	*271.9	1173.4	526.2
2008	4116.7	2796.0	1865.4	685425	*151.6	766.46	457.2
2009	2634.7	2771.9	1707.2	640646	*76.5	917.3	605.8
2010	3740.5	2511.7	1813.5	1055920	*222.3	890.5	770.1
2011	4831.0	3194.5	1920.1	1500543	*406.9	1053.7	864.4
2012	4970.8	3985.3	1873.0	1416337	*741.1	1260.7	1197.4

注：带“*”为规模以上口径。

9—10 续

年 份	钢 材（吨）	纱（吨）	布（万米）	饮料酒（吨）	机制纸及纸板（吨）	塑料制品（吨）	水 泥（万吨）
1952			34				
1957			59				
1962			58		553		
1965	15		148		556		0.1
1970	6001	2448	1470		2734		0.4
1975	19953	11635	4576		9282		6.4
1978	52360	14661	7056		17650		10.9
1980	31915	16747	8332		21287	881	11.3
1985	74902	14261	7586	7443	30395	2869	20.8
1990	62077	12271	6646	13438	78788	3614	35.7
1995	15485	11245	6962	11613	93176	7988	106.5
2000	137900	14200	7413	21300	72600	*7411	146.9
2001	199255	14810	7159	41546	78300	*8952	138.3
2002	410684	16661	7180	70927	89300	*15663	188.5
2003	884742	10600	5788	70432	76800	*12336	215.0
2004	1683144	10800	5464	81645	122500	*7564	205.5
2005	2053429	14000	5303	105025	105972	*10150	215.1
2006	3184600	15000	4735	85470	87964	*8933	250.7
2007	3758900	11000	1843	39628	57079	*6262	243.8
2008	3677600	6936	334	27048	31820	*7135	214.5
2009	4463194	7628	332	16421	*9305	*9121	273.5
2010	7198138	6834	414	11789	*7871	*10155	371.3
2011	9430029	5120	1234	3790	3506	*390	488.7
2012	11956688	6884	1066	6945	182	*2525	430.8

表

锌 （吨）	铜 （吨）	化 肥 （吨）	染 料 （吨）	硫 酸 （吨）	纯 苯 （吨）	光 缆 （芯千米）
		2012				
		10484				
		20001				
		18054				
		28734	3551			
		69531	3152			
		73245	4113			
5123	6888	146083	20933	61533	*4187	
13535	20432	139847	24404	100908	*6894	
20535	22540	187984	29966	116099	*7278	
25362	33018	175908	32234	156891	*10424	209290
17660	18448	168600	27943	124908	*20696	285887
37057	48118	169900	31149	223720	*14841	197514
20629	37145	181200	28765	192200	*24783	519559
14334	55065	176300	28592	180900	*27760	399413
17833	48021	142379	23240	186400	*12156	237540
	48530	109116	28450	143500	*9678	414859
	44011	167206	30648	141800	*37923	599940
	56219	199394		154256	*72248	438111
	64041	123059		124655	*68164	315342

9—11 规模以上工业增加值(2012年)

单位:万元

指　　标	2012
总　　计	**7259333**
按轻重工业分组	
轻工业	98851
重工业	7160482
按企业规模分组	
大中型企业	4756243
小微型企业	2503090
按工业行业大类分组	
采矿业	4135446
煤炭开采和洗选业	3736763
黑色金属矿采选业	398595
非金属矿采选业	88
制造业	3071335
农副食品加工业	26344
食品制造业	9269
酒、饮料和精制茶制造业	7121
纺织业	3574
纺织服装、服饰业	778
文教、工美、体育和娱乐用品制造业	400
石油加工、炼焦和核燃料加工业	619764
化学原料和化学制品制造业	177028
医药制造业	21925
橡胶和塑料制品业	8104
非金属矿物制品业	44165
黑色金属冶炼和压延加工业	1776773
炼　铁	414838
炼　钢	161741
黑色金属铸造	57128
钢压延加工	1131402
铁合金冶炼	11665
有色金属冶炼和压延加工业	93871
金属制品业	63124
专用设备制造业	81629
汽车制造业	32248
电气机械和器材制造业	26596
计算机、通信和其他电子设备制造业	4290
其他制造业	66422
废弃资源综合利用业	7910
电力、燃气及水的生产和供应业	52552
电力、热力生产和供应业	45021
电力生产	42169
热力生产和供应	2852
燃气生产和供应业	3841
水的生产和供应业	3690

注:本表数据均为生产月报口径。

主要统计指标解释

工　业　指从事自然资源的开采，对采掘品和农产品进行加工和再加工的物质生产部门。具体包括：(1)对自然资源的开采，如采矿、晒盐、森林采伐等(但不包括禽兽捕猎和水产捕捞)；(2)对农副产品的加工、再加工，如粮油加工、食品加工、轧花、缫丝、纺织、制革等；(3)对采掘品的加工、再加工，如炼铁、炼钢、化工生产、石油加工、机器制造、木材加工等，以及电力、自来水、煤气的生产和供应等；(4)对工业品的修理、翻新，如机器设备的修理、交通运输工具(包括小轿车)的修理等。

1984 年以前农村的村及村以下办工业归属农业，1984 年以后划归工业。

工业统计调查单位　工业统计调查单位分为两类：独立核算法人工业企业和工业活动单位。

(1)独立核算法人工业企业指从事工业生产经营活动的单位。独立核算法人工业企业应同时具备以下条件：①依法成立，有自己的名称、组织机构和场所，能够承担民事责任；②独立拥有和使用资产，承担负债，有权与其他单位签订合同；③独立核算盈亏，并能够编制资产负债表。

(2)工业活动单位指在一个场所从事一种或主要从事一种工业生产活动的经济单位。它包括独立核算工业企业按主营业务活动(即工业生产活动)划分的主营业务活动单位和非工业企业所属的工业生产活动单位(即原非独立核算工业生产单位)。工业活动单位，一般应同时具备以下三个条件：①具有一个场所，从事一种或主要从事一种工业活动；②单独组织工业生产、经营或业务活动；③单独核算收入和支出。

本资料中涉及的企业登记注册类型：

(1)国有及国有控股企业　指国有企业和国有控股企业。国有企业(即过去的全民所有制工业或国营工业)是指企业全部资产归国家所有，并按《中华人民共和国企业法人登记管理条例》规定登记注册的非公司制的经济组织。包括国有企业、国有独资公司和国有联营企业；国有控股企业是对混合所有制经济的企业进行的“国有控股”分类，它是指这些企业的全部资产中国有资产(股份)相对其他所有者中的任何一个所有者占资(股)最多的企业。

(2)集体企业　指企业资产归集体所有，并按《中华人民共和国企业法人登记管理条例》规定登记注册的经济组织，是社会主义公有制经济的组成部分。包括城乡所有使用集体投资举办的企业，以及部分个人通过集资自愿放弃所有权并依法经工商行政管理机关认定为集体所有制的企业。

(3)股份有限公司　指根据《中华人民共和国企业法人登记管理条例》规定登记注册，其全部注册资本由等额股份构成并通过发行股票筹集资本，股东以其认购的股份对公司承担有限责任，公司以其全部资产对其债务承担责任的经济组织。

(4)港、澳、台商投资企业　指企业注册登记类型中的港、澳、台资合资、合作、独资经营企业和股份有限公司之和。

(5)外商投资企业　指企业注册登记类型中的中外合资、合作经营企业、外资企业和外商投资股份有限公司之和。

(6)其他企业　指除国有企业、集体企业、个体经营以外的其他类型工业企业。包括联营企业、私营企业、股份有限公司，有限责任公司；外商投资企业(中外合资经营、中外合作经营、外资企业)；港、澳、台投资企业(与大陆合资经营、与大陆合作经营、港、澳、台独资企业)及其他企业。

轻工业　指主要提供生活消费品和制作手工工具的工业。按其所使用的原料不同，可分为两大类：(1)以农产品为原料的轻工业，是指直接或间接以农产品为基本原料的轻工业。主要包括食品制造、饮料制造、烟草加工、纺织、缝纫、皮革和毛皮制作、造纸以及印刷等工业;(2)以非农产品为原料的轻工业,是指以工业品为原料的轻工业。主要包括文教体育用品、化学药品制造、合成纤维制造、日用化学制品、日用玻璃制品、日用金属制品、手工工具制造、医疗器械制造、文化和办公用机械制造等工业。

重工业 指为国民经济各部门提供物质技术基础的主要生产资料的工业。按其生产性质和产品用途,可以分为下列三类:(1)采掘工业,是指对自然资源的开采,包括石油开采、煤炭开采、金属矿开采、非金属矿开采和木材采伐等工业;(2)原材料工业,指向国民经济各部门提供基本材料、动力和燃料的工业。包括金属冶炼及加工、炼焦、化学、化工原料、水泥、人造板以及电力、石油和煤炭加工等工业;(3)加工工业,是指对工业原材料进行再加工制造的工业。包括装备国民经济各部门的机械设备制造工业、金属结构、水泥制品等工业,以及为农业提供的生产资料如化肥、农药等工业。

根据上述划分原则,修理业中以重工业产品为修理作业对象的划为重工业,反之划为轻工业。

从2003年起轻、重工业内部不再细划分。

工业总产值 指以货币表现的工业企业在一定时期内生产的已出售或可供出售工业产品总量,它反映一定时间内工业生产的总规模和总水平。它包括:在本企业内不再进行加工,经检验、包装入库规定不需包装的产品除外的成品价值,对外加工费收入,自制半成品在产品期末初差额价值。工业总产值采用"工厂法"计算,即以工业企业作为一个整体,按企业工业生产活动的最终成果来计算,企业内部不允许重复计算,不能把企业内部各个车间(分厂)生产的成果相加。但在企业之间、行业之间、地区之间存在着重复计算。

轻重工业总产值的划分也是按"工厂法"计算的,即一个工业企业在正常情况下生产的主要产品的性质属于轻工业,则该企业的全部工业总产值作为轻工业总产值,生产的主要产品的性质属于重工业,则该企业的全部总产值作为重工业总产值。

工业增加值 指工业企业在报告期内以货币表现的工业生产活动的最终成果。

实收资本 指企业实际收到的投资人投入的资本(或股本),包括货币、实物、无形资产等各种形式的投入。按投资主体可分为国家资本、集体资本、法人资本、个人资本、港澳台资本和外商资本等。

资产合计 指企业拥有或控制的能以货币计量的经济资源。包括各种财产、债权和其他权利。资产按其流动性划分为流动资产、长期投资、固定资产、无形及递延资产和其他资产。

(1)流动资产 指企业可以在一年内或者超过一年的一个生产周期内变现或耗用的资产合计。包括现金及各种存款、短期投资、应收及预付款项、存货等。

(2)固定资产 指企业固定资产净值、固定资产清理、在建工程、待处理固定资产损失所占用的资金合计。

(3)无形资产 指企业长期使用而没有实物形态的资产。包括专利权、非专利技术、商标权、著作权、土地使用权、商誉等。

负债合计 指企业承担的能以货币计量,将以资产或劳务偿付的债务。负债一般按偿还期长短分为流动负债和长期负债、递延税项等。

(1)流动负债 指企业在一年内或者超过一年的一个营业周期内需要偿还的债务合计,其中包括短期借款、应付及预收款项、应付工资、应交税金和应交利润等。

(2)长期负债 指企业在一年以上或者超过一年的一个营业周期以上需要偿还的债务合计,其中包括长期借款、应付债务、长期应付款项等。

所有者权益 指企业投资人对企业净资产的所有权。企业净资产等于企业全部资产减去全部负债后的余额,其中包括投资者对企业的最初投入,以及资本公积金、盈余公积金和未分配利润,股份制企业即为股东权益。

固定资产原价 指企业在建造、购置、安装、改建、扩建、技术改造某项固定资产时所支出的全部货币总额。它一般包括买价、包装费、运杂费和安装费等。

固定资产净值 指固定资产原价减去历年已提折旧额后的净额。

流动资产 指可以在一年或者超过一年的一个营业周期内变现或者耗用的资产,包括现金及各种存款、短期投资、应收及预付货款、存货等。

主营业务收入 指企业销售产品和提供劳务等主要经营业务取得的业务总额。

主营业务成本 指企业销售产品和提供劳务等主要经营业务的实际成本。

主营业务税金及附加 指企业销售产品和提供工业性劳务等主要经营业务应负担的城市维护建设税、消费税、资源税和教育费附加。

利润总额 指企业在生产经营过程中各种收入扣除各种耗费后的盈余,反映企业在报告期内实现的亏盈总额,包括营业利润、补贴收入、投资净收益和营业外收支净额。

应交增值税 指企业按税法规定,从事货物销售或提供加工、修理修配劳务等增加货物价值的活动报告期应交纳的增值税额。计算公式:

应交增值税 = 销项税额 - (进项税额 - 进项税额转出) - 出口抵减内销产品应纳税额 - 减免税款 + 出口退税

总资产贡献率 反映企业全部资产的获利能力,是企业经营业绩和管理水平的集中体现,是评价和考核企业盈利能力的核心指标。计算公式:

总资产贡献率(%) = (利润总额 + 税金总额 + 利息支出)/平均资产总额 ×100%

资产负债率该 指标既反映企业经营风险的大小,也反映企业利用债权人提供的资金从事经营活动的能力。计算公式:

资产负债率(%) = 负债总额/资产总额 × 100%

工业成本费用利润率 指在一定时期内实现的利润与成本费用之比,是反映工业生产成本及费用投入的经济效益指标,同时也是反映降低成本的经济效益的指标。计算公式:

工业成本费用利润率(%) = 利润总额/成本费用总额 ×100%

工业增加值率 指在一定时期内工业增加值占同期工业总产值的比重,反映降低中间消耗的经济效益。计算公式:

工业增加值率(%) = 工业增加值(现价)/工业总产值(现价) ×100%

流动资产周转次数 指在一定时期内流动资产完成的周转次数,反映流动资产的周转速度。计算公式为:

流动资金周转次数 = 主营业务收入/全部流动资产平均余额

产品销售率 指报告期工业销售产值与同期工业总产值之比,是反映工业产品已实现销售的程度,分析工业产销衔接情况,研究工业产品满足社会需求程度的指标。计算公式:

产品销售率(%) = 工业销售产值/工业总产值 ×100%

全员劳动生产率 指根据产品的价值量指标计算的平均每一个从业人员在单位时间内的产品生产量。是考核企业经济活动的重要指标,是企业生产技术水平、经营管理水平、职工技术熟练程度和劳动积极性的综合表现。目前我国的全员劳动生产率是将工业企业的工业增加值除以同一时期全部从业人员的平均人数来计算的。计算公式:

全员劳动生产率 = 工业增加值/全部从业人员平均人数

临汾统计年鉴

十、建筑业

资料整理人员

王福勤　李晓华

建筑业

建筑业企业单位数	148	个
建筑业企业竣工产值	126.99	亿元
建筑业企业总产值	164.51	亿元
建筑业企业房屋建筑竣工面积	1969677	平方米

建筑业企业总产值构成(%)

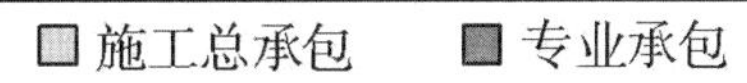

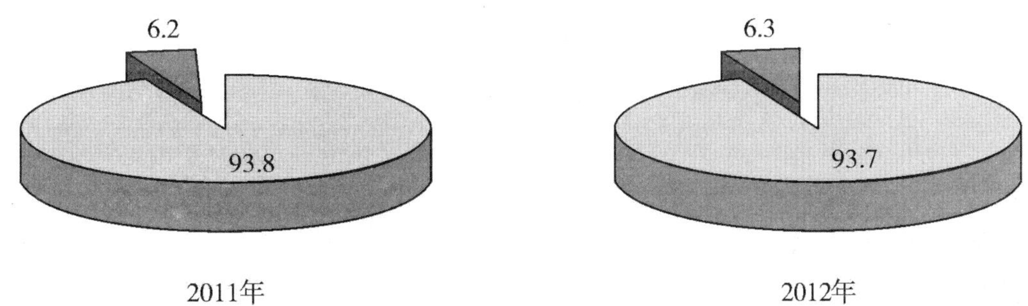

建筑业企业总产值(亿元)

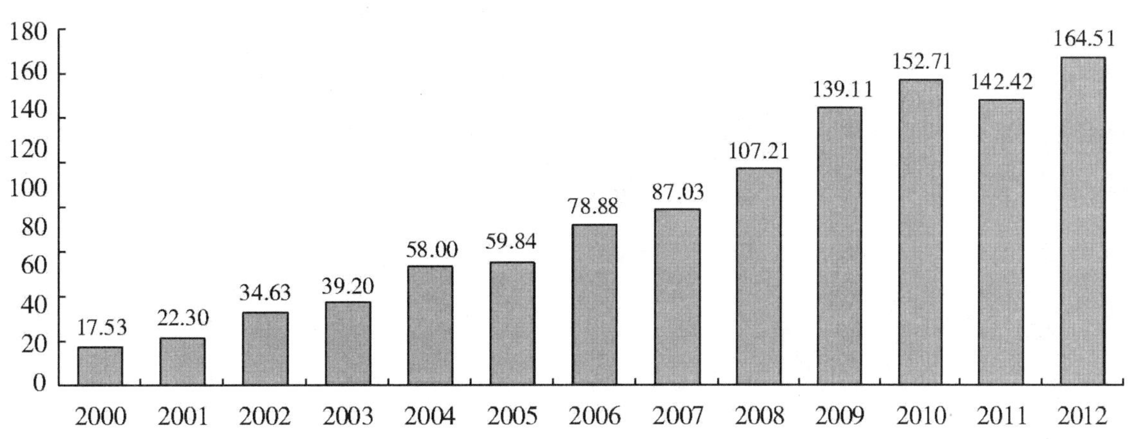

10—1 建筑施工企业主要经济指标

指　　标	2006	2007	2008	2009	2010	2011	2012
施工企业个数(个)	90	107	116	124	130	144	148
直接从事生产经营活动的平均人数(人)	47074	49507	57521	59919	62793	51688	48792
期末从业人数(人)	39694	39514	52051	57198	61590	49194	48902
固定资产原价(千元)	1515072	1638377	1888929	2299704	2344548	2700439	3126057
固定资产合计(千元)	1046327	1149376	1264264	1604366	1683604	1894776	2115363
自有机械设备总台数(台)	19980	20287	17203	16668	16778	20389	18610
自有机械设备净值(千元)	621516	632557	759243	779091	928314	931447	1060754
自有机械设备总功率(千瓦)	303081	352554	347672	334595	370117	438808	429584
建筑业总产值(千元)	7887710	8702618	10721428	13911386	15271057	14242160	16450949
竣工产值(千元)	3834864	4071565	4520120	9521320	7770591	11102052	12699497
固定资产折旧(千元)	637398	641358	664087	881888	831939	1075248	1340358
施工面积(平方米)	3395243	4484219	4111471	3960201	4730741	5300605	6060328
竣工面积(平方米)	1252521	1558471	1366898	1603293	1636953	1900429	1969677
营业利润(千元)	86639	120884	163181	203329	275160	195277	269053
管理费用(千元)	270112	262402	468233	539299	715861	595993	689454
利润总额(千元)	87467	122148	162803	193864	282923	192158	280144
上缴税金(千元)	258539	282590	385663	465052	507782	483483	564790
按总产值计算的全员劳动生产率(元/人)	167560	175786	186392	232912	243197	275540	337165
实收资本金(千元)	913266	944766	1289338	1511013	2066040	2351808	2943021
资产总计(千元)	4249677	6224852	7251160	9858862	11181711	13684478	15943659
负债合计(千元)	3236739	5102280	5779954	8101108	8717177	10586267	12092723
所有者权益合计(千元)	1012938	1122572	1471206	1749776	2464534	3098211	3837677
竣工率(按产值计算)(%)	49.0	46.8	42.0	68.0	50.9	77.9	77.2
技术装备率(元/人)	15658	16008	14587	13621	15072	18934	21691
动力装备率(千瓦/人)	6.0	8.9	6.8	5.9	6.0	8.9	8.8
资产负债率(%)	76.2	82.0	79.7	82.2	77.9	77.4	75.8
产值利润率(%)	1.1	1.4	1.5	1.4	1.9	1.4	1.6

10—2 建筑业企业总产值和竣产产值(2012 年)

单位:千元

指　标	建筑业总产值	建筑工程	安装工程	其　他	竣工产值
总　计	**16450949**	**15591321**	**709177**	**150451**	**12699497**
其中:国有及国有控股企业	13361760	13125649	157413	78698	10493827
按登记注册类型分组					
内资企业	16450949	15591321	709177	150451	12699497
国有企业	2881177	2849480	31697		1510581
集体企业	286995	283783	1151	2061	208681
有限责任公司	10915587	10504515	328313	82759	9256069
其他有限责任公司	10915587	10504515	328313	82759	9256069
私营企业	2363790	1950143	348016	65631	1724166
私营独资企业	12198	12198			
私营有限责任公司	2350014	1936367	348016	65631	1722588
私营股份有限公司	1578	1578			1578
其他企业	3400	3400			
按国民经济行业分组					
房屋和土木工程建筑业	15846272	15299786	427685	118801	12180991
房屋工程建筑	4233550	4024138	131820	77592	2579976
土木工程建筑	11612722	11275648	295865	41209	9601015
建筑安装业	349494	95035	254459		286570
建筑装饰业	112241	82517	27033	2691	90872
其他建筑业	142942	113983		28959	141064
按隶属关系分组					
中　央	6862720	6862720			8002960
省	5840836	5640750	121388	78698	2131814
市	695763	516447	179316		337790
县	587193	522675	60457	4061	402120
其　他	2464437	2048729	348016	67692	1824813
按企业资质等级分组					
施工总承包	15411516	14964364	332056	115096	11874527
一　级	10757359	10757359			9161480
二　级	2950629	2785489	126256	38884	1366858
三级及以下	1703528	1421516	205800	76212	1346189
专业承包	1039433	626957	377121	35355	824970
一　级					
二　级	436422	298152	138270		382130
三级及以下	603011	328805	238851	35355	442840

10—3 按主要用途分房

指　　标	合　计	住宅房屋	商业及服务用房屋	商厦房屋（批发和零售用房）	宾馆用房屋（住宿用房）	餐饮用房屋（餐饮用房）	商务会展用房屋
总　　计	**1969677**	**1323393**	**124558**	**21939**	**61663**	**3874**	**923**
其中：国有及国有控股企业	1125207	860924	44389		44389		
按登记注册类型分组							
内资企业	1969677	1323393	124558	21939	61663	3874	923
国有企业	1040722	776646	44389		44389		
集体企业	108313	70305					
有限责任公司	202662	155741	6994				
其他有限责任公司	202662	155741	6994				
私营企业	617980	320701	73175	21939	17274	3874	923
私营独资企业							
私营有限责任公司	615200	320701	73175	21939	17274	3874	923
私营股份有限公司	2780						
其他企业							
按国民经济行业分组							
房屋和土木工程建筑业	1919689	1323393	124558	21939	61663	3874	923
房屋工程建筑	1859015	1262719	124558	21939	61663	3874	923
土木工程建筑	60674	60674					
建筑安装业	49988						
建筑装饰业							
其他建筑业							
按隶属关系分组							
中　央							
省	1038100	775359	44389		44389		
市	12939	11397					
县	226644	175630	6994				
其　他	691994	361007	73175	21939	17274	3874	923
按企业资质等级分组							
施工总承包	1916909	1323393	124558	21939	61663	3874	923
一　级	977219	714685	44389		44389		
二　级	205219	138364	22680	3047	8774	3314	923
三级及以下	734471	470344	57489	18892	8500	560	
专业承包	52768						
一　级							
二　级							
三级及以下	52768						

屋建筑竣工面积(2012 年)

单位:平方米

其他商业及服务用房屋(居民服务业用房)	办　公用房屋	科研、教育、医疗用房屋	教　育用房屋	医疗用房屋(卫生医疗用房)	文化、体育、娱乐用房屋	厂房及建筑物	厂　房	仓　库	其他未列明的房屋建筑物
36159	**117148**	**110079**	**83166**	**26913**	**10877**	**234459**	**201235**	**30624**	**18539**
	21677	61714	61714			117304	117304	17685	1514
36159	117148	110079	83166	26913	10877	234459	201235	30624	18539
	21470	61714	61714			117304	117304	17685	1514
	11456	2700	2700			11789		12063	
6994	24790	5756	5756			9381	9381		
6994	24790	5756	5756			9381	9381		
29165	59432	39909	12996	26913	10877	95985	74550	876	17025
29165	59432	39909	12996	26913	10877	93205	71770	876	17025
						2780	2780		
36159	117148	110079	83166	26913	10877	184471	151247	30624	18539
36159	117148	110079	83166	26913	10877	184471	151247	30624	18539
						49988	49988		
	21677	60172	60172			117304	117304	17685	1514
		1542	1542						
6994	24583	8456	8456			10981	9381		
29165	70888	39909	12996	26913	10877	106174	74550	12939	17025
36159	117148	110079	83166	26913	10877	181691	148467	30624	18539
	21470	60172	60172			117304	117304	17685	1514
6622	17737	9900	5912	3988	7152	5045	4698	876	3465
29537	77941	40007	17082	22925	3725	59342	26465	12063	13560
						52768	52768		
						52768	52768		

10—4 按主要用途分房屋

指　　标	合　计	住宅房屋	商业及服务用房屋	商厦房屋(批发和零售用房)	宾馆用房屋(住宿用房)	餐饮用房屋(餐饮用房)	商务会展用房屋
总　　计	**2274572**	**1517973**	**165419**	**36142**	**77218**	**5073**	**1805**
其中:国有及国有控股企业	1246873	934917	50969		50969		
按登记注册类型分组							
内资企业	2274572	1517973	165419	36142	77218	5073	1805
国有企业	1171454	859698	50969		50969		
集体企业	147194	89002					
有限责任公司	238076	172589	8393				
其他有限责任公司	238076	172589	8393				
私营企业	717848	396684	106057	36142	26249	5073	1805
私营独资企业							
私营有限责任公司	716270	396684	106057	36142	26249	5073	1805
私营股份有限公司	1578						
其他企业							
按国民经济行业分组							
房屋和土木工程建筑业	2250234	1517973	165419	36142	77218	5073	1805
房屋工程建筑	2193898	1461637	165419	36142	77218	5073	1805
土木工程建筑	56336	56336					
建筑安装业	24338						
建筑装饰业							
其他建筑业							
按隶属关系分组							
中　央							
省	1147847	838251	50969		50969		
市	14383	12023					
县	299152	227805	8393				
其　他	813190	439894	106057	36142	26249	5073	1805
按企业资质等级分组							
施工总承包	2248656	1517973	165419	36142	77218	5073	1805
一　级	1091311	781915	50969		50969		
二　级	206324	137103	24745	2256	11459	4099	1805
三级及以下	951021	598955	89705	33886	14790	974	
专业承包	25916						
一　级							
二　级							
三级及以下	25916						

建筑竣工价值(2012 年)

单位:千元

其他商业及服务用房屋(居民服务业用房)	办公用房屋	科研、教育、医疗用房屋	教育用房屋	医疗用房屋(卫生医疗用房)	文化、体育、娱乐用房屋	厂房及建筑物	厂房	仓库	其他未列明的房屋建筑物
45181	**179027**	**146749**	**116385**	**30364**	**15230**	**199057**	**175126**	**24038**	**27079**
	53755	90535	90535			103768	103768	4694	8235
45181	179027	146749	116385	30364	15230	199057	175126	24038	27079
	53555	90535	90535			103768	103768	4694	8235
	17710	4170	4170			17663		18649	
8393	33390	7782	7782			15922	15922		
8393	33390	7782	7782			15922	15922		
36788	74372	44262	13898	30364	15230	61704	55436	695	18844
36788	74372	44262	13898	30364	15230	60126	53858	695	18844
						1578	1578		
45181	179027	146749	116385	30364	15230	174719	150788	24038	27079
45181	179027	146749	116385	30364	15230	174719	150788	24038	27079
						24338	24338		
	53755	88175	88175			103768	103768	4694	8235
		2360	2360						
8393	33190	11952	11952			17812	15922		
36788	92082	44262	13898	30364	15230	77477	55436	19344	18844
45181	179027	146749	116385	30364	15230	173141	149210	24038	27079
	53555	88175	88175			103768	103768	4694	8235
5126	18388	9984	6846	3138	5612	6116	5914	695	3681
40055	107084	48590	21364	27226	9618	63257	39528	18649	15163
						25916	25916		
						25916	25916		

10—5 建筑业企业房屋建筑面积(2012年)

单位:平方米

指　　标	房屋建筑施工面积	#本年新开工面积	#投标承包的面积
总　　计	**6060328**	**2706812**	**5203359**
其中:国有及国有控股企业	4521085	1779412	4086510
按登记注册类型分组			
内资企业	6060328	2706812	5203359
国有企业	4173412	1624488	3753741
集体企业	201113	106363	111086
有限责任公司	566232	353200	529799
其他有限责任公司	566232	353200	529799
私营企业	1119571	622761	808733
私营独资企业			
私营有限责任公司	1116791	622761	808733
私营股份有限公司	2780		
其他企业			
按国民经济行业分组			
房屋和土木工程建筑业	6010340	2696726	5203359
房屋工程建筑	5668751	2566766	4894194
土木工程建筑	341589	129960	309165
建筑安装业	49988	10086	
建筑装饰业			
其他建筑业			
按隶属关系分组			
中　央			
省	4243781	1536108	3809206
市	201687	139033	181328
县	417792	360101	342293
其　他	1197068	671570	870532
按企业资质等级分组			
施工总承包	6007560	2696726	5203359
一　级	3919712	1404788	3500041
二　级	875070	566168	813658
三级及以下	1212778	725770	889660
专业承包	52768	10086	
一　级			
二　级			
三级及以下	52768	10086	

10—6 建筑业企业机械设备情况(2012 年)

指　　标	年末自有机械设备总功率(千瓦)	年末自有机械设备总台数(台)	自有机械设备净值(千元)
总　　计	**1060754**	**18610**	**429584**
其中:国有及国有控股企业	590314	5502	206069
按登记注册类型分组			
内资企业	1060754	18610	429584
国有企业	45771	1755	32130
集体企业	53391	4168	26662
有限责任公司	562683	4317	188224
其他有限责任公司	562683	4317	188224
私营企业	397829	8364	182388
私营独资企业			
私营有限责任公司	397813	8340	182365
私营股份有限公司	16	24	23
其他企业	1080	6	180
按国民经济行业分组			
房屋和土木工程建筑业	926437	16857	378755
房屋工程建筑	210668	11330	111556
土木工程建筑	715769	5527	267199
建筑安装业	31306	481	8242
建筑装饰业	9612	878	5220
其他建筑业	93399	394	37367
按隶属关系分组			
中　央	346220	953	126080
省	207492	3276	49823
市	51448	4543	30127
县	47577	927	24407
其　他	408017	8911	199147
按企业资质等级分组			
施工总承包	868591	16058	349464
一　级	509806	3579	174833
二　级	167550	3015	67775
三级及以下	191235	9464	106856
专业承包	192163	2552	80120
一　级			
二　级	46078	814	15299
三级及以下	146085	1738	64821

10—7 建筑业总、专包企业劳动生产率(2012 年)

指　　标	企业个数(个)	直接从事生产经营活动的平均人数(人)	按总产值计算的劳动生产率(元/人)	人均竣工产值(元/人)
总　　计	**148**	**48792**	**337165**	**260278**
其中:国有及国有控股企业	18	30818	433570	340510
按登记注册类型分组				
内资企业	148	48792	337165	260278
国有企业	7	5038	571889	299837
集体企业	8	1815	158124	114976
有限责任公司	18	27989	389996	330704
其他有限责任公司	18	27989	389996	330704
私营企业	114	13626	173476	126535
私营独资企业	1	45	271067	
私营有限责任公司	112	13569	173190	126950
私营股份有限公司	1	12	131500	131500
其他企业	1	324	10494	
按国民经济行业分组				
房屋和土木工程建筑业	92	45578	347674	267256
房屋工程建筑	44	13753	307827	187594
土木工程建筑	48	31825	364893	301682
建筑安装业	24	1718	203431	166804
建筑装饰业	23	694	161731	130939
其他建筑业	9	802	178232	175890
按隶属关系分组				
中　央	1	14826	462884	539792
省	8	12765	457566	167005
市	10	3528	197212	95745
县	11	3602	163019	111638
其　他	118	14071	175143	129686
按企业资质等级分组				
施工总承包	76	43680	352828	271853
一　级	5	20473	525441	447491
二　级	14	12189	242073	112139
三级及以下	57	11018	154613	122181
专业承包	72	5112	203332	161379
一　级				
二　级	14	1831	238352	208700
三级及以下	58	3281	183789	134971

10—8 建筑业企业资本金及资产(2012 年)

单位:千元

指　　标	实收资本	资产总计	#流动资产合计	#固定资产合计	固定资产原价合计	固定资产折　　旧	#本年折旧
总　　计	**2943021**	**15943659**	**13355825**	**2115363**	**3126057**	**1340358**	**286531**
其中:国有及国有控股企业	1389261	12192069	10833410	1149958	1889479	964307	202269
按登记注册类型分组							
内资企业	2943021	15943659	13355825	2115363	3126057	1340358	286531
国有企业	260826	2612147	2322276	263105	260967	82785	13296
集体企业	79639	207362	142655	64587	100557	36275	6120
有限责任公司	1230403	9935006	8780816	938954	1719709	922132	195437
其他有限责任公司	1230403	9935006	8780816	938954	1719709	922132	195437
私营企业	1351053	3121224	2065333	828213	1022042	296888	69400
私营独资企业	20000	20115	16311	3804	3936	132	132
私营有限责任公司	1322753	3089956	2044558	817721	1009468	294765	68940
私营股份有限公司	8300	11153	4464	6688	8638	1991	328
其他企业	21100	67920	44745	20504	22782	2278	2278
按国民经济行业分组							
房屋和土木工程建筑业	2608757	14856082	12579676	1869817	2807910	1250778	270616
房屋工程建筑	792168	3765889	3129916	536039	696613	211590	52525
土木工程建筑	1816589	11090193	9449760	1333778	2111297	1039188	218091
建筑安装业	157174	587992	490761	76598	96408	34979	6073
建筑装饰业	68460	120377	87483	29555	40086	11644	2883
其他建筑业	108630	379208	197905	139393	181653	42957	6959
按隶属关系分组							
中　央	600000	6301721	5630660	530939	1003536	558829	147804
省	682638	5415467	4931622	422625	720247	355353	49226
市	135587	699543	458205	207061	204419	77584	11086
县	151623	282645	169839	108782	152701	45435	7472
其　他	1373173	3244283	2165499	845956	1045154	303157	70943
按企业资质等级分组							
施工总承包	2364191	14302850	12276112	1637990	2618620	1187592	263879
一　级	1263556	10209343	9164041	799959	1480848	773666	187565
二　级	401652	2320475	1894530	397559	565790	245515	29815
三级及以下	698983	1773032	1217541	440472	571982	168411	46499
专业承包	578830	1640809	1079713	477373	507437	152766	22652
一　级							
二　级	131596	490571	297541	175623	143146	51429	5903
三级及以下	447234	1150238	782172	301750	364291	101337	16749

10—9 建筑业企业负债及所有者权益(2012年)

单位:千元

指　　标	负债合计	流动负债	非流动负债	所有者权益合计
总　　计	**12092723**	**11617948**	**380202**	**3837677**
其中:国有及国有控股企业	10437668	10124976	309813	1754401
按登记注册类型分组				
内资企业	12092723	11617948	380202	3837677
国有企业	2350449	2343117	4454	261698
集体企业	108320	108320		99042
有限责任公司	8276850	7964780	305359	1658156
其他有限责任公司	8276850	7964780	305359	1658156
私营企业	1314077	1158704	70389	1793888
私营独资企业	115	115		20000
私营有限责任公司	1311119	1155746	70389	1765578
私营股份有限公司	2843	2843		8310
其他企业	43027	43027		24893
按国民经济行业分组				
房屋和土木工程建筑业	11510214	11084498	334111	3336277
房屋工程建筑	2691178	2672740	8752	1074711
土木工程建筑	8819036	18411758	325359	2261566
建筑安装业	324684	321316	400	259640
建筑装饰业	29030	28663	367	91347
其他建筑业	228795	183471	45324	150413
按隶属关系分组				
中　央	5511359	5206000	305359	790362
省	4560663	4560663		854804
市	527912	523458	4454	171631
县	92415	82826		190230
其　他	1400374	1245001	70389	1830650
按企业资质等级分组				
施工总承包	11232754	10809798	331351	3060505
一　级	8674035	8357756	316279	1535308
二　级	1782977	1768424	11675	537498
三级及以下	775742	683618	3397	987699
专业承包	859969	808150	48851	777172
一　级				
二　级	280315	279154	1161	210256
三级及以下	579654	528996	47690	566916

10—10 建筑业企业工程结算收入(2012 年)

单位:千元

指　标	营业收入	主营业务收入	营业成本	主营业务成本	营业税金及附加	主营业务税金及附加	营业外收入
总　计	**16452164**	**16172727**	**14841771**	**14597815**	**547596**	**540922**	**19213**
其中:国有及国有控股企业	13487430	13305785	12415702	12255531	446577	444815	10603
按登记注册类型分组							
内资企业	16452164	16172727	14841771	14597815	547596	540922	19213
国有企业	2873782	2823542	2562320	2526478	94727	94370	1320
集体企业	328810	328810	282253	282253	11231	11231	135
有限责任公司	11029402	10875436	10218386	10082774	365957	363365	12412
其他有限责任公司	11029402	10875436	10218386	10082774	365957	363365	12412
私营企业	2165677	2090446	1729203	1656701	73806	70081	5346
私营独资企业	1030	1030	811	811	31	31	
私营有限责任公司	2163069	2087838	1727152	1654650	73722	69997	5346
私营股份有限公司	1578	1578	1240	1240	53	53	
其他企业	54493	54493	49609	49609	1875	1875	
按国民经济行业分组							
房屋和土木工程建筑业	15736707	15494638	14275134	14069174	525124	520126	14673
房屋工程建筑	4148367	4083893	3608127	3556748	138382	136643	1961
土木工程建筑	11588340	11410745	10667007	10512426	386742	383483	12712
建筑安装业	447195	410381	358963	321532	15097	13421	2735
建筑装饰业	111846	111292	91582	91017	3700	3700	
其他建筑业	156416	156416	116092	116092	3675	3675	1805
按隶属关系分组							
中　央	6882074	6878358	6387745	6383372	229358	229358	997
省	5992132	5835887	5489387	5346848	197425	195663	8761
市	715720	672608	616463	591921	23225	22038	3678
县	596648	596648	533104	533104	20466	20466	344
其　他	2265590	2189226	1815072	1742570	77122	73397	5433
按企业资质等级分组							
施工总承包	15339601	15121873	13937080	13750281	512340	508011	14610
一　级	10731675	10682924	9859335	9817652	357037	356680	2414
二　级	3043251	2916932	2787091	2674889	99842	98439	8119
三级及以下	1564675	1522017	1290654	1257740	55461	52892	4077
专业承包	1112563	1050854	904691	847534	35256	32911	4603
一　级							
二　级	435934	430135	355838	349744	14325	14325	2275
三级及以下	676629	620719	548853	497790	20931	18586	2328

10—11 建筑业企业费用、工资福利情况(2012 年)

单位:千元

指　　标	管理费用	#差旅费	#工会经费	财务费用	应付职工薪　　酬
总　　计	**689454**	**17194**	**37328**	**49910**	**1436509**
其中:国有及国有控股企业	485720	8624	21231	22080	979188
按登记注册类型分组					
内资企业	689454	17194	37328	49910	1436509
国有企业	202066	4043	11851	4864	200535
集体企业	31879	923	1235	2074	53083
有限责任公司	305061	5694	10578	17248	864618
其他有限责任公司	305061	5694	10578	17248	864618
私营企业	147984	6286	13394	25484	316273
私营独资企业	192	21	46		431
私营有限责任公司	147508	6265	13348	25484	315442
私营股份有限公司	284				400
其他企业	2464	248	270	240	2000
按国民经济行业分组					
房屋和土木工程建筑业	629318	15087	32541	41154	1361429
房屋工程建筑	255907	7492	18619	17641	456484
土木工程建筑	373411	7595	13922	23513	904945
建筑安装业	38304	1568	4016	1979	37926
建筑装饰业	8390	268	630	623	17461
其他建筑业	13442	271	141	6154	19693
按隶属关系分组					
中　央	172139	1354	2577	13425	506615
省	266042	5178	14301	8219	404414
市	64459	2880	2243	682	97969
县	31750	1334	4518	2070	104056
其　他	155064	6448	13689	25514	323455
按企业资质等级分组					
施工总承包	588275	13916	30515	40977	1321905
一　级	389030	4318	16204	26397	750522
二　级	102390	4806	2251	8228	275935
三级及以下	96855	4792	12060	6352	295448
专业承包	101179	3278	6813	8933	114604
一　级					
二　级	40424	2184	3392	2010	37169
三级及以下	60755	1094	3421	6923	77435

10—11　续表

单位:千元

指　　标	土地和固定资产支出	土地购置	房屋和建筑物	机器设备	运输工具	其他费用
总　　计	**199902**		**14886**	**128409**	**36348**	**20259**
其中:国有及国有控股企业	131108		8516	94515	21541	6536
按登记注册类型分组						
内资企业	199902		14886	128409	36348	20259
国有企业	41092		8382	18605	11775	2330
集体企业	1416			1325		91
有限责任公司	96478		634	77579	13094	5171
其他有限责任公司	96478		634	77579	13094	5171
私营企业	60916		5870	30900	11479	12667
私营独资企业						
私营有限责任公司	60916		5870	30900	11479	12667
私营股份有限公司						
其他企业						
按国民经济行业分组						
房屋和土木工程建筑业	189736		12778	120871	36263	19824
房屋工程建筑	48682		12175	17467	4547	14493
土木工程建筑	141054		603	103404	31716	5331
建筑安装业	4959		134	4543	85	197
建筑装饰业	2784		1974	572		238
其他建筑业	2423			2423		
按隶属关系分组						
中　央	65987			57818	8169	
省	45769		8279	26210	4928	6352
市	25085		737	12044	11064	1240
县	2020			1400	620	
其　他	61041		5870	30937	11567	12667
按企业资质等级分组						
施工总承包	180955		12412	120742	28716	19085
一　级	120550		8279	83834	22122	6315
二　级	32282		103	28909	3076	194
三级及以下	28123		4030	7999	3518	12576
专业承包	18947		2474	7667	7632	1174
一　级						
二　级	10102			3203	6899	
三级及以下	8845		2474	4464	733	1174

10—12 建筑业企业利润及税金情况(2012年)

单位:千元

指　　标	利润总额	税金总额	营业税金及附加	管理费用中的税金	营业利润	其他业务利润
总　　计	**280144**	**564790**	**547596**	**17194**	**269053**	**29777**
其中:国有及国有控股企业	115576	455201	446577	8624	111192	11031
按登记注册类型分组						
内资企业	280144	564790	547596	17194	269053	29777
国有企业	6759	98770	94727	4043	8472	7292
集体企业	1174	12154	11231	923	1237	
有限责任公司	126774	371651	365957	5694	117815	13830
其他有限责任公司	126774	371651	365957	5694	117815	13830
私营企业	145282	80092	73806	6286	141274	8655
私营独资企业	-4	52	31	21	-4	
私营有限责任公司	145285	79987	73722	6265	141277	8655
私营股份有限公司	1	53	53		1	
其他企业	155	2123	1875	248	255	
按国民经济行业分组						
房屋和土木工程建筑业	228923	540211	525124	15087	221292	24104
房屋工程建筑	91418	145874	138382	7492	93256	7515
土木工程建筑	137505	394337	386742	7595	128036	16589
建筑安装业	34321	16665	15097	1568	32636	5684
建筑装饰业	6276	3968	3700	268	6309	-11
其他建筑业	10624	3946	3675	271	8816	
按隶属关系分组						
中　央	76132	230712	229358	1354	75135	-657
省	34289	202603	197425	5178	31541	4396
市	14226	26105	23225	2880	10860	17383
县	8111	21800	20466	1334	8099	
其　他	147386	83570	77122	6448	143418	8655
按企业资质等级分组						
施工总承包	225479	526256	512340	13916	217786	21961
一　级	90375	361355	357037	4318	91478	-38
二　级	36715	104648	99842	4806	30832	11916
三级及以下	98389	60253	55461	4792	95476	10083
专业承包	54665	38534	35256	3278	51267	7816
一　级						
二　级	23108	16509	14325	2184	21573	-295
三级及以下	31557	22025	20931	1094	29694	8111

主要统计指标解释

建筑业统计单位　指从事房屋、构筑物建造和设备安装活动的法人企业。建筑业法人企业应同时具备的条件是:①依法成立,有自己的名称、组织机构和场所,能够承担民事责任;②独立拥有和使用资产,承担负债,有权与其他单位签订合同;③独立核算盈亏,能够编制资产负债表。

建筑业总产值　以货币表现的建筑安装企业在一定时期内生产的建筑业产品和服务的总和。建筑业总产值包括:

(1)建筑工程产值:指列入建筑工程预算内的各种工程价值。

(2)设备安装工程产值:指设备安装工程价值,不包括被安装设备本身价值。

(3)其他产值:指建筑业总产值中除建筑工程、安装工程以外的产值。包括房屋构筑物修理产值、非标准设备制造产值、总包企业向分包企业收取的管理费以及不能明确划分的施工活动所完成的产值。

装修装饰产值　包括装修、装饰两部分产值。装修装饰指对新旧房屋及建筑物进行的内外装修装饰;对新建房屋及建筑物经过施工后,尚未完全达到使用标准,而进行的二次装修装饰;以及对原有房屋经使用若干年后进行的二次内外装饰。包括抹灰、门窗、玻璃、吊顶、隔断、饰面板(砖)、涂料、裱糊、刷浆、花饰等。

在外省完成的产值　指建筑业企业在其他省份施工所完成的建筑业产值。

竣工产值　一般是以单位工程为对象,当该工程按照设计所规定的工程内容全部完成,达到了设计规定的交工条件,经有关部门检查验收鉴定合格的单位工程价值,即为竣工产值。竣工产值包括范围应是报告期内竣工单位工程从开工到竣工的全部自行完成的价值,如果一个单位工程跨两个年度施工,其竣工价值应当包括上年度完成的价值。有些大型单位工程,如大型厂房、高级宾馆、各种管道、公路、铁路等,能够分跨、分层、分段施工并按合同规定,能够分开交付使用的,可以分开计算竣工产值。竣工产值不包括附属辅助企业或内部核算的其他单位为外单位生产和服务的价值。

房屋建筑施工面积　指在报告期内施工的全部房屋建筑面积,包括本期新开工的房屋面积、上期施工跨入本期继续施工的房屋面积、上期停缓建在本期恢复施工的房屋面积、本期竣工的房屋面积及本期施工后又停缓建的房屋面积。

本年新开工面积　指在报告期内新开工的各个房屋单位工程的建筑面积之和。它不包括在上期开工跨入报告期继续施工的房屋建筑面积和上期停缓建而在本期复工的建筑面积。新开工面积用于反映报告期内投入施工的房屋建筑规模,为科学组织施工提供依据。

年末自有施工机械设备净值　本企业(或单位)自有机械设备经过使用、磨损后实际存在的价值,即原值减去折旧后的净额。

年末自有机械设备总台数年末本企业(或单位)自有的直接用于工程施工的各种机械设备的台数。但不包括附属辅助生产机械设备、运输机械设备、生产试验机械设备的台数。

年末自有施工机械设备总功率　年末本企业(或单位)自有的直接用于工程施工的各种机械设备年末总功率,按设定能力或查定能力计算。包括机械本身的动力和为该机械服务的单独动力设备,如电动机等。计量单位用千瓦,动力换算可按1马力=0.735千瓦折合成千瓦数。电焊机、变压器、锅炉不计算动力。

计算建筑业劳动生产率的平均人数　建筑业企业(或单位)报告期实际拥有的、与建筑施工活动有关的人员的平均人数，包括参加本企业（或单位）建筑施工活动的非本企业（或单位）人员，但不包括企业内部社会服务性机构的人员以及由本企业支付工资但所从事的工作与本企业生产基本无关的人员。

房屋建筑竣工面积 指在报告期内房屋建筑按照设计要求全部完工，达到了住人和使用条件，经检查验收签定合格的房屋建筑面积。

资产总计 指企业拥有或控制的能以货币计量的经济资源，包括各种财产、债权和其他权利。建筑业企业的资产其按流动性分为：流动资产、长期投资、固定资产、无形资产、递延资产和其他资产根据会计“资产负债表”中“资产总计”项的年末数填列。

固定资产企业 使用期限超过一年的房屋、建筑物、机器、机械、运输工具以及其他与生产、经营有关的设备、器具、工具等。不属于生产经营主要设备的物品，单位价值在2000元以上，并且使用年限超过2年的，也应当作为固定资产。

负债合计 企业所承担的能以货币计量、将以资产或劳务偿付的债务。

所有者权益合计 企业投资人对企业净资产的所有权，企业净资产等于企业全部资产减去全部负债后的余额。其中包括实收资本、资本公积、盈余公积和未分配利润四部分。

实收资本企业 实际收到的投资投入的资本。按照投资主体划分为国家资本、集体资本、法人资本、个人资本、港澳台资本和外商资本六种。

工程结算收入 本企业承包工程实现的工程价款结算收入以及向发包单位收取的除工程价款以外按规定列作营业收入的各种款项，如临时设施费、劳动保险费、施工机械调迁费等以及向发包单位收取的各种索赔款。

工程结算成本 在报告期内与发包单位办理工程价款结算的已完工程实际成本。

工程结算税金附加 因从事建筑业生产活动，取得工程价款结算收入而按规定应该缴纳的营业税、城市维护建设税等以及随同营业税金一并计算缴的教育费附加等。

营业利润 企业生产经营活动所实现的利润，分为主营业务利润和其他利润。

利润总额 指企业在工程施工生产过程中，取得工程价款收入、机械作业收入等，扣除投入的成本及其他一系列费用，再加减非经营性质的收支及投资收益，即为施工企业全年实现的利润总额（或亏损总额）。

本年应付工资总额 指报告期内企业应付给与工程施工直接有关的职工的工资。

应收工程款 指建筑业企业在报告期末应向发包单位收取而未收取的工程款。

十一、交通运输、邮电通讯业

资料整理人员

申淑霞　梁　茹

交通运输、邮电通讯业

公路通车里程	17816	公里
公路客运量	4570	万人
公路客运周转量	271970	万人公里
公路货运量	11486	万吨
公路货物周转量	1863810	万吨公里
固定电话年末数	62.72	万部
移动电话数量	363.85	万部

民用汽车拥有量(辆)

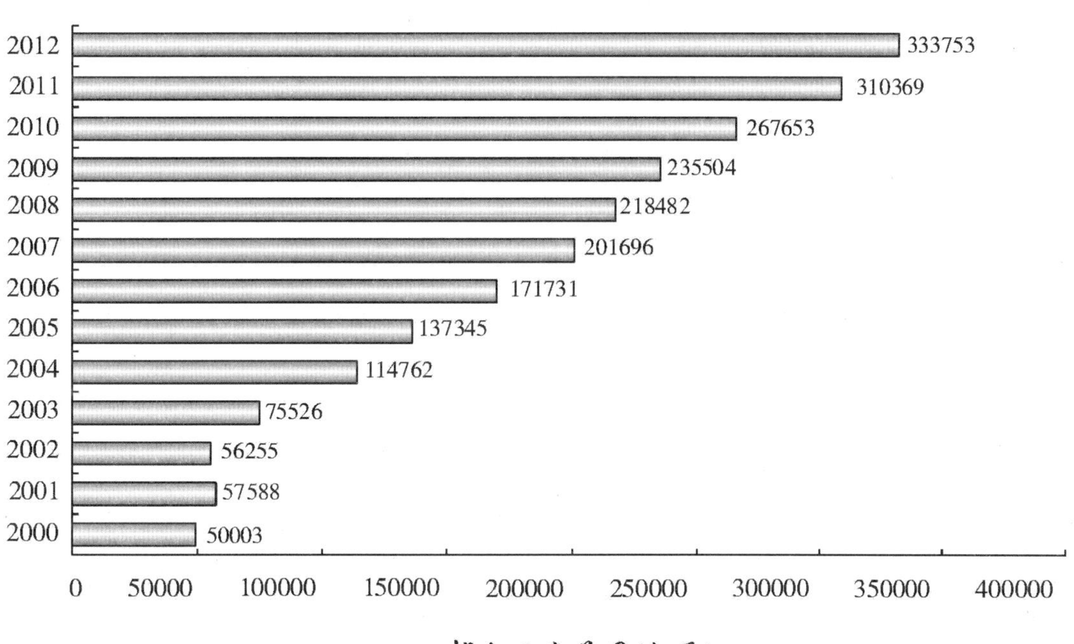

邮电业务总量(亿元)

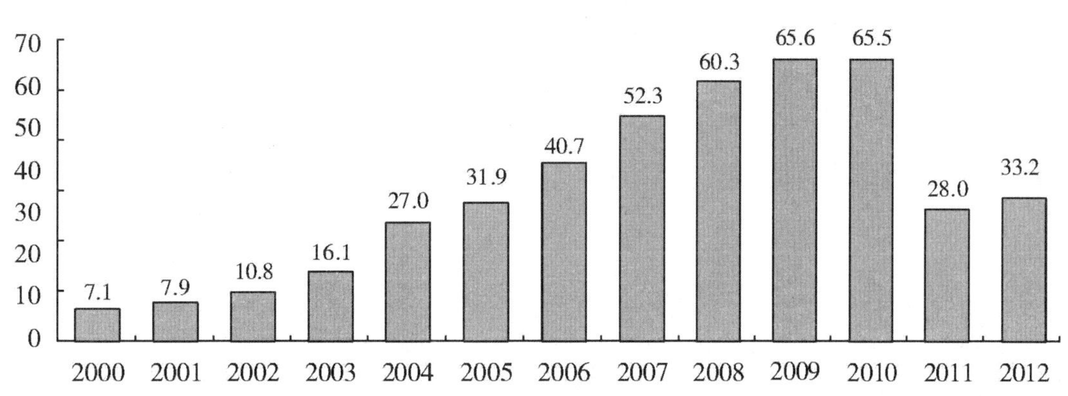

注:2011 年起,邮电业务总量(包括邮政业务总量和电信业务总量)由之前的 2000 年不变价变更为 2010 年不变价。

11—1 主要年份公路通车里程

单位:公里

年 份	公路通车里程	等级公路						等外公路
		合 计	高速公路	一级公路	二级公路	三级公路	四级公路	
1952	418							
1957	825							
1962	1911							
1965	2918							
1970	3524							
1975	3671							
1978	3840	1902				335	1567	1938
1980	3281	1902				335	1567	1379
1985	3345	2037			34	449	1554	1308
1990	3620	2636			166	843	1627	984
1995	3921	3146			503	1118	1525	775
2000	8714	8430		141	1222	3186	3881	284
2001	8761	8477		148	1242	3195	3892	284
2002	8872	8589		148	1304	3191	3946	283
2003	8975	8692		148	1389	3182	3973	283
2004	9013	8749		156	1548	3127	3918	264
2005	9556	9329	148	155	1698	3129	4199	227
2006	12884	10243	148	160	1498	2565	5872	2641
2007	14379	12332	198	203	1625	2663	7643	2047
2008	16082	14304	208	220	1748	2725	9403	1779
2009	16596	15634	208	221	1832	2710	10661	962
2010	17105	16333	208	327	1826	2751	11221	772
2011	17390	16641	342	332	1824	2823	11319	748
2012	17816	17137	462	335	1849	2865	11627	679

11—2 主要年份公路客运量及客运周转量

年 份	公路客运量(万人)			公路客运周转量(万人公里)		
	合 计	#侯马汽车运输公司	#临汾汽车运输公司	合 计	#侯马汽车运输公司	#临汾汽车运输公司
1952	11	11		491	491	
1957	34	31	3	1792	1595	197
1962	95	69	21	4616	2786	1800
1965	117	73	34	6085	3555	2247
1970	180	85	37	7864	4144	2805
1975	263	147	46	11621	6347	3561
1978	343	145	79	16957	8694	5664
1980	436	156	130	21742	10757	7403
1985	1010	433	230	44443	19064	16267
1990	1607	575	238	68629	27725	16108
1995	2337	917	270	115687	40204	26106
2000	4171	1156	455	175303	47581	41021
2001	4683	1169	481	200195	49287	47564
2002	5715	1082	550	231646	47159	59901
2003	5679	927	553	219397	46360	43000
2004	5355	823	320	236474	49058	46537
2005	5257	1164	401	255277	54124	45011
2006	5467	936	410	227807	57636	44090
2007	5545	980	505	233402	60418	60130
2008	4099	984	474	218929	60644	58574
2009	4118	942	364	233734	58053	50111
2010	4280	912	411	247831	56181	69583
2011	4480	887	423	266639	54652	73549
2012	4570	826	426	271970	57458	75426

注:2008 年后运管部门改变了运输量的调查方法,故口径与往年不一致。

11—3 主要年份公路货运量及货物周转量

年 份	公路货运量(万吨)			公路货物周转量(万吨公里)		
	合 计	#侯马汽车运输公司	#临汾汽车运输公司	合 计	#侯马汽车运输公司	#临汾汽车运输公司
1952	2	2		103	103	
1957	8	6	2	462	277	185
1960	308	37	27	4777	2071	1312
1962	37	9	8	1593	827	524
1965	168	21	13	3105	1260	996
1970	137	25	13	3606	1668	1098
1975	279	33	12	6228	3029	1273
1978	965	37	18	11249	4085	2137
1980	1141	39	20	25621	4312	1864
1985	1855	41	17	60273	7541	2405
1990	3275	44	15	125139	10127	2958
1995	3111	41	13	127585	10426	2262
2000	5773	154	49	231581	30784	8412
2001	6475	237	86	299960	49474	34437
2002	6904	354	129	356123	77457	43646
2003	7768	336	98	382320	81004	39378
2004	7978	283	153	427010	82669	67431
2005	7968	304	150	420697	88866	55022
2006	8100	339	124	430488	103416	52183
2007	8310	356	138	438045	108616	54170
2008	9651	369	125	1266316	109090	49176
2009	8418	355	127	1295284	102837	58667
2010	9698	330	208	1387063	95657	93109
2011	10442	336	261	1620705	97322	111882
2012	11486	340	264	1863810	98720	108823

注:2008 年后运管部门改变了运输量的调查方法,故口径与往年不一致。

11—4 主要年份民用汽车拥有量

单位:辆

年 份	民用汽车	载重汽车	#大型汽车	载客汽车	#大型汽车	其他机动车
1952						
1957						
1960						
1962						
1965						
1970						
1975	2660	2033	1995	460	151	209
1978	3949	3069	3041	651	212	406
1980	5562	4405	4371	828	251	609
1985	12179	9717	8993	1808	506	4073
1990	21535	16702	13683	4450	673	8807
1995	27777	17003	12198	9812	703	38463
2000	50003	26241	16436	22680	956	116095
2001	57588	30045	19111	26151	1035	186336
2002	56255	34588	18165	20875	1273	314142
2003	75526	40838	20289	33557	1504	317441
2004	114762	45745	22177	57653	1832	304147
2005	137345	49509	22665	76384	2064	266336
2006	171731	44925	17088	91581	1919	333442
2007	201696	47001	17022	114282	2015	339196
2008	218482	43328	13256	135656	2027	334505
2009	235504	46630	15662	152855	2035	329614
2010	267653	54170	19545	182943	2157	328488
2011	310369	61961	23749	222250	2330	325017
2012	333753	54103	18166	264436	1855	257046

11—5 民用车辆拥有量(2012 年)

单位:辆

指　　标	合　计	营　运	非营运	个人
一、汽　车	333753	45871	287882	287339
载客汽车	264436	6804	257632	234311
其中:大　型	1855	1456	399	57
中　型	1583	754	829	387
小　型	231132	4576	226556	205368
微　型	29866	18	29848	28499
其中:轿　车	188239	4449	183790	170440
载货汽车	54103	31187	22916	39560
其中:重　型	18166	17938	228	11002
中　型	2962	2793	169	2459
轻　型	32705	10406	22299	25870
微　型	270	50	220	229
其中:普通载货	28992	8150	20842	22869
其它汽车	15214	7880	7334	13468
二、摩托车	22067	2824	19243	20340
普　通	22048	2824	19224	20321
轻　便	19		19	19
三、拖拉机	52769	4219	48550	51832
大中型	12690	1012	11678	12382
小型方向盘式	40079	3206	36873	39446
四、载货挂车	8120	8076	44	4377

11—6 主要年份邮政主要指标

单位:个

年 份	邮电局（所）	自办局（所）	代办所	#农村所	信箱、信筒
1952	135	22	113	2	60
1957	132	92	40	73	285
1962	118	86	32	115	245
1965	141	107	34	124	293
1970	254	225	29	216	455
1975	188	175	13	152	437
1978	210	187	23	181	425
1980	209	186	23	181	532
1985	278	180	98	147	572
1990	241	172	69	139	570
1995	254	178	76	203	480
2000	236	179	57	182	464
2001	216	184	32	153	468
2002	216	185	31	151	468
2003	218	187	31	152	441
2004	215	185	30	144	350
2005	213	181	32	143	374
2006	217	182	35	142	371
2007	218	185	33	140	364
2008	198	167	31	136	296
2009	145	116	29	82	139
2010	126	118	8	61	137
2011	140	114	26	77	139
2012	140	113	27	78	117

11—6 续表1

年 份	邮 路 总长度 （公里）	农村投 递路线 （公里）	汽 车 邮 路 （公里）	订销报纸 期发数 （万份）	订销杂志 期发数 （万份）	机要 文件 （件）
1952	8422	8422		3.9	3.7	
1957	9158	9158		6.3	4.7	37136
1962	4675	3754	904	5.0	4.6	71595
1965	14496	13391	1082	7.5	5.0	159000
1970	14278	13426	1139	7.9	1.6	69400
1975	17312	17028	626	12.9	12.5	35900
1978	17319	16229	1632	17.0	17.6	38400
1980	16300	15791	999	21.3	24.6	37200
1985	16813	4664	567	45.2	36.8	30942
1990	16036	5563	1729	22.8	17.0	35259
1995	6375	10672	2574	26.0	16.0	36049
2000	4698	12249	2045	37.1	17.0	42055
2001	4649	12184	2014	28.3	15.7	39649
2002	4886	11653	2547	28.5	16.5	38116
2003	4871	11653	2547	37.0	17.0	44826
2004	4787	11802	2651	23.9	17.5	49937
2005	4514	11731	2547	17.2	7.3	46291
2006	5197	11491	2846	22.5	8.8	46932
2007	5479	11821	3088	22.0	9.5	42658
2008	5284	11744	2830	24.7	12.1	41460
2009	5574	12802	3088	23.9	11.5	26630
2010	5399	13384	3170	24.8	12.0	27175
2011	3933	13501	3171	27.9	10.5	24592
2012	4340	16853	3658	27.7	14.4	25716

11—6 续表2

年 份	函 件 （万件）	包 件 （万件）	汇 票 （万张）	特 快 专 递 （件）	邮 政 储 蓄 （万元）
1952	96.6	1.6	6.9		
1957	313.5	5.7	10.6		
1962	497.7	14.5	16.6		
1965	501.1	8.4	25.1		
1970	695.9	15.0	34.3		
1975	847.4	14.5	31.4		
1978	968.6	14.6	31.9		
1980	935.8	13.7	37.3		
1985	1300.4	12.3	41.3		
1990	1143.6	9.1	39.7	613	8516
1995	2219.0	14.0	47.0	137346	53784
2000	1741.1	30.3	46.5	118351	202277
2001	1104.9	23.8	46.8	141006	247396
2002	2389.2	23.9	45.7	167732	377045
2003	1288.2	26.9	44.9	196696	473583
2004	1413.0	21.9	39.5	224296	604087
2005	1487.2	18.8	53.5	265384	797796
2006	1442.5	15.6	48.6	295255	895885
2007	1324.2	13.9	49.4	351682	1049871
2008	1036.0	11.0	58.4	469475	1092594
2009	764.2	10.4	50.0	493674	1239215
2010	680.0	9.2	48.7	504915	916458
2011	582.0	9.5	46.6	604818	1006855
2012	537.2	9.9	40.5	626572	1140842

11—7 主要年份邮电业务量及电话数量

年 份	邮电业务总量（万元）	固定电话（部）	固定电话普及率（部/百人）	移动电话（部）	移动电话普及率（部/百人）
1952	22.5	205	0.01		
1957	93.8	1400	0.09		
1962	266.9	7797	0.40		
1965	281.3	9695	0.46		
1970	230.4	7239	0.30		
1975	298.7	12241	0.44		
1978	363.5	14494	0.49		
1980	561.0	14180	0.49		
1985	728.9	16213	0.51		
1990	2166.9	22394	0.65		
1995	12239.0	63965	1.74	3678	0.10
2000	71009.0	297958	7.70	160100	4.05
2001	78600.0	414936	10.37	350200	8.75
2002	107844.3	500226	12.40	481048	11.90
2003	160859.0	681143	16.77	722023	17.80
2004	270332.8	824696	20.15	883139	21.60
2005	319094.7	915215	22.21	1099684	26.70
2006	407201.0	917263	22.12	1200535	28.95
2007	522600.1	882230	21.15	1593748	38.2
2008	603336	855499	20.38	1844110	43.93
2009	566902.0	808436	19.15	2129897	50.45
2010	655124.1	705973	16.34	2901234	67.17
2011	280128.8	665008	15.35	3386902	78.17
2012	331775.6	627243	14.40	3638520	83.53

2011 年起，邮电业务总量（包括邮政业务总量和电信业务总量）由之前的2000 年不变价变更为2010 年不变价。

主要统计指标解释

交通运输业 指国民经济中从事运送货物和旅客的社会生产部门。运输活动按其企业核算方式分为营业性运输和非营业性运输。

营运汽车 指领有公安交通监理部门核发的车辆牌照,并经当地工商行政管理机关核准,领取营业执照,参加营业性运输的载客和载货汽车,包括使用权属于公路运输企业的租入、借入、代管的营运汽车。

民用汽车 指由公安交通监理部门所掌管的领有本地区车辆牌照的机动车辆的一部分。不包括拖拉机、摩托车、其他机动车等。民用汽车包括普通载货汽车、专用载货汽车、载客汽车、其他专用汽车、特种汽车等。

载客汽车 指有专门的客运设备,用于旅客运输的汽车,对于临时作为“代客车”使用的载货汽车,不能作为载客汽车统计。

普通载货汽车 指只有一般构造的栏板式、平板式货运汽车,包括自卸车、半挂车等。

大型载货(客)汽车 凡符合下列情况之一的即为大型汽车:

(1)总质量(即车辆自重和载重量之和)为4.5吨以上的;

(2)总座位数(驾驶员座位除外)在20座以上的;

(3)车长在6米和6米以上的。

专用载货汽车 指具有特殊构造和专门用途的货运汽车如冷藏车、罐车、活畜运输车、散装水泥车等。

其他专用汽车 指特种汽车和专用载货汽车以外的有专门设备和单一用途的汽车,如起重车、卫生车等。

特种汽车 指警车、消防车、工程抢险车、救护车等担负特种任务的汽车。

轮胎式拖拉机 指主要用于从事公路运输活动的并领取机动车牌照的轮式拖拉机。

摩托车 指二轮、三轮摩托车及轻便型摩托车(发动机气缸容积不超过50毫升,最大设计时速不超过50公里,只供单人乘骑用)。

其他机动车指除民用汽车、轮胎式拖拉机及摩托车以外的其它民用机动车辆,如简易机动车、电车等。

载货挂车 指挂车本身没有动力,需要依靠货车或牵引车拖带,进行运输货物的车辆与它组成一个整体,共同构成汽车的运输能力。

公路里程 也称“公路通车里程”,是指实际达到交通部制定的公路工程技术标准规定的等级公路长度。它包括大中城市的郊区以及通过小城镇街道的公路里程,也包括桥梁、渡口的长度,但不包括城市街道以及厂矿、林区和农村生产用道的里程,两条或多条公路共同经由同一路段,只计算一次,不得重复计算里程长度。公路里程是反映公路建设发展规模的重要指标,也是计算运输网密度等指标的资料。

国　道 指具有全国性政治、经济意义的主要干线公路,包括重要的国际公路、国防公路、连接首都与各省、自治区首府和直辖市、各大军区的公路、连接各大经济中心、港站枢纽、商品生产基地和战略要地的公路。

省　道 指具有全省(自治区、直辖市)政治、经济意义,连接省内中心城市和主要经济区的公路,以及不属于国道的省际间的重要公路。

县　道 指具有全县政治、经济意义,连接县城和县内主要乡(镇)、主要商品生产和集散地的公路以及不属于国道、省道的县际间的公路。

乡　道 指主要为乡(镇)村经济、文化、行政服务的公路,以及不属于县道以上公路的乡与乡之间及乡与外部联络的公路。

有路面公路 指铺有各种路面的公路。包括高级路面、次高级路面、中高级路面、中级路面和低级路面。

货(客)运量 指运输业实际运送的货物(旅客)数量。货物不论运输距离长短,货物类别,均按实际重量统计;旅客不论行程远近或票价多少,均按一人一次作为客运量统计。半价票、小孩票也按一人统计。货(客)运量反映运输业为国民经济和人民生活服务的数量指标,也是制定和检查运输生产计划,研究运输发展规模和速度的重要指标。

货物(旅客)周转量 指运输业运送的货物(旅客)数量与其相应运输距离的乘积之总和,通常以吨公里和人公里为计算单位。计算货物周转量通常按发出站与到达站之间最短距离,也就是计费距离计算。它是反映运输业生产总成果的重要指标,也是编制和检查运输生产计划、计算运输效率、劳动生产率以及核算运输单位成本的主要基础资料。

邮电业务量 指以实物单位表示的邮电通信为社会提供的各种类型的服务数量。

临汾统计年鉴

十二、批发和零售业

资料整理人员

武俊峰　翟晓鹏　李　娟

批发和零售业

社会消费品零售总额	418.22	亿元
市的零售额	211.63	亿元
县的零售额	133.87	亿元
县以下的零售额	72.72	亿元

社会消费品零售总额构成(%)

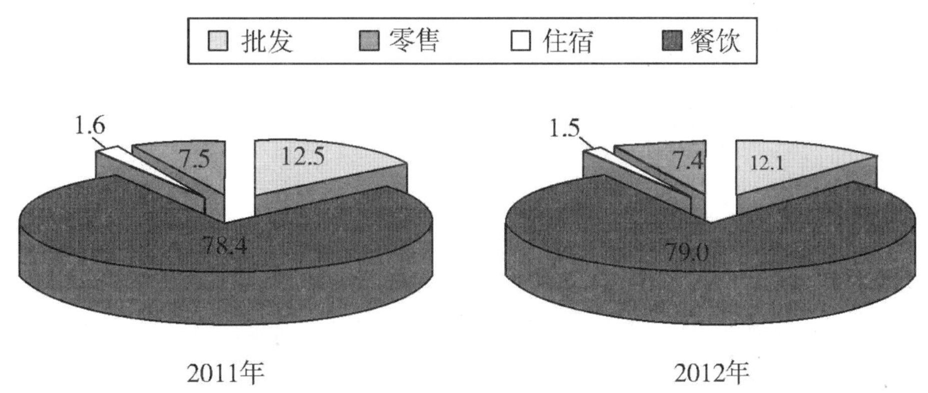

社会消费品零售总额(亿元)

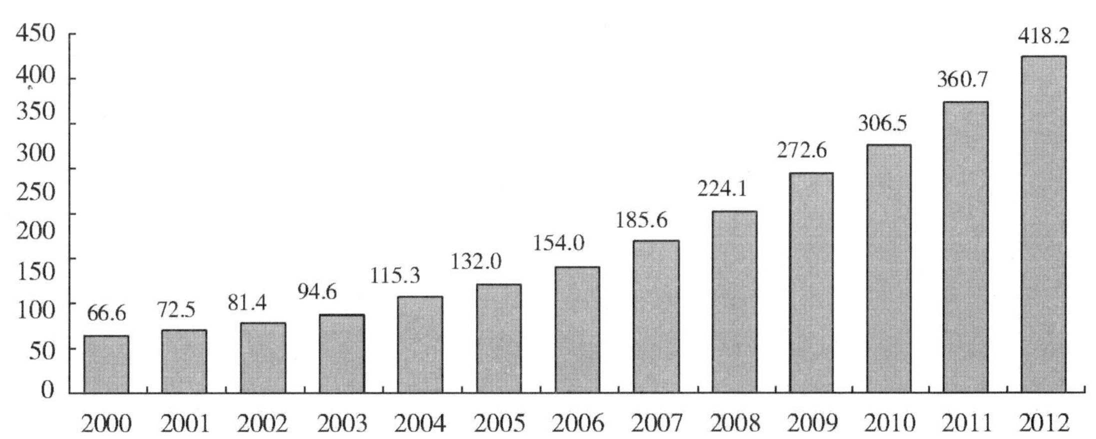

12—1 主要年份社会消费品零售总额

单位:万元

年份	社会消费品零售总额	市	县	县以下
1952	5359	2148	1308	1903
1957	9369	3331	2486	3552
1962	13119	5521	3733	3865
1965	13950	5758	4286	3906
1970	19143	7661	5944	5538
1975	27532	10973	10505	6054
1978	33151	10874	12011	10266
1980	44334	14796	14011	15527
1985	79585	30141	27000	22444
1990	134538	66156	32071	36311
1995	356084	164110	95709	96265
2000	666388	292363	175704	198321
2001	725267	319802	190287	215178
2002	814082	352047	218772	243263
2003	945521	410135	254869	280517
2004	1153257	508568	309156	335533
2005	1320377	585518	346408	388451
2006	1540191	685973	419904	434314
2007	1856354	794448	519761	542145
2008	2240580	965045	631683	643852
2009	2582988	1207748	870973	504267
2010	3064945	1442012	1037710	585223
2011	3606900	1720459	1232762	653679
2012	4182209	2116258	1338705	727246

12—2 社会消费品零售总额

单位:万元

指　　标	2012	2011
社会消费品零售总额	4182209	3606900
按销售地区分		
城　镇	3454962	2958700
其中:城　区	2002245	1685704
乡　村	727247	648200
按行业分		
批发业	507734	450758
限额以上	125177	95282
限额以下	382557	355476
零售业	3304743	2826624
限额以上	1282870	1037454
限额以下	2021873	1789170
住宿业	62509	59130
限额以上	32623	30970
限额以下	29886	28160
餐饮业	307223	270389
限额以上	35718	38295
限额以下	271505	232094

12—3 限额以上批发和零售贸易业基本情况(2012 年)

指　　标	法人企业数 (个)	年末从业人员数 (人)
总　　计	**231**	**16526**
一、批发业	67	6945
按登记注册类型分组		
内资企业	67	6945
国有企业	17	3511
集体企业	3	238
有限责任公司	18	2198
国有独资公司	1	795
其他有限责任公司	17	1403
私营企业	29	998
私营独资企业	1	5
私营有限责任公司	28	993
按批发行业小类分组		
食品、饮料及烟草制品批发	3	464
盐及调味品批发	1	41
酒、饮料及茶叶批发	1	108
烟草制品批发	1	315
纺织、服装及家庭用品批发	1	10
家用电器批发	1	10
医药及医疗器材批发	4	415
西药批发	3	235
中药批发	1	180
矿产品、建材及化工产品批发	51	5638
煤炭及制品批发	31	4709
石油及制品批发	2	24
非金属矿及制品批发	2	14
金属及金属矿批发	10	600
建材批发	1	36
化肥批发	1	40
其他化工产品批发	4	215
机械设备、五金交电及电子产品批发	8	418
农业机械批发	1	105
汽车批发	6	310
其他机械设备及电子产品批发	1	3

12—3 续表

指　　标	法人企业数（个）	年末从业人员数（人）
二、零售业	164	9581
按登记注册类型分组		
内资企业	164	9581
国有企业	11	912
集体企业	14	442
有限责任公司	16	600
其他有限责任公司	16	600
股份有限公司	2	728
私营企业	121	6899
私营独资企业	26	710
私营有限责任公司	94	6151
私营股份有限公司	1	38
按零售行业小类分		
综合零售	32	2407
百货零售	13	517
超级市场零售	19	1890
食品、饮料及烟草制品专门零售	13	605
粮油零售	4	153
糕点、面包零售	1	135
果品、蔬菜零售	3	64
烟草制品零售	1	32
其他食品零售	4	221
纺织、服装及日用品专门零售	5	968
服装零售	4	962
鞋帽零售	1	6
文化、体育用品及器材专门零售	10	376
图书、报刊零售	10	376
医药及医疗器材专门零售	14	788
药品零售	14	788
汽车、摩托车、燃料及零配件专门零售	68	3997
汽车零售	50	2477
机动车燃料零售	18	1520
家用电器及电子产品专门零售	16	315
家用视听设备零售	5	126
日用家电设备零售	7	122
计算机、软件及辅助设备零售	2	34
通信设备零售	2	33
五金、家具及室内装修材料专门零售	3	36
家具零售	2	32
木制装饰材料零售	1	4
货摊、无店铺及其他零售业	3	89
生活用燃料零售	1	46
其他未列明的零售	2	43

12—4 限额以上连锁零售业经营情况(2012 年)

指　　标	单　位	合　计	直营店	加盟店
一、门店总数	个	36	36	
二、年末营业面积	平方米	59651	59651	
三、年末从业人员	人	692	692	
四、商品购进总额	千元	291015	291015	
统一配送商品购进额	千元	193263	193263	
自有配送中心配送	千元			
非自有配送中心配送	千元	48921	48921	
五、商品销售额	千元	546280	546280	
#零售额	千元	546280	546280	

12—5 限额以上批发和零售业法人企业商品购进、销售、库存表(2012年)

单位:千元

指　　标	商品购进总　额	商品销售总　额	批发额	零售额	年末商品库存总额
总　　计	**50595852**	**53240403**	**40270977**	**12969426**	**4135785**
一、批发业	35974062	38259948	38199455	60493	2649199
按登记注册类型分组					
内资企业	35974062	38259948	38199455	60493	2649199
国有企业	17005068	18772293	18763900	8393	406070
集体企业	122456	122322	122322		13829
有限责任公司	3996259	4575025	4568965	6060	541913
国有独资公司	1370428	1723550	1723550		314051
其他有限责任公司	2625831	2851475	2845415	6060	227862
私营企业	14850279	14790308	14744268	46040	1687387
私营独资企业	106751	106751	106751		43
私营有限责任公司	14743528	14683557	14637517	46040	1687344
按批发行业小类分组					
食品、饮料及烟草制品批发	2613605	4097192	4097192		337819
盐及调味品批发	18834	35755	35755		6774
酒、饮料及茶叶批发	73848	80382	80382		7514
烟草制品批发	2520923	3981055	3981055		323531
纺织、服装及家庭用品批发	85664	78335	59140	19195	7329
家用电器批发	85664	78335	59140	19195	7329
医药及医疗器材批发	395266	471716	449780	21936	20342
西药批发	145048	164509	148189	16320	6332
中药批发	250218	307207	301591	5616	14010
矿产品、建材及化工产品批发	32260776	32920776	32901414	19362	2190047
煤炭及制品批发	17205899	17914021	17911021	3000	564501
石油及制品批发	62934	63371	54978	8393	1574
非金属矿及制品批发	219670	189462	189462		73205
金属及金属矿批发	13570861	13518587	13518587		1537384
建材批发	15986	18555	10586	7969	5904
化肥批发	33784	32266	32266		1518
其他化工产品批发	1151642	1184514	1184514		5961
机械设备、五金交电及电子产品批发	618751	691929	691929		93662
农业机械批发	145762	151982	151982		7376
汽车批发	414370	475547	475547		84357
其他机械设备及电子产品批发	58619	64400	64400		1929

12—5 续表

单位:千元

指　　标	商品购进总　　额	商品销售总　　额	批发额	零售额	年末商品库存总额
二、零售业	14621790	14980455	2071522	12908933	1486586
按登记注册类型分组					
内资企业	14621790	14980455	2071522	12908933	1486586
国有企业	1998092	1986911	468939	1517972	41259
集体企业	595925	587993	12995	574998	41414
有限责任公司	552107	538484	93052	445432	39135
其他有限责任公司	552107	538484	93052	445432	39135
股份有限公司	5215996	5220912	1181947	4038965	224374
私营企业	6259670	6646155	314589	6331566	1140404
私营独资企业	379053	367487	3343	364144	36583
私营有限责任公司	5874494	6271200	311246	5959954	1103263
私营股份有限公司	6123	7468		7468	558
按零售行业小类分组					
综合零售	634363	864619	12713	851906	252787
百货零售	224368	228186	12713	215473	33267
超级市场零售	409995	636433		636433	219520
食品、饮料及烟草制品专门零售	247936	238959	23791	215168	49053
粮油零售	39837	37414	5960	31454	5916
糕点、面包零售	20496	20384		20384	725
果品、蔬菜零售	43896	48098	2160	45938	22705
烟草制品零售	42317	40934		40934	5315
其他食品零售	101390	92129	15671	76458	14392
纺织、服装及日用品专门零售	576132	572112	282	571830	46127
服装零售	570385	566360	282	566078	46097
鞋帽零售	5747	5752		5752	30
文化、体育用品及器材专门零售	282807	270666	25956	244710	29433
图书、报刊零售	282807	270666	25956	244710	29433
医药及医疗器材专门零售	254155	314822	48305	266517	41676
药品零售	254155	314822	48305	266517	41676
汽车、摩托车、燃料及零配件专门零售	12067703	12172125	1897050	10275075	1026573
汽车零售	4780345	4851263	96614	4754649	744901
机动车燃料零售	7287358	7320862	1800436	5520426	281672
家用电器及电子产品专门零售	325719	324984	63425	261559	27830
家用视听设备零售	144662	142431	16742	125689	11095
日用家电设备零售	130970	131549	46683	84866	11475
计算机、软件及辅助设备零售	21786	20770		20770	1279
通信设备零售	28301	30234		30234	3981
五金、家具及室内装修材料专门零售	168420	161320		161320	9300
家具零售	9920	10420		10420	1700
木制装饰材料零售	158500	150900		150900	7600
货摊、无店铺及其他零售业	64555	60848		60848	3807
生活用燃料零售	2857	2350		2350	507
其他未列明的零售	61698	58498		58498	3300

12—6 限额以上批发和零售业法人

指标	年末资产负债						
	流动资产合计	#存货	固定资产原价	累计折旧	#本年折旧	资产总计	负债合计
总计	**17248221**	**3695722**	**3041927**	**1055905**	**178540**	**21733054**	**17909355**
一、批发业	13771426	2398348	1512902	589597	116798	16656710	14244262
#国有及国有控股	6409223	527707	1214030	479081	101986	7908348	6181757
按登记注册类型分组							
内资企业	13771426	2398348	1512902	589597	116798	16656710	14244262
国有企业	3884714	344592	1062528	417222	67746	4982500	3473813
集体企业	29452	14456	40031	16937	1177	68561	32639
有限责任公司	3088793	266291	222656	90280	38754	3646033	3221149
国有独资公司	1929728	2281	33740	19992	19992	2009810	1925902
其他有限责任公司	1159065	264010	188916	70288	18762	1636223	1295247
私营企业	6768467	1773009	187687	65158	9121	7959616	7516661
私营独资企业	94992	43	655	151	66	95496	55496
私营有限责任公司	6673475	1772966	187032	65007	9055	7864120	7461165
按国民经济行业分组							
食品、饮料及烟草制品批发	567081	291335	501448	128714	42730	1162750	192114
盐及调味品批发	6219	6219	9554	6921	405	24713	12341
酒、饮料及茶叶批发	35511	7514	4882	2943	390	48276	23413
烟草制品批发	525351	277602	487012	118850	41935	1089761	156360
纺织、服装及家庭用品批发	11371	7757	188	81	10	11478	6465
家用电器批发	11371	7757	188	81	10	11478	6465
医药及医疗器材批发	116875	20824	78832	23620	2857	173913	148055
西药批发	47167	6814	28253	11397	1471	65814	48825
中药批发	69708	14010	50579	12223	1386	108099	99230
矿产品、建材及化工产品批发	12771667	1986313	836640	416252	65197	14858302	13509996
煤炭及制品批发	5892703	246286	667395	351990	62547	6794378	5917583
石油及制品批发	6505	1574	1468	817	73	7156	4926
非金属矿及制品批发	111792	73304	8468	4756		477040	340788
金属及金属矿批发	6657405	1622758	117012	48503	770	7438715	7148728
建材批发	18138	5904	11821	2076	284	29153	18519
化肥批发	2885	1518	1710	178	37	4964	103
其他化工产品批发	82239	34969	28766	7932	1486	106896	79349
机械设备、五金交电及电子产品批发	304432	92119	95794	20930	6004	450267	387632
农业机械批发	18314	7376	28169	6228	665	40555	29230
汽车批发	257725	82814	67437	14591	5284	381114	337115
其他机械设备及电子产品批发	28393	1929	188	111	55	28598	21287

单位主要财务状况(2012年)

单位:千元

年末资产负债						损益及分配		
所有者权益合计	#实收资本					主营业务收入	主营业务成本	主营业务税金及附加
		国家资本	集体资本	法人资本	个人资本			
3823699	**2067329**	**136894**	**108310**	**698080**	**1122045**	**47771819**	**44925512**	**266554**
2412448	1247647	130780	43805	476761	594301	34439769	32481888	245948
1726591	236652	123220	12000	92700	8732	20557330	19091698	234217
2412448	1247647	130780	43805	476761	594301	34439769	32481888	245948
1508687	96302	44502		51800		17179152	16096585	216440
35922	24596	380	24216			119638	93744	1146
424884	327289	81898	18589	181000	45802	4336971	3905158	20317
83908	5000			5000		1632137	1297968	16198
340976	322289	81898	18589	176000	45802	2704834	2607190	4119
442955	799460	4000	1000	243961	548499	12804008	12386401	8045
40000	40000				40000	91240	89990	14
402955	759460	4000	1000	243961	508499	12712768	12296411	8031
970636	39696	16240	3456		20000	3529693	2697130	204654
12372	3836	380	3456			46700	29730	399
24863	20000				20000	80382	70972	100
933401	15860	15860				3402611	2596428	204155
5013	5000				5000	66953	65679	54
5013	5000				5000	66953	65679	54
25858	32319	2680		15800	13839	420109	387611	637
16989	24319			15000	9319	155539	143041	311
8869	8000	2680		800	4520	264570	244570	326
1348306	1085153	104201	40349	409861	528742	29783371	28724386	40010
876795	308499	101038	40349	102900	62212	16652929	16011527	30319
2230	1580	1000			580	54162	52694	88
136252	160500			160500		190090	186190	46
289987	579311			116461	462850	11673098	11300455	8997
10634	10000			10000		18555	15986	18
4861	3100				3100	32266	30592	
27547	22163	2163		20000		1162271	1126942	542
62635	85479	7659		51100	26720	639643	607082	593
11325	4479	4479				147489	134642	170
43999	80000	3180		50100	26720	437111	422173	275
7311	1000			1000		55043	50267	148

12—6 续

指　标	年末资产负债						
	流动资产合计	#存　货	固定资产原价	累计折旧	#本年折旧	资产总计	负债合计
二、零售业	3476795	1297374	1529025	466308	61742	5076344	3665093
#国有及国有控股	399396	288796	531778	177276	7423	897037	214061
按登记注册类型分组							
内资企业	3476795	1297374	1529025	466308	61742	5076344	3665093
国有企业	135964	30582	56389	18739	1838	200185	125130
集体企业	219639	59708	27498	10546	1260	256277	220905
有限责任公司	113728	36457	95989	27390	3015	212652	126456
其他有限责任公司	113728	36457	95989	27390	3015	212652	126456
股份有限公司	284267	268648	476344	159184	5585	713847	103432
私营企业	2723197	901979	872805	250449	50044	3693383	3089170
私营独资企业	96080	41152	35058	5429	1139	126834	77978
私营有限责任公司	2620953	860212	836735	244546	48873	3558945	3008148
私营股份有限公司	6164	615	1012	474	32	7604	3044
按国民经济行业分组							
综合零售	745517	292186	320239	63365	7597	1089827	1025027
百货零售	93881	31533	28653	8115	522	128651	99658
超级市场零售	651636	260653	291586	55250	7075	961176	925369
其他综合零售	118528	60739	77341	6388	1319	193335	119055
食品、饮料及烟草制品专门零售	35019	20447	22095	3963	502	54258	36125
粮油零售	945	725	578	380	2	1143	903
果品、蔬菜零售	27122	16603	38515	887	533	64830	27955
饮料及茶叶零售	7076	4542	137	78	78	7136	6934
烟草制品零售	48366	18422	16016	1080	204	65968	47138
纺织、服装及日用品专门零售	137627	31915	86951	48560	8735	200981	193234
服装零售	137546	31885	86847	48482	8734	200874	193231
鞋帽零售	81	30	104	78	1	107	3
文化、体育用品及器材专门零售	115526	18811	47937	18955	1766	173825	100044
图书零售	115526	18811	47937	18955	1766	173825	100044
医药及医疗器材专门零售	133210	40696	43950	15571	3688	192974	142883
药品零售	133210	40696	43950	15571	3688	192974	142883
汽车、摩托车、燃料及零配件专门零售	2137800	815614	910326	306136	37811	3035667	1949463
汽车零售	1685413	501783	332257	117748	28156	2075655	1701774
机动车燃料零售	452387	313831	578069	188388	9655	960012	247689
家用电器及电子产品专门零售	42787	25024	7555	3340	407	52658	53808
家用视听设备零售	18551	9044	2463	1262	275	23484	38417
日用家电设备零售	17684	11691	3892	1284	81	21679	12120
计算机、软件及辅助设备零售	2183	308	313	37	13	2460	1541
通信设备零售	4369	3981	887	757	38	5035	1730
五金、家具及室内装修材料专门零售	23543	9983	18588	2698	347	39433	30647
家具零售	7683	3683	5200	1190	347	11693	4907
木制装饰材料零售	15860	6300	13388	1508		27740	25740
货摊、无店铺及其他零售	22257	2406	16138	1295	72	97644	50932
生活用燃料零售	13525	2165	14189	740		86540	41246
其他未列明零售	8732	241	1949	555	72	11104	9686

表 1

单位:千元

年末资产负债						损益及分配		
所有者权益合计	#实收资本	国家资本	集体资本	法人资本	个人资本	主营业务收入	主营业务成本	主营业务税金及附加
1411251	**819682**	**6114**	**64505**	**221319**	**527744**	**13332050**	**12443624**	**20606**
682976	13468	4414		5369	3685	6416569	6014287	6942
1411251	819682	6114	64505	221319	527744	13332050	12443624	20606
75055	9132	4414		2148	2570	2001211	1896925	1467
35372	24703	600	22485	400	1218	492923	452212	1839
86196	37947		840	20724	16383	473615	421902	608
86196	37947		840	20724	16383	473615	421902	608
610415	5040				5040	4462317	4158590	5670
604213	742860	1100	41180	198047	502533	5901984	5513995	11022
48856	33055			13930	19125	359366	317923	2530
550797	709301	1100	41180	184117	482904	5535150	5189966	8471
4560	504				504	7468	6106	21
64800	119034	600	17343	15500	85591	739505	662990	3271
28993	28036	600	17293	3500	6643	179971	155035	1625
35807	90998		50	12000	78948	559534	507955	1646
74280	55519	3730	952	24380	26457	230424	197690	1871
18133	12775	3730	100		8945	40245	38420	395
240	150			150		20384	18345	2
36875	36709			22030	14679	42680	32083	654
202	300		300			34986	31626	73
18830	5585		552	2200	2833	92129	77216	747
7747	34100			200	33900	532715	497203	2498
7643	34000			200	33800	527941	492486	2497
104	100				100	4774	4717	1
73781	9710	1601	30	5369	2710	231932	184752	254
73781	9710	1601	30	5369	2710	231932	184752	254
50091	48957			13803	35154	274636	222948	742
50091	48957			13803	35154	274636	222948	742
1086204	466724		5000	137317	324407	10851762	10253158	11318
373881	397325		5000	121337	270988	4292070	4058640	4676
712323	69399			15980	53419	6559692	6194518	6642
-1150	33730		1180	22250	10300	283746	263037	304
-14933	20950			16950	4000	119556	106119	165
9559	8980		1180	5000	2800	119216	114638	69
919	800			300	500	19131	18242	19
3305	3000				3000	25843	24038	51
8786	8050			2500	5550	139441	120605	89
6786	6050			1000	5050	10467	8397	89
2000	2000			1500	500	128974	112208	
46712	43858	183	40000		3675	47889	41241	259
45294	43000		40000		3000	7602	6686	177
1418	858	183			675	40287	34555	82

12—6 续

指　　标	损益及分配					
	其他业务利润	销售费用	管理费用	#税金	财务费用	#利息支出
总　　计	**200696**	**1211108**	**968843**	**35973**	**300200**	**272986**
一、批发业	133195	750114	696876	20561	203890	210580
#国有及国有控股	109816	172682	602105	12743	23924	20192
按登记注册类型分组						
内资企业	133195	750114	696876	20561	203890	210580
国有企业	105797	102954	414385	9385	4726	5004
集体企业	765	5075	13762	717	215	230
有限责任公司	21004	89106	211894	5013	20627	19318
国有独资公司		36316	140433	2036	11137	8350
其他有限责任公司	21004	52790	71461	2977	9490	10968
私营企业	5629	552979	56835	5446	178322	186028
私营独资企业			235	48	982	982
私营有限责任公司	5629	552979	56600	5398	177340	185046
按国民经济行业分组						
食品、饮料及烟草制品批发	79254	60853	217086	6540	-1696	722
盐及调味品批发	765	5075	6834	355	4	5
酒、饮料及茶叶批发	9310	3189	4682	98	717	717
烟草制品批发	69179	52589	205570	6087	-2417	
纺织、服装及家庭用品批发		32	1017	17	160	164
家用电器批发		32	1017	17	160	164
医药及医疗器材批发	477	14803	18122	1033	210	297
西药批发	477	7033	6092	643	311	297
中药材及中成药批发		7770	12030	390	-101	
矿产品、建材及化工产品批发	48572	659500	434566	11403	191427	197654
煤炭及制品批发	45415	119624	368733	5592	29813	23874
石油及制品批发		337	1038	24		1
非金属矿及制品批发			3961	50	22379	24040
金属及金属矿批发	3084	521751	42825	5099	135780	146548
建材批发		810	624	11	1018	1018
化肥批发		1194	468	4		
其他化工产品批发	73	15784	16917	623	2437	2173
机械设备、五金交电及电子产品批发	4892	14926	26085	1568	13789	11743
农业机械批发	729	4948	9501	473	493	507
汽车批发	4163	9128	14830	1072	13303	11236
其他机械设备及电子产品批发		850	1754	23	-7	

表 2

单位:千元

损　益　及　分　配						工资、增值税	
投资收益	营业利润	补贴收入	营业外收入	利润总额	应交所得税	本年应付 工资总额	本年应交 增 值 税
72742	**319784**	**61010**	**24198**	**367979**	**189249**	**641740**	**1382394**
62179	240573	50359	19112	298053	168436	364780	1288619
16150	561358	38498	19112	589436	164081	309763	1228223
62179	240573	50359	19112	298053	168436	364780	1288619
16000	465538	35562	19112	494520	123044	265787	1150828
	6461	1216		7666	1935	7346	5581
524	98960	3098		96331	41902	59737	85331
	128496	98		120828	40215	24412	67354
524	-29536	3000		-24497	1687	35325	17977
45655	-330386	10483		-300464	1555	31910	46879
	19			19	5	96	121
45655	-330405	10483		-300483	1550	31814	46758
	421610	21109	19112	438735	111275	150347	147407
	5423			5423	1370	1288	2729
	722			722	174	2062	1056
	415465	21109	19112	432590	109731	146997	143622
	11			11	3	147	395
	11			11	3	147	395
	-359	178		-198	139	10000	5161
	-772	178		-611	4	5797	2211
	413			413	135	4203	2950
62178	-162456	27866		-123463	56362	193586	1131487
16150	151068	17743		163255	54970	161041	1082345
	5	1		6	17	1631	499
30000	7531	144		7539		229	-8370
16028	-321112	9272		-294367	492	21539	52627
	99			93	23	760	133
	12			12		1800	
	-59	706		-1	860	6586	4253
1	-18233	1206		-17032	657	10700	4169
	-1536	148		-1418		1827	1312
1	-18435	1046		-17364	50	8728	1761
	1738	12		1750	607	145	1096

12—6 续

指标	损益及分配					
	其他业务利润	销售费用	管理费用	#税金	财务费用	#利息支出
二、零售业	67501	460994	271967	15412	96310	62406
#国有及国有控股	3527	221232	70370	2005	3944	566
按登记注册类型分组						
内资企业	67501	460994	271967	15412	96310	62406
国有企业	3527	82786	18313	1970	404	566
集体企业	1407	16305	12066	319	1382	902
有限责任公司	3704	28634	17159	358	2668	1039
其他有限责任公司	3704	28634	17159	358	2668	1039
股份有限公司		142595	55230		3603	
私营企业	58863	190674	169199	12765	88253	59899
私营独资企业	466	9492	8284	475	4025	3582
私营有限责任公司	58397	180545	160244	12270	84194	56285
私营股份有限公司		637	671	20	34	32
按国民经济行业分组						
综合零售	37913	62093	30329	1029	25436	21795
百货零售	996	10700	6169	88	1974	523
超级市场零售	36917	51393	24160	941	23462	21272
食品、饮料及烟草制品专门零售	619	15031	8057	174	3845	3522
粮油零售		1096	2583	23	991	669
果品、蔬菜零售		1752	195			
饮料及茶叶零售		1802	1165		1019	1021
烟草制品零售		17	2926		143	140
其他食品零售	619	10364	1188	151	1692	1692
纺织、服装及日用品专门零售	16130	12486	30127	206	3330	2869
服装零售	16130	12486	30074	206	3330	2869
鞋帽零售			53			
文化、体育用品及器材专门零售	3527	31503	10949	124	-80	59
图书零售	3527	31503	10949	124	-80	59
医药及医疗器材专门零售	1122	27856	17824	342	883	355
药品零售	1122	27856	17824	342	883	355
汽车、摩托车、燃料及零配件专门零售	7638	287987	161345	13027	61997	33299
汽车零售	4845	86180	92380	10851	55064	32901
机动车燃料零售	2793	201807	68965	2176	6933	398
家用电器及电子产品专门零售	552	16362	9046	427	456	41
家用视听设备零售	244	12866	4670	157	324	
日用家电设备零售	99	2777	2301	263	41	39
计算机、软件及辅助设备零售		1	855	7	7	2
通信设备零售	209	718	1220		84	
五金、家具及室内装修材料专门零售		3350	1057	40	500	500
家具零售		200	557	40	500	500
木制装饰材料零售		3150	500			
生活用燃料零售		4326	3233	43	-57	-34
无店铺及其他零售		290	1698		-41	-41
其他未列明零售		4036	1535	43	-16	7

表3

单位:千元

损 益 及 分 配						工资、增值税	
投资收益	营业利润	补贴收入	营业外收入	利润总额	应交所得税	本年应付工资总额	本年应交增值税
10563	79211	10651	5086	69926	20813	276960	93775
	102556	3403	1485	102611	1577	105166	51794
10563	79211	10651	5086	69926	20813	276960	93775
	6157	1867	1485	7940	1566	31468	13577
	3717	494		3159	15342	15901	4462
	3358	994	635	-8979	712	13933	3493
	3358	994	635	-8979	712	13933	3493
	96631	1511		94889	122	71893	39635
10563	-30652	5785	2966	-27083	3071	143765	32608
	6566	64		5581	850	9503	2347
10563	-37217	5721	2966	-32663	2221	133589	30061
	-1			-1		673	200
10256	-20806	1736		-13880	336	39701	9796
256	-5841	154		236	44	11266	2172
10000	-14965	1582		-14116	292	28435	7624
	384	3706	3480	2227	96	7760	2118
	-2027	2206	1980	178	11	1195	458
	90			90		2400	14
	1198	1500	1500	2698	37	982	394
	201			193	48	634	545
	922			-932		2549	707
	3201	211		2491	129	18658	1272
	3198	211		2488	129	18627	1225
	3			3		31	47
	6104	473	140	6476	1674	16571	5842
	6104	473	140	6476	1674	16571	5842
307	4985	278		-1011	494	16077	5832
307	4985	278		-1011	494	16077	5832
	77522	2370		77037	17434	166875	67348
	-6098	625		-5134	1788	71070	19133
	83620	1745		82171	15646	95805	48215
	-4806	424	16	-4360	130	7374	2244
	-4343	135	16	-4258	57	4001	1313
	-411	65		-274	15	2096	508
	7			7	11	578	132
	-59	224		165	47	699	291
	13740			624	500	588	
	624			624	500	540	
	13116					48	
	-1113	1453	1450	322	20	3356	-677
	-1208	1450	1450	241		2296	-1636
	95	3		81	20	1060	959

12—7 亿元交易市场经营情况(2012 年)

市场名称	摊位数（个）	成交额（万元）	营业面积（平方米）
临汾市尧都区百汇市场物业有限公司	1075	27488	25800
临汾市尧都区奶牛场尧丰农副产品批发市场	1030	256659	6000
临汾市尧都区秦署社区神州装饰材料城	390	16425	15000
洪洞县莲花城农副产品营销有限公司	980	65615	47040
侯马市新港服装城	2311	11059	70973
侯马市新田综合批发市场	902	17739	88041
侯马市亚欧桥汽车摩托车市场	38	23590	43000
侯马市副食批发市场	122	13900	3300
侯马市五交化家电家具市场	197	18277	15000
侯马北方轻工城	4000	35575	300000

主要统计指标解释

批发业 指批发商向批发、零售单位及其他企事业、机关单位批量销售生活用品和生产资料的活动,以及从事进出口贸易和贸易经纪与代理的活动。批发商可以对所批发的货物拥有所有权,并以本单位、公司的名义进行交易活动;也可以不拥有货物的所有权,而以中介身份做代理销售商。还包括各类商品批发市场中固定摊位的批发活动。

零售业 指百货商店、超级市场、专门零售商店、品牌专卖店、售货摊等主要面向最终消费者(如居民等)的销售活动。包括以互联网、邮政、电话、售货机等方式的销售活动,还包括在同地点,后面加工生产,前面销售的店铺(如前店后厂的面包房)。不包括:谷物、种子、饲料、牲畜、矿产品、生产用原料、化工原料、农用化工产品、机械设备(用车、计算机及通信设备等除外)等生产资料的销售(批发业);非零售单位附带的零售活动(如汽车修理单位销售汽车零件);商业零售单位所在商厦的物业管理(物业管理);商业零售单位所在的商品市场、商业大厦的市场管理活动(市场管理)。

批发和零售业商品购进、销售、库存额 指各种登记注册类型的批发和零售业企业(单位)以本企业(单位)为总体的,从国内、国外市场购进的商品总量,销售和出口的商品总量、库存的商品总量等情况。该指标可以反映商品流转过程中商品的购进、销售、库存之间的比例关系和存在的问题。

商品购进额 指从本企业以外的单位和个人购进(包括从国外直接进口)作为转卖或加工后转卖的商品金额(含增值税)。商品包括:(1)从工农业生产者、批发和零售业企业、住宿和餐饮业企业、出版社或报社的出版发行部门和其他服务业企业购进的商品;(2)从机关团体、事业单位购进的商品;(3)从海关、市场管理部门购进的缉私和没收的商品;(4)从居民收购的废旧商品等,不包括:(1)企业为本单位自身经营用,不是作为转卖而购进的商品,如材料物资、包装物、低值易耗品、办公用品等;(2)未通过买卖行为而收入的商品,如接受其他部门移交的商品、借入的商品、收入代其他单位保管的商品、其他单位赠送的样品、加工回收的成品等;(3)经本单位介绍,由买卖双方直接结算,本单位只收取手续费的业务;(4)销售退回和买方拒付货款的商品;(5)商品溢余。

商品销售额 指对本单位以外的单位和个人出售的商品金额(包括售给本单位消费用的商品,含增值税)。商品包括(1)售给城乡居民和社会集团消费用的商品;(2)售给农业、工业、建筑业、运输邮电业、服务业、公用事业等国民经济各行业用于生产、经营用的商品,包括售予批发和零售业作为转卖或加工后转卖的商品;(3)对国(境)外直接出口的商品,不包括:(1)未通过买卖行为付出的商品,如随机构变动移交给其他企业单位的商品、借出的商品、归还受其他单位委托代保管的商品、付出的加工原料和赠送给其他单位的样品等;(2)经本单位介绍,由买卖双方直接结算,本单位只收取手续费的业务;(3)购货退回的商品;(4)商品损耗和损失;(5)出售本单位自用的废旧物资。

商品库存额 指报告期末各种登记注册类型的批发和零售业企业(单位)已取得所有权的商品。它反映批发和零售业企业(单位)的商品库存情况和对市场商品供应的保证程度。商品库存包括:(1)存放在批发和零售业经营单位(如门市部、批发站、经营处)仓库、货场、货柜和货架中的商品;(2)挑选、整理、包装中的商品;(3)已记入购进而尚未运到本单位的商品,即发货单或银行承兑凭证已到而货未到的商品;(4)寄放他处的商品,如因购货方拒绝承付而暂时存放在购货方的商品和已办完加工成品收回手续而未提回的商品;(5)委托其他单位代销(未作销售或调出)尚未售出的商品;(6)代其他单位购进尚未交付的商品。不包括所有权不属于本单位的商品、委托外单位加工生产尚未收回成品的商品、外贸企业代理其他单位从国外进口尚未付给订货单位的商品、代国家物资储备部门保管的商品等。

连锁总店(总部) 负责连锁企业资源(商号、商誉、经营模式、服务标准、管理模式等等)的开发、配置、控制或使用等功能的企业核心管理机构。连锁经营是指经营同类商品或服务,使用统一商号的若干店铺,在同一总店(总部)的管理下,采取统一采购或特许经营等方式,实现规模效益的组织形式,包括直营连锁、特许连锁和自愿连锁三种形式。其中,直营连锁是指连锁店铺由连锁公司全资或控股开设,在总部的直接控制下,开展统一经营的连锁经营形式;特许连锁是指拥有注册商标、企业标志、专利、专有技术等经营资源的企业(特许人),以合同形式将其拥有的经营资源许可其他经营者(被特许人)使用,被特许人按合同约定在统一的经营模式下开展经营,并向特许人支付特许经营费用的连锁经营形式;自愿连锁是指若干个店铺或企业自愿组合起来,在不改变各自资产所有权关系的情况下,以同一个品牌形象面对消费者,以共同进货为纽带开展的连锁经营形式。

亿元商品交易市场成交额 指年成交额在亿元及以上的商品交易市场。商品交易市场是指经有关部门和组织批准设立,有固定场所、设施,有经营管理部门和监管人员,若干市场经营者入内,常年或实际开业三个月以上,集中、公开、独立地进行生活消费品、生产资料等现货商品交易以及提供相关服务的交易场所,包括各类消费品市场、生产资料市场等。

社会消费品零售总额 指批发和零售业、住宿和餐饮业以及其他行业直接售给城乡居民和社会集团的消费品零售额。其中,对居民的消费品零售额,是指售予城乡居民用于生活消费的商品金额;对社会集团的消费品零售额,是指售给机关、社会团体、部队、学校、企事业单位、居委会或村委会等,公款购买的用作非生产、非经营使用与公共消费的商品金额。社会消费品零售总额包括:售给城乡居民作为生活消费用的商品和修建房屋用的建筑材料的金额,以及售给来华的外国人、华侨、港澳台同胞的消费品金额;售给社会集团用作非生产、非经营使用与公共消费的商品金额。

不包括:

城市居民间或居民委托信托商店卖出的商品;

售给农业、工业、建筑业等行业用于生产的商品。

十三、住宿、餐饮和旅游

资料整理人员

武俊峰　翟晓鹏　李　娟　韩　梅

住宿、餐饮业和旅游

住宿、餐饮业主营业务收入	71933	万元
国内旅游人数	1740	万人次
国际旅游人数	145408	人次
旅游总收入	159.94	亿元
旅游外汇收入	3100	万美元

旅游总收入(亿元)

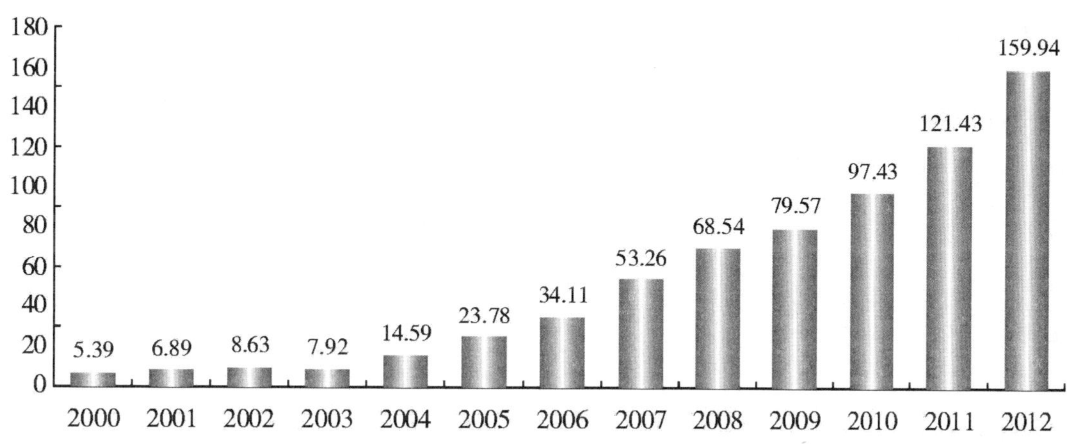

国际旅游人数(人次)

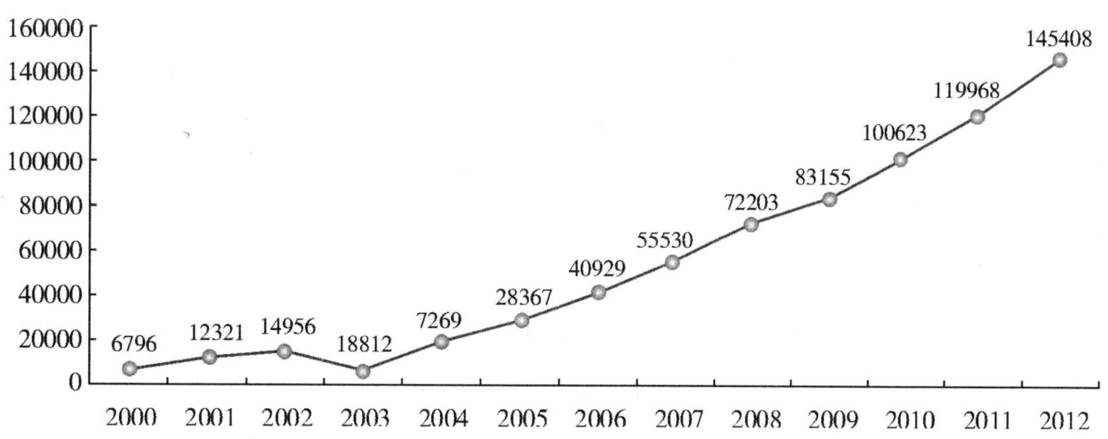

13—1 限额以上住宿和餐

指　　标	年末资					
	流动资产合计	#存　货	固定资产原价	累　计折　旧	#本　年折　旧	资　产总　计
总　　计	**533132**	**53413**	**1616047**	**501649**	**135349**	**2200026**
一、住宿业	**411188**	**41701**	**1372070**	**433390**	**123363**	**1856732**
按登记注册类型分组						
内资企业	411188	41701	1372070	433390	123363	1856732
国有企业	43513	3116	110290	20834	8161	145560
集体企业	8213	836	49022	10446	2653	46790
有限责任公司	455	233	614	266	93	5080
其他有限责任公司	455	233	614	266	93	5080
股份有限公司	5510	5050		6800		
私营企业	353497	32466	1212144	401844	112456	1652502
私营独资企业	45645	2314	76689	9820	2472	136783
私营有限责任公司	307852	30152	1135455	392024	109984	1515719
按住宿行业小类分组						
旅游饭店	370574	34564	1077264	382257	107776	1539107
一般旅馆	17568	4596	109790	18637	5886	127440
其他住宿服务	23046	2541	185016	32496	9701	190185
二、餐饮业	**121944**	**11712**	**243977**	**68259**	**11986**	**343294**
按登记注册类型分组						
内资企业	121944	11712	243977	68259	11986	343294
国有企业	1593	81	18003		19978	
有限责任公司	10301	245	4630	2786	153	12369
其他有限责任公司	10301	245	4630	2786	153	12369
私营企业	110050	11386	221344	65473	11833	310947
私营独资企业	20640	3932	123130	26869	3895	117549
私营有限责任公司	89410	7454	98214	38604	7938	193398
按餐饮行业小类分组						
正餐服务	111613	10713	176894	53120	10256	280850
快餐服务	7942	842	13950	6749	1517	15312
其他餐饮服务	2389	157	53133	8390	213	47132
其他未列明餐饮业	2389	157	53133	8390	213	47132

饮业企业财务状况(2012 年)

单位:千元

产负债							损益及分配		
负债合计	所有者权益合计	#实收资本	国家资本	集体资本	法人资本	个人资本	主营业务收入	主营业务成本	主营业务税金及附加
2010042	**189984**	**565966**	**39042**	**42657**	**57495**	**426772**	**719327**	**331149**	**42865**
1797337	**59395**	**458793**	**38404**	**42657**	**35978**	**341754**	**525876**	**223678**	**31199**
1797337	59395	458793	38404	42657	35978	341754	525876	223678	31199
107732	37828	38404	38404		58486	27326	2789		
12853	33937	35869	35857	12	19210	14550	780		
8529	-3449	1000		1000	5936	2733	328		
8529	-3449	1000		1000	5936	2733	328		
	6800	6800	6800		3500	1			
1668223	-15721	376720		35966	340754	438744	179069	27301	
47307	89476	82614		82614	27451	16827	2654		
1620916	-105197	294106		35966	258140	411293	162242	24647	
1561971	-22864	331089	25169	6800	35966	263154	439180	178601	26536
74075	53365	60808	13235	34373	13200	43422	27318	2600	
161291	28894	66896	1484	12	65400	43274	17759	2063	
212705	**130589**	**107173**	**638**	**21517**	**85018**	**193451**	**107471**	**11666**	
212705	130589	107173	638	21517	85018	193451	107471	11666	
14942	5036	638	638		5221	2851	214		
11392	977	1800		1800	3989	2873	222		
11392	977	1800		1800	3989	2873	222		
186371	124576	104735		19717	85018	184241	101747	11230	
52070	65479	25117		1817	23300	52713	28838	2529	
134301	59097	79618		17900	61718	131528	72909	8701	
198115	82735	82673	638	18517	63518	167012	96296	10490	
14155	1157	6500		3000	3500	21092	8653	1052	
435	46697	18000		18000	5347	2522	124		
435	46697	18000		18000	5347	2522	124		

13—1 续

指　　标	损　益					
	其他业务利　润	销售费用	管理费用	#税　金	财务费用	#利息支出
总　　计	**5856**	**217690**	**179561**	**4203**	**57414**	**15064**
一、住宿业	**5661**	**168290**	**156605**	**3674**	**52755**	**13265**
按登记注册类型分组						
内资企业	5661	168290	156605	3674	52755	13265
国有企业	775	12210	23989	375	188	147
集体企业	1198	359	10	27		
有限责任公司		3247	1			
其他有限责任公司		3247	1			
股份有限公司	1	720	1327	301		
私营企业	4885	154162	127683	2988	52539	13118
私营独资企业	3855	16235	5390	316	1664	82
私营有限责任公司	1030	137927	122293	2672	50875	13036
按住宿行业小类分组						
旅游饭店	5661	152342	133781	3481	42416	13236
一般旅馆	6764	9465	183	51	29	
其他住宿服务	9184	13359	10	10288		
二、餐饮业	**195**	**49400**	**22956**	**529**	**4659**	**1799**
按登记注册类型分组						
内资企业	195	49400	22956	529	4659	1799
国有企业	1206	433	129	408	408	
有限责任公司		362	775	775		
其他有限责任公司		362	775	775		
私营企业	195	48194	22161	400	3476	616
私营独资企业	195	13624	4874	131	320	128
私营有限责任公司	34570	17287	269	3156	488	
按餐饮行业小类分组						
正餐服务	42549	18499	529	4152	1325	
快餐服务	6319	4401	475	474		
其他餐饮服务	195	532	56	32		
其他未列明餐饮业	195	532	56	32		

表 2

单位：千元

及 分 配

投资收益	营业利润	补贴收入	营业外收入	利润总额	应交所得税	本年应付工资总额	本年应交增值税
96	**-93179**	**4152**	**872**	**-93914**	**934**	**161349**	**1958**
96	**-92151**	**3931**	**872**	**-89815**	**737**	**129587**	**1042**
96	-92151	3931	872	-89815	737	129587	1042
	-10570	1227	872	-10618	11	18000	609
	2296		2296	7	20965	55	
	-373		-373	3045			
	-373		-373	3045			
	1452		1452	750			
96	-84956	2704	-82572	719	86827		
	594	36	479	96	8683	378	
96	-85550	2668	-83051	623	78144		
				378			
	-79927	3466	543	-76837	693	98339	
	-2941	465	329	-3695	37	7423	383
96	-9283		-9283	7	23825	604	
	-1028	**221**	**-4099**	**197**	**31762**	**55**	
				916			
	-1028	221	-4099	197	31762		
	109			1640	916		
	-243		-243	581	3		
	-243		-243	581			
	-894	221	-3856	197	29541		
	2525	68	495	66	10618		
	-3419	153	-4351	131	18923		
				913			
	-3301	220	-4289	118	27454	901	
	192	1	190	79	3348	12	
	2081			960			
	2081			960	916		

13—2 限额以上住宿和餐饮业经营情况(2012年)

单位:千元

指　　标	单位数(个)	年末从业人员(人)	营业额	客房收入	餐费收入	商品销售收入	其他收入
总　　计	**76**	**8601**	**741378**	**225084**	**406043**	**56075**	**54176**
一、住宿业	**46**	**6455**	**550571**	**193489**	**264290**	**40867**	**51925**
按登记注册类型分组							
内资企业	46	6455	550571	193489	264290	40867	51925
国有企业	9	849	64100	25308	32026	5992	774
集体企业	3	228	20691	9782	9888	1021	
有限责任公司	1	105	5936	3443	341	2152	
其他有限责任公司	1	105	5936	3443	341	2152	
股份有限公司	1	45	3500	870	2630		
私营企业	32	5228	456344	154086	219746	34534	47978
私营独资企业	6	536	43784	19113	21435	910	2326
私营有限责任公司	26	4692	412560	134973	198311	33624	45652
按住宿行业小类分组							
旅游饭店	34	5426	458602	157246	227957	36594	36805
一般旅馆	8	503	47214	22921	18493	4201	1599
其他住宿服务	4	526	44755	13322	17840	72	13521
按星级分组							
五　星	2	830	90163	24158	40764	3523	21718
四　星	6	1261	113118	45796	50327	10572	6423
三　星	17	2570	198937	71443	88202	22012	17280
二　星	13	1164	92714	28504	59415	3080	1715
其　他	8	630	55639	23588	25582	1680	4789
二、餐饮业	**30**	**2146**	**190807**	**31595**	**141753**	**15208**	**2251**
按登记注册类型分组							
内资企业	30	2146	190807	31595	141753	15208	2251
国有企业	2	128	6428	666	5762		
有限责任公司	1	65	3989	2138	1642	209	
其他有限责任公司	1	65	3989	2138	1642	209	
私营企业	27	1953	180390	28791	134349	15208	2042
私营独资企业	9	559	48862	10153	35815	2843	51
私营有限责任公司	18	1394	131528	18638	98534	12365	1991
按餐饮行业小类分组							
正餐服务	26	1839	164368	30717	117509	13891	2251
快餐服务	3	242	21092	21017	75		
其他餐饮服务	1	65	5347	878	3227	1242	
其他未列明餐饮业	1	65	5347	878	3227	1242	

13—3 主要年份旅游接待人数

年 份	国内旅游接待人次（万人次）	海外旅游者（人次）	外国人	港、澳、台同胞
1985	50			
1986	60			
1987	94			
1988	100			
1989	74			
1990	74	245	186	59
1995	98	2062	1027	1035
1996	108	2924	2023	901
1997	74	5396	2139	3257
1998	128	5119	2263	2856
1999	142	8212	4371	3841
2000	160	6796	4604	2192
2001	234	12321	5378	6943
2002	286	14956	6275	8681
2003	279	7269	2749	4520
2004	509	18812	7007	11805
2005	616	28367	11044	17323
2006	757	40929	15587	25342
2007	836	55530	22177	33353
2008	921	72203	29014	43189
2009	989	83155	30198	46867
2010	1172	100623	36397	64226
2011	1365	119968	41571	78397
2012	1740	145408	48322	97086

13—4 主要年份旅游收入

年　份	旅游总收入（亿元）	国内旅游接待收入（亿元）	旅游外汇收入（万美元）	国内旅游人均花费（元/人次）
1985		0.35		71
1986		0.49		82
1987		0.85		90
1988		1.00		100
1989		0.74		100
1990	0.06	0.96		130
1995	0.06	0.03	42	3
1996	0.33	0.28	65	26
1997	1.73	1.62	135	219
1998	2.69	2.58	128	201
1999	3.54	3.44	119	243
2000	5.39	5.25	171	328
2001	6.89	6.70	235	287
2002	8.63	8.39	289	293
2003	7.92	7.81	138	280
2004	14.59	14.28	378	281
2005	23.78	23.45	605	380
2006	34.11	33.40	859	441
2007	53.26	52.28	1210	625
2008	68.54	67.49	1535	733
2009	79.57	78.41	1703	793
2010	97.43	96.02	2077	819
2011	121.43	119.80	2527	878
2012	159.94	157.98	3100	908

主要统计指标解释

住宿业 指有偿为顾客提供临时住宿的服务活动。不包括:提供长期住宿场所的活动(如出租房屋、公寓等),列入房地产开发经营。

餐饮业 指在一定场所,对食物进行现场烹饪、调制,并出售给顾客主要供现场消费的服务活动。

营业额 指住宿和餐饮业法人企业(单位)在经营活动中因提供服务或销售商品等取得的收入。包括:客房收入、餐费收入、商品销售额和其他收入。其中,客房收入指住宿和餐饮业法人企业(单位)在经营活动中因提供住宿服务取得的收入。餐费收入指住宿和餐饮业法人企业(单位)因为顾客提供就餐服务取得的收入,包括经烹饪、调制加工后出售的各种食品,如主食、炒菜、凉拌菜等的收入。

旅游人数

(1)入境旅游人数:指报告期内来我国观光、度假、探亲访友、就医疗养、购物、参加会议或从事经济、文化、体育、宗教活动的外国人、港澳台同胞等入境游客。统计时,外国人、港澳台同胞每入境一次统计1人次。

(2)出境人数:指中国(大陆)居民因公或因私出境前往其他国家、中国香港特别行政区、澳门特别行政区和台湾省观光、度假、探亲访友、就医疗养、购物、参加会议或从事经济、文化、体育、宗教活动的人数,即出境游客。统计时,按每出境一次统计1人次。

(3)国内旅游人数:指在报告期内在中国(大陆)观光游览、度假、探亲访友、就医疗养、购物、参加会议或从事经济、文化、体育、宗教活动的中国(大陆)居民人数,其出游的目的不是通过所从事的活动谋取报酬。统计时,国内游客按每出游一次统计1人次。

国际旅游(外汇)收入 指入境游客在中国(大陆)境内旅行、游览过程中用于交通、参观游览、住宿、餐饮、购物、娱乐等全部花费。

国内旅游收入 又称旅游总花费指国内游客在国内旅行、游览过程中用于交通、参观游览、住宿、餐饮、购物、娱乐等全部花费。

国际旅行社 指经营业务范围包括入境旅游业务、出境旅游业务和国内旅游业务的旅行社。

国内旅行社 指经营范围仅限于国内旅游业务的旅行社。

星级饭店 指设备、设施、服务符合《旅游饭店星级的划分与评定》(GB/T14308 - 2003),通过相关旅游管理部门评定,并取得星级饭店称号的饭店(含预备星级饭店)。

十四、财政、金融和保险

资料整理人员

张增福　靳蝉瑜　张双玲　贺彦杰

财政、金融和保险

财政总收入	201.60	亿元
公共财政预算收入	110.78	亿元
公共财政预算支出	222.69	亿元
城乡居民储蓄存款余额	1066.59	亿元
保费收入	35.44	亿元

城乡居民储蓄存款余额（亿元）

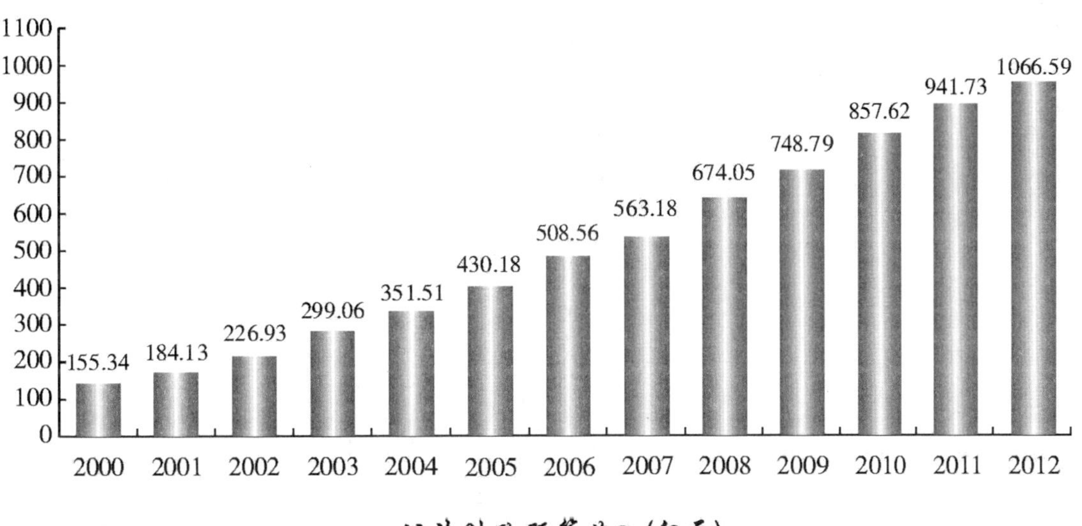

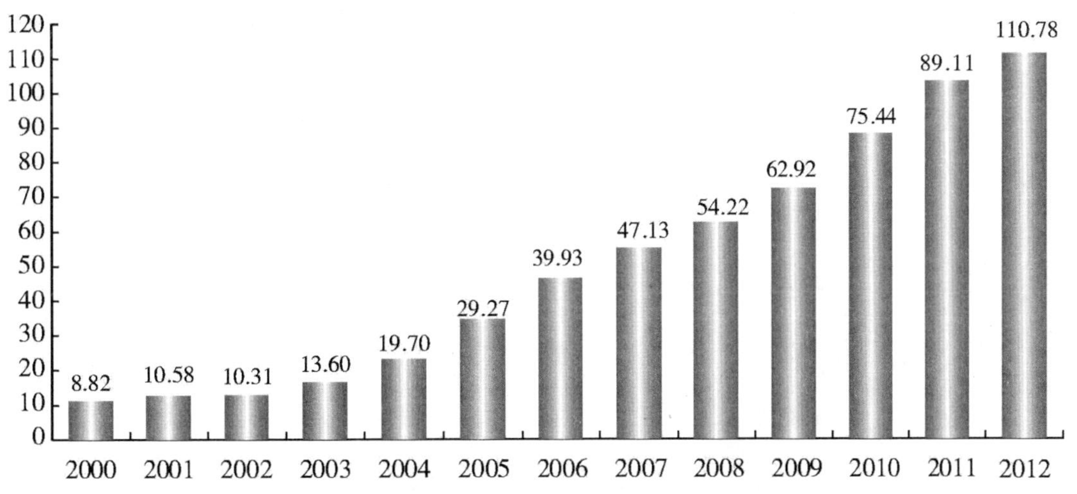

14—1 主要年份公共财政收支总额

单位：万元、%

年 份	财 政 总收入	公共财政 预算收入	公共财政 预算支出	发展指数(以上年为100)	
				财 政 总收入	公共财政 预算收入
1952	1679	1679	499		
1957	2488	2488	1673	97.6	
1962	3084	3084	2758	101.2	
1965	4660	4660	3205	132.2	
1970	4172	4172	6827	122.9	
1975	7048	7048	9237	123.6	
1978	9411	9411	14188	114.8	
1980	9251	9251	12823	108.5	
1985	14943	14943	23048	100.6	
1990	30860	30860	43197	108.7	108.7
1995	80578	44224	91729	134.3	136.2
2000	149265	88205	171626	111.4	108.7
2001	187777	105802	227036	125.8	120.0
2002	260168	103145	269096	138.6	97.5
2003	372191	135985	319894	143.1	131.8
2004	588628	197009	439168	158.2	144.9
2005	830466	292650	574467	141.1	148.5
2006	1021975	399313	739646	123.1	136.4
2007	1234815	471259	904763	120.8	118.0
2008	1409072	542211	1094878	114.1	115.1
2009	1376666	629205	1320408	97.7	116.0
2010	1602989	754388	1596861	116.4	119.9
2011	1884053	891054	1871259	117.5	118.1
2012	2016048	1107773	2226858	107.1	124.3

14—2 预算外财政专户资金收支额(2012 年)

单位:万元

指 标	金 额
收入合计	**47532**
#行政事业性收费	46815
#其他收入	717
支出合计	**40060**
#一般公共服务	52
#公共安全	
#教 育	39477
#其他支出	519

14—3 主要年份公共财政收支分项目数

单位:万元

年 份	各项税收	#企 业 所得税	#工商税	基本建设支出	农林水事务支出	文教科卫支出
1952	1602			16		243
1957	2191			261		770
1962	2683			780		1069
1965	3084			765		1156
1970	3090			3798		1224
1975	6275			3653		2058
1978	8223	1278		3899	3059	2804
1980	8164	1050		372	3054	3928
1985	15213	-527		998	2771	7178
1990	29751	-3225		155	4816	13887
1995	35753	-3715		486	7536	31130
2000	68977	4141	57386	856	6577	49695
2001	68370	8121	71763	688	23884	68184
2002	79071	5953	64968	932	29810	76241
2003	96741	6423	83834	1855	28581	93944
2004	137744	13459	137744	2547	51084	113625
2005	198885	22202	194977	31735	59690	138052
2006	230052	24793	230052	35304	56219	166945
2007	308274	40988	308274	43185	85689	289192
2008	378027	47565	367653	64640	105461	312062
2009	359803	51394	348847		120066	374096
2010	417763	54724	404409		154805	450955
2011	499986	66355	486649		219574	577832
2012	515770	74103	499113		235108	704293

注:2009 年起,财政支出中取消“基本建设支出”分类。

14—4 公共财政预算收入(2012年)

单位：万元

指　标	金　额
收入总计	**110773**
一、增值税	121555
国有企业增值税	11018
集体企业增值税	1458
股份制企业增值税	90641
联营企业增值税	2
港澳台外商投资企业增值税	4334
私营企业增值税	6505
二、营业税	144112
#金融保险业营业税(地方)	12546
一般营业税	131444
三、企业所得税	74103
四、个人所得税	20250
五、资源税	20023
六、固定资产投资方向调节税	
七、城市维护建设税	48845
八、房产税	12891
九、印花税	14995
十、城镇土地使用税	23819
十一、土地增值税	8980
十二、车船税(款)	9540
十三、耕地占用税	6125
十四、契　税	10292
十五、烟叶税	240
十六、国有资本经营收入	22670
十七、行政事业性收费收入	131082
十八、罚没收入	38177
十九、专项收入	310492
二十、其他收入	34967

14—5 公共财政预算支出(2012年)

单位:万元

指　　标	金　　额
支出总计	**2226858**
一、一般公共服务	243223
二、公共安全	129950
三、农业支出	76776
行政运行	5002
灾害救助	1887
农业生产资料与技术补贴	10013
其他农业支出	12340
四、林业支出	26870
行政运行	2035
森林培育	9869
林业技术推广	282
森林生态效益补偿	3012
森林防火	1542
林业工程与项目管理	50
其它林业支出	1885
五、水利气象支出	59006
水利行业业务管理	1925
水文水质水土水资源管理	3433
水利工程建设	14356
气象支出	1289
六、商业服务业等事务	19161
七、文化体育与传媒	34040
#文化事业费	13500
新闻出版事业费	754
文物事业费	5127
体育事业费	1478
广播影视事业费	10091
八、教育支出	468120
九、科学技术支出	14582
十、医疗卫生支出	187551
十一、抚恤和社会福利救济费	21221
十二、行政事业单位离退休支出	121783
十三、社会保障和就业支出	295605
十四、节能环保支出	74353
#污染防治	27097
十五、武装警察部队支出	2571
十六、公检法司支出	127362
十七、粮油物资储备事务	7650
最低收购价政策支出	
粮食风险基金	497
储备粮油补贴支出	177
粮食财务挂账利息补贴	2259
十八、交通运输支出	44551
十九、城乡社区事务支出	110657
二十、其他支出	11277

14—6 金融机构人民币信贷(2012年)

单位：万元

指标	金额
资金来源总计	**15157384**
一、各项存款	16544234
单位存款	5118216
活期存款	3569815
定期存款	849092
个人存款	10699861
储蓄存款	10665878
财政性存款	645920
临时性存款	41570
委托存款	36035
其他存款	2632
二、金融债券	
三、中长期借款	938
四、应付及暂收款	435838
五、同业往来	2152
六、系统内资金往来	
七、外汇买卖	42808
八、各项准备	298929
九、所有者权益	569504
实收资本	322132
十、其　他	-2737019
资金运用总计	**15157384**
一、各项贷款	7466068
短期贷款	3551265
个人贷款及透支	1228900
单位贷款及透支	2128517
普通并购贷款	
银团贷款	16000
贸易融资	177848
中长期贷款	3105615
个人贷款	879832
单位贷款	1869150
普通并购贷款	269500
银团贷款	87133
票据融资	807919
各项垫款	1269
二、有价证券	607260
三、股权及其他投资	51820
四、应收及预付款	65837
五、同业往来	109268
六、系统内资金往来	6425404
七、金银占款	
八、外汇买卖	42796
九、固定资产	244902
十、库存现金	144030

14—7 主要年份国家金融机构人民币各项存贷款余额

单位:万元

年 份	存款余额	单位存款	财政存款	居民储蓄存款	贷款余额
1952	813	327	302	64	
1957	3667	570	515	441	
1962	7351	2193	1391	596	
1965	7523	2256	1358	1013	
1970	16906	5484	2963	1961	
1975	20394	7168	4105	3036	
1978	23295	7024	4466	4130	
1980	27190	8979	2716	7018	
1985	75826	24706	2127	49131	129562
1990	289425	48294	5263	210758	340485
1995	903538	162288	-23866	735671	907293
2000	1924815	264060	8481	1553445	1411917
2001	2303733	302444	6948	1841259	1611568
2002	2908553	361288	19002	2269342	1995921
2003	4104298	510730	17757	2990564	2690370
2004	5078031	667135	15102	3515099	2870766
2005	6128903	670356	28510	4301802	3010925
2006	7016926	770694	28155	5085619	3374650
2007	7783140	941633	60107	5631833	3610258
2008	9207998	1186823	133037	6740512	3633019
2009	10970652	1586053	55788	7487928	4306471
2010	13239511	2376342	366529	8576152	5335159
2011	14567887	2548284	385930	9417276	6563027
2012	16544234	5118216	645920	10665878	7466068

注:从2011年起,根据金融统计制度改革,临汾市全金融机构人民币信贷表存款类科目调整较大,例如:财政存款更名为财政性存款,内容有所扩大;企业存款细化到单位存款科目下。2012年之前本表单位存款科目下所列数据为企业存款数据。

14—8 保险业务基本情况(2012年)

单位:万元

名称	金额
财产保险业务保费收入合计	**109427.3**
中国人民财产保险股份有限公司临汾市分公司	62846.2
中国太平洋财产保险有限公司临汾中心支公司	8471.1
永安财产保险股份有限公司临汾中心支公司	1974.0
中国平安财产保险股份有限公司临汾中心支公司	11333.3
天安保险股份有限公司临汾中心支公司	840.3
太平财产保险有限公司临汾中心支公司	2890.0
中国大地财产保险股份有限公司临汾中心支公司	4537.0
永诚财产保险股份有限公司山西分公司临汾中心支公司	1631.5
安邦财产保险股份有限公司山西分公司临汾营销服务部	147.5
都邦财产保险股份有限公司临汾中心支公司	686.3
中国人寿财产保险股份有限公司临汾市中心支公司	11830.7
阳光财产保险股份有限公司临汾中心支公司	1825.0
中煤财产保险股份有限公司临汾中心支公司	85.5
天平汽车保险股份有限公司临汾中心支公司	328.9
人寿保险业务保费收入合计	**244954.4**
中国人寿保险股份有限公司临汾分公司	96595.4
中国太平洋人寿保险股份有限公司临汾中心支公司	46428.8
中国平安人寿保险股份有限公司临汾中心支公司	16828.2
新华人寿保险股份有限公司临汾中心支公司	29906.3
泰康人寿保险股份有限公司临汾中心支公司	9045.0
中国人民人寿保险股份有限公司临汾市中心支公司	27537.5
太平人寿保险有限公司临汾中心支公司	8514.1
农银人寿保险股份有限公司临汾中心支公司	3823.3
合众人寿保险股份有限公司临汾中心支公司	1261.0
民生人寿保险股份有限公司临汾中心支公司	2868.3
国华人寿保险股份有限公司临汾中心支公司	1757.6
幸福人寿保险股份有限公司临汾中心支公司	388.9

主要统计指标解释

财政总收入 指一般预算收入与上划中央收入之和，反映本地区当年组织的财政收入总规模，是计算当年地方可用财力的主要依据。与国内生产总值比较，可反映财政的集中程度。

公共财政预算收入 指按照财政体制规定列入地方预算，直接缴入地方金库的经常性财政收入。1996年政府性基金纳入预算管理后，为区别于基金预算，将地方预算收入改称一般预算收入。具体包括增值税、企业所得税、个人所得税的地方分享部分，其他工商税收、农业四税、专项收入及行政性收费、罚没收入和其他收入。

上划中央收入 指实行分税制财政体制后，增值税的75%部分和消费税划为中央收入，以及从2002年起实行所得税分享改革后，所得税（包括企业所得税、个人所得税）由中央分享部分，这部分收入直接缴入中央金库。根据《预算法》和财政体制规定，上划中央收入属于列入中央预算范围的收入，地方总预算中不予包括。

公共财政预算支出 指列入地方预算的经常性财政支出，其项目包括经济建设支出、教科文卫等事业支出、国家管理费用支出、国防支出、各项补贴支出及其他支出等。其资金来源包括用地方可用财力安排的支出、上年结余、调入资金和中央专款补助形成的财政支出等。

企业挖潜改造资金 指预算内拨给的用于企业挖潜、革新和改造方面的资金。包括各部门企业挖潜改造资金和企业挖潜改造贷款资金，为农业服务的县办“五小”企业技术改造补助，挖潜改造贷款贴息资金。

地质勘探费用 指预算用于地质勘探单位的勘探工作费用，包括地质勘探管理机构及其事业单位经费、地质勘探经费。

科技三项费用 指预算用于科技支出的费用，包括新产品试制费、中间试验费、重要科学研究补助费。

农业支出 指财政用于种植、畜牧、水产、农机、农垦、农场、农业产业化经营组织、乡镇企业等方面的支出。

林业支出 指包括森林救灾、天然林保护、退耕还林、森林生态效益、森工、造林、防沙治沙及林场、苗圃、工作站、推广与培训等行业管理方面的支出。

水利和气象支出 指包括防汛抗旱、水文水质水土水资源管理、水利建设、气象支出及水利行业管理等费用。

流通部门和事业费 指预算支付给流通部门用于事业发展的人员和公用经费支出。

文体广播事业费 指文化部门、出版事业系统、文物系统、体育系统、档案局直属档案馆等机构、地震事业费、海洋事业费、通讯事业费、广播电影电视事业费、计划生育事业费、党政群干部训练事业费和其他文体广播事业费。

抚恤和社会福利救济费 指反映按规定由民政部门管理开支的各项抚恤金、伤残补助费等。

行政事业单位离退休支出 指反映实行归口管理的行政事业单位离退休经费。行政事业单位未实行归口管理的离退休经费仍列入原有关科目。

当年可用财力 指按照现行财政体制规定，在预算年度内可统筹安排使用的预算内资金，其来源包括当年一般预算收入、税收返还收入、下级上解收入、转移支付补助，并从中扣减上解上级及补助下级的资金。当年可用财力不包括上年结余资金及中央专款补助。根据《预算法》的规定，当年支出预算应当小于或等于当年可用财力。

存　款 指企业、机关、团体或居民根据可以收回的原则，把货币资金存入银行或其他信用机构保管并取得一定利息的一种信用活动形式。根据存款对象的不同可划分：企业存款、财政存款、机关团体存款、城镇居民储蓄存款、农村存款等项目。

贷　款　指银行或其他信用机构根据必须归还的原则，按一定利率，为企业、个人等提供资金的一种信用活动形式。银行贷款，分流动资金贷款、农业贷款、固定资产贷款等科目。

城乡居民储蓄年末余额　指城镇居民储蓄和农民个人储蓄两部分的年末余额。不包括工矿企业、部队、机关团体等集体存款。

十五、教育、科技

资料整理人员

师先明　郗跃华

教育、科技

高等学校数	4	所
高等学校在校学生数	41359	人
高等学校专任教师数	2933	人
中等专业学校数	7	所
中等专业学校在校学生数	12681	人
中等专业学校专任教师数	344	人
规模以上工业企业 R&D 人员	1950	人

各级各类学校构成(%)

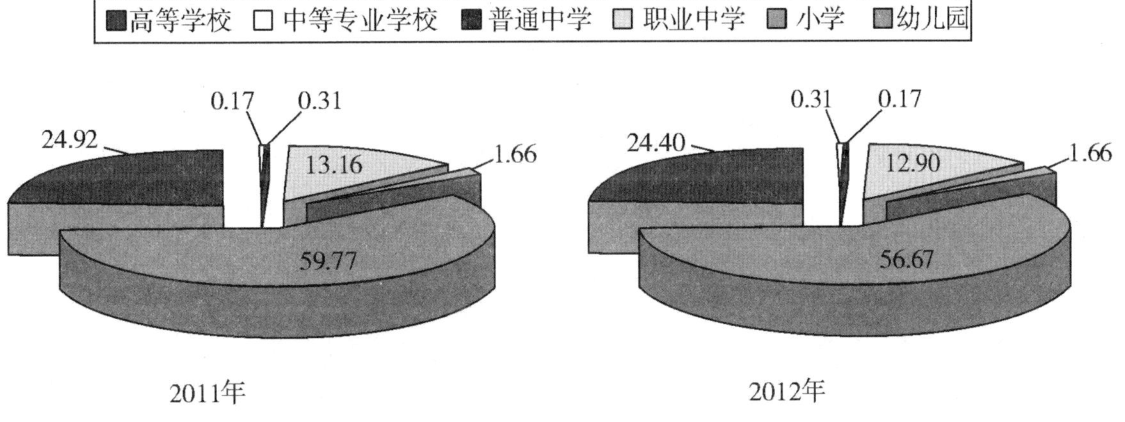

高等学校在校学生数(人)

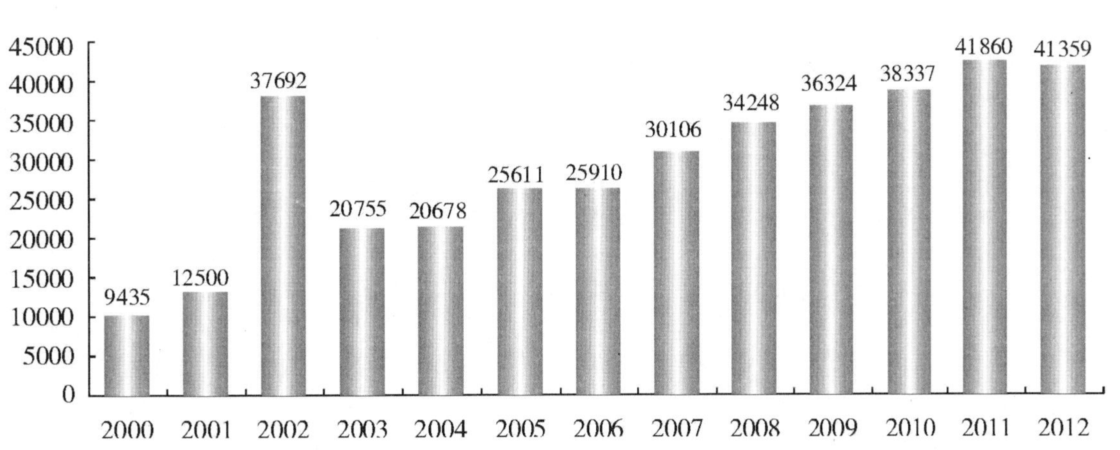

15—1 主要年份高等学校基本情况

单位:所、人

年　份	学校数	教职工数	#专任教师	在校学生	平均每一教师负担学生数	招生数	毕业生数
1962	1	77	38	247	7	123	205
1965	1	179	88	628	7	236	85
1975	1	504	214	1524	7	560	28
1978	2	756	359	2168	6	916	539
1980	3	1334	606	3029	5	814	508
1985	3	1395	583	4341	7	1269	709
1990	3	1707	700	5060	7	1630	1535
1995	2	1705	661	6188	9	1791	1968
2000	1	1483	788	9435	12	3218	1797
2001	1	2214	1124	12500	11	4400	1741
2002	2	3170	1686	37692	22	12975	4664
2003	2	3258	1736	20755	11	5325	3271
2004	3	3249	1843	20678	11	5435	3884
2005	3	3158	1741	25611	14	5468	3986
2006	3	3269	1851	25910	14	7532	4281
2007	4	3586	1882	30106	16	10370	4662
2008	4	3598	2505	34248	14	10670	4870
2009	4	4205	2606	36324	14	11900	5178
2010	4	4310	2674	38337	14	12210	5687
2011	4	4455	2884	41860	15	12267	12444
2012	4	4553	2933	41359	14	13692	11664

15—2 主要年份中等专业学校基本情况

单位：所、人

年　份	学校数	教职工数	#专任教师	在校学生	平均每一教师负担学生数	招生数	毕业生数
1952	2	183	110	1664	15	980	558
1957	3	168	101	865	9	492	335
1962	4	243	142	1609	11	404	721
1965	6	316	184	2504	14	940	397
1970	5	354	188	2361	13	1050	623
1975	6	381	199	1983	10	1144	717
1978	6	464	251	1849	7	1015	790
1980	6	577	290	3399	12	1035	827
1985	7	805	351	3053	9	1335	1190
1990	9	962	492	5665	12	1929	1765
1995	9	1093	601	6371	11	2115	1901
2000	10	1490	757	14690	19	5923	2189
2001	8	966	575	16355	28	4583	3069
2002	6	488	289	17441	60	4694	3645
2003	4	473	277	13906	50	2861	6404
2004	4	385	245	12436	50	3675	5147
2005	4	456	273	11857	43	4656	5297
2006	6	613	389	13509	35	4705	3458
2007	6	623	366	13688	37	4477	4991
2008	6	624	332	15118	46	6364	5065
2009	6	636	367	14142	39	4727	5426
2010	6	650	378	13509	36	4122	4701
2011	7	639	348	12730	36	3877	4932
2012	7	615	344	12681	37	5147	5005

15—3 主要年份普通中学基本情况

单位:所、人

年份	学校数	教职工数	#专任教师	在校学生	平均每一教师负担学生数	招生数	毕业生数
1952	12	506	369	5883	16	3725	661
1957	35	1360	866	16289	18	6249	3378
1962	87	2230	1411	25427	18	7852	11055
1965	106	2341	1648	25973	16	10308	6953
1970	941	6931	5407	93109	17	42989	29706
1975	1503	11890	8947	160965	18	95602	60760
1978	1695	16093	12774	209749	16	102305	90734
1980	1003	15249	11704	210707	18	58875	25594
1985	542	13558	10368	169035	16	57034	39180
1990	414	15658	12245	161053	13	56977	49285
1995	386	16569	12735	193367	15	71287	52512
2000	393	18248	14955	266338	18	94578	76266
2001	410	19883	16126	286217	18	104294	80980
2002	411	20893	17254	304175	17	106299	86950
2003	420	21955	18411	332120	18	106163	90924
2004	406	23557	19578	333092	17	109751	102695
2005	403	24784	20630	336955	16	113405	104432
2006	404	25507	21445	342404	17	112625	106697
2007	396	25748	21644	331391	16	100334	108068
2008	383	25698	21548	310691	14	93760	111985
2009	345	26284	21692	299782	14	103853	109658
2010	324	26197	21640	296425	14	101391	99190
2011	301	27408	21657	296425	12	90523	92118
2012	295	28230	21967	274302	13	89137	96127

15—4 普通中学分班别、分城乡学生数(2012年)

单位:人

指　　标	毕业生数	#高　中	招生数	#高　中	在校学生数	#高　中
总　　计	**96127**	**30768**	**89137**	**33235**	**274302**	**95637**
教育部门和集体办	74269	23514	65100	25185	204075	72745
民　办	21814	7254	23983	8050	70069	22892
其他部门办	44		54		158	
城　区	21845	8194	21877	9352	64765	26216
镇　区	48712	16660	44334	17205	137066	49792
乡　村	25570	5914	22926	6678	72471	19629

15—5 普通中学学校数、班数(2012年)

项　　目	学校数（所）	初级中学	高级中学	完全中学	九年制学校	十二年一贯制学校	班　数（个）	初　中	高　中
总　　计	**295**	**186**	**24**	**31**	**47**	**7**	**5387**	**3575**	**1812**
教育部门和集体办	239	173	22	17	26	1	4068	2697	1371
民　办	55	13	2	14	20	6	1316	875	441
其他部门办	1						3	3	
城　区	43	15	2	15	8	3	1139	671	468
镇　区	134	87	17	10	16	4	2739	1774	965
乡　村	118	84	5	6	23		1509	1130	379

15—6 普通中学分课程专任教师数(2012年)

单位：人

学科分类	专任教师	初中	高中
总计	**21967**	**14581**	**7386**
政治	1600	1136	464
语文	3739	2604	1135
数学	3630	2535	1095
外语	3268	2201	1067
科学	25	25	
物理	1675	1063	612
信息技术	170		170
通用技术	94		94
化学	1211	626	585
生物	1120	640	480
历史与社会	96	96	
地理	1025	628	397
历史	1354	932	422
体育与健康	970	634	336
艺术	36	23	13
音乐	510	361	149
美术	481	321	160
结合实践活动	515	496	19
其他	175	138	37
当年不任课	273	122	151

15—7 主要年份职业中学基本情况

单位:所、人

年 份	学校数	教职工数	#专任教师	在校学生	平均每一教师负担学生数	招生数	毕业生数
1980	17	78	60	758	13	250	95
1985	61	598	382	7484	20	3482	1085
1990	33	661	429	5580	15	2518	2066
1995	41	1145	826	11054	13	4838	4756
2000	46	1311	1021	13211	13	4978	3633
2001	31	1238	944	11564	12	4020	4854
2002	34	1268	949	12259	13	5322	3669
2003	31	1222	907	11686	13	5654	2594
2004	29	1294	924	12987	14	5404	3316
2005	37	1806	1257	17864	14	7775	4409
2006	38	1689	1211	22112	18	9595	4936
2007	44	2295	1657	29389	18	14561	5934
2008	41	2193	1586	30396	19	13000	7283
2009	38	2135	1640	36152	22	16678	6984
2010	40	2248	1736	29704	17	10201	11757
2011	38	3030	2046	21849	11	6961	9793
2012	38	3119	2402	18009	8	6696	7927

注:2011 年开始职业中学只有职业高中,取消了职业初中。

15—8 主要年份小学基本情况

单位：所、人

年份	学校数	教职工数	#专任教师	在校学生	平均每一教师负担学生数	招生数	毕业生数
1952	3402	5508	5252	181989	35	41247	19385
1957	3581	7819	7128	223730	31	45108	34228
1962	4477	11068	9921	297842	30	57459	41817
1965	5090	12463	11130	348687	31	68420	44002
1970	5066	14642	14045	407280	29	95425	62410
1975	5502	17633	16328	472020	27	105239	82569
1978	5481	18080	17733	459079	26	116565	72689
1980	6346	20607	19971	469625	24	82661	71386
1985	6640	22776	21153	427728	20	92638	71324
1990	6503	24036	22392	385630	17	71958	67704
1995	6130	24464	22287	408601	18	79108	70801
2000	4350	24761	22418	429797	19	80470	84202
2001	4350	24174	24174	423662	19	85227	87660
2002	4165	24446	22949	447089	19	114115	89995
2003	3903	24529	22994	463600	20	97346	82562
2004	3569	25213	23424	447621	19	74509	82571
2005	3225	25614	23775	429696	18	68677	79947
2006	2948	25585	23787	409053	17	66610	81571
2007	2603	25259	23454	405530	17	65348	70654
2008	2263	25203	23420	396877	17	58338	64744
2009	1843	25223	23426	372178	16	52349	71994
2010	1580	24966	23110	353898	15	56238	69405
2011	1367	23823	23046	322695	15	53172	64993
2012	1296	22975	22495	310326	14	55967	59335

15—9 幼儿园基本情况(2012 年)

单位:人

指　标	园　数（所）	班　数（个）	在　园幼儿数	教职工数	#专任教师	平均每一教师负担幼儿数
总　计	**558**	**3060**	**80679**	**5520**	**3579**	**23**
教育部门	64	856	24206	1163	862	28
其他部门办	9	61	1962	227	135	15
地方企业	8	56	1607	193	117	14
事业单位	1	6	150	8	7	21
集体	10	31	503	42	29	17
民　办	466	2050	52251	3887	2429	22
城　区	94	581	15978	1837	1114	14
镇　区	215	1347	42601	2594	1775	24
乡　村	249	1132	22100	1089	690	32

15—10 获市级科技进步奖情况(2011 年)

单位:项

	2011
总　　计	**7**
一　等　奖	
二　等　奖	2
三　等　奖	5

15—11 县级以上自然科学研究与技术开发机构人员数(2012 年)

单位:人

	机构数（个）	职工人数	#从业科技活动人员	#科学家工程师	在职工总数中从事课题活动人员
总　计	**7**	**60**	**14**		

15—12 规模以上工业企业 R&D 人员、机构及项目情况(2012 年)

指 标	研究与试验发展(R&D)人员(人)	#参加项目人员	企业办科技机构(个)	科技项目数(项)
总 计	**1950**	**1726**	**10**	**109**
一、按登记注册类型分组				
国有企业	69	63		3
有限责任公司	1522	1336	5	60
股份有限公司	149	137	2	12
私营企业	210	190	3	34
二、按工业行业大类分组				
采矿业	82	78		19
煤炭开采和洗选业	82	78		19
制造业	1868	1648	10	90
石油加工、炼焦及核燃料加工业	1014	883	2	33
化学原料及化学制品制造业	112	102	2	8
非金属矿物制品业			1	
医药制造业	45	45		17
黑色金属冶炼及压延加工业	213	187	2	15
专用设备制造业	363	322	1	8
汽车制造业	121	109	2	9
三、按企业控股情况分组				
国有控股	1650	1456	6	70
私人控股	210	190	3	34
其 他	90	80	1	5
四、按地区分组				
尧都区	294	258	3	27
曲沃县			1	
洪洞县	992	869	2	28
侯马市	529	476	3	34
霍州市	135	123	1	20

15—13 规模以上工业企业技术开发经费情况(2012 年)

单位:万元

指　　标	R&D 经费内部支出	#日常性支出	#资产性支出	R&D 经费外部支出	#对境内研究机构支出	#对境内高等学校支出	#对境外支出
总　　计	**40463.5**	**34945.8**	**5517.7**	**1391.2**	**1176.2**	**161.1**	**20.4**
一、按登记注册类型分组							
国有企业	132.1	132.1					
有限责任公司	28477.7	28335.2	142.5	1196.5	1040.5	108.3	14.6
股份有限公司	8035.0	3867.1	4167.9	21.4		15.6	5.8
私营企业	3818.7	2611.4	1207.3	173.3	135.7	37.2	
二、按工业行业大类分组							
采矿业	357.1	357.1		109.2	59.8	49.4	
煤炭开采和洗选业	357.1	357.1		109.2	59.8	49.4	
制造业	40106.4	34588.7	5517.7	1282.0	1116.4	111.7	20.4
石油加工、炼焦及核燃料加工业	19873.2	18697.5	1175.7	958.0	834.2	76.1	14.6
化学原料及化学制品制造业	7458.7	3245.8	4212.9	23.0	1.2	15.6	5.8
医药制造业	75.0	75.0		23.0	23.0		
黑色金属冶炼及压延加工业	914.5	867.5	47.0	90.0	70.0	20.0	
专用设备制造业	10571.6	10571.6		188.0	188.0		
汽车制造业	1213.4	1131.3	82.1				
三、按企业控股情况分组							
国有控股	35695.8	31386.1	4309.7	1217.9	1040.5	123.9	20.4
私人控股	3818.7	2611.4	1207.3	173.3	135.7	37.2	
其　他	949.0	948.3	0.7				
四、按地区分组							
尧都区	4021.1	2893.9	1127.2	238.7	181.5	57.2	
洪洞县	23852.6	19589.9	4262.7	830.7	722.7	54.5	20.4
侯马市	11860.0	11777.9	82.1	211.0	211.0		
霍州市	729.8	684.1	45.7	110.8	61.0	49.4	

15—14 规模以上工业企业新产品开发及专利申请情况(2012年)

单位:万元

指标	新产品产值	专利申请数(件)	#发明专利	新产品销售收入	#出口
总计	**336476.5**	**178**	**42**	**365672.2**	**13432.3**
一、按登记注册类型分组					
国有企业					
股份合作企业					
有限责任公司	108710.2	110	22	99360.3	
股份有限公司	225385.7	43	12	242204.4	13432.3
私营企业	2380.6	25	8	24107.5	
二、按工业行业大类分组					
采矿业		10	1		
煤炭开采和洗选业		10	1		
制造业	336476.5	168	41	365672.2	13432.3
农副食品加工业					
石油加工、炼焦及核燃料加工业	17000.0	28	11	37035.0	
化学原料及化学制品制造业	225385.7	14	5	224828.0	13432.3
医药制造业		2	2		
非金属矿物制品业	1500.0			1300.0	
黑色金属冶炼及压延加工业	2380.6	58		4172.5	
有色金属冶炼及压延加工业					
通用设备制造业					
专用设备制造业	88585.0	20	11	79634.0	
汽车制造业		43	12	17376.4	
电气机械及器材制造业	1625.2	3		1326.3	
三、按企业控股情况分组					
国有控股	332470.7	113	25	322862.0	13432.3
私人控股	4005.8	28	8	25433.8	
其他		37	9	17376.4	
四、按地区分组					
尧都区	4005.8	62	1	25433.8	
曲沃县	1500.0			1300.0	
翼城县					
洪洞县	242385.7	33	13	241928.0	13432.3
侯马市	88585.0	65	25	97010.4	
霍州市		18	3		

15—15 主要年份规模以上工业企业科技基本情况

年　份	R&D 人员（人）	R&D 经费内部支出（万元）	占 GDP 比重（%）	科技项目（个）	科技机构（个）	新产品产　值（万元）	新产品销售收入（万元）	专利申请（件）	发明专利（件）
2000	1128	39444.6		141	8				
2007	2670	85551.0	0.35	155	13	153206.6		38	14
2008	2404	76437.0	0.39	136	15	136689.1		51	19
2009	1532	32669.5	0.43	100	16	300485.2	244987.0	90	35
2010	1231	34422.0	0.39	80	12	337048.0	335828.2	92	19
2011	1118	34383.2	0.30	73	15	447204.5	454291.8	140	49
2012	1950	40463.5	0.33	109	10	336476.5	365672.2	178	42

注：2008 年及以前是科技活动人员，2009 年以后是 R&D 人员；2008 年及以前是科技活动经费，2009 年以后是 R&D 经费。

主要统计指标解释

普通高等学校 指按照国家规定的审批程序批准举办,通过全国统一招生考试招收高级中等学校毕业生和具有同等学历者,实施高等教育,培养高等专门人才的学校。包括大学、专门学院、科学院和短期职业大学。

成人高等学校 指按照国家规定的审批程序批准举办,招收在职高中毕业或同等学历者,利用多种形式对成人实施高等教育,培训相当普通高等学校专科或本科毕业水平的专门人才的学校。包括广播电视大学、职工高等学校、农民高等学校、干部管理学院、教育学院、独立函授学院以及普通高等学校举办的函授、夜大学等。

小学适龄儿童入学率 指调查范围内已入小学学习的学龄儿童数占全部小学儿童总数(包括弱智儿童在内,但不包括盲聋哑儿童)的比重。计算公式:

小学学龄儿童入学率 = 已入学的小学学龄儿童数/校内外小学学龄儿童总数 × 100%

研究与实验发展(简称 R&D) 指为了增进知识以及利用这些知识去开创新的用途而进行的系统的创造性的工作。它具备四种基本因素:①创造性的因素;②新颖性或创新性的因素;③科学方法的运用;④新知识的产生。它包括三种类型:①基础研究;②应用研究;③实验发展。

基础研究 指不直接考虑用途,以提示客观事物的本质、运动规律,获得新发现、新学说为目的或对有的规律、发现学说作系统性的补充而进行的理论研究或实验。其成果以科学论文、科学著作为主要形式。

应用研究 指利用基础研究所发现的知识,确定特定的目标,为了明确基础研究成果的实用化的可能性,探索新方法(原理性)而进行的独创性研究及对已经实用化的技术探索新的应用方法(原理性)而进行的研究。应用研究实际上并不直接产生新的(或改进)产品或工艺,其成果以科学论文、科学著作、原理性模型和专利等为主要形式。

实验发展 指利用基础研究、应用研究及实际经验所获得的知识,为生产新的材料、产品和装置,建立新的工艺、系统和服务,对已生产和建立的上述各项进行实质性的改进而从事的系统性工作。其成果为一种具有新产品或新技术基本特点的原型、可达到设计定型的新产品或新工艺、实验报告等。

临汾统计年鉴

十六、文化、体育、卫生、民政和环保

资料整理人员

师先明　郗跃华

文化、体育、卫生、民政和环保

文化馆数	18	个
公共图书馆数	17	个
体育场	22	个
医院数	170	个
废水排放总量	14767	万吨

卫生技术人员构成(%)

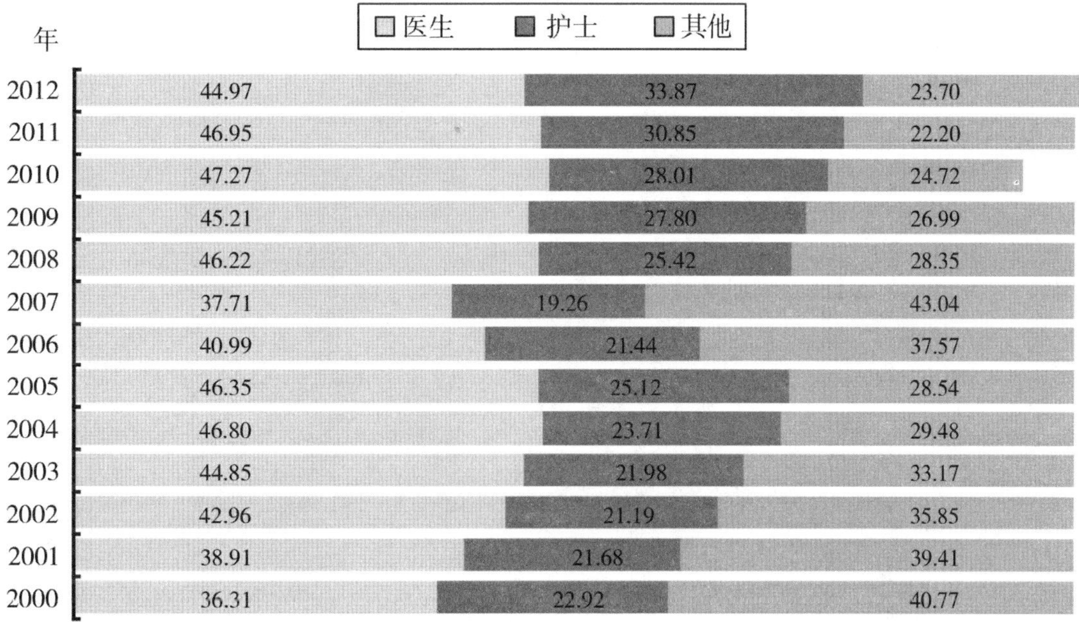

国家预算内抚恤支出（万元）

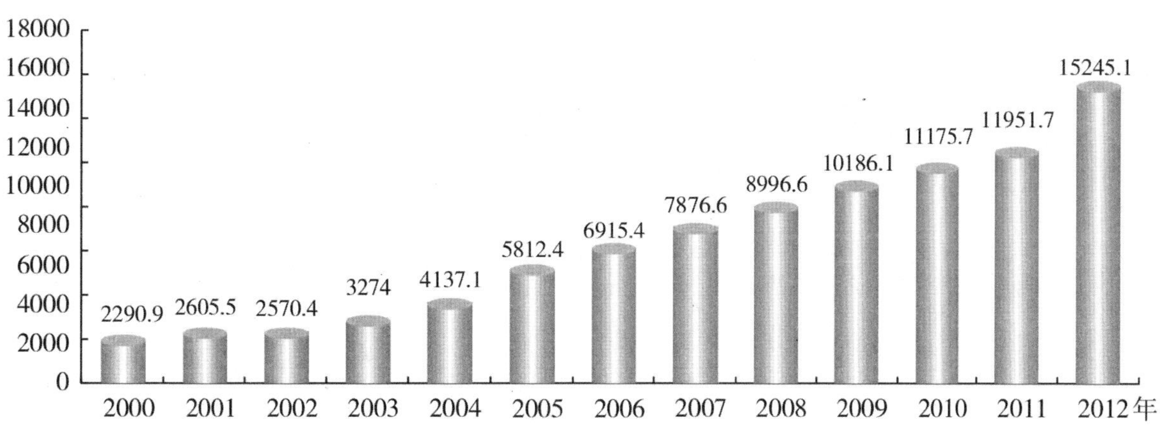

16—1 主要年份文化、广播事业发展情况

年 份	文化馆（个）	公共图书馆（个）	艺术表演团体（个）	艺术表演场馆（座）	广播站（台）	电视人口覆盖率（%）
1952	13	1	26	3		
1957	14	2	39	6	10	
1962	15	4	24	11	16	
1965	15	4	24	11	16	
1970	16	4	21	11	16	
1975	17	4	22	15	18	
1978	17	12	25	17	18	
1980	17	14	27	23	18	65
1985	17	17	26	26	17	81
1990	18	17	21	16	17	86
1995	18	17	21	19	17	86
2000	18	17	21	19	17	93
2001	18	17	18	17	17	97
2002	18	17	18	17	17	97
2003	18	17	18	17	17	97
2004	18	17	18	17	17	97
2005	18	17	18	17	17	98
2006	18	17	18	17	17	98
2007	18	17	18	17	17	98
2008	18	17	20	17	17	98
2009	18	17	20	17	17	98
2010	18	17	18	15	17	98
2011	18	17	26	15	17	99
2012	18	17	13	15	17	98

注:艺术表演团体:事业单位13个;广播站改为广播电视台。

16—2 文化艺术机构和人员数(2012 年)

单位:个、人

指　标	总　计		文化部门			
	机构数	人　数	国有单位		集体单位	
			机构数	人　数	机构数	人　数
图书馆业	17	224	17	224		
艺术教育业	1	81	1	81		
文化市场	1280	18500				
其　他						

16—3 群众艺术馆、文化馆业务活动及经费(2012 年)

指　标	总　计	群众艺术馆	文化馆
单位数(个)	18	1	17
举办展览(个)	112	1	111
举办训练班(次)	490	49	441
组织文艺活动次数(次)	496	56	440
总支出(千元)	57409	5049	52360
#公用支出	6382	1224	5158

16—4 公共图书馆业务活动及经费(2012年)

指　　标	总　　计	县级公共图书馆
总藏量(册、件)	1491421	1491421
书架单层长度(米)	5037	5037
有效借书证数(个)	29869	29869
图书流通人次(人次)	321680	321680
#书刊外借人次(人次)	109420	109420
为读者举办各种活动次数(次)	238	238
参加人数(人次)	47229	47229
电子阅览室终端数(个)	452	452
网站数(个)		
总支出(千元)	18271	18271
#新增藏量购置费	1189	1189
图书专项经费(千元)	2530	2530
本年新购图书(册)	49400	49400
公共房屋建筑面积(平方米)	31422	31422
#书　库	6683	6683
阅览室座席(个)	2295	2295

16—5 出版发行、图书馆、群众文化事业机构和人员数(2012 年)

指　　标	机构数(个)	人　数(人)
出版发行事业	730	1022
#国有书店	23	560
图书馆事业	17	224
群众艺术馆	1	39
文化馆	17	250
文化站	171	244
#乡镇文化站	151	200

16—6 体育系统从业人员数(2012 年)

单位:人

指　　标	合　　计	行政机关	业余体校
总　　计	**292**	**130**	**162**
公务员	66	66	
教练员	53		53
文化教师	46		46
管理人员	72	25	47
其他人员	55	39	16

16—7 主要年份体育场发展情况

单位:个

年份	体育场	运动场	小运动场	游泳池	有看台的灯光球场	篮、排球场	各种训练房	足球场	轮滑场
1952									
1957	1	4	5		1			1	
1962	1							1	
1965	1	5	13		1			1	
1970	1	5	21	2	1		1	1	
1975	1	7	36	2	7		1	1	
1978	1	7	48	3	10		1	1	
1980	1	7	51	4	12		1	1	
1985	1	9	64	4	21	989	3	3	5
1990	1	12	168	8	27	1675	6	4	3
1995	1	12	168	10	27	1675	1	1	3
2000	1	12	168	10	19	1675	1	1	3
2001	7	90	167	21	26	1709	87	2	3
2002	7	90	167	21	26	1709	87	2	3
2003	7	90	167	21	26	726	87	2	3
2004	7	90	167	21	26	785	87	2	3
2005	8	90	167	21	26	802	87	2	3
2006	20	112	175	21	26	824	90	2	3
2007	21	121	179	23	26	1065	113	2	3
2008	22	121	179	23	27	1420	113	2	3
2009	22	121	180	23	27	1696	113	2	3
2010	22	121	180	23	27	1951	113	2	3
2011	22	121	180	23	27	2779	113	2	3
2012	22	121	180	23	27	2896	113	2	3

16—8 主要年份体育事业发展情况

单位:个、次、人

年份	少体校		举办县以上运动会情况		国家体育锻炼达标人数	体育系统职工情况			体育事业费（万元）
	校数	在校学生数	次数	参加人数		合计	专职教练	专职教师	
1952			2	2500					
1957			7	4100					
1962	9	960	45	31000		63	36		
1965	8	940	36	23000		74	39		
1970	13	1210	45	23000	9250	73	37		
1975	13	1313	110	31000	10889	127	54		30
1978	19	1410	99	32000	10022	139	62		35
1980	16	1059	84	21857	11858	138	60		39
1985	15	943	104	24105	120827	190	65	13	69
1990	20	1290	178	55900	221900	306	87	17	233
1995	17	1144	183	19154	352187	318	99	27	2207
2000	17	1823	145	35504	465639	535	91	25	220
2001	17	1813	310	45000	475639	427	91	26	345
2002	17	1065	236	216908	472536	389	90	67	507
2003	14	1149	229	114400	603906	714	86	78	671
2004	14	1210	342	1332525	332633	504	63	26	775
2005	15	1665	357	1083977	543444	608	70	54	1262
2006	12	1444	253	402100	556358	317	65	70	2211
2007	12	1511	276	45120	557960	281	74	15	1042
2008	12	665	207	90621	645000	40	36	4	1235
2009	8	922	271	924724	844000	91	52	39	1372
2010	8	810	376	195662	851250	82	48	34	1804
2011	8	865	218	237068	850121	72	48	24	3313
2012	5	1112	261	265945	803420	99	53	46	6006

16—9 主要年份体育场地数

单位:个

年 份	体育场	体育馆	有看台的灯光球场	运动场	射击场	游泳池
1957	1		1	4		
1962	1					
1965	1		1	5		
1970	1		1	5		2
1975	1		7	7		2
1978	1		10	7		3
1980	1		12	7		4
1985	1		21	9		4
1990	1	1	27	12		8
1995	1	2	27	12		10
2000	1	3	19	12	1	10
2001	7	3	26	90	1	21
2002	7	4	26	90	1	21
2003	7	4	26	90	1	21
2004	7	4	26	90	1	21
2005	8	6	26	112	1	21
2006	20	8	26	112	1	21
2007	21	9	26	121	1	23
2008	22	9	27	121	1	23
2009	22	9	27	121	1	23
2010	22	9	27	121	1	23
2011	22	9	27	121	1	23
2012	22	10	27	121	1	23

注:2004 年数据为第五次全国体育场地普查数据,普查时点为 2003 年 12 月 31 日。

16—10 主要年份卫生机构数

单位:个

年份	卫生机构数	医院	乡镇卫生院	社区卫生服务中心(站)	门诊部和诊所	专科防治所站	疾控中心	卫生监督所	妇幼保健站所	其他卫生事业机构
1952	126	27			63					36
1957	310	94			115		1	–	1	99
1962	479	176			161	2	2	–	2	136
1965	483	188			283	1	5	–	3	3
1970	344	234			99	1	4	–	3	3
1975	455	266			167	2	12	–	5	3
1978	591	282			233	3	20	–	20	33
1980	618	293			246	3	20	–	20	36
1985	699	312			302	4	18	–	19	44
1990	705	342			298	1	19	–	18	27
1995	666	327			295	1	19	–	18	6
2000	418	101			273	1	19	–	18	6
2001	403	99			260	1	19	–	18	6
2002	406	114			249	3	17	–	18	5
2003	404	114			245	3	18	–	18	6
2004	402	115			244	3	18	–	18	4
2005	389	108			240	2	18	–	18	3
2006	414	117	151		255	2	18		18	4
2007	445	125	151		274	2	18	18	18	8
2008	503	148	151		309	2	18	18	18	8
2009	810	166	151		597	3	18	18	18	8
2010	824	162	151	62	615	4	18	18	18	7
2011	1166	164	151	62	635	3	18	18	18	97
2012	1152	170	151	62	627	3	18	18	18	85

注:1995 年以后,"医院"中不包括"卫生院"。

16—11 主要年份卫生机构床位数

单位:张

年 份	卫生机构床位数	医 院	其他卫生机构	平均每千人拥有医院床位数
1952	167	162	5	0.11
1957	621	527	94	0.36
1962	1746	1364	382	0.88
1965	2553	2022	531	1.19
1970	3151	2774	377	1.28
1975	5588	5020	568	2.02
1978	6444	6010	434	2.23
1980	7593	7033	560	2.55
1985	9464	8872	592	3.01
1990	11097	10695	402	3.20
1995	11129	10767	362	2.98
2000	11622	7591	4031	2.91
2001	11358	7473	3885	2.51
2002	10675	7165	3510	2.65
2003	11641	7886	3755	2.87
2004	12168	8331	3837	2.97
2005	11301	7982	3319	2.74
2006	12502	8556	3946	3.01
2007	13704	9131	4573	3.28
2008	15263	10235	5028	3.65
2009	15954	10852	5102	3.78
2010	17051	11181	5870	3.82
2011	16546	11112	5434	3.81
2012	17254	12052	5202	3.94

16—12 卫生机构人员分类

单位:人

指　　标	2005	2006	2007	2008	2009	2010	2011	2012
一、各类人员总计	**16818**	**17620**	**19852**	**21319**	**22900**	**23557**	**23461**	**25206**
卫生技术人员	14119	14639	16656	18066	19266	19760	19500	21010
其他技术人员	957	868	1047	1114	1258	1304	1270	1385
管理人员	670	848	800	843	889	1021	1014	1019
工勤人员	1072	1265	1349	1296	1487	1472	1673	1792
二、卫生技术人员	14119	14639	16656	18066	19266	19760	19500	21010
执业医师	5053	5482	5974	6447	6850	6810	6639	7529
执业助理医师	1491	1491	1787	1904	1861	2530	2517	1920
注册护士	3546	3661	4291	4593	5356	5535	6015	7117
药剂人员	1024	991	1013	1065	1080	1093	1080	1083
检验人员	726	722	711	756	773	781	831	841
其　他	2279	2292	2656	3003	2971	3011	2418	2520
三、平均每千人拥有								
卫生技术人员	3.43	4.48	3.99	4.30	4.56	4.58	4.60	4.73
#医生数	1.59	1.84	2.08	3.92	3.26	3.50	3.27	3.27

注:本表不包括村卫生室人员。

16—13 主要年份卫生技术人员数

单位:人

年份	总计	医生	护士	其他	平均每千人拥有卫生技术人员数
1952	642	52	51	320	0.43
1957	1375	71	217	652	1.75
1962	2995	388	516	1157	1.51
1965	4109	694	518	1412	1.91
1970	5845	779	1039	2450	2.38
1975	7671	1123	1476	3065	2.77
1978	8384	1369	813	3728	2.90
1980	9785	1506	947	4376	3.29
1985	12248	2336	1158	5910	4.12
1990	14645	4437	2573	5415	4.22
1995	14915	5281	3250	4576	3.99
2000	15360	5577	3521	4489	3.83
2001	15444	6009	3349	4020	3.86
2002	14994	6441	3177	3551	3.72
2003	14809	6642	3255	3035	3.65
2004	14625	6845	3468	2520	3.57
2005	14119	6544	3546	2279	3.43
2006	14639	7610	3980	2404	4.48
2007	16656	8677	4431	2529	3.99
2008	18066	8351	4593	3003	4.30
2009	19266	8711	5356	2971	4.56
2010	19760	9340	5535	3891	4.58
2011	19500	9156	6015	4329	4.60
2012	21010	9449	7117	4979	4.73

注:由于卫生部门报表的变动,2002 年及以后年份医生数为执业医师和执业助理医师数之和;护士为注册护士。

16—14 卫生机构、床位、人员数(2012 年)

类　别	机构数（个）	床位数（张）	人员合计（人）	#卫生技术人员
总　计	**1152**	**17245**	**25226**	**21010**
一、医　院	170	12052	16261	13526
综合医院	86	8275	11503	9732
中医医院	20	1281	1620	1358
中西医结合医院	4	92	121	95
专科医院	60	2404	3017	2341
其中:口腔医院	7	70	175	123
眼科医院	6	193	217	192
肿瘤医院	2	168	155	122
心血管病医院	3	70	56	41
妇产(科)医院	6	243	461	358
精神病医院	4	320	227	170
传染病医院	1	350	551	431
骨科医院	9	287	325	262
康复医院	2	95	64	56
其他专科医院	20	608	786	586
二、社区卫生服务中心(站)	62	380	961	833
社区卫生服务中心	18	303	549	483
社区卫生服务站	44	77	412	350
三、卫生院	223	4329	3644	3031
街道卫生院(卫生服务站)	72	790	596	468
乡镇卫生院	151	3539	3048	2563
中心卫生院	56	1565	1271	1097
乡卫生院	95	1974	1777	1466
四、门诊部	17	2	207	158
五、诊所. 卫生所. 医务室	610		1279	1200
诊　所	557		1114	1050
卫生所、医务室	53		165	150
六、采供血机构	18		800	554
七、妇幼保健院(所、站)	3	9	79	59
八、疾病预防控制中心	18	473	857	700
九、卫生监督所(中心)	5		151	102
十、专科疾病防治院(所、站)	18		891	798
十一、其他卫生机构	8		96	49

16—15 主要年份民政主要指标

指　　标	单　位	1990	1995	2000	2005	2010	2011	2012
国家预算内抚恤支出	万元	798.0	1175.6	2290.9	5812.4	11175.7	11951.7	15245.1
优抚对象人数	人	135817	133790	139580	15858	17825	15306	20952
农村低保户人数	人	208863	236796	266668	83613	128667	130003	133264
城镇社会福利院	个	1	1	1	1	1	1	1
收养人数	人	53	50	30	110	120	120	170
结婚数	对	26912	19775	14965	42402	46965	58083	49727
千人结婚率	‰	15.5	10.5	7.6	20.5	21.8	21.8	22.8
离婚数	对	798	748	995	1196	3083	3624	3941
千人离婚率	‰	0.5	0.4	0.5	0.6	1.4	1.5	1.6

注:2002 年及以后优抚对象不包括军属。

16—16 工业企业“三废”排放与治理情况

项　　目	2005	2006	2007	2008	2009	2010	2011	2012
废　水								
废水排放总量(万吨)	3821	3942	2018	3650	3738	2732	4382	6151
废　气								
废气排放量(万标立方米)	11019716	12264788	13214804	13294252	13330462	17832701	66548774	45822332
二氧化硫排放量(万吨)	8	8	8	7	7	7	10	9
烟尘排放量(万吨)	28	27	22	16	14	14	10	10
固体废物								
固体废物产生量(万吨)	1525	1402	1283	1737	1114	1466	2408	2474
固体废物综合利用量(万吨)	1189	1035	1061	1532	1012	1214	1509	1815
固体废物综合利用率(%)	78	74	83	87	89	81	63	73
固体废物处置量(万吨)	80	77	31	39	16	132	325	408
固体废物贮存量(万吨)	73	130	43	154	73	139	554	338
固体废物排放量(万吨)	183	158	149	73	44		1	1
当年完成环保验收项目投资基金(万元)								21914
生态影响类项目城市基础设施项目(万元)								5119
工业企业类项目(万元)								16433
其他类项目(万元)								362
当年完成环保验收项目数(个)								35

备注:当年完成环保验收项目投资基金等指标为2012年新增指标。

16—17 主要年份"三废"治理情况

年份	废水排放总量（万吨）	#工业废水	废气排放量（万标立方米）	#二氧化硫（万吨）	治理效果		
					新增处理废水能力（万吨/日）	新增处理废气能力（万标 M3/时）	新增处理废渣能力（万吨/年）
1980	1215	945		0.9	2.8	4.5	
1985	8553	8060	2435518	4.2	0.1	3.8	2.0
1986	5042	4541	2828375	4.0	0.5	9.2	4.5
1987	9019	8512	4291092	5.3	2.1	17.3	1.0
1988	8291	7428	4198971	5.3	1.6	28.8	27.7
1989	10372	7807	4242528	6.2	1.4	32.4	26.2
1990	11187	8083	4939234	6.6	1.4	9.2	45.1
1991	6804	6763	3753128	4.8	1.4	65.2	11.3
1992	4077	3662	3737277	4.6	0.6	83.4	0.7
1993	4053	3443	3497104	4.3	0.2	96.8	1.4
1994	5003	4371	3711320	5.1	0.8	69.0	21.3
1995	3892	3430	3945965	4.6	2.2	57.0	8.4
1996	3770	3308	3404152	4.5	3.0	71.1	0.5
1997	5657	3357	4516425	6.7	3.2	8.1	
1998	5823	3423	4443718	8.4	1.3	1.6	0.1
1999	3186	1911	3035308	7.5	0.5	0.6	
2000	2689	1559	3549186	6.5	0.5	130.2	
2001	3216	1929	5941885	7.2	4.0	150.0	273.0
2002	4133	2892	9720532	6.7	0.8	157.3	
2003	4402	2461	19070140	9.0	11.5	166.3	2.6
2004	4354	3047	19074195	8.0	5.6	151.4	1.0
2005	5459	3821	11019716	8.4	114.7	282.2	
2006	4877	3942	12264788	7.9	56.0	154.0	1.1
2007	3898	2018	13214804	7.6	1830.0	20.7	
2008	3752	3650	13294252	7.2	2420.0	310.9	
2009	3815	3738	13330462	6.7	1200.0	177.5	
2010	3068	2732	17832701	6.7	3605.0	63.9	65.0
2011	13458	4382	66548774	11.4	7.1	16.0	
2012	14767	6151	69159146	10.7	13.7	117.8	

主要统计指标解释

文化及相关产业 指为社会公众提供文化、娱乐产品和服务的活动,以及与这些活动有关联的活动的集合。文化及相关产业的活动主要包括:①文化产品制作和销售活动;②文化传播服务;③文化休闲娱乐服务;④文化用品生产和销售活动;⑤文化设备生产和销售活动;⑥相关文化产品制作和销售活动。

文化及相关产业行业构成 《文化及相关产业分类》将文化及相关产业划分为四层。

第一层分为文化服务和相关文化服务。

第二层分为9个大类:新闻服务、出版发行和版权服务、广播、电视、电影服务、文化艺术服务、网络文化服务、文化休闲娱乐服务、其他文化服务、文化用品、设备及相关文化产品的生产和文化用品、设备及相关文化产品的销售。

第三层分为24个中类。

第四层分为80个小类。

为反映党中央关于文化建设和文化体制改革的要求,《文化及相关产业分类》又组合出文化产业核心层、文化产业外围层和文化产业相关层。

文化产业核心层 新闻服务、出版发行和版权服务、广播、电视、电影服务和文化艺术服务。

文化产业外围层 网络文化服务、文化休闲娱乐服务和其他文化服务。

相关文化产业层 文化用品、设备及相关文化产品的生产和文化用品、设备及相关文化产品的销售。

文化事业机构 指从事专业文化工作和为专业文化工作服务的单独核算、独立建制的单位。不包括文化主管部门直属单位举办的其他行业和各部门的业余文化组织。

艺术表演团体 指从事戏曲、音乐、舞蹈、杂技等专业艺术表演,有独立帐户,实行单独核算的团体。不包括半工半艺、半农半艺的业余团体。

社会救济对象 指报告期末生活在当地规定的最低生活保障线以下的家庭人口数及国家规定由民政部门救济的特殊人员和60年代精简退职老职工救济人员等。是城镇户口的统计为城镇救济对象;是农村户口的统计为农村救济对象。

结婚率 指某地区报告期内,符合《婚姻法》要求,在民政部门登记结婚并领取《结婚证》的人数占该地区报告期内平均人口的比值。计算方法为:

结婚率=报告期内登记结婚人数/该地区报告期内平均人口×1000‰

离婚率 指某地区报告期内(通常为一年),男女双方经过法律手段解除婚姻关系的人数占该地区报告期内平均人口的比值。计算方法为:

离婚率=报告期内男女双方解除婚姻关系的人数/该地区报告期内平均人口×1000‰

等级运动员人数 指经考核正式批准授予等级运动员称号的人数。运动员等级分为国际级运动健将、运动健将、一级运动员、二级运动员、三级运动员、少年级运动员。

等级裁判员人数 指经考核正式批准授予等级裁判员称号的人数。裁判员等级分为国际裁判、国家级裁判、一级裁判、二级裁判、三级裁判。

体育场 指有400米跑道(中心含足球场),有固定道牙,路道6条以上,并有固定看台的田径场。以看台容纳观众人数分:甲级25000人以上,乙级15000-25000人,丙级5000-15000人,丁级5000人以下。

体育馆 指有固定看台可供篮球、排球、羽毛球、乒乓球、体操等项目训练比赛活动用的室内场地。以看台容纳观众人数分:甲级6000人以上,乙级4000-6000人,丙级2000-4000人,丁级2000以下。

卫生技术人员 指在国民经济各行业从事卫生医务工作的自然科学技术的专业人员。包括正副主任医师、主治医师、医师、医(护)士和未评定职称的技术人员。2002年以后因为口径改变,调整为执业医师、执业助理医师、注册护士、药剂人员、检验人员。

工业废水排放量 指经过企业厂区所有排放口排到企业外部的工业废水量。包括生产废水、外排的直接冷却水、超标排放的矿井地下水和与工业废水混排的厂区生活污水,不包括外排的间接冷却水(清污不分流的间接冷却水应计算在内)。

工业废水排放达标量 指各项指标都达到国家或地方排放标准的外排工业废水量,包括未经处理外排达标和经过处理后外排达标两部分(国家排放标准见GB8978-88)。

工业废水处理量 指报告期内各种水治理设施实际处理的工业废水量,包括处理后外排和处理后回用的工业废水量和虽经处理但未达到国家或地方排放标准的废水量。如车间和厂排放口均有治理设施,并对同一废水分级处理时,不应重复计算工业废水处理量。

工业废气排放量 指企业厂区内燃料燃烧和生产工艺过程中产生的各种排入空气的含有污染物的气体总量,按标准状态[273K,101325Pa]计算。

工业二氧化硫排放量 指企业在燃料燃烧和生产工艺过程中排入大气的二氧化硫数量。

工业粉尘排放量 指企业在生产工艺过程中排放的颗粒物重量,如钢铁企业的耐火材料粉尘、焦化企业的筛焦系统粉尘、烧结机的粉尘、石灰窑的粉尘、建材企业的水泥粉尘等。不包括电厂排入大气的烟尘。

工业固体废物产生量 指企业在生产过程中产生的固体状、半固体状和高浓度液体状废弃物的总量、包括危险废物、冶炼废渣、粉煤灰、炉渣、煤矸石、尾矿、放射性废物和其他废物等;不包括矿山开采的剥离废石和掘进废石(煤矸石和呈酸性或碱性的废石除外)。酸性或碱性废石指采掘的废石其流经水、雨淋水的PH值小于4或PH值大于10.5者。

工业固体废物综合利用量 指通过回收、加工、循环、交换等方式,从固体废物中提取或者使其转化为可以利用的资源、能源和其他原材料的固体废物量(包括当年利用往年的工业固体废物累计贮存量),如用作农业肥料、生产建筑材料、筑路等。综合利用量由原产生固体废物的单位统计。

工业固体废物贮存量 指以综合利用或处置为目的,将固体废物暂时贮存或堆存在专设的贮存设施或专设的集中堆存场所内的数量。专设的固体废物贮存场所或贮存设施必须有防扩散、防流失、防渗漏、防止污染大气、水体的措施。

工业固体废物处置量 指将固体废物焚烧或者最终置于符合环境保护规定要求的场所,并不再回取的工业固体废物量(包括当年处置往年的工业固体废物累计贮存量)。处置方法有填埋(其中危险废物应安全填埋)、焚烧、专业贮存场(库)封场处理、深层灌注、回填矿井等。

工业固体废物排放量 指将所产生的固体废物排到固体废物污染防治设施、场所以外的数量、不包括矿山开采的剥离废石和掘进废石(煤矸石和呈酸性或碱性的废石除外)。

临汾统计年鉴

十七、县市篇

资料整理人员

王华峰　王福勤　王斌良　尤吉义　申淑霞　乔淑芳　刘　炜

刘　燕　刘浥蓉　吉海燕　师先明　何晓华　张　栋　张双玲

李晓华　李海娟　李　丁　杨晓春　苏志敏　苏彩凤　武俊峰

郝跃华　柴华萍　郭　敏　尉文明　梁　茹　梁　燕　崔　婷

程冬凤　曹睿鹏　靳蝉瑜　翟晓鹏　裴欣丽　薛　耿

17—1 国民经济核算主要指标(2012年)

单位:万元

	总产出	第一产业	第二产业	#工 业	第三产业	#交通运输仓储邮政业	#批发和零售业
全 市	**32205669**	**1517671**	**22229883**	**19941278**	**8458115**	**2009818**	**2493187**
尧都区	7436930	166958	3065377	2296690	4204595	358185	1386897
曲沃县	2380685	191190	1853768	1755237	335727	161248	34343
翼城县	2617965	138108	1972943	1922096	506914	235948	72172
襄汾县	3512077	223311	2698595	2470060	590171	302102	67004
洪洞县	4834152	199607	3856704	3498461	777841	349342	114878
古 县	1465902	39993	1251091	1211713	174818	43978	33629
安泽县	1247556	62608	1041675	929044	143273	17122	34811
浮山县	778268	63684	603718	555811	110866	17439	11902
吉 县	352287	79677	203495	155621	69115	5950	19830
乡宁县	1421689	48724	1145010	1074875	227955	26487	31985
大宁县	86828	23877	8652	5162	54299	2860	17320
隰 县	252694	48532	74463	25907	129699	30402	25278
永和县	112731	47315	17114	7856	48302	3035	13868
蒲 县	1133884	30654	966541	716519	136689	26414	16346
汾西县	423503	42826	225189	177201	155488	56154	18525
侯马市	2540538	55475	1600261	1406623	884802	331433	153655
霍州市	2493284	61178	2047207	1850518	384899	152607	45996

	地区生产总值	第一产业	第二产业	#工 业	第三产业	#交通运输仓储邮政业	#批发和零售业
全 市	**12210801**	**810355**	**7587766**	**7012333**	**3812680**	**917544**	**695487**
尧都区	2478276	87267	966829	787093	1424180	226793	273605
曲沃县	965858	111214	674937	650246	179707	74056	24110
翼城县	830501	72795	495658	476653	262048	94346	47915
襄汾县	1286054	121155	849902	796407	314997	135946	46903
洪洞县	1653389	105377	1193583	1087404	354429	96227	74302
古 县	624960	21606	528719	520006	74635	19340	10921
安泽县	511347	35584	417805	399559	57958	7673	10759
浮山县	383522	35692	280988	268283	66842	7717	8486
吉 县	179134	45858	99646	90167	33630	3502	5662
乡宁县	780814	24221	617061	586525	139532	13706	21807
大宁县	41603	13330	5109	2589	23164	878	3121
隰 县	101085	24848	19417	9264	56820	13142	8567
永和县	57565	22803	5534	2828	29228	1141	7210
蒲 县	412138	14493	325910	315288	71735	11323	7270
汾西县	171749	22190	66114	53168	83445	26707	13709
侯马市	909918	30248	420454	369532	459216	117872	108951
霍州市	865913	33587	644704	597363	187622	51216	30937

17—1 续表

单位:万元

	人均地区生产总值(元)	最终消费	资本形成总额	居民消费水平(元/人)	农村居民	城镇居民
全 市	**28031**	**5262151**	**7187408**	**8503**	**5220**	**12813**
尧都区	26024	1188992	1293247	10627	5442	13686
曲沃县	40379	247997	667317	7059	3833	13663
翼城县	26415	301236	527737	7451	4601	13698
襄汾县	28771	504995	781209	8527	6298	12988
洪洞县	22346	693911	952094	8014	5551	12535
古 县	67417	126079	494488	8122	5170	13748
安泽县	61761	100439	408209	9274	5917	15684
浮山县	29753	155335	227685	7411	4533	13564
吉 县	16769	90817	74377	4858	3074	9343
乡宁县	33156	247819	541990	8520	5357	16046
大宁县	6391	36799	4789	5115	2123	9822
隰 县	9655	85301	19341	6599	3728	11225
永和县	8962	29835	30586	4210	1783	8620
蒲 县	38020	99901	309073	7840	4636	12565
汾西县	11750	107486	76017	5957	2920	10956
侯马市	37590	318210	543849	9504	5395	12308
霍州市	30351	438493	425655	12135	5466	17012

17—2 国民经济核算主要指标发展速度(2012年)

上年=100　　单位:%

	总产出	第一产业	第二产业	#工 业	第三产业	#交通运输仓储邮政业	#批发和零售业
全 市	**110.6**	**107.1**	**111.3**	**112.2**	**109.4**	**110.3**	**107.1**
尧都区	110.5	114.5	104.4	101.0	115.3	120.2	108.7
曲沃县	113.8	104.0	115.5	115.9	111.8	113.7	111.6
翼城县	109.8	109.1	110.1	110.2	109.1	109.3	107.1
襄汾县	112.3	113.5	112.6	113.4	110.5	110.4	110.1
洪洞县	110.8	103.3	111.5	112.7	108.4	112.5	100.3
古 县	107.7	105.8	107.8	108.1	107.7	108.5	99.6
安泽县	111.3	102.8	112.0	112.3	110.3	110.8	107.5
浮山县	116.8	105.7	119.6	121.2	109.4	113.4	112.8
吉 县	115.8	128.4	113.6	117.3	108.8	112.8	100.2
乡宁县	114.6	105.3	115.4	115.9	113.1	113.6	118.8
大宁县	110.1	118.1	104.5	105.4	107.8	106.9	108.0
隰 县	111.9	118.2	108.2	109.3	111.9	110.1	104.5
永和县	105.5	96.7	114.2	115.3	111.2	108.8	110.6
蒲 县	112.5	108.8	113.2	113.5	109.7	110.2	96.1
汾西县	108.1	109.6	107.8	107.1	108.1	106.8	107.4
侯马市	106.5	101.3	105.9	105.5	108.0	106.5	108.4
霍州市	112.4	102.3	113.2	113.8	109.7	111.2	110.9

17—2 续表

上年＝100 单位:%

	地区生产总值	第一产业	第二产业	#工业	第三产业	#交通运输仓储邮政业	#批发和零售业
全市	**110.1**	**105.8**	**111.2**	**111.9**	**109.1**	**109.5**	**106.8**
尧都区	110.4	104.4	110.6	112.3	110.1	111.3	106.9
曲沃县	113.0	102.8	115.5	115.9	110.9	113.6	110.0
翼城县	109.6	108.2	110.0	110.2	109.1	109.3	107.0
襄汾县	112.0	111.9	112.8	113.4	109.8	110.4	110.1
洪洞县	109.6	103.5	109.5	110.7	111.8	113.4	103.2
古县	107.6	107.3	107.7	107.9	106.6	108.5	99.7
安泽县	111.0	104.9	112.0	112.2	107.3	110.2	104.2
浮山县	111.2	103.2	113.2	113.7	108.5	112.6	112.2
吉县	112.5	119.9	111.0	111.6	107.7	110.8	98.6
乡宁县	113.5	104.8	115.3	115.8	109.0	109.5	108.9
大宁县	108.8	115.0	103.7	104.9	106.8	106.6	107.8
隰县	109.6	114.2	105.8	105.8	109.1	109.8	105.4
永和县	105.0	97.7	113.8	114.9	109.5	108.6	110.2
蒲县	110.7	110.6	111.3	111.4	108.4	109.8	95.4
汾西县	107.5	109.0	106.8	106.8	107.9	106.6	106.9
侯马市	106.1	101.7	104.8	104.5	107.4	105.8	107.8
霍州市	110.9	102.4	112.4	112.9	108.4	110.8	108.1

上年＝100 单位:%

	人均地区生产总值	最终消费	资本形成总额	居民消费水平	农村居民	城镇居民
全市	**109.6**	**105.3**	**115.6**	**104.6**	**104.1**	**102.5**
尧都区	109.8	107.6	112.8	107.8	114.0	104.8
曲沃县	112.3	110.0	118.7	109.4	102.4	109.8
翼城县	109.0	109.6	109.6	112.4	112.9	108.0
襄汾县	111.3	100.6	119.9	105.4	103.6	104.4
洪洞县	109.1	101.0	117.2	100.1	93.6	103.5
古县	106.9	100.1	112.8	106.8	101.6	107.9
安泽县	110.4	108.0	111.6	107.9	102.3	109.2
浮山县	110.7	116.7	107.3	108.7	110.5	103.4
吉县	111.8	112.6	114.9	108.6	110.4	102.0
乡宁县	112.9	110.5	115.4	110.7	105.3	110.8
大宁县	108.3	107.3	120.4	107.6	110.3	103.1
隰县	108.9	108.6	113.4	110.2	103.9	110.8
永和县	104.4	110.0	103.7	110.7	106.6	108.1
蒲县	110.1	113.4	109.9	114.0	111.5	112.7
汾西县	107.0	108.9	107.6	108.0	109.1	104.0
侯马市	105.6	105.8	106.5	105.8	113.9	102.0
霍州市	110.4	114.9	107.2	118.1	101.3	120.9

17—3 主要年份地

按当年价格计算

年 份	尧都区	曲沃县	翼城县	襄汾县	洪洞县	古 县	安泽县	浮山县	吉 县
1949	1677	722	590	1550	1239	302	226	414	265
1952	3328	1234	1024	2983	2213	564	397	808	398
1957	5484	2271	1290	4715	3658	537	501	983	607
1962	4330	1985	1626	2572	3213	593	603	1103	719
1965	6217	2821	1889	4973	5274	711	694	1209	665
1970	9027	2733	1472	5038	4002	667	826	1581	867
1975	17270	3737	3268	8452	8502	1223	1478	1555	1367
1978	22904	4842	4454	10361	9080	1301	1693	1639	1800
1980	24625	6098	5587	11073	10833	1372	2073	1761	1860
1985	46516	8335	11692	20233	24712	3366	2870	4919	3566
1990	98827	19212	32027	38183	54779	6166	6189	8284	6154
1995	244664	63142	69868	101083	153545	23559	17887	22099	14750
2000	516411	129085	130999	185729	258357	50470	31945	33997	22259
2001	596129	144575	152368	223174	294514	60863	34798	43441	24115
2002	671681	176382	193330	278990	347042	72388	41899	55305	26748
2003	836222	229296	284155	379461	473364	131671	54287	71080	30423
2004	1037571	292917	356898	519375	588743	192752	69231	114904	38118
2005	1139576	333883	378204	629363	699354	226788	93639	139720	53961
2006	1318471	374179	415895	750682	775858	262481	117406	178768	59385
2007	1505816	463655	477364	861455	845184	346193	158955	214684	73076
2008	1699166	514851	502525	838399	1016847	475717	256120	186070	94852
2009	1733438	521590	483612	840360	1137809	428040	301394	179248	96146
2010	1908712	664748	590020	1015446	1222327	490626	406785	259425	123085
2011	2298376	863420	786306	1202850	1483607	706318	488968	314311	162156
2012	2478276	965858	830501	1286054	1653389	624960	511347	383522	179134

区生产总值

单位:万元

乡宁县	大宁县	隰　县	永和县	蒲　县	汾西县	侯马市	霍州市
615	159	179	208	224	299	446	334
952	305	192	105	253	379	1055	511
1044	407	320	146	315	441	1718	1227
967	383	379	192	333	485	1812	3495
1229	695	487	314	455	481	3336	4870
1659	748	793	386	600	808	6931	5532
2026	995	1011	686	1187	1137	9592	12009
3242	897	1757	818	1537	1369	10409	16329
3773	1196	1766	992	1547	1739	13465	20675
10405	2523	3017	1889	4209	4073	22085	30131
16436	4737	7106	2806	8598	7266	32879	45212
60422	10223	15478	7830	37561	24642	78151	81792
96299	12498	26133	10556	73287	41004	149672	143890
109949	13107	30720	10721	86417	46999	171332	159410
128017	15544	35571	12963	108366	58621	197673	188346
177984	16905	48738	13825	155061	75912	244966	219525
254263	19261	46861	16794	225975	106507	314086	289509
317494	20665	46472	19293	268970	125804	377019	370889
358040	24084	50401	21396	300276	139764	434785	439837
433822	27095	57205	24377	209340	149099	512374	475231
535898	26117	57431	25648	253482	141613	547050	565195
400283	38711	63726	36628	156941	100594	595085	564259
472664	50218	75485	44455	262334	135245	652739	602808
727583	37952	89903	53506	379743	160411	838988	780555
780814	41603	101085	57565	412138	171749	909918	865913

17—4 主要年份第一

按当年价格计算

年份	尧都区	曲沃县	翼城县	襄汾县	洪洞县	古县	安泽县	浮山县	吉县
1949	962	532	466	1518	956	286	210	343	239
1952	2212	905	818	2837	1321	534	370	665	359
1957	2144	1535	867	4145	2094	487	448	771	533
1962	1364	1370	1155	2054	1614	522	470	847	630
1965	1828	2129	1232	3917	3076	629	450	911	565
1970	2182	1858	881	4016	1987	513	444	1248	739
1975	4974	2425	2089	5150	4727	853	957	1072	954
1978	3839	2128	2234	5759	4501	733	973	1035	962
1980	4638	2345	2802	5333	4855	715	1268	1019	947
1985	8538	4090	5292	12715	11668	1752	1810	3234	2204
1990	15251	8356	11897	18173	18683	2506	3838	5146	3577
1995	31660	17919	25706	41731	46145	7528	10632	9539	8653
2000	24592	21602	17031	27844	39576	6292	12383	9579	6592
2001	28483	22751	13626	34721	41693	6575	12927	10492	6678
2002	30462	25683	14334	37569	44552	7873	13755	10393	8263
2003	35918	27814	16359	41352	47530	8990	14511	12983	9316
2004	39069	35532	21119	50643	54747	10448	16171	17174	11427
2005	34108	34618	19080	51943	45778	8612	15841	12917	10850
2006	38153	37263	24338	55218	56517	7424	17134	15268	11190
2007	41754	42834	33502	65449	62274	8832	18100	18309	15099
2008	43701	46373	33134	55681	63625	10977	18849	20442	11809
2009	58806	74610	42933	66120	71626	14077	25138	22392	20834
2010	75574	96344	55530	92246	89339	18227	31221	28530	32139
2011	84158	104399	68439	110983	101579	20019	33939	34450	37186
2012	87267	111214	72795	121155	105377	21606	35584	35692	45858

产业增加值

单位:万元

乡宁县	大宁县	隰　县	永和县	蒲　县	汾西县	侯马市	霍州市
497	144	160	179	200	234	234	264
788	281	151	60	217	279	704	335
666	335	240	88	217	295	1088	511
572	292	250	114	188	273	890	598
688	539	337	194	278	274	1588	987
644	569	499	232	302	432	1613	1067
1018	644	573	412	594	596	1727	1151
1243	414	786	507	753	542	1303	1285
1469	672	878	671	621	729	1825	1526
2988	1507	1642	1438	1939	1951	3136	2622
5533	2733	3830	1805	3082	2982	4994	5168
15412	5724	8808	4785	8830	6430	10502	9931
9341	3415	8522	3533	5146	2688	13826	12155
9813	2542	8442	2847	4051	5526	16901	11234
8478	4323	9881	4876	4790	5653	12344	11895
8837	4485	10481	4456	5520	6783	12986	13139
11530	4392	12792	6475	7341	7399	17799	15403
7653	3300	11205	8163	5341	5196	16413	13616
10887	3396	12261	8179	4080	6958	17735	13654
11945	3961	12729	7108	5214	8322	19513	13926
10324	3071	8524	5942	4941	10723	20991	17099
15856	6917	14303	14691	8660	13650	27575	20865
19642	9290	17217	17754	10419	18539	32672	27000
22863	11590	21450	21954	12755	19890	29869	31482
24221	13330	24848	22803	14493	22190	30248	33587

17—5 主要年份第二

按当年价格计算

年　份	尧都区	曲沃县	翼城县	襄汾县	洪洞县	古　县	安泽县	浮山县	吉　县
1949	64	76	18	6	41		2	21	17
1952	187	163	47	107	529	3	4	70	24
1957	1612	416	176	490	968	10	10	81	35
1962	943	290	189	428	974	27	21	111	39
1965	1757	354	260	869	1247	31	22	129	45
1970	4122	358	304	712	1108	84	44	149	83
1975	8874	616	591	2267	2330	142	129	260	260
1978	13093	1812	1151	3204	2784	310	236	289	415
1980	12448	2524	1556	3353	3805	277	289	336	462
1985	20436	2704	3594	4371	8949	805	386	771	418
1990	43803	5887	12550	11759	24653	2119	807	1602	1036
1995	104213	32142	23483	38531	76872	10709	3655	6694	2280
2000	253237	79535	63033	109694	142958	28932	10676	10801	6072
2001	294619	89032	76837	133428	168401	36974	11917	16863	6487
2002	312843	112831	108906	171390	208888	44533	16063	26750	6610
2003	407750	156148	172914	248892	311634	98299	24242	37742	8072
2004	508600	202635	220178	358673	392984	153949	34285	70826	11828
2005	543812	239393	250114	444895	483065	186356	55482	95951	26551
2006	623440	263012	249142	546793	519647	216683	74346	130111	27275
2007	703257	316894	290296	624592	559439	291238	112161	158357	36250
2008	724222	350950	292058	586561	704508	415870	203826	124674	59575
2009	651491	314606	242102	555014	815379	358771	235147	109385	48267
2010	740536	426366	322956	670657	856968	410726	329469	177070	63733
2011	947858	600192	481207	810488	1065586	617638	403082	219610	94385
2012	966829	674937	495658	849902	1193583	528719	417805	280988	99646

产业增加值

单位:万元

乡宁县	大宁县	隰　县	永和县	蒲　县	汾西县	侯马市	霍州市
85	1	5	5	16	16	7	31
111	1	20	8	23	25	32	126
290	11	39	14	59	31	99	518
243	21	58	16	75	38	221	1956
371	50	74	26	88	54	545	2945
780	52	167	33	183	145	4215	3192
698	163	200	55	384	262	5444	8916
1625	235	447	67	509	380	6168	12698
1812	228	479	88	628	484	7968	15819
5940	405	571	113	1602	805	11767	21961
8627	983	1301	294	3704	2050	15219	31308
31795	1671	2465	707	22880	10554	37297	44242
61029	2766	5292	1631	53970	21048	71153	87001
70166	3141	7174	1657	64054	22907	80666	98654
85199	3537	8935	1413	82776	30292	97718	122020
127685	3881	19157	1520	124348	43717	131980	144737
190062	5616	12228	1605	187129	68811	177450	197059
248671	7781	11261	1602	228170	82336	211441	270950
278929	9177	10975	1958	255660	89953	240653	333722
344958	10371	15369	2764	160979	93432	287908	363592
438380	8898	14333	2266	200770	78236	269932	434725
286661	16639	10619	2731	94774	29244	269849	414132
342496	23741	13629	3763	194377	50509	262373	425010
579133	5130	17611	5240	302489	64642	389367	579259
617061	5109	19417	5534	325910	66114	420454	644704

17—6 主要年份第三

按当年价格计算

年　份	尧都区	曲沃县	翼城县	襄汾县	洪洞县	古　县	安泽县	浮山县	吉　县
1949	651	114	106	26	242	16	14	50	9
1952	929	166	159	39	363	27	23	73	15
1957	1728	320	247	80	596	40	43	131	39
1962	2023	325	282	90	625	44	112	145	50
1965	2632	338	397	187	951	51	222	169	55
1970	2723	517	287	310	907	70	338	184	45
1975	3422	696	588	1035	1445	228	392	223	153
1978	5972	902	1069	1398	1795	258	484	315	423
1980	7539	1229	1229	2387	2173	380	516	406	451
1985	17542	1541	2806	3147	4095	809	674	914	944
1990	39773	4969	7580	8251	11443	1541	1544	1536	1541
1995	108791	13081	20679	20821	30528	5322	3600	5866	3817
2000	238582	27948	50935	48191	75823	15246	8886	13617	9595
2001	273027	32792	61905	55025	84420	17314	9954	16086	10950
2002	328376	37868	70090	70031	93602	19982	12081	18162	11875
2003	392554	45334	94882	89217	114200	24382	15534	20355	13035
2004	489902	54750	115601	110059	141012	28355	18775	26904	14863
2005	561656	59872	109010	132525	170511	31820	22316	30852	16560
2006	656878	73904	142415	148671	199694	38374	25926	33389	20920
2007	760805	103927	153566	171414	223471	46123	28694	38018	21727
2008	931243	117528	177333	196157	248714	48870	33445	40954	23468
2009	1023141	132374	198577	219226	250804	55192	41109	47471	27045
2010	1092602	142038	211534	252543	276020	61673	46095	53825	27213
2011	1266360	158829	236660	281379	316442	68661	51947	60251	30585
2012	1424180	179707	262048	314997	354429	74635	57958	66842	33630

产业增加值

单位:万元

乡宁县	大宁县	隰　县	永和县	蒲　县	汾西县	侯马市	霍州市
33	14	14	24	8	49	205	39
53	23	21	37	13	75	319	50
88	61	41	44	39	115	531	198
152	70	71	62	70	174	701	941
170	106	76	94	89	153	1203	938
235	127	127	121	115	231	1103	1273
310	188	238	219	209	279	2421	1942
374	248	524	244	275	447	2938	2346
492	296	409	233	298	526	3672	3330
1477	611	804	338	668	1317	7182	5548
2276	1021	1975	707	1812	2234	12666	8736
13215	2828	4205	2338	5851	7658	30352	27619
25929	6317	12319	5392	14171	17268	64693	44734
29970	7424	15104	6217	18312	18566	73765	49522
34340	7684	16755	6674	20800	22676	87611	54431
41462	8539	19100	7849	25193	25412	100000	61649
52671	9253	21841	8714	31505	30297	118837	77047
61170	9584	24006	9528	35459	38272	149165	86323
68224	11511	27165	11259	40536	42853	176397	92461
76919	12763	29107	14505	43147	47345	204953	97713
87194	14148	34574	17440	47771	52654	256127	113371
97766	15155	38804	19206	53507	57701	297661	129262
110526	17187	44639	22938	57538	66197	357694	150798
125587	21231	50842	26312	64499	75879	419752	169814
139532	23164	56820	29228	71734	83445	459216	187622

17—7 主要年份第一产业增加

年　份	尧都区	曲沃县	翼城县	襄汾县	洪洞县	古　县	安泽县	浮山县	吉　县
1949	57.4	73.7	79.0	97.9	77.2	94.7	92.9	82.8	90.2
1952	66.5	73.3	79.9	95.1	59.7	94.7	93.2	82.3	90.2
1957	39.1	67.6	67.2	87.9	57.2	90.7	89.4	78.4	87.8
1962	31.5	69.0	71.0	79.9	50.2	88.0	77.9	76.8	87.6
1965	29.4	75.5	65.2	78.8	58.3	88.5	64.8	75.3	84.9
1970	24.2	68.0	59.8	79.7	49.6	76.9	53.8	78.9	85.2
1975	28.8	64.9	63.9	60.9	55.6	69.8	64.8	68.9	69.8
1978	16.7	44.0	50.2	55.6	49.6	56.4	57.5	63.2	53.4
1980	18.8	38.5	50.2	48.2	44.8	52.1	61.2	57.9	50.9
1985	18.4	49.1	45.3	62.8	47.2	52.1	63.1	65.7	61.8
1990	15.4	43.5	37.1	47.6	34.1	40.6	62.0	62.1	58.1
1995	12.9	34.0	36.8	41.3	30.0	32.0	59.5	43.2	58.7
2000	4.8	16.7	13.0	15.0	15.3	12.5	38.8	28.2	29.6
2001	4.8	15.7	9.0	15.6	14.1	10.8	37.2	24.2	27.7
2002	4.5	14.6	7.4	13.5	12.8	10.9	32.8	18.8	30.9
2003	4.3	12.1	5.8	10.9	10.1	6.8	26.7	18.3	30.6
2004	3.8	12.1	5.9	9.7	9.3	5.4	23.4	15.0	30.0
2005	3.0	10.4	5.0	8.3	6.5	3.8	16.9	9.2	20.1
2006	2.9	10.0	5.9	7.4	7.3	2.8	14.6	8.5	18.8
2007	2.8	9.2	7.0	7.6	7.4	2.6	11.4	8.5	20.7
2008	2.6	9.0	6.6	6.6	6.3	2.3	7.4	11.0	12.4
2009	3.4	14.3	8.9	7.9	6.3	3.3	8.3	12.5	21.7
2010	4.0	14.5	9.4	9.1	7.3	3.7	7.7	11.0	26.1
2011	3.7	12.1	8.7	9.2	6.8	2.8	6.9	11.0	22.9
2012	3.5	11.5	8.8	9.4	6.4	3.5	7.0	9.3	25.6

值占地区生产总值比重

单位:%

乡宁县	大宁县	隰　县	永和县	蒲　县	汾西县	侯马市	霍州市
80.8	90.6	89.4	86.1	89.3	78.3	52.5	79.0
82.8	92.1	78.7	57.2	85.8	73.6	66.7	65.6
63.8	82.3	75.0	60.3	68.9	66.9	63.3	41.7
59.2	76.2	66.0	59.4	56.5	56.3	49.1	17.1
56.0	77.6	69.2	61.8	61.1	57.0	47.6	20.3
38.8	76.1	62.9	60.1	50.3	53.5	23.3	19.3
50.2	64.7	56.7	60.1	50.0	52.4	18.0	9.6
38.4	46.2	44.7	62.0	49.0	39.6	12.5	7.9
38.9	56.2	49.7	67.6	40.1	41.9	13.5	7.4
28.7	59.7	54.4	76.1	46.1	47.9	14.2	8.7
33.7	57.7	53.9	64.3	35.8	41.0	15.2	11.4
25.5	56.0	56.9	61.1	23.5	26.1	13.4	12.1
9.7	27.3	32.6	33.5	7.0	6.6	9.2	8.4
8.9	19.4	27.5	26.5	4.7	11.8	9.9	7.0
6.6	27.8	27.8	37.6	4.4	9.6	6.3	6.3
5.0	26.5	21.5	32.2	3.6	8.9	5.3	6.0
4.5	22.8	27.3	38.5	3.3	6.9	5.7	5.3
2.4	16.0	24.1	42.3	2.0	4.1	4.4	3.7
3.0	14.1	24.3	38.2	1.4	5.0	4.1	3.1
2.8	14.6	22.3	29.2	2.5	5.6	3.8	2.9
1.9	11.8	14.8	23.2	1.9	7.6	3.8	3.0
4.0	17.9	22.4	40.1	5.5	13.6	4.6	3.7
4.2	18.5	22.8	39.9	4.0	13.7	5.0	4.5
3.1	30.5	23.9	41.0	3.4	12.4	3.6	4.0
3.1	32.0	24.6	39.6	3.5	12.9	3.3	3.9

17—8 主要年份第二产业增加

年份	尧都区	曲沃县	翼城县	襄汾县	洪洞县	古县	安泽县	浮山县	吉县
1949	3.8	10.5	3.0	0.4	3.3		0.9	5.1	6.4
1952	5.6	13.2	4.6	3.6	23.9	0.5	1.0	8.7	6.0
1957	29.4	18.3	13.6	10.4	26.5	1.9	2.0	8.3	5.8
1962	21.8	14.6	11.6	16.6	30.3	4.6	3.5	10.1	5.4
1965	28.3	12.5	13.8	17.5	23.7	4.3	3.2	10.7	6.8
1970	45.6	13.1	20.7	14.1	27.7	12.6	5.3	9.4	9.6
1975	51.4	16.5	18.1	26.8	27.4	11.6	8.7	16.7	19.0
1978	57.2	37.4	25.8	30.9	30.6	23.8	13.9	17.6	23.1
1980	50.6	41.4	27.8	30.3	35.1	20.2	13.9	19.1	24.8
1985	43.9	32.4	30.7	21.6	36.2	23.9	13.4	15.7	11.7
1990	44.3	30.6	39.2	30.8	45.0	34.4	13.0	19.3	16.8
1995	42.6	50.9	33.6	38.1	50.1	45.4	20.4	30.3	15.5
2000	49.0	61.6	48.1	59.1	55.3	57.3	33.4	31.8	27.3
2001	49.4	61.6	50.4	59.8	57.2	60.8	34.2	38.8	26.9
2002	46.6	64.0	56.3	61.4	60.2	61.5	38.4	48.4	24.7
2003	48.8	68.1	60.8	65.6	65.8	74.7	44.7	53.1	26.5
2004	49.0	69.2	61.7	69.1	66.7	79.9	49.5	61.6	31.0
2005	47.7	71.7	66.1	70.7	69.1	82.2	59.3	68.7	49.2
2006	47.3	70.3	59.9	72.8	67.0	82.6	63.3	72.8	45.9
2007	46.7	68.3	60.8	72.5	66.2	84.1	70.6	73.8	49.6
2008	42.6	68.2	58.1	70.0	69.3	87.4	79.6	67.0	62.8
2009	37.6	60.3	50.1	66.0	71.7	83.8	78.0	61.0	50.2
2010	38.8	64.1	54.7	66.0	70.1	83.7	81.0	68.3	51.8
2011	41.2	69.5	61.2	67.4	71.8	87.4	82.4	69.9	58.2
2012	39.0	69.9	59.7	66.1	72.2	84.6	81.7	73.3	55.6

值占地区生产总值比重

单位:%

乡宁县	大宁县	隰　县	永和县	蒲　县	汾西县	侯马市	霍州市
13.8	0.6	2.8	2.4	7.1	5.3	1.6	9.3
11.7	0.3	10.4	7.6	9.1	6.6	3.0	24.6
27.8	2.7	12.2	9.6	18.7	7.0	5.8	42.2
25.1	5.5	15.3	8.3	22.5	7.8	12.2	56.0
30.2	7.2	15.2	8.3	19.3	11.2	16.3	60.5
47.0	6.9	21.1	8.6	30.5	17.9	60.8	57.7
34.5	16.4	19.8	8.0	32.4	23.1	56.8	74.2
50.1	26.2	25.5	8.2	33.1	27.8	59.3	77.7
48.0	19.1	27.1	8.9	40.6	27.8	59.2	76.5
57.1	16.1	18.9	6.0	38.0	19.8	53.3	72.9
52.5	20.7	18.3	10.5	43.1	28.2	46.3	69.3
52.6	16.3	15.9	9.0	60.9	42.8	47.7	54.1
63.4	22.1	20.3	15.4	73.7	51.3	47.6	60.5
63.8	24.0	23.3	15.5	74.1	48.7	47.1	61.9
66.6	22.8	25.1	10.9	76.4	51.7	49.4	64.8
71.7	23.0	39.3	11.0	80.2	57.6	53.9	65.9
74.8	29.2	26.1	9.6	82.8	64.6	56.5	68.1
78.3	37.7	24.2	8.3	84.8	65.4	56.1	73.1
77.9	38.1	21.8	9.2	85.1	64.4	55.3	75.9
79.5	38.3	26.9	11.3	76.9	62.7	56.2	76.5
81.8	34.1	25.0	8.8	79.2	55.2	49.3	76.9
71.6	43.0	16.7	7.5	60.4	29.1	45.3	73.4
72.5	47.3	18.1	8.5	74.1	37.3	40.2	70.5
79.6	13.5	19.6	9.8	79.7	40.3	46.4	74.2
79.0	12.3	19.2	9.6	79.1	38.5	46.2	74.5

17—9 主要年份第三产业增加

年　份	尧都区	曲沃县	翼城县	襄汾县	洪洞县	古　县	安泽县	浮山县	吉　县
1949	38.8	15.8	18.0	1.7	19.5	5.3	6.2	12.1	3.4
1952	27.9	13.5	15.5	1.3	16.4	4.8	5.8	9.0	3.8
1957	31.5	14.1	19.2	1.7	16.3	7.4	8.6	13.3	6.4
1962	46.7	16.4	17.4	3.5	19.5	7.4	18.6	13.1	7.0
1965	42.3	12.0	21.0	3.7	18.0	7.2	32.0	14.0	8.3
1970	30.2	18.9	19.5	6.2	22.7	10.5	40.9	11.7	5.2
1975	19.8	18.6	18.0	12.3	17.0	18.6	26.5	14.4	11.2
1978	26.1	18.6	24.0	13.5	19.8	19.8	28.6	19.2	23.5
1980	30.6	20.1	22.0	21.5	20.1	27.7	24.9	23.1	24.3
1985	37.7	18.5	24.0	15.6	16.6	24.0	23.5	18.6	26.5
1990	40.3	25.9	23.7	21.6	20.9	25.0	25.0	18.5	25.1
1995	44.5	24.8	29.6	20.6	19.9	22.6	20.1	26.5	25.9
2000	46.2	21.7	38.9	25.9	29.4	30.2	27.8	40.0	43.1
2001	45.8	22.7	40.6	24.6	28.7	28.4	28.6	37.0	45.4
2002	48.9	21.5	36.3	25.1	27.0	27.6	28.8	32.8	44.4
2003	46.9	19.8	33.4	23.5	24.1	18.5	28.6	28.6	42.9
2004	47.2	18.7	32.4	21.2	24.0	14.7	27.1	23.4	39.0
2005	49.3	17.9	28.8	21.1	24.4	14.0	23.8	22.1	30.7
2006	49.8	19.8	34.2	19.8	25.7	14.6	22.1	18.7	35.2
2007	50.5	22.4	32.2	19.9	26.4	13.3	18.1	17.7	29.7
2008	54.8	22.8	35.3	23.4	24.5	10.3	13.1	22.0	24.7
2009	59.0	25.4	41.1	26.1	22.0	12.9	13.6	26.5	28.1
2010	57.2	21.4	35.9	24.9	22.6	12.6	11.3	20.7	22.1
2011	55.1	18.4	30.1	23.4	21.3	9.7	10.6	19.2	18.9
2012	57.5	18.6	31.6	24.5	21.4	11.9	11.3	17.4	18.8

值占地区生产总值比重

单位:%

乡宁县	大宁县	隰　县	永和县	蒲　县	汾西县	侯马市	霍州市
5.4	8.8	7.8	11.5	3.6	16.4	45.9	11.7
5.6	7.6	10.9	35.2	5.1	19.8	30.3	9.8
8.4	15.0	12.8	30.1	12.4	26.1	30.9	16.1
15.7	18.3	18.7	32.3	21.0	35.9	38.7	26.9
13.8	15.2	15.6	29.9	19.6	31.8	36.1	19.2
14.2	17.0	16.0	31.3	19.2	28.6	15.9	23.0
15.3	18.9	23.5	31.9	17.6	24.5	25.2	16.2
11.5	27.6	29.8	29.8	17.9	32.6	28.2	14.4
13.1	24.7	23.2	23.5	19.3	30.3	27.3	16.1
14.2	24.2	26.7	17.9	15.9	32.3	32.5	18.4
13.8	21.6	27.8	25.2	21.1	30.8	38.5	19.3
21.9	27.7	27.2	29.9	15.6	31.1	38.9	33.8
26.9	50.6	47.1	51.1	19.3	42.1	43.2	31.1
27.3	56.6	49.2	58.0	21.2	39.5	43.0	31.1
26.8	49.4	47.1	51.5	19.2	38.7	44.3	28.9
23.3	50.5	39.2	56.8	16.2	33.5	40.8	28.1
20.7	48.0	46.6	51.9	13.9	28.5	37.8	26.6
19.3	46.4	51.7	49.4	13.2	30.4	39.6	23.3
19.1	47.8	53.9	52.6	13.5	30.7	40.6	21.0
17.7	47.1	50.9	59.5	20.6	31.8	40.0	20.6
16.3	54.2	60.2	68.0	18.8	37.2	46.8	20.1
24.4	39.1	60.9	52.4	34.1	57.4	50.0	22.9
23.4	34.2	59.1	51.6	21.9	48.9	54.8	25.0
17.3	55.9	56.6	49.2	17.0	47.3	50.0	21.8
17.9	55.7	56.2	50.8	17.4	48.6	50.5	21.7

17—10 主要年份地区

上年 = 100

年　份	尧都区	曲沃县	翼城县	襄汾县	洪洞县	古　县	安泽县	浮山县	吉　县
1952	153.1	114.8	115.0	152.5	121.1	166.3	134.3	162.0	101.6
1957	92.7	100.9	99.2	88.6	94.6	96.9	102.6	100.1	108.8
1962	75.6	97.6	120.1	111.5	97.8	108.6	103.9	105.4	108.3
1965	116.5	98.7	113.3	117.9	117.2	117.3	107.2	104.6	100.9
1970	124.2	101.7	74.5	78.2	92.7	99.7	101.7	112.1	99.7
1975	110.5	106.2	115.1	109.5	108.9	112.0	106.3	94.5	117.4
1978	112.9	105.4	108.9	95.6	104.5	104.5	107.3	89.2	125.5
1980	97.6	102.0	108.0	104.3	97.1	93.4	104.8	91.4	84.4
1985	107.9	89.3	101.6	103.0	115.6	105.8	88.9	103.6	97.8
1990	105.2	109.3	110.9	105.5	117.9	106.8	111.9	109.9	114.3
1995	104.3	122.0	116.0	112.3	107.2	127.1	120.9	109.5	104.3
2000	113.2	111.0	107.2	112.3	106.4	112.8	108.0	111.5	112.2
2001	114.0	111.1	114.4	116.7	113.2	120.5	108.4	126.8	111.0
2002	114.0	118.6	118.2	118.4	116.9	118.1	117.9	119.9	114.1
2003	110.8	122.1	119.5	116.9	119.2	123.2	111.5	115.2	109.9
2004	115.6	122.0	117.4	119.6	115.7	122.6	120.8	115.4	115.3
2005	110.5	114.7	109.4	121.1	109.4	121.0	115.4	113.8	129.6
2006	113.3	120.4	110.4	118.2	113.9	115.7	118.4	116.2	114.3
2007	111.5	119.9	110.6	116.8	106.8	116.1	125.9	118.2	116.7
2008	105.5	106.7	100.7	102.8	107.2	103.6	107.1	81.3	105.4
2009	101.8	108.8	96.2	109.5	105.8	103.6	123.2	104.9	112.0
2010	114.0	120.0	125.1	117.0	116.8	121.0	117.7	116.9	117.6
2011	116.1	116.8	116.0	115.1	115.2	117.0	117.9	116.3	115.3
2012	110.4	113.0	109.6	112.0	109.6	107.6	111.0	111.2	112.5

生产总值指数

单位:%

乡宁县	大宁县	隰　县	永和县	蒲　县	汾西县	侯马市	霍州市
112.0	150.7	95.5	29.5	94.1	100.1	160.7	136.5
79.8	105.3	104.2	75.1	100.3	90.9	98.1	107.2
98.5	90.9	97.6	103.3	91.7	82.3	86.5	93.4
114.5	121.2	117.5	100.7	111.5	106.8	104.0	104.2
92.6	110.0	141.1	82.0	110.3	110.3	147.5	107.9
104.1	114.9	121.6	117.3	104.5	103.6	102.8	109.9
110.1	90.7	142.8	100.3	107.6	109.2	102.0	123.8
88.3	105.4	131.5	112.0	103.7	93.1	102.6	104.9
98.5	125.1	84.8	103.4	109.4	109.2	101.0	101.3
113.3	146.6	105.6	124.3	125.5	104.0	103.8	107.4
131.6	101.0	103.9	128.7	122.1	111.6	111.4	115.1
110.0	106.1	111.3	122.5	111.4	107.0	110.7	103.1
114.6	112.8	115.5	102.5	114.6	118.6	113.5	110.1
115.8	113.9	116.9	117.4	118.1	116.6	115.7	114.9
100.2	109.0	120.0	106.9	120.7	119.5	119.7	115.9
114.3	108.3	95.1	115.4	121.2	121.3	121.2	118.9
117.0	108.6	97.4	111.1	116.9	116.0	120.9	118.3
118.2	118.1	110.4	106.8	117.4	114.1	114.4	116.9
117.8	107.0	110.6	110.6	63.0	111.0	116.0	113.3
100.7	98.5	98.4	104.9	116.8	102.0	104.9	111.7
87.6	114.1	103.8	113.8	72.0	73.2	114.1	107.6
115.8	115.9	114.4	113.4	148.7	118.6	108.1	118.6
116.6	69.5	114.3	115.2	126.2	115.3	115.5	115.6
113.5	108.8	109.6	105.0	110.7	107.5	106.1	110.9

17—11 主要年份第一

上年＝100

年份	尧都区	曲沃县	翼城县	襄汾县	洪洞县	古县	安泽县	浮山县	吉县
1952	184.9	115.1	110.5	152.3	92.3	171.0	133.6	173.0	96.6
1957	81.1	101.7	102.4	84.6	84.4	96.3	101.6	100.4	107.1
1962	106.5	98.9	150.6	114.2	116.3	109.9	104.9	114.3	108.9
1965	162.2	95.6	110.1	106.4	128.8	119.0	103.7	108.9	99.9
1970	76.4	93.8	63.1	74.1	78.4	94.4	99.0	126.4	127.3
1975	117.5	112.2	123.6	113.4	110.8	115.8	101.9	93.5	113.2
1978	102.0	85.5	96.8	84.2	106.5	98.4	105.7	84.4	125.6
1980	99.4	98.5	102.0	87.1	94.6	79.4	105.0	83.6	76.7
1985	82.8	81.0	89.5	98.5	97.1	99.9	81.0	87.2	96.1
1990	109.2	108.4	104.1	103.9	119.5	116.7	118.7	118.5	139.7
1995	116.7	124.3	129.8	109.4	109.4	121.6	125.1	111.3	107.3
2000	83.5	91.4	91.9	90.6	89.5	99.4	101.7	95.0	98.8
2001	112.2	104.3	79.0	123.5	104.2	100.5	103.5	108.4	100.9
2002	109.3	113.4	104.4	108.4	111.7	121.9	106.1	101.1	105.2
2003	110.6	104.0	111.7	104.2	103.5	104.9	104.8	109.5	111.8
2004	95.7	116.1	105.3	103.4	107.8	105.5	108.2	120.3	112.2
2005	89.4	103.8	92.9	104.0	77.4	85.6	95.6	72.7	124.1
2006	109.9	104.0	123.2	102.5	117.0	85.0	102.4	116.6	109.8
2007	98.7	100.6	114.9	106.6	101.3	97.5	105.5	111.7	111.1
2008	102.6	107.1	102.1	91.2	104.9	107.3	93.8	101.1	96.8
2009	105.2	119.4	100.5	92.2	98.8	97.9	111.3	93.3	131.7
2010	114.2	114.9	122.1	125.6	109.2	109.6	115.9	114.5	136.2
2011	103.8	102.6	110.4	110.3	105.6	103.6	104.2	112.4	106.6
2012	104.4	102.8	108.2	111.9	103.5	107.3	104.9	103.2	119.9

产业增加值指数

单位:%

乡宁县	大宁县	隰　县	永和县	蒲　县	汾西县	侯马市	霍州市
110.3	155.1	84.8	18.9	90.8	93.2	192.9	116.9
67.6	103.1	104.5	65.4	93.5	87.2	95.4	111.9
101.2	88.7	103.2	102.6	100.4	95.1	89.1	90.7
114.8	117.6	119.8	100.4	114.6	107.3	103.2	115.2
82.3	102.1	138.1	79.5	96.5	101.0	88.7	93.0
100.5	124.4	118.1	117.3	104.9	103.2	109.8	110.3
101.0	74.8	114.7	100.6	117.7	107.3	82.5	119.4
89.3	105.1	115.4	115.8	98.5	84.1	102.9	99.8
86.3	121.5	69.1	103.3	96.8	102.9	85.7	84.4
113.2	186.2	131.6	143.4	130.2	115.5	101.1	132.2
123.7	97.5	95.1	109.2	113.8	106.9	106.7	108.6
89.9	113.1	110.6	107.7	118.4	52.8	105.1	105.1
109.8	83.7	95.2	80.2	76.1	191.2	86.2	91.5
91.8	149.4	117.4	139.4	120.7	104.4	104.5	105.9
104.1	108.5	107.9	89.3	105.1	115.6	103.5	107.7
102.2	97.3	97.9	125.2	112.1	110.4	105.9	107.3
75.9	75.5	86.4	118.1	70.1	72.3	94.5	87.5
138.0	102.5	108.0	98.4	73.8	111.0	106.2	100.6
96.7	106.3	102.2	87.8	112.7	103.9	105.7	103.2
93.7	82.8	82.5	91.7	86.3	116.5	104.9	105.5
106.0	102.6	117.2	124.7	103.1	101.8	93.7	107.6
116.7	119.4	105.5	105.4	103.7	118.3	115.9	106.9
105.7	115.8	116.2	113.2	114.3	100.2	95.8	104.3
104.8	115.0	114.2	97.7	110.6	109.0	101.7	102.4

17—12 主要年份第二

上年=100

年　份	尧都区	曲沃县	翼城县	襄汾县	洪洞县	古　县	安泽县	浮山县	吉　县
1952	179.8	114.7	261.1	222.9	488.3		133.3	134.6	126.3
1957	106.8	108.2	96.9	110.2	103.7	108.7	141.6	95.5	137.5
1962	50.0	85.7	71.6	92.2	76.5	97.1	68.9	95.7	84.7
1965	133.4	131.2	121.2	175.4	114.5	108.2	83.3	103.6	119.1
1970	196.2	94.5	125.2	138.4	129.6	126.8	102.0	99.2	128.3
1975	114.4	104.5	111.8	119.4	110.3	96.3	115.7	100.6	128.9
1978	119.7	138.1	113.0	113.2	101.9	123.1	111.5	104.8	126.7
1980	93.0	104.5	130.8	106.6	107.4	111.8	103.2	101.7	86.7
1985	110.4	97.1	115.9	107.7	122.1	109.1	106.2	125.9	89.9
1990	102.9	106.2	127.4	103.7	115.5	99.4	109.7	97.6	99.1
1995	78.4	119.7	110.2	118.0	104.5	134.3	122.1	106.9	103.2
2000	125.2	118.4	111.8	117.5	108.7	115.7	110.2	124.5	115.0
2001	117.5	111.3	120.5	120.9	116.1	124.6	111.1	154.6	105.7
2002	106.2	121.6	126.0	120.6	121.1	119.5	125.2	135.7	110.2
2003	111.3	128.2	123.8	118.9	122.6	129.9	115.3	122.0	113.4
2004	124.9	130.6	121.7	122.5	116.9	125.8	129.2	111.8	135.4
2005	109.0	121.2	110.9	126.2	119.4	129.6	132.3	133.6	184.1
2006	117.4	125.5	106.7	122.4	110.3	117.7	125.0	119.4	122.6
2007	108.6	122.7	110.3	119.4	105.5	116.0	136.5	120.9	121.3
2008	94.8	105.1	93.9	101.6	106.3	102.8	107.1	72.0	104.8
2009	90.2	107.0	86.5	111.1	105.6	102.6	128.3	103.2	106.7
2010	118.2	122.8	140.6	117.4	120.8	122.9	119.3	119.0	117.2
2011	122.7	121.6	120.0	117.9	117.2	118.8	120.4	118.7	122.1
2012	110.6	115.5	110.0	112.8	109.5	107.7	112.0	113.2	111.0

产业增加值指数

单位:%

乡宁县	大宁县	隰　县	永和县	蒲　县	汾西县	侯马市	霍州市
113.3	100.0	250.0	114.3	115.0	119.0	320.0	300.0
146.8	153.3	91.5	88.3	125.9	83.3	89.1	91.5
95.0	71.3	78.0	99.0	76.6	92.4	95.3	96.8
120.7	120.6	121.7	107.9	107.6	120.1	105.1	105.2
105.2	168.3	193.2	130.0	129.1	197.1	206.8	110.5
110.8	117.8	102.9	103.2	101.2	107.1	100.1	111.3
120.6	105.5	118.1	81.5	92.4	102.3	101.0	129.4
84.3	94.7	175.8	110.8	114.3	100.9	102.0	105.1
106.3	149.8	119.3	103.6	118.7	96.0	103.8	103.7
115.7	132.6	76.2	117.9	126.9	91.4	108.1	106.2
139.0	102.8	108.6	116.8	127.1	117.6	113.7	124.8
112.4	98.7	112.5	103.0	110.6	114.2	109.6	101.2
114.2	111.9	130.2	98.3	116.1	106.6	118.3	112.1
118.9	106.3	118.2	87.4	118.9	122.9	113.8	117.9
93.0	105.0	145.7	107.0	122.6	122.6	129.8	119.7
113.6	112.0	63.9	105.4	123.8	126.8	129.0	116.3
123.1	138.9	89.8	107.4	120.3	122.7	125.0	124.2
119.7	114.6	101.8	114.0	119.4	112.1	112.8	120.2
119.7	109.9	129.7	127.7	55.8	110.8	117.6	114.3
98.6	86.4	79.7	81.6	119.6	97.1	94.3	111.5
81.3	130.6	78.1	114.4	60.8	50.9	119.6	107.1
117.1	117.8	136.3	133.6	171.4	127.0	97.9	120.5
118.8	19.5	121.5	141.6	131.4	125.4	121.4	118.4
115.3	103.7	105.8	113.8	111.3	106.8	104.8	112.4

17—13 主要年份第三

上年=100

单位:%

年份	尧都区	曲沃县	翼城县	襄汾县	洪洞县	古县	安泽县	浮山县	吉县
1952	115.6	114.7	116.3	116.8	117.7	116.0	119.7	118.3	123.6
1957	101.3	99.7	98.6	114.2	92.6	104.2	112.8	103.3	109.3
1962	79.0	91.3	84.6	94.2	103.5	103.7	105.1	87.6	116.7
1965	112.1	100.5	121.4	108.3	116.2	102.2	119.0	100.2	100.0
1970	117.6	124.4	86.8	135.2	107.5	117.9	106.0	103.2	81.3
1975	99.3	106.1	111.8	93.9	101.8	110.4	104.9	104.8	128.7
1978	106.0	102.9	116.8	107.2	110.2	101.5	108.5	109.7	130.0
1980	106.1	105.2	101.9	101.7	112.6	121.0	102.3	105.5	104.4
1985	118.2	97.3	112.6	108.1	115.7	116.9	106.2	109.8	107.3
1990	106.2	115.2	106.7	110.9	121.6	106.3	98.7	102.5	82.1
1995	114.8	107.7	105.5	107.3	110.9	120.2	106.0	109.4	104.2
2000	114.6	109.9	106.5	112.9	111.0	112.9	114.2	113.7	124.3
2001	113.3	115.5	114.7	118.9	111.9	119.5	111.4	110.6	125.3
2002	121.5	115.2	108.9	122.3	109.9	113.5	121.7	108.7	122.4
2003	119.5	119.3	113.0	121.5	116.7	119.2	111.9	108.1	108.8
2004	115.3	115.8	111.5	120.4	115.4	118.4	116.8	121.9	107.3
2005	113.7	103.6	109.5	109.9	100.1	110.4	110.2	112.1	109.2
2006	109.7	109.5	116.6	110.0	116.8	111.9	113.1	106.1	108.7
2007	115.2	116.4	110.4	110.8	112.0	120.7	109.0	111.6	111.7
2008	116.1	114.2	114.6	112.0	109.9	107.6	116.1	107.7	111.8
2009	110.8	112.0	112.3	109.9	108.2	109.9	112.9	114.2	111.3
2010	111.3	110.5	104.9	113.3	109.4	112.5	112.6	112.8	107.1
2011	112.4	111.7	111.3	109.3	111.9	109.4	109.9	110.3	109.6
2012	110.1	110.9	109.1	109.8	111.8	106.6	107.3	108.5	107.7

产业增加值指数

单位:%

乡宁县	大宁县	隰　县	永和县	蒲　县	汾西县	侯马市	霍州市
121.9	119.7	138.9	118.0	126.9	115.8	120.8	102.8
98.6	111.4	109.3	108.0	111.9	112.2	105.6	117.2
90.7	112.2	93.1	105.7	89.9	66.4	85.1	90.5
102.5	113.2	105.4	99.4	107.2	102.1	103.1	95.7
104.4	110.6	111.8	78.1	120.7	125.5	116.2	110.6
106.3	113.4	161.6	123.1	108.5	102.8	104.3	109.5
105.2	116.7	191.2	100.1	115.7	118.5	115.8	102.2
103.8	110.4	131.9	92.7	95.3	97.1	102.1	107.2
108.0	111.1	120.7	103.3	125.2	126.5	104.6	101.2
103.1	106.7	95.1	93.5	113.9	100.2	99.3	101.2
122.9	114.6	106.8	172.5	114.8	107.4	113.7	115.2
111.6	103.4	111.3	138.2	113.1	106.7	107.3	106.7
117.1	114.8	115.9	113.8	123.4	111.7	114.0	111.6
114.2	103.1	111.5	107.8	114.5	111.3	118.8	111.0
117.4	111.2	113.5	116.0	115.7	115.3	114.1	109.5
119.6	109.3	114.7	109.8	113.5	111.5	118.8	119.5
117.5	105.7	107.4	106.3	109.0	112.1	118.6	110.4
109.2	125.2	115.6	112.8	111.7	119.1	117.6	108.8
112.3	105.0	106.4	124.7	105.9	112.5	114.7	111.4
112.2	112.5	114.5	124.7	110.1	110.1	119.8	113.0
111.5	106.7	108.8	109.2	111.9	108.9	109.7	109.0
111.4	113.7	111.8	114.6	105.2	111.8	119.6	113.5
111.7	109.6	111.4	112.4	110.6	111.9	112.9	110.1
109.0	106.8	109.1	109.5	108.4	107.9	107.4	108.4

17—14 主要年份人均地

上年＝100

年份	尧都区	曲沃县	翼城县	襄汾县	洪洞县	古县	安泽县	浮山县	吉县
1952	139.2	106.3	112.0	134.5	115.7	151.2	121.9	139.4	101.4
1957	89.9	97.3	97.4	84.1	94.0	97.5	104.3	99.7	108.2
1962	76.6	96.0	115.1	108.1	92.9	103.0	97.9	98.8	104.5
1965	113.5	96.4	110.5	114.2	114.4	116.4	106.2	103.6	98.8
1970	120.7	98.2	72.6	76.0	90.5	98.4	99.4	110.2	98.7
1975	108.1	104.2	113.2	107.5	106.7	110.4	105.6	93.9	114.8
1978	110.7	104.2	107.8	94.2	103.5	103.8	106.4	88.3	124.5
1980	95.1	101.1	107.1	102.6	96.2	93.0	104.0	90.0	83.7
1985	105.5	87.3	100.8	102.4	114.6	105.4	89.5	103.3	96.6
1990	103.0	108.4	109.2	104.7	117.8	104.6	110.3	107.7	112.0
1995	103.5	121.0	115.2	111.6	105.8	123.1	120.0	108.7	103.1
2000	112.7	104.9	106.2	111.9	104.5	109.2	107.8	111.2	112.0
2001	113.5	110.6	113.3	116.1	111.4	119.4	108.1	126.5	110.8
2002	113.2	118.6	117.6	117.5	115.8	117.4	117.8	119.8	113.2
2003	110.0	121.3	118.5	116.2	118.3	123.2	110.8	114.4	109.0
2004	114.8	121.2	116.6	119.1	114.8	121.4	120.0	114.5	114.6
2005	109.8	114.1	108.5	120.3	111.6	120.6	115.8	113.0	129.1
2006	112.6	119.7	109.7	117.4	109.3	115.0	117.5	115.4	114.1
2007	110.8	119.2	109.9	116.0	105.8	115.4	124.9	117.5	115.4
2008	104.9	106.1	100.1	102.2	105.8	103.0	106.6	80.9	105.7
2009	101.2	108.1	95.7	108.9	105.2	103.0	122.6	104.3	111.2
2010	102.1	119.1	127.0	123.3	117.8	119.1	116.5	117.6	116.7
2011	105.0	115.8	117.7	121.6	116.1	115.3	116.9	116.9	114.6
2012	109.8	112.3	109.0	111.3	109.1	106.9	110.4	110.7	111.8

区生产总值指数

单位:%

乡宁县	大宁县	隰　县	永和县	蒲　县	汾西县	侯马市	霍州市
109.2	134.2	96.2	28.4	93.9	104.5	143.8	123.9
79.3	101.7	103.6	74.1	98.9	89.6	94.8	102.9
96.5	82.9	92.3	97.5	87.3	78.4	84.0	90.9
112.3	117.6	115.2	97.3	111.1	104.0	98.9	101.9
90.1	107.4	136.5	79.8	107.5	106.9	139.2	103.0
102.0	114.6	118.5	114.2	101.6	101.7	100.6	107.1
109.2	89.2	141.2	98.2	106.3	107.6	101.0	122.0
87.0	105.0	130.1	110.3	102.1	86.2	99.7	102.9
96.7	123.8	84.5	103.0	108.9	106.8	99.7	97.3
113.3	135.0	104.1	123.4	123.8	102.1	100.6	105.4
130.5	101.0	102.6	126.9	119.7	111.2	110.7	114.9
108.7	105.3	110.5	121.3	111.0	106.5	109.8	103.0
113.6	106.7	114.7	101.6	114.2	118.4	112.7	109.5
114.6	113.2	116.3	115.9	117.5	116.0	114.9	114.3
99.1	108.1	119.0	104.8	120.0	118.5	118.8	115.3
113.4	107.3	94.2	114.7	120.4	120.3	120.2	118.2
117.7	107.8	96.7	109.9	118.9	115.3	120.0	117.4
117.3	115.1	109.6	106.1	113.1	113.4	113.7	116.1
116.9	106.3	109.9	109.9	62.6	110.4	115.3	112.6
100.1	97.9	97.8	104.2	116.1	101.5	104.2	111.0
87.0	113.4	103.2	113.0	71.5	72.7	113.4	106.8
115.1	114.6	113.8	114.4	145.9	117.5	107.7	120.2
115.8	68.4	113.6	116.2	123.7	114.2	115.1	117.2
112.9	108.3	108.9	104.4	110.1	107.0	105.6	110.4

17—15 主要年份人均地

年 份	尧都区	曲沃县	翼城县	襄汾县	洪洞县	古 县	安泽县	浮山县	吉 县
1949	85	118	43	87	49	64	47	62	68
1952	156	155	72	153	83	113	80	110	95
1957	209	241	85	204	118	105	104	128	127
1962	149	166	89	103	91	105	114	122	136
1965	200	214	97	179	138	118	123	127	116
1970	250	182	69	160	92	103	136	153	132
1975	405	227	137	239	176	173	223	138	186
1978	505	288	181	280	180	180	248	142	236
1980	517	356	224	291	210	188	298	149	240
1985	885	459	455	513	451	455	408	397	435
1990	1704	969	1179	885	918	790	859	673	689
1995	3673	2490	2458	2173	2382	2847	2330	1843	1315
2000	5918	4953	4334	3898	3720	5961	4190	2754	2243
2001	8191	5461	5004	4714	4175	7154	4533	3511	2486
2002	9163	6707	6289	5907	4874	8457	5407	4467	2813
2003	11325	8818	9171	7975	6599	15288	6964	5698	3067
2004	13953	12881	11430	10838	8145	22232	8824	9137	3515
2005	15217	14596	12027	13040	9605	25987	11857	11024	5241
2006	17488	16263	13140	15448	10582	29895	14770	14008	5731
2007	19850	20041	14990	17611	11452	39200	19875	16727	7009
2008	22267	22135	15689	17041	13691	53572	31856	14424	9042
2009	22591	22290	15014	16977	15226	47933	37301	13820	9105
2010	22269	28173	18588	21615	16478	54078	49858	20109	11589
2011	24262	36293	25146	27067	20154	76690	59397	24497	15179
2012	26024	40379	26415	28771	22346	67417	61761	29753	16769

区生产总值

单位:元

乡宁县	大宁县	隰 县	永和县	蒲 县	汾西县	侯马市	霍州市
84	71	49	90	55	58	110	61
122	128	51	42	62	70	213	83
118	162	77	57	75	78	293	144
100	111	76	64	62	76	253	300
118	185	89	93	80	69	365	387
140	178	126	101	96	100	604	375
150	216	138	156	167	124	722	701
231	186	229	176	208	141	747	902
260	247	225	209	202	172	936	1103
665	519	373	392	548	373	1393	1430
932	850	603	530	1052	603	1833	1916
3083	1676	1663	1340	4055	1883	3951	3147
4551	1986	2672	1719	7483	2982	6712	5261
5055	2163	3153	1748	8792	3443	7568	5769
5827	2598	3652	2096	10973	4309	8670	6767
8035	2804	4959	2218	15612	5535	10665	7829
11391	3171	4726	2672	22547	7704	13567	10246
14116	3378	4649	3047	26615	9034	16169	13032
15806	3910	5006	3358	29511	9974	18529	15352
19027	4370	5645	3801	20448	10575	21710	16485
23351	4185	5625	3971	24610	9994	23024	17115
17328	6164	6205	5632	15149	7056	24884	19350
20328	7874	7303	6896	24824	9394	27198	20943
31075	5857	8641	8373	35227	11035	34827	27494
33156	6391	9655	8962	38020	11750	37590	30351

17—16 国民经济核算主要指标构成(2012年)

单位:%

	地区生产总值	第一产业	第二产业	#工业	第三产业	#交通运输仓储邮政业	#批发和零售业
全市	**100.0**	**6.6**	**62.1**	**57.4**	**31.2**	**7.5**	**5.7**
尧都区	100.0	3.5	39.0	31.8	57.5	9.2	11.0
曲沃县	100.0	11.5	69.9	67.3	18.6	7.7	2.5
翼城县	100.0	8.8	59.7	57.4	31.6	11.4	5.8
襄汾县	100.0	9.4	66.1	61.9	24.5	10.6	3.6
洪洞县	100.0	6.4	72.2	65.8	21.4	5.8	4.5
古县	100.0	3.5	84.6	83.2	11.9	3.1	1.7
安泽县	100.0	7.0	81.7	78.1	11.3	1.5	2.1
浮山县	100.0	9.3	73.3	70.0	17.4	2.0	2.2
吉县	100.0	25.6	55.6	50.3	18.8	2.0	3.2
乡宁县	100.0	3.1	79.0	75.1	17.9	1.8	2.8
大宁县	100.0	32.0	12.3	6.2	55.7	2.1	7.5
隰县	100.0	24.6	19.2	9.2	56.2	13.0	8.5
永和县	100.0	39.6	9.6	4.9	50.8	2.0	12.5
蒲县	100.0	3.5	79.1	76.5	17.4	2.7	1.8
汾西县	100.0	12.9	38.5	31.0	48.6	15.5	8.0
侯马市	100.0	3.3	46.2	40.6	50.5	13.0	12.0
霍州市	100.0	3.9	74.5	69.0	21.7	5.9	3.6

	资本形成总额	最终消费	政府消费	居民消费水平	农村居民	城镇居民
全市	**58.9**	**43.1**	**12.8**	**30.3**	**10.6**	**19.7**
尧都区	52.2	48.0	7.1	40.8	7.8	33.1
曲沃县	69.1	25.7	8.2	17.5	6.4	11.1
翼城县	63.5	36.3	8.1	28.2	12.0	16.2
襄汾县	60.7	39.3	9.6	29.6	14.6	15.0
洪洞县	57.6	42.0	6.1	35.9	16.1	19.8
古县	79.1	20.2	8.1	12.0	5.0	7.0
安泽县	79.8	19.6	4.6	15.0	6.3	8.7
浮山县	59.4	40.5	15.6	24.9	10.4	14.5
吉县	41.5	50.7	21.5	29.1	13.2	16.0
乡宁县	69.4	31.7	6.0	25.7	11.4	14.3
大宁县	11.5	88.5	8.4	80.0	20.3	59.7
隰县	19.1	84.4	16.0	68.4	23.8	44.5
永和县	53.1	51.8	4.9	47.0	12.8	34.1
蒲县	75.0	24.2	3.6	20.6	7.3	13.4
汾西县	44.3	62.6	11.9	50.7	15.5	35.2
侯马市	59.8	35.0	9.7	25.3	5.8	19.5
霍州市	49.2	50.6	10.7	40.0	7.6	32.4

17—17 按行业划分的法人单位及产业活动单位数(2012 年)

单位:个

	法人单位				产业活动单位	
	单位数	单产业法人	多产业法人	规模、资质或限额以上单位	单位数	#多产业法人所属的产业活动单位
全　市	**26935**	**23348**	**3587**	**981**	**37906**	**14558**
尧都区	7487	6877	610	328	9023	2146
曲沃县	1357	1144	213	47	2053	909
翼城县	1768	1540	228	68	2611	1071
襄汾县	1746	1403	343	60	2805	1402
洪洞县	2745	2276	469	99	4125	1849
古　县	1010	864	146	46	1433	569
安泽县	829	691	138	22	1131	440
浮山县	1235	1009	226	43	1755	746
吉　县	695	604	91	13	1077	473
乡宁县	1229	995	234	44	1808	813
大宁县	584	490	94	8	859	369
隰　县	759	654	105	7	1258	604
永和县	510	394	116	2	764	370
蒲　县	900	826	74	34	1152	326
汾西县	683	532	151	15	1119	587
侯马市	2174	2044	130	96	2911	867
霍州市	1224	1005	219	49	2022	1017

17—18 总人口(2012 年)

单位:人

	总人口	按性别分		按城镇乡村分	
		男　性	女　性	城镇人口	乡村人口
全　市	**4367259**	**2252407**	**2114852**	**1924856**	**2442403**
尧都区	954859	483118	471741	607948	346911
曲沃县	239873	123259	116614	80730	159143
翼城县	315029	159618	155411	101383	213646
襄汾县	448249	238949	209300	153319	294930
洪洞县	741776	384569	357207	268077	473699
古　县	92987	48634	44353	32852	60135
安泽县	83034	42948	40086	29274	53760
浮山县	129044	67235	61809	42259	86785
吉　县	107827	56156	51671	31754	76073
乡宁县	236204	121653	114551	72230	163974
大宁县	65309	34207	31102	25901	39408
隰　县	104958	54669	50289	41049	63909
永和县	64365	34199	30166	23415	40950
蒲　县	108721	56048	52673	44803	63918
汾西县	146537	77454	69083	56635	89902
侯马市	242562	123440	119122	145974	96588
霍州市	285925	146251	139674	167253	118672

17—19 人口自然变动(2012 年)

单位:人

	出生		死亡		自然增长	
	人数	出生率(‰)	人数	死亡率(‰)	人数	增长率(‰)
全市	**47210**	**10.84**	**24931**	**5.72**	**22279**	**5.11**
尧都区	10098	10.60	4880	5.12	5218	5.48
曲沃县	2947	12.32	1753	7.33	1194	4.99
翼城县	3360	10.69	1919	6.10	1441	4.58
襄汾县	5113	11.44	2681	6.00	2432	5.44
洪洞县	7861	10.62	4201	5.68	3660	4.95
古县	1104	11.91	606	6.54	498	5.37
安泽县	930	11.23	449	5.42	481	5.81
浮山县	1559	12.10	978	7.59	581	4.51
吉县	1202	11.18	616	5.73	586	5.45
乡宁县	2632	11.17	1317	5.59	1315	5.58
大宁县	757	11.62	423	6.49	334	5.13
隰县	1175	11.23	577	5.51	598	5.71
永和县	589	9.17	321	5.00	268	4.17
蒲县	1206	11.12	614	5.66	592	5.46
汾西县	1599	10.94	861	5.89	738	5.05
侯马市	2289	9.46	1192	4.92	1097	4.53
霍州市	2789	9.78	1543	5.41	1246	4.37

17—20 城镇非私营单位从业人员(2012 年)

单位:人

	总计	#女性	在岗职工	劳务派遣人员	其他从业人员
全市	**374634**	**138116**	**338998**	**9447**	**26189**
尧都区	113844	40888	93724	7153	12967
曲沃县	10690	4683	10523	79	88
翼城县	16215	6948	15516	178	521
襄汾县	16584	6628	15406	133	1045
洪洞县	43773	17441	43148	160	465
古县	8523	3195	7967	187	369
安泽县	8672	3189	8165	147	360
浮山县	8959	3239	8255	67	637
吉县	7689	2820	7479	175	35
乡宁县	21591	6991	21084	237	270
大宁县	5437	2090	5437		
隰县	8057	3608	7332	32	693
永和县	3931	1763	3866		65
蒲县	11993	5021	11993		
汾西县	8160	3699	8088	72	
侯马市	31295	12526	29498	573	1224
霍州市	49221	13387	41517	254	7450

17—21 城镇非私营单位从业人员劳动报酬(2012年)

	从业人员平均人数（人）	在岗职工	其他从业人员	从业人员劳动报酬（千元）	在岗职工工资总额	其他从业人员劳动报酬	在岗职工平均工资（元）
全　市	**376193**	**338619**	**28190**	**12863410**	**11770738**	**838191**	**34761**
尧都区	116512	94635	14842	4479243	3861387	419421	40803
曲沃县	10197	10030	88	307022	304214	1140	30330
翼城县	16433	15768	488	438224	428047	7379	27147
襄汾县	16592	15401	1063	541928	523352	16421	33982
洪洞县	43539	42904	465	1509333	1497554	8304	34905
古　县	8671	8120	361	298562	286721	7445	35310
安泽县	8477	7983	347	280499	273465	3742	34256
浮山县	8253	7604	590	263259	252724	8917	33236
吉　县	7628	7428	35	283706	277980	332	37423
乡宁县	21518	21030	270	714503	704890	713	33518
大宁县	5437	5437		145263	145263		26717
隰　县	7933	7219	682	221364	202812	17773	28094
永和县	3895	3830	65	118233	117193	1040	30599
蒲　县	11993	11993		373364	373364		31132
汾西县	8388	8317		200951	199757		24018
侯马市	31532	29655	1224	915795	878285	22271	29617
霍州市	49195	41265	7670	1772161	1443730	323293	34987

17—22 国有单位从业人员(2012年)

单位：人

	总　计	#女　性	在岗职工	劳务派遣人员	其他从业人　员
全　市	**223345**	**98900**	**214587**	**3203**	**5555**
尧都区	62125	27061	58941	2238	946
曲沃县	9542	4219	9507	24	11
翼城县	12503	5730	12239	112	152
襄汾县	11953	5504	10979	28	946
洪洞县	21920	10787	21338	117	465
古　县	6580	2838	6209	91	280
安泽县	6362	2633	5886	130	346
浮山县	6807	2891	6172	34	601
吉　县	5548	2504	5477	37	34
乡宁县	16701	5854	16425	15	261
大宁县	5174	1971	5174		
隰　县	7265	3232	6709	15	541
永和县	3593	1625	3528		65
蒲　县	9076	4318	9076		
汾西县	6730	3199	6701	29	
侯马市	20465	9095	19708	246	511
霍州市	11001	5439	10518	87	396

17—23 国有单位从业人员劳动报酬(2012年)

	从业人员平均人数(人)	在岗职工	其他从业人员	从业人员劳动报酬(千元)	在岗职工工资总额	其他从业人员劳动报酬	在岗职工平均工资(元)
全　市	**222200**	**213729**	**5487**	**7124241**	**6943505**	**96125**	**32487**
尧都区	61873	58935	907	2567754	2483646	18617	42142
曲沃县	9052	9017	11	267290	266938	177	29604
翼城县	12649	12386	151	321325	315711	3679	25489
襄汾县	12158	11181	949	396407	382789	13171	34236
洪洞县	21679	21096	465	549177	538105	8304	25507
古　县	6568	6203	272	212179	205033	5476	33054
安泽县	6274	5811	333	209300	202606	3562	34866
浮山县	6196	5613	557	205941	197849	7266	35248
吉　县	5479	5418	34	159896	159101	330	29365
乡宁县	16909	16633	261	489947	489114	550	29406
大宁县	5174	5174		138062	138062		26684
隰　县	7150	6603	532	202287	185125	16799	28036
永和县	3561	3496	65	110669	109629	1040	31358
蒲　县	9076	9076		244509	244509		26940
汾西县	6881	6852		169335	169046		24671
侯马市	20274	19504	524	574464	562655	6184	28848
霍州市	11247	10731	426	305699	293587	10970	27359

17—24 城镇集体单位从业人员(2012年)

单位:人

	总　计	#女　性	在岗职工	劳务派遣人员	其他从业人员
全　市	**17257**	**8164**	**15553**	**922**	**782**
尧都区	4882	2207	4230	376	276
曲沃县	691	298	564	55	72
翼城县	1302	331	1218	66	18
襄汾县	802	329	602	101	99
洪洞县	1408	700	1365	43	
古　县	349	160	255	21	73
安泽县	297	137	266	17	14
浮山县	592	204	523	33	36
吉　县	299	103	273	26	
乡宁县	539	318	537		2
大宁县	219	94	219		
隰　县	407	189	319	17	71
永和县	135	54	135		
蒲　县	555	256	555		
汾西县	155	60	155		
侯马市	317	98	256		61
霍州市	4308	2626	4081	167	60

17—25 城镇集体单位从业人员劳动报酬(2012年)

	从业人员平均人数(人)	在岗职工	其他从业人员	从业人员劳动报酬(千元)	在岗职工工资总额	其他从业人员劳动报酬	在岗职工平均工资(元)
全　市	**17221**	**15496**	**798**	**686370**	**644417**	**17952**	**41586**
尧都区	5024	4376	272	268341	250937	5421	57344
曲沃县	691	564	72	28504	26100	911	46277
翼城县	1222	1140	17	48250	46990	397	41219
襄汾县	785	592	99	39586	34964	3012	59061
洪洞县	1413	1361		45788	45081		33123
古　县	352	257	73	12887	9990	1729	38872
安泽县	297	266	14	15073	14733	180	55387
浮山县	559	493	33	16809	14366	1651	29140
吉　县	298	272		12379	11566		42522
乡宁县	538	536	2	12199	12175	24	22715
大宁县	219	219		6568	6568		29991
隰　县	398	312	69	13896	13027	453	41753
永和县	131	131		5229	5229		39916
蒲　县	555	555		14707	14707		26499
汾西县	155	155		1161	1161		7490
侯马市	334	247	87	7378	5443	1935	22036
霍州市	4250	4020	60	137615	131380	2239	32682

17—26 其他单位从业人员(2012年)

单位:人

	总计	#女性	在岗职工	劳务派遣人员	其他从业人员
全　市	**134032**	**31052**	**108858**	**5322**	**19852**
尧都区	46837	11620	30553	4539	11745
曲沃县	457	166	452		5
翼城县	2410	887	2059		351
襄汾县	3829	795	3825	4	
洪洞县	20445	5954	20445		
古　县	1594	197	1503	75	16
安泽县	2013	419	2013		
浮山县	1560	144	1560		
吉　县	1842	213	1729	112	1
乡宁县	4351	819	4122	222	7
大宁县	44	25	44		
隰　县	385	187	304		81
永和县	203	84	203		
蒲　县	2362	447	2362		
汾西县	1275	440	1232	43	
侯马市	10513	3333	9534	327	652
霍州市	33912	5322	26918		6994

17—27 其他单位从业人员劳动报酬(2012 年)

	从业人员平均人数（人）	在岗职工	其他从业人员	从业人员劳动报酬（千元）	在岗职工工资总额	其他从业人员劳动报酬	在岗职工平均工资（元）
全　市	**136772**	**109394**	**21905**	**5052799**	**4182816**	**724114**	**38236**
尧都区	49615	31324	13663	1643148	1126804	395383	35973
曲沃县	454	449	5	11228	11176	52	24891
翼城县	2562	2242	320	68649	65346	3303	29146
襄汾县	3649	3628	15	105935	105599	238	29107
洪洞县	20447	20447		914368	914368		44719
古　县	1751	1660	16	73496	71698	240	43192
安泽县	1906	1906		56126	56126		29447
浮山县	1498	1498		40509	40509		27042
吉　县	1851	1738	1	111431	107313	2	61745
乡宁县	4071	3861	7	212357	203601	139	52733
大宁县	44	44		633	633		14386
隰　县	385	304	81	5181	4660	521	15329
永和县	203	203		2335	2335		11502
蒲　县	2362	2362		114148	114148		48327
汾西县	1352	1310		30455	29550		22557
侯马市	10924	9904	613	333953	310187	14152	31319
霍州市	33698	26514	7184	1328847	1018763	310084	38424

17—28 城镇非私营企业从业人员与劳动报酬(2012 年)

	从业人员（人）	在岗职工	其他从业人员	从业人员劳动报酬（千元）	在岗职工工资总额	其他从业人员劳动报酬	在岗职工平均工资（元）
全　市	**197140**	**165431**	**22588**	**7593816**	**6565352**	**778964**	**39497**
尧都区	70225	50785	12411	2993436	2386038	410696	45967
曲沃县	1937	1823	50	54838	52731	589	28815
翼城县	5537	4887	491	163202	153580	7066	30328
襄汾县	5538	5017	413	169678	162755	5092	33978
洪洞县	22337	21888	317	978100	971277	3912	44379
古　县	3247	2813	262	128410	118706	5567	40090
安泽县	3119	2890	90	98044	93804	1042	33706
浮山县	2812	2716	52	75929	72739	2158	28637
吉　县	2398	2225	6	134678	129267	124	57580
乡宁县	11184	10940	18	421516	412666	170	37804
大宁县	1436	1436		26993	26993		18797
隰　县	1164	876	256	26223	23210	2234	26709
永和县	594	594		12417	12417		21046
蒲　县	4518	4518		172910	172910		38271
汾西县	1869	1802		39571	38434		20619
侯马市	18497	17178	772	546380	514301	17240	29665
霍州市	40728	33043	7450	1551491	1223524	323074	37433

17—29 事业单位从业人员与劳动报酬(2012 年)

	从业人员(人)	在岗职工	其他从业人员	从业人员劳动报酬(千元)	在岗职工工资总额	其他从业人员劳动报酬	在岗职工平均工资(元)
全　市	**112005**	**109835**	**2142**	**3319782**	**3287328**	**32085**	**30055**
尧都区	31539	31077	442	1066543	1058698	7568	34295
曲沃县	4277	4239	38	130706	130155	551	30654
翼城县	7074	7064	10	178682	178558	124	25302
襄汾县	7084	6530	553	242582	232164	10410	34263
洪洞县	15269	15121	148	363537	359145	4392	24041
古　县	3328	3221	107	99228	97350	1878	30186
安泽县	3331	3080	251	108639	106158	2481	35047
浮山县	3032	3006	26	104861	104692	169	38363
吉　县	3634	3605	29	98364	98156	208	27877
乡宁县	6823	6573	250	189287	188779	508	28865
大宁县	2021	2021		57902	57902		28650
隰　县	3839	3800	39	107643	106917	726	28811
永和县	1688	1623	65	54907	53867	1040	33210
蒲　县	3220	3220		85659	85659		26602
汾西县	3901	3901		104571	104571		25756
侯马市	6483	6292	184	192007	189893	2030	30180
霍州市	5462	5462		134664	134664		24404

17—30 机关单位从业人员与劳动报酬(2012 年)

	从业人员(人)	在岗职工	其他从业人员	从业人员劳动报酬(千元)	在岗职工工资总额	其他从业人员劳动报酬	在岗职工平均工资(元)
全　市	**65193**	**63441**	**1454**	**1942481**	**1910817**	**27052**	**30460**
尧都区	11784	11571	109	411933	409410	1067	35392
曲沃县	4476	4461		121478	121328		30685
翼城县	3604	3565	20	96340	95909	189	26298
襄汾县	3962	3859	79	129668	128433	919	33490
洪洞县	6167	6139		167696	167132		27493
古　县	1948	1933		70924	70665		36538
安泽县	2222	2195	19	73816	73503	219	33857
浮山县	3115	2533	559	82469	75293	6590	32245
吉　县	1657	1649		50664	50557		30419
乡宁县	3584	3571	2	103700	103445	35	28944
大宁县	1980	1980		60368	60368		30489
隰　县	3054	2656	398	87498	72685	14813	27543
永和县	1649	1649		50909	50909		31464
蒲　县	4255	4255		114795	114795		26979
汾西县	2390	2385		56809	56752		23716
侯马市	6315	6028	268	177408	174091	3001	28890
霍州市	3031	3012		86006	85542	219	27946

17—31 城镇非私营单位农林牧渔业从业人员与劳动报酬(2012 年)

	从业人员(人)	在岗职工	其他从业人员	从业人员劳动报酬(千元)	在岗职工工资总额	其他从业人员劳动报酬	在岗职工平均工资(元)
全 市	**3724**	**3717**	**7**	**88547**	**88458**	**89**	**23914**
尧都区	355	354	1	3949	3921	28	11014
曲沃县							
翼城县	75	75		1805	1805		22563
襄汾县	140	134	6	4464	4403	61	32615
洪洞县	145	145		2714	2714		18717
古 县	12	12		330	330		27500
安泽县	534	534		8725	8725		16683
浮山县	43	43		535	535		23261
吉 县	156	156		4223	4223		27071
乡宁县	210	210		4855	4855		23119
大宁县							
隰 县	735	735		12737	12737		17212
永和县	26	26		235	235		9038
蒲 县	260	260		3522	3522		13546
汾西县	24	24		255	255		10625
侯马市	1009	1009		40198	40198		39839
霍州市							

17—32 城镇非私营单位采矿业从业人员与劳动报酬(2012 年)

	从业人员(人)	在岗职工	其他从业人员	从业人员劳动报酬(千元)	在岗职工工资总额	其他从业人员劳动报酬	在岗职工平均工资(元)
全 市	**52928**	**51502**	**1129**	**2482945**	**2456515**	**14385**	**47675**
尧都区	4609	4602	7	383684	382644	1040	78652
曲沃县							
翼城县	673	673		23655	23655		27634
襄汾县	25	25		900	900		36000
洪洞县	8466	8466		504519	504519		59805
古 县	1400	1254	146	72946	69732	3214	54436
安泽县							
浮山县	1203	1189	14	33388	32929	459	27671
吉 县	1685	1577		108964	104884		66890
乡宁县	8373	8182	2	334948	326904	79	39925
大宁县							
隰 县							
永和县							
蒲 县	1951	1951		106805	106805		54744
汾西县							
侯马市							
霍州市	24543	23583	960	913136	903543	9593	39003

17—33 城镇非私营单位制造业从业人员与劳动报酬(2012 年)

	从业人员（人）	在岗职工	其他从业人员	从业人员劳动报酬（千元）	在岗职工工资总额	其他从业人员劳动报酬	在岗职工平均工资（元）
全　市	**51282**	**50369**	**149**	**1609431**	**1586423**	**3503**	**31136**
尧都区	14654	14315	69	493813	486363	1555	32517
曲沃县	490	490		7226	7226		14569
翼城县	2018	1979	39	51999	50709	1290	24760
襄汾县	3720	3720		102045	102045		28924
洪洞县	10722	10722		387646	387646		36030
古　县	315	315		14165	14165		31689
安泽县	1986	1986		55765	55765		29678
浮山县	583	577	6	17007	16993	14	30399
吉　县	60	60		445	445		7417
乡宁县	131	131		2314	2314		17141
大宁县	22	22		356	356		16182
隰　县	244	244		3817	3817		15643
永和县	49	49		547	547		11163
蒲　县							
汾西县	1187	1187		27656	27656		23800
侯马市	10234	9888	19	287286	277384	288	27526
霍州市	4867	4684	16	157344	152992	356	33781

17—34 城镇非私营单位电力、燃气及水的生产和供应业从业人员与劳动报酬(2012 年)

	从业人员（人）	在岗职工	其他从业人员	从业人员劳动报酬（千元）	在岗职工工资总额	其他从业人员劳动报酬	在岗职工平均工资（元）
全　市	**9840**	**9200**	**640**	**560050**	**542610**	**17440**	**59308**
尧都区	4544	4544		395252	395252		87117
曲沃县	90	84	6	1148	1113	35	13250
翼城县	51	51		837	837		16412
襄汾县	134	128	6	3089	3020	69	26726
洪洞县	125	125		1200	1200		9600
古　县	42	42		670	670		15952
安泽县	272	262	10	10606	10290	316	39275
浮山县	50	50		1250	1250		27778
吉　县	50	50		1229	1229		24580
乡宁县	439	431	8	5375	5352	23	14543
大宁县	95	95		757	757		7968
隰　县	45	45		687	687		15267
永和县	30	30		250	250		8333
蒲　县	434	434		15226	15226		35083
汾西县	125	125		883	883		8330
侯马市	922	581	341	23997	16647	7350	28603
霍州市	2392	2123	269	97594	87947	9647	40343

17—35 城镇非私营单位建筑业从业人员与劳动报酬(2012年)

	从业人员(人)	在岗职工	其他从业人员	从业人员劳动报酬(千元)	在岗职工工资总额	其他从业人员劳动报酬	在岗职工平均工资(元)
全　市	**36309**	**15675**	**18179**	**1269903**	**482481**	**706019**	**30442**
尧都区	22724	8451	12012	753829	275653	400978	31975
曲沃县	243	243		7480	7480		30909
翼城县	735	735		24446	24446		36816
襄汾县							
洪洞县	325	299		3900	3588		12040
古　县	385	305	10	8470	6710	220	22000
安泽县							
浮山县							
吉　县							
乡宁县							
大宁县	900	900		15220	15220		16911
隰　县							
永和县	136	136		1660	1660		12206
蒲　县	162	162		2729	2729		16846
汾西县	10	10		1494	1494		12991
侯马市	3482	3278	106	105784	100312	3119	30462
霍州市	7207	1156	6051	344891	43189	301702	38804

17—36 城镇非私营单位交通运输、仓储和邮政业从业人员与劳动报酬(2012年)

	从业人员(人)	在岗职工	其他从业人员	从业人员劳动报酬(千元)	在岗职工工资总额	其他从业人员劳动报酬	在岗职工平均工资(元)
全　市	**10204**	**10165**	**15**	**238943**	**238616**	**95**	**23769**
尧都区	5453	5453		147508	147508		27170
曲沃县	219	219		3503	3503		15432
翼城县	182	182		3488	3488		19165
襄汾县	120	120		1606	1606		13383
洪洞县	581	581		8429	8429		14608
古　县	102	102		2802	2802		27471
安泽县	227	226	1	4955	4942	13	21867
浮山县	246	232	14	4725	4643	82	30149
吉　县	199	199		4378	4378		24322
乡宁县	373	373		7481	7481		20164
大宁县	93	93		1374	1374		14774
隰　县	86	86		1404	1404		16138
永和县	86	86		2123	2123		24686
蒲　县							
汾西县	162	138		4272	4040		26405
侯马市	1816	1816		38310	38310		21402
霍州市	259	259		2585	2585		9866

17—37 城镇非私营单位信息传输、计算机服务和软件业从业人员与劳动报酬(2012 年)

	从业人员（人）	在岗职工	其他从业人员	从业人员劳动报酬（千元）	在岗职工工资总额	其他从业人员劳动报酬	在岗职工平均工资（元）
全　市	**4082**	**2094**		**144360**	**104341**		**49710**
尧都区	3637	1743		133697	95419		54713
曲沃县							
翼城县	136	50		3233	1660		33200
襄汾县							
洪洞县							
古　县							
安泽县	60	60		2002	2002		33367
浮山县							
吉　县							
乡宁县							
大宁县							
隰　县	144	136		3197	3029		21949
永和县	46	46		1276	1276		27739
蒲　县							
汾西县							
侯马市							
霍州市	59	59		955	955		15656

17—38 城镇非私营单位批发和零售贸易业从业人员与劳动报酬(2012 年)

	从业人员（人）	在岗职工	其他从业人员	从业人员劳动报酬（千元）	在岗职工工资总额	其他从业人员劳动报酬	在岗职工平均工资（元）
全　市	**14299**	**12747**	**300**	**384488**	**351032**	**6074**	**27119**
尧都区	6021	5138	6	193811	173448	490	33304
曲沃县	199	193	5	3451	3393	52	17490
翼城县	579	475	98	16140	12743	3291	26603
襄汾县	455	451		12672	12336	238	27597
洪洞县	865	865		15526	15526		17970
古　县	639	531	33	13800	12021	404	23029
安泽县	346	233		11024	8099		34760
浮山县	252	245	5	3831	3730	71	18107
吉　县	310	277	5	9504	9061	122	31462
乡宁县	1392	1385	3	40729	40658	8	28412
大宁县	156	156		1777	1777		11391
隰　县	355	204	145	5139	3564	1398	17471
永和县	125	125		1874	1874		14992
蒲　县	1110	1110		18800	18800		16937
汾西县	371	328		5449	4544		13812
侯马市	284	223		13206	12007		54086
霍州市	840	808		17755	17451		18846

17—39 城镇非私营单位住宿和餐饮业从业人员与劳动报酬(2012 年)

	从业人员（人）	在岗职工	其他从业人员	从业人员劳动报酬（千元）	在岗职工工资总额	其他从业人员劳动报酬	在岗职工平均工资（元）
全　市	**2443**	**2414**	**21**	**37738**	**37597**	**122**	**15542**
尧都区	1523	1522	1	24193	24185	8	16059
曲沃县	199	189	2	3406	3367	20	17721
翼城县							
襄汾县							
洪洞县	39	39		505	505		12949
古　县	127	127		2971	2971		23394
安泽县	42	42		683	683		16262
浮山县	40	40		640	640		16842
吉　县	20	20		156	156		4105
乡宁县	61	61		300	300		4918
大宁县	98	98		1851	1851		18888
隰　县	80	62	18	629	535	94	8629
永和县	68	68		712	712		10471
蒲　县	70	70		740	740		10571
汾西县	18	18		52	52		2600
侯马市							
霍州市	58	58		900	900		15000

17—40 城镇非私营单位金融业从业人员与劳动报酬(2012 年)

	从业人员（人）	在岗职工	其他从业人员	从业人员劳动报酬（千元）	在岗职工工资总额	其他从业人员劳动报酬	在岗职工平均工资（元）
全　市	**15974**	**12102**	**1993**	**890353**	**797641**	**30341**	**65872**
尧都区	6448	4919	267	466985	411944	6262	83457
曲沃县	576	484	37	31017	29042	482	60004
翼城县	1070	649	354	38363	35001	2485	54097
襄汾县	1176	665	407	50523	44005	4785	67804
洪洞县	1328	905	317	59738	53227	3912	59075
古　县	368	264	73	16604	13582	1729	51840
安泽县	393	287	80	19126	18127	726	62941
浮山县	370	301	27	15572	12956	1614	44370
吉　县	238	207		13999	13113		63348
乡宁县	530	492	5	33190	32478	60	67946
大宁县	203	203		8141	8141		40103
隰　县	376	288	70	14833	13765	634	49337
永和县	153	153		6966	6966		46752
蒲　县	791	791		28610	28610		36169
汾西县	91	91		3543	3543		39809
侯马市	1144	867	209	62742	54917	6068	65068
霍州市	719	536	147	20401	18224	1584	29875

17—41 城镇非私营单位房地产业从业人员与劳动报酬(2012 年)

	从业人员(人)	在岗职工	其他从业人员	从业人员劳动报酬(千元)	在岗职工工资总额	其他从业人员劳动报酬	在岗职工平均工资(元)
全　市	**945**	**896**	**48**	**20662**	**19692**	**479**	**22377**
尧都区	399	385	13	9342	8711	140	22626
曲沃县							
翼城县							
襄汾县	20	20		452	452		22600
洪洞县							
古　县	17	17		561	561		33000
安泽县	6	6		166	166		27667
浮山县	60	60		1389	1389		33071
吉　县	43	42	1	631	629	2	14976
乡宁县	74	74		490	490		6622
大宁县							
隰　县	30	7	23	175	67	108	9571
永和县	16	16		394	394		24625
蒲　县	20	20		215	215		10750
汾西县	7	7		174	174		29000
侯马市	195	191	4	4273	4236	37	22178
霍州市	58	51	7	2400	2208	192	40889

17—42 城镇非私营单位租赁和商务服务业从业人员与劳动报酬(2012 年)

	从业人员(人)	在岗职工	其他从业人员	从业人员劳动报酬(千元)	在岗职工工资总额	其他从业人员劳动报酬	在岗职工平均工资(元)
全　市	**3537**	**2615**	**414**	**95847**	**74005**	**15014**	**27926**
尧都区	1339	815	16	37008	29983	197	36387
曲沃县	8	8		163	163		20375
翼城县	77	76	1	984	972	12	12789
襄汾县	111	111		2910	2910		25526
洪洞县	106	106		2153	2153		20311
古　县	32	32		846	846		24882
安泽县	164	164		6615	6615		40335
浮山县	22	22		48	48		2667
吉　县	43	43		952	952		22140
乡宁县	144	144		4604	4604		32196
大宁县							
隰　县	891	494	397	25053	10248	14805	21217
永和县	31	31		756	756		24387
蒲　县	98	98		2310	2310		23571
汾西县	259	259		4153	4153		14126
侯马市	205	205		7150	7150		34541
霍州市	7	7		142	142		20286

17—43 城镇非私营单位科学研究、技术服务业从业人员与劳动报酬(2012年)

	从业人员(人)	在岗职工	其他从业人员	从业人员劳动报酬(千元)	在岗职工工资总额	其他从业人员劳动报酬	在岗职工平均工资(元)
全　市	**3420**	**3241**	**166**	**118357**	**113797**	**4388**	**35275**
尧都区	1494	1454	27	52841	52467	202	35961
曲沃县	67	67		2105	2105		31418
翼城县	24	24		656	656		27333
襄汾县	24	24		884	884		36833
洪洞县	698	559	139	27691	23508	4183	42054
古　县	6	6		180	180		30000
安泽县	150	150		7063	7063		47087
浮山县	98	98		2242	2242		27341
吉　县	14	14		484	484		37231
乡宁县	132	132		3355	3355		25417
大宁县	7	7		232	232		33143
隰　县	64	64		1675	1675		27459
永和县	8	8		258	258		32250
蒲　县	31	31		631	631		20355
汾西县	43	43		1432	1432		33302
侯马市	542	542		16269	16266	3	30011
霍州市	18	18		359	359		19944

17—44 城镇非私营单位水利、环境和公共设施管理业从业人员与劳动报酬(2012年)

	从业人员(人)	在岗职工	其他从业人员	从业人员劳动报酬(千元)	在岗职工工资总额	其他从业人员劳动报酬	在岗职工平均工资(元)
全　市	**8583**	**8318**	**264**	**150842**	**148564**	**2270**	**18269**
尧都区	2634	2503	131	59896	58367	1529	23070
曲沃县	622	622		9115	9115		15581
翼城县	163	163		1379	1379		8460
襄汾县	236	234	1	5679	5663	8	24201
洪洞县	1659	1659		22802	22802		14933
古　县	147	147		2195	2195		14932
安泽县	15	15		484	484		32267
浮山县							
吉　县	380	380		4413	4413		12718
乡宁县	439	439		7348	7348		16738
大宁县	109	109		1195	1195		10963
隰　县	40	23	17	609	265	344	11522
永和县	8	8		143	143		17875
蒲　县	294	294		3801	3801		12929
汾西县	142	142		1046	1046		7366
侯马市	919	804	115	17049	16660	389	20670
霍州市	776	776		13688	13688		17940

17—45 城镇非私营单位居民服务、修理和其他服务业从业人员与劳动报酬(2012 年)

	从业人员（人）	在岗职工	其他从业人员	从业人员劳动报酬（千元）	在岗职工工资总额	其他从业人员劳动报酬	在岗职工平均工资（元）
全　市	**253**	**251**	**2**	**4580**	**4552**	**28**	**18135**
尧都区	234	234		4156	4156		17761
曲沃县							
翼城县							
襄汾县							
洪洞县	9	9		109	109		12111
古　县							
安泽县							
浮山县							
吉　县							
乡宁县							
大宁县							
隰　县							
永和县							
蒲　县							
汾西县							
侯马市	10	8	2	315	287	28	35875
霍州市							

17—46 城镇非私营单位教育业从业人员与劳动报酬(2012 年)

	从业人员（人）	在岗职工	其他从业人员	从业人员劳动报酬（千元）	在岗职工工资总额	其他从业人员劳动报酬	在岗职工平均工资（元）
全　市	**56122**	**55165**	**957**	**1901086**	**1885126**	**15960**	**34272**
尧都区	14063	13964	99	586727	583569	3158	42565
曲沃县	2553	2553		86229	86229		33776
翼城县	3459	3459		94093	94093		27345
襄汾县	4656	4228	428	173567	165306	8261	36948
洪洞县	7955	7955		209817	209817		26385
古　县	2125	2125		64272	64272		30246
安泽县	1468	1218	250	54466	51998	2468	42691
浮山县	1729	1720	9	63275	63207	68	39954
吉　县	1908	1883	25	59559	59365	194	31917
乡宁县	3595	3595		108536	108536		30394
大宁县	1035	1035		33121	33121		32001
隰　县	1658	1658		58394	58394		36842
永和县	958	893	65	30966	29926	1040	33512
蒲　县	1359	1359		49215	49215		36214
汾西县	2151	2151		63329	63329		28059
侯马市	2648	2567	81	83635	82864	771	32306
霍州市	2802	2802		81885	81885		28986

17—47 城镇非私营单位卫生和社会工作业从业人员与劳动报酬(2012 年)

	从业人员（人）	在岗职工	其他从业人员	从业人员劳动报酬（千元）	在岗职工工资总额	其他从业人员劳动报酬	在岗职工平均工资（元）
全　市	**17972**	**17338**	**634**	**496966**	**490142**	**6824**	**28437**
尧都区	6264	6169	95	154968	153745	1223	24902
曲沃县	563	525	38	15525	14974	551	28522
翼城县	1372	1363	9	42777	42665	112	31418
襄汾县	1006	888	118	32586	30506	2080	34431
洪洞县	1964	1955	9	47735	47526	209	24498
古　县	309	214	95	11430	9641	1789	44634
安泽县	371	371		12209	12209		36997
浮山县	400	400		13499	13499		37707
吉　县	470	470		15482	15482		32940
乡宁县	1281	1031	250	34605	34097	508	33363
大宁县	403	403		10894	10894		27032
隰　县	508	488	20	16555	16203	352	33271
永和县	198	198		8306	8306		42595
蒲　县	515	515		14074	14074		27328
汾西县	564	564		16325	16325		28792
侯马市	1163	1163		39559	39559		33956
霍州市	621	621		10437	10437		16699

17—48 城镇非私营单位文化、体育和娱乐业从业人员与劳动报酬(2012 年)

	从业人员（人）	在岗职工	其他从业人员	从业人员劳动报酬（千元）	在岗职工工资总额	其他从业人员劳动报酬	在岗职工平均工资（元）
全　市	**4268**	**4185**	**83**	**96579**	**95299**	**1280**	**22870**
尧都区	1114	1113	1	34063	34039	24	30583
曲沃县	81	81		1481	1481		18284
翼城县	490	490		7672	7672		15786
襄汾县	196	196		5539	5539		28405
洪洞县	821	821		12508	12508		15254
古　县	132	132		2845	2845		21553
安泽县	36	36		1386	1386		38500
浮山县	98	98		2416	2416		29108
吉　县	136	132	4	3050	3036	14	24095
乡宁县	176	176		4586	4586		26057
大宁县	38	38		1190	1190		31316
隰　县	81	79	2	1580	1550	30	19872
永和县							
蒲　县	265	265		5553	5553		20955
汾西县	109	109		2119	2119		19620
侯马市	384	308	76	8349	7137	1212	23172
霍州市	111	111		2242	2242		18377

17—49 城镇非私营单位公共管理、社会保障和社会组织从业人员与劳动报酬(2012年)

	从业人员（人）	在岗职工	其他从业人员	从业人员劳动报酬（千元）	在岗职工工资总额	其他从业人员劳动报酬	在岗职工平均工资（元）
全　市	**78449**	**77004**	**1188**	**2271733**	**2253847**	**13880**	**29544**
尧都区	16335	16046	222	543521	540013	2587	33652
曲沃县	4780	4765		135173	135023		31445
翼城县	5111	5072	20	126697	126266	189	24456
襄汾县	4565	4462	79	145012	143777	919	32404
洪洞县	7965	7937		202341	201777		25714
古　县	2365	2342	12	83475	83198	89	35509
安泽县	2602	2575	19	85224	84911	219	33285
浮山县	3765	3180	562	103442	96247	6609	32826
吉　县	1977	1969		56237	56130		28348
乡宁县	4241	4228	2	121787	121532	35	28724
大宁县	2278	2278		69155	69155		30358
隰　县	2720	2719	1	74880	74872	8	27772
永和县	1993	1993		61767	61767		31450
蒲　县	4633	4633		121133	121133		26146
汾西县	2897	2892		68769	68712		23677
侯马市	6338	6048	271	167673	164351	3006	27183
霍州市	3884	3865		105447	104983	219	26618

17—50 固定资产投资主要指标(2012年)

单位:万元、平方米

	本年完成投资	本年新增固定资产	本年施工房屋面积	本年竣工房屋面积	#住宅	施工项目（个）
全　市	**7668857**	**6950178**	**9026915**	**3751138**	**2394589**	**1242**
尧都区	1521683	1687403	2896753	1326920	1129500	205
曲沃县	420818	667402	102940	25255	19816	74
翼城县	405724	304698	695924	437725	142587	96
襄汾县	547256	454130	26960			85
洪洞县	926715	794860	1131425	64600	64600	75
古　县	279036	236164	482064	85537	16820	77
安泽县	308203	367293	279315	175128	108141	107
浮山县	223399	293426	277505	235227	69429	116
吉　县	166116	119260	122254			41
乡宁县	382002	58534	277449	67224	56357	66
大宁县	59694	48507	33509	33509	13445	23
隰　县	105667	117845	236820			35
永和县	65183	21765	33020	5660		28
蒲　县	250022	28789	5000			40
汾西县	150885	119912	16597	5797		30
侯马市	326216	213176	612970	423490		27
霍州市	851843	1090257	1796410	865066	773894	111

注:本表不含房地产开发投资。

17—51 城镇固定资产投资(2012 年)

单位:万元、平方米

	本年完成投资	本年新增固定资产	本年施工房屋面积	本年竣工房屋面积	#住宅	施工项目(个)
全市	**7077117**	**6373341**	**8384263**	**3461804**	**2266989**	**1106**
尧都区	1496061	1680622	2893603	1323770	1129500	197
曲沃县	420318	667402	99460	25255	19816	73
翼城县	337228	236202	550184	291985	80097	72
襄汾县	512937	415801	26960			76
洪洞县	685511	605555	1123273	64600	64600	57
古县	276556	233684	147871	85537	16820	74
安泽县	286635	244693	279315	175128	108141	106
浮山县	155513	213637	210018	170233	69119	81
吉县	166116	119260	122254			41
乡宁县	377679	54211	277449	67224	56357	64
大宁县	59478	48507	33509	33509	13445	22
隰县	94332	109940	236820			29
永和县	65183	21765	33020	5660		28
蒲县	226641	28789				34
汾西县	132285	111112	16597	5797		27
侯马市	326216	213176	612970	423490		27
霍州市	780033	1042228	1720960	789616	709094	92

注:本表不含房地产开发投资。

17—52 农村非农户固定资产投资(2012 年)

单位:万元、平方米

	本年完成投资	本年新增固定资产	本年施工房屋面积	本年竣工房屋面积	#住宅	施工项目(个)
全市	**591740**	**576837**	**642652**	**289334**	**127600**	**136**
尧都区	25622	6781	3150	3150		8
曲沃县	500		3480			1
翼城县	68496	68496	145740	145740	62490	24
襄汾县	34319	38329				9
洪洞县	241204	189305	8152			18
古县	2480	2480	334193			3
安泽县	21568	122600				1
浮山县	67886	79789	67487	64994	310	35
吉县						
乡宁县	4323	4323				2
大宁县	216					1
隰县	11335	7905				6
永和县						
蒲县	23381		5000			6
汾西县	18600	8800				3
侯马市						
霍州市	71810	48029	75450	75450	64800	19

17—53 第三产业固定资产投资(2012 年)

单位:万元、平方米

	计 划 总投资	本年完成 投 资	本年新增 固定资产	本年施工 房屋面积	本年竣工 房屋面积	#住 宅	施工项目 (个)
全 市	**7248497**	**3573746**	**2779176**	**7870741**	**3286839**	**2389789**	**653**
尧都区	2047859	1065143	1006360	2852715	1326920	1129500	126
曲沃县	93967	52404	55340	102940	25255	19816	37
翼城县	245337	153578	160453	409982	345689	142587	46
襄汾县	378113	172312	137387	26960			35
洪洞县	493070	396793	339324	1131425	64600	64600	44
古 县	82188	51740	77753	122731	84037	16820	28
安泽县	126661	111065	97261	233627	152595	108141	57
浮山县	98597	74243	84467	160927	129432	66679	51
吉 县	88721	69569	42253	122254			25
乡宁县	151144	61180	21449	272599	62374	54307	31
大宁县	17297	15775	16297	33509	33509	13445	15
隰 县	67359	54267	41495	236820			27
永和县	23279	19453	8925	26870	4000		18
蒲 县	93372	43304	2724	5000			17
汾西县	102379	75516	49543	16597	5797		18
侯马市	255530	159759	73959	339235	194755		11
霍州市	463037	319250	237429	1776550	857876	773894	61

注:本表不含房地产开发投资。

17—54 城镇第三产业固定资产投资(2012 年)

单位:万元、平方米

	计 划 总投资	本年完成 投 资	本年新增 固定资产	本年施工 房屋面积	本年竣工 房屋面积	#住 宅	施工项目 (个)
全 市	**7138536**	**3471592**	**2671944**	**7635527**	**3068257**	**2262499**	**609**
尧都区	2043224	1062662	1001729	2849565	1323770	1129500	124
曲沃县	93267	51904	55340	99460	25255	19816	36
翼城县	188306	95962	102837	271092	206799	80097	26
襄汾县	372413	170732	131687	26960			34
洪洞县	489830	393553	336084	1123273	64600	64600	42
古 县	82188	51740	77753	122731	84037	16820	28
安泽县	126661	111065	97261	233627	152595	108141	57
浮山县	94387	70033	80257	156135	124640	66679	47
吉 县	88721	69569	42253	122254			25
乡宁县	150321	60357	20626	272599	62374	54307	30
大宁县	17297	15775	16297	33509	33509	13445	15
隰 县	64544	52147	40255	236820			24
永和县	23279	19453	8925	26870	4000		18
蒲 县	91392	41892	2724				15
汾西县	102379	75516	49543	16597	5797		18
侯马市	255530	159759	73959	339235	194755		11
霍州市	434210	291078	207657	1704800	786126	709094	53

注:本表不含房地产开发投资。

17—55 农村非农户第三产业固定资产投资(2012 年)

单位:万元、平方米

	计 划 总投资	本年完成 投 资	本年新增 固定资产	本年施工 房屋面积	本年竣工 房屋面积		施工项目 (个)
						#住 宅	
全 市	**109961**	**102154**	**107232**	**235214**	**218582**	**127290**	**44**
尧都区	4635	2481	4631	3150	3150		2
曲沃县	700	500		3480			1
翼城县	57031	57616	57616	138890	138890	62490	20
襄汾县	5700	1580	5700				1
洪洞县	3240	3240	3240	8152			2
古 县							
安泽县							
浮山县	4210	4210	4210	4792	4792		4
吉 县							
乡宁县	823	823	823				1
大宁县							
隰 县	2815	2120	1240				3
永和县							
蒲 县	1980	1412		5000			2
汾西县							
侯马市							
霍州市	28827	28172	29772	71750	71750	64800	8

17—56 工业固定资产投资(2012 年)

单位:万元、平方米

	计 划 总投资	本年完成 投 资	本年新增 固定资产	本年施工 房屋面积	本年竣工 房屋面积		施工项目 (个)
						#住 宅	
全 市	**9359962**	**3795634**	**3863971**	**717773**	**366091**	**4490**	**489**
尧都区	1402718	411668	638356	44038			65
曲沃县	639422	365357	603212				33
翼城县	626646	244826	136925	284742	90836		48
襄汾县	855469	335905	279814				39
洪洞县	1016600	478005	403619				28
古 县	368132	213261	141576	20860	1300		40
安泽县	423283	194448	267342	38768	17533		47
浮山县	356575	104577	151827	78230	67447	2440	41
吉 县	119931	94646	75106				14
乡宁县	1135281	312601	30285	4850	4850	2050	31
大宁县	48560	37493	26000				4
隰 县	76465	45235	70185				7
永和县	38130	38130	9930	5690	1200		5
蒲 县	683861	206718	26065				23
汾西县	64250	44430	42400				8
侯马市	489570	150957	123717	220735	175735		14
霍州市	1015069	517377	837612	19860	7190		42

17—57 城镇工业固定资产投资(2012 年)

单位:万元、平方米

	计划总投资	本年完成投资	本年新增固定资产	本年施工房屋面积	本年竣工房屋面积	#住宅	施工项目(个)
全　市	**8557946**	**3408609**	**3496037**	**684076**	**334887**	**4490**	**444**
尧都区	1340772	393482	638356	44038			64
曲沃县	639422	365357	603212				33
翼城县	623086	241266	133365	279092	85186		46
襄汾县	855469	335905	279814				39
洪洞县	575815	243958	221471				14
古　县	368132	213261	141576	20860	1300		40
安泽县	300683	172880	144742	38768	17533		46
浮山县	297909	71323	108911	53883	45593	2440	29
吉　县	119931	94646	75106				14
乡宁县	1135281	312601	30285	4850	4850	2050	31
大宁县	48560	37493	26000				4
隰　县	67465	42185	69685				5
永和县	38130	38130	9930	5690	1200		5
蒲　县	641174	184749	26065				19
汾西县	41250	26630	34400				6
侯马市	489570	150957	123717	220735	175735		14
霍州市	975297	483786	829402	16160	3490		35

17—58 房地产开发投资按构成分(2012 年)

单位:万元

	本年完成投资	#住宅	建筑工程	安装工程	设备工器具购置	其他费用
全　市	**555646**	**418718**	**397967**	**42490**	**14396**	**100793**
尧都区	264928	190612	170782	17979	2807	73360
曲沃县	3048	48	1508	40		1500
翼城县	300	250	240	60		
襄汾县	71357	61990	55534	9105		6718
洪洞县	87293	66798	62001	7167	8659	9466
古　县	1200	1200	1000	50	50	100
安泽县						
浮山县	1247	1212	1123			124
吉　县						
乡宁县						
大宁县						
隰　县	9256	3069	5051	422		3783
永和县						
蒲　县						
汾西县						
侯马市	77857	55411	61907	7667	2880	5403
霍州市	39160	38128	38821			339

17—59 房地产开发施工、竣工面积及价值(2012年)

单位:平方米、万元

	本年施工房屋面积	#住宅	本年竣工房屋面积	#住宅	本年竣工房屋价值	#住宅
全市	**7041808**	**5475803**	**1658343**	**1330769**	**360485**	**285807**
尧都区	3719029	2846210	393050	356330	112732	97150
曲沃县	66158	20000	20000	20000	1800	1800
翼城县	9600	8300				
襄汾县	679181	609345				
洪洞县	734884	601626	498137	415015	112460	91939
古县	12000	12000	12000	12000	1200	1200
安泽县						
浮山县	58454	49094	14594	14194	2066	2022
吉县						
乡宁县						
大宁县						
隰县	97890	82300				
永和县						
蒲县						
汾西县						
侯马市	1413839	1034964	676216	470004	120720	82693
霍州市	250773	211964	44346	43226	9507	9003

17—60 房地产开发房屋销售额(2012年)

单位:万元

	商品房销售额	住宅	#90平方米以下住房	#144平米以上住房	#别墅、高档公寓	办公楼	商业营业用房	其他
全市	**321275**	**285996**	**51123**	**65256**	**3531**		**32808**	**2471**
尧都区	140963	121780	14882	33486			17924	1259
曲沃县	1715	1500		112			215	
翼城县	703	703						
襄汾县	4493	3651		2063			842	
洪洞县	84964	80235	20574	15010	3531		4707	22
古县	1297	1297	660					
安泽县								
浮山县	1037	1037						
吉县								
乡宁县								
大宁县								
隰县	1856	1856	95	250				
永和县								
蒲县								
汾西县								
侯马市	63762	54052	4709	14205			8520	1190
霍州市	20485	19885	10203	130			600	

17—61 房地产开发房屋销售面积(2012年)

单位:平方米

	商品房销售额面积	住宅	#90平方米以下住房	#144平米以上住房	#别墅、高档公寓	办公楼	商业营业用房	其他
全市	**1085558**	**1028854**	**201118**	**199283**	**11222**		**50323**	**6381**
尧都区	384140	363208	47362	80002			17734	3198
曲沃县	9421	8969		562			452	
翼城县	6302	6302						
襄汾县	16645	14671		8319			1974	
洪洞县	316425	306014	87905	57361	11222		10311	100
古县	8273	8273	6000					
安泽县								
浮山县	6521	6521						
吉县								
乡宁县								
大宁县								
隰县	9339	9339	559	1159				
永和县								
蒲县								
汾西县								
侯马市	241652	220217	18931	51430			18352	3083
霍州市	86840	85340	40361	450			1500	

17—62 原煤产品产销存(2012年)

单位:万吨

	年初库存量	生产量	销售量			年末库存
			合计	省内地销	销售外省	
全市	**176.82**	**4970.76**	**3602.53**	**3580.94**	**21.59**	**229.24**
尧都区	44.35	648.84	579.51	569.15	10.36	28.80
曲沃县						
翼城县	6.62	301.99	287.80	287.80		20.81
襄汾县						
洪洞县	53.36	869.39	355.54	355.54		41.65
古县		401.45	401.45	401.45		
安泽县	13.00	471.39	448.06	436.83	11.23	22.43
浮山县		2.09	2.09	2.09		
吉县	2.86	189.33	129.25	129.25		63.04
乡宁县	10.00	991.47	982.25	982.25		19.21
大宁县						
隰县		7.20	7.20	7.20		
永和县						
蒲县	0.20	399.47	393.82	393.82		7.15
汾西县		13.19	13.19	13.19		
侯马市						
霍州市	46.43	674.95	2.37	2.37		26.15

17—63 焦炭产品产销存(2012年)

单位:万吨

	年初库存量	生产量	销售量			年末库存
			合计	省内地销	销售外省	
全市	**60.44**	**1872.99**	**1737.87**	**784.30**	**953.57**	**80.46**
尧都区	8.83	216.46	156.61	37.04	119.57	22.84
曲沃县	4.98	83.27	83.00	12.60	70.4	1.23
翼城县	4.39	71.09	30.27	30.27		0.32
襄汾县	15.29	515.97	489.61	326.19	163.42	23.05
洪洞县	11.23	403.28	398.67	97.25	301.42	11.28
古县	0.06	201.30	201.30	42.32	158.98	0.06
安泽县	0.95	149.96	145.10	58.41	86.69	5.81
浮山县						
吉县						
乡宁县	10.19	106.86	110.00	110.00		7.05
大宁县						
隰县						
永和县						
蒲县	0.20	8.72	8.62	8.62		0.30
汾西县	0.35	36.94	35.62	18.36	17.26	4.48
侯马市	2.62	48.08	48.91	24.58	24.33	1.79
霍州市	1.35	31.06	30.16	18.66	11.5	2.25

17—64 城镇居民家庭生活基本情况(2012年)

	调查户数(户)	平均每户家庭人口(人)	平均每户就业人口数(人)	平均每一就业者负担人数(人)	平均每人可支配收入(元)	平均每人消费支出(元)
全市	**900**	**3.05**	**1.78**	**1.71**	**18126**	**11618**
尧都区	100	2.93	1.49	1.97	21614	12494
曲沃县	50	3.34	1.78	1.88	20103	12966
翼城县	50	3.34	1.90	1.76	19773	12893
襄汾县	50	3.28	1.86	1.76	19993	11429
洪洞县	50	2.98	1.80	1.66	18319	11508
古县	50	3.42	1.88	1.82	20543	12563
安泽县	50	3.30	1.84	1.79	18352	14632
浮山县	50	3.34	1.84	1.82	19366	12194
吉县	50	2.11	1.04	2.03	13340	8648
乡宁县	50	3.27	1.40	2.34	19271	14462
大宁县	50	2.66	1.44	1.85	13095	9288
隰县	50	3.06	1.68	1.82	15384	10831
永和县	50	3.32	1.84	1.80	14190	8617
蒲县	50	3.20	1.68	1.90	18314	11968
汾西县	50	3.70	1.94	1.91	16905	9777
侯马市	50	2.96	2.00	1.48	19050	11140
霍州市	50	3.20	1.80	1.78	19923	16919

17—65 调查县市居民消费价格指数(2012年)

上年价格=100

单位:%

	居民消费价格总指数	食品类	烟酒及用品类	衣着类	家庭设备及用品类	医疗保健类	交通和通讯类	娱乐教育文化类	居住类
全　市	**102.8**	**102.9**	**100.5**	**104.2**	**103.9**	**103.5**	**100.1**	**102.0**	**103.4**
尧都区	103.0	103.7	100.2	104.9	102.5	102.8	100.3	101.2	104.3
曲沃县	102.3	103.7	101.6	103.8	100.0	101.1	99.9	100.7	102.6
翼城县	103.0	103.7	99.7	103.5	101.8	101.7	103.5	101.2	103.3
襄汾县	102.8	104.1	100.1	100.0	100.0	101.5	99.6	103.4	106.4
洪洞县	102.5	102.7	104.4	101.6	104.2	103.2	100.1	102.3	102.8
古　县	102.8	103.5	101.7	106.3	102.2	101.3	96.6	101.5	103.2
安泽县	102.2	102.4	103.4	102.5	104.9	103.8	98.7	99.8	103.2
浮山县	102.2	103.2	101.4	99.2	103.0	105.7	101.6	99.6	103.3
吉　县	104.6	107.0	103.1	106.2	104.2	105.0	100.7	103.7	102.3
乡宁县	102.6	102.6	101.4	105.9	102.3	106.2	100.9	100.4	101.3
大宁县	102.6	105.6	105.7	105.8	100.3	100.5	100.0	100.0	100.1
隰　县	100.4	103.4	104.1	96.4	100.2	101.9	97.4	100.2	97.9
永和县	103.0	105.8	101.1	104.0	106.7	108.8	101.0	104.3	94.3
蒲　县	102.6	103.2	101.1	101.6	105.2	101.1	101.9	102.4	102.5
汾西县	102.7	107.6	98.7	103.1	99.5	100.3	99.6	99.1	100.3
侯马市	102.8	104.7	100.2	103.8	101.4	101.0	100.2	100.3	103.7
霍州市	102.6	101.9	100.0	109.0	105.5	103.2	101.3	103.5	102.0

17—66 乡村基本情况(2012年)

单位:个、户、人

	乡	镇	村民委员会	社区居委会	乡村户数	乡村人口	乡村从业人员	#农林牧渔业
全　市	**76**	**75**	**2960**	**163**	**939181**	**3315505**	**1574165**	**867903**
尧都区	6	10	372	50	125363	471550	247755	116658
曲沃县	2	5	158	6	48678	193566	107006	62068
翼城县	4	6	211	6	72909	266813	114563	57222
襄汾县	6	7	348	6	126098	441674	226478	127997
洪洞县	7	9	463	6	187763	663583	339050	164334
古　县	3	4	111	4	24340	74329	23518	14762
安泽县	3	4	103	4	20256	65920	23598	16065
浮山县	7	2	185	2	32845	111120	39895	22846
吉　县	5	3	79	6	30577	94550	36138	25113
乡宁县	5	5	182	1	57542	206029	87245	60976
大宁县	4	2	84	5	16851	55840	24876	17430
隰　县	5	3	97	3	29348	88236	36868	27413
永和县	5	2	79	4	12543	49552	17521	13549
蒲　县	5	4	93	2	24588	87949	42576	24941
汾西县	3	5	120	6	37759	128898	60226	40654
侯马市	3		76	28	31192	112281	55102	23102
霍州市	3	4	199	24	60529	203615	91750	52773

17—67 农业机械拥有量(2012 年)

	农业机械总动力(千瓦)	大中型农用拖拉机(台)	小型农用拖拉机(台)	农用排灌动力机械(台)	农用运输车(辆)
全 市	**4399038**	**12690**	**40079**	**20632**	**174090**
尧都区	629347	1474	4488	3976	23649
曲沃县	348986	1363	961	2240	10710
翼城县	343600	1213	4504	1299	10843
襄汾县	536217	1996	1687	4823	23209
洪洞县	1045500	1671	7680	2349	50002
古 县	109715	763	1555	463	5131
安泽县	139350	266	2970	428	6530
浮山县	170701	416	1509	2446	8422
吉 县	84431	232	3237	13	3117
乡宁县	290110	635	2104	442	11182
大宁县	48635	154	887	235	1714
隰 县	98511	243	3020	459	3203
永和县	32158	128	466	39	1022
蒲 县	45836	331	985	116	1045
汾西县	96690	554	885	117	2513
侯马市	181501	758	611	856	5160
霍州市	197750	493	2530	331	6638

17—68 农业现代化情况(2012 年)

单位:万千瓦时、吨

	农村用电量	农用化肥施用量(实物量)	农用化肥施用量(折纯量)	农用塑料薄膜使用量	农用柴油使用量	农药使用量
全 市	**78321**	**574215**	**170013**	**5930**	**61621**	**5114**
尧都区	11335	69353	21750	750	13571	983
曲沃县	10576	41665	13749	1395	6770	507
翼城县	4430	44813	12579	320	3684	301
襄汾县	20097	83274	25197	639	9377	780
洪洞县	11981	108355	31472	518	10512	1331
古 县	1055	19787	4843	97	1105	53
安泽县	477	29156	7055	257	1280	44
浮山县	2993	23810	6979	155	2739	102
吉 县	340	18943	5977	321	1034	248
乡宁县	2786	31875	9391	167	3412	196
大宁县	251	11027	3308	106	330	65
隰 县	628	21589	6544	344	904	96
永和县	340	8983	2411	121	1090	59
蒲 县	2086	14335	4290	349	1193	86
汾西县	1471	3884	1120	39	304	33
侯马市	4296	26014	8289	268	3602	107
霍州市	3180	17352	5059	84	714	123

17—69 农村居民人均纯收入

单位:元

	1985	1990	1995	2000	2004	2005	2006	2007	2008	2009	2010	2011	2012
全　市	**335**	**501**	**1130**	**2195**	**2976**	**3326**	**3598**	**4065**	**4394**	**4749**	**5287**	**6084**	**6899**
尧都区	348	497	1432	2664	3570	3950	4368	4913	5430	5915	6686	7707	8912
曲沃县	344	525	1215	2638	3538	3933	4336	4890	5290	5840	6484	7600	8909
翼城县	357	544	1204	2146	2883	3180	3558	4116	4463	4598	5264	6175	7141
襄汾县	364	605	1072	2300	3516	4006	4381	5064	5296	5381	6125	7115	8176
洪洞县	348	482	1290	2381	3239	3680	4031	4505	4953	5240	5922	6757	7359
古　县	300	453	923	1861	2585	2926	3230	3663	4051	4380	4962	5715	6381
安泽县	321	494	923	1869	2390	2730	2921	3290	3636	4018	4508	5252	5735
浮山县	308	450	872	1760	2586	2959	3259	3696	4020	4102	4345	4995	5577
吉　县	277	441	851	1109	1496	1546	1598	1689	1805	1913	2106	2428	3138
乡宁县	313	474	1106	1898	2578	2916	3163	3563	3763	4125	4645	5524	6043
大宁县	319	469	881	843	1126	1130	1154	1190	1189	1191	1368	1666	2012
隰　县	250	502	832	1555	1882	1996	1916	2158	2288	2496	2496	2874	3466
永和县	241	325	819	808	1196	1260	1308	1258	1350	1455	1617	1909	2206
蒲　县	294	438	964	1875	2649	2804	2936	3188	3460	3740	4228	4875	5575
汾西县	268	377	873	857	1250	1402	1503	1615	1668	1721	1893	2101	2357
侯马市	392	583	1582	3113	4820	5330	5650	6136	6452	6821	7251	8360	9319
霍州市	324	470	1352	2642	3553	3940	4316	4850	5345	5895	6527	7617	8770

17—70 农林牧渔业总产值(2012 年)

按当年价格计算　　　　单位:万元

	农林牧渔业总产值	农业产值	林业产值	牧业产值	渔业产值	农林牧渔服务业产值
全　市	**1517671**	**1036212**	**78573**	**364238**	**11115**	**27533**
尧都区	166958	121878	5442	34632	3331	1675
曲沃县	191190	143515	4276	39534	2365	1500
翼城县	138108	75394	5083	55273	778	1580
襄汾县	223311	175556	4563	37757	1136	4300
洪洞县	199606	118001	5674	71437	2595	1900
古　县	39993	30055	3480	5989		469
安泽县	62608	44498	4374	11977	1	1758
浮山县	63684	45472	5728	11228	6	1250
吉　县	79678	63935	4933	7450	1	3359
乡宁县	48668	27024	4567	16101	16	960
大宁县	23877	14783	5048	2994	1	1050
隰　县	48532	33786	5487	7326	13	1920
永和县	47315	33185	4480	8549	1	1100
蒲　县	30655	18525	4021	6899	13	1196
汾西县	42826	19674	4307	17945		900
侯马市	55475	40550	3913	8475	1018	1520
霍州市	61177	34130	4232	22335	61	420

17—71 农林牧渔业中间消耗(2012年)

按当年价格计算　　单位:万元

	农林牧渔业中间消耗	农业消耗	林业消耗	牧业消耗	渔业消耗	农林牧渔服务业消耗
全　市	**707316**	**478543**	**39457**	**169987**	**5348**	**13981**
尧都区	79691	59338	2947	14967	1624	815
曲沃县	79976	57961	2093	18057	1115	750
翼城县	65313	34407	2298	27458	390	760
襄汾县	102156	77661	2377	19461	496	2161
洪洞县	94229	58763	2617	30793	1117	939
古　县	18387	13980	1729	2459		219
安泽县	27023	19050	2218	4844		912
浮山县	27992	19213	2733	5394	3	650
吉　县	33820	26768	2131	3187	1	1733
乡宁县	24447	14892	2229	6869	8	450
大宁县	10548	6256	2493	1274	1	524
隰　县	23685	17041	2612	3089	7	936
永和县	24511	17715	2341	3923		532
蒲　县	16162	9810	2205	3560	6	581
汾西县	20636	9621	1906	8662		447
侯马市	25227	18023	1893	4146	468	697
霍州市	27592	14094	2337	10932	30	199

17—72 牲畜存栏情况(2012年)

单位:头、只

	大牲畜	牛	猪	羊	家　禽	养　兔
全　市	**95992**	**80754**	**838352**	**805906**	**11486600**	**1304500**
尧都区	4040	3308	111746	62403	1829800	72400
曲沃县	4030	3697	67368	56809	1514200	308900
翼城县	9642	9135	118045	90751	1067200	28400
襄汾县	3796	3270	144768	64497	1462200	586900
洪洞县	6788	5804	153060	113947	1882600	85800
古　县	5732	5027	13163	20151	163000	16200
安泽县	4817	4585	7297	52749	311100	4000
浮山县	6773	5641	19582	52686	229700	24700
吉　县	6306	4023	15577	5524	127000	7200
乡宁县	9913	9341	37232	60740	282500	29300
大宁县	3536	1936	2497	7940	52700	1000
隰　县	2480	1994	19080	23440	228400	
永和县	14117	9935	29989	78444	177400	5200
蒲　县	4444	4272	22030	3464	67200	2000
汾西县	4544	4544	18758	56362	1462000	16700
侯马市	1326	1256	21148	20642	235900	86000
霍州市	3708	2986	37012	35357	393600	29800

17—73 畜禽产品产量(2012年)

单位:吨

	肉类	禽蛋	奶类	羊绒	蜂蜜
全　市	**115808**	**107618**	**43887**	**46**	**463**
尧都区	7930	19811	3452	2	41
曲沃县	10269	15259	6727	1	132
翼城县	20781	12289	12620	1	58
襄汾县	14621	13531	654	1	21
洪洞县	22000	23045	13389	3	13
古　县	1609	1778	213	2	10
安泽县	1439	2651		10	45
浮山县	2888	2824	2708	6	50
吉　县	2415	1709			7
乡宁县	5217	2395	1094	4	15
大宁县	631	696			1
隰　县	2266	2005	351	3	3
永和县	2191	1465	88	5	13
蒲　县	2528	714			1
汾西县	6877	1937	86	2	31
侯马市	3236	1208	1563		13
霍州市	8910	4304	941	4	8

17—74 主要农作物播种面积(2012年)

单位:千公顷

	总播种面积	粮食作物			油料	棉花	蔬菜
			夏粮	秋粮			
全　市	**559.83**	**509.41**	**235.70**	**273.71**	**11.89**	**3.09**	**22.23**
尧都区	58.35	55.43	32.58	22.85	0.27	0.06	2.21
曲沃县	40.12	31.68	16.08	15.60	1.27	1.20	5.25
翼城县	43.43	42.24	22.89	19.35	0.30	0.05	0.58
襄汾县	87.25	77.85	42.13	35.72	1.19	0.62	6.04
洪洞县	76.33	73.06	43.07	29.98	0.45	0.03	1.94
古　县	15.96	14.67	6.66	8.01	0.25		0.31
安泽县	25.69	23.85	2.08	21.78	0.24		0.69
浮山县	27.98	25.42	15.34	10.08	0.42	0.03	1.04
吉　县	15.88	13.77	4.75	9.03	1.31		0.35
乡宁县	30.66	28.94	15.20	13.74	0.95		0.45
大宁县	11.86	10.48	2.17	8.31	0.40	0.10	0.33
隰　县	22.07	21.10	0.07	21.03	0.31		0.27
永和县	29.26	22.16	1.82	20.34	2.82	0.35	0.39
蒲　县	13.32	12.33	0.07	12.26	0.51		0.20
汾西县	25.26	23.66	11.35	12.31	0.58	0.02	0.41
侯马市	16.58	14.14	7.00	7.14	0.46	0.61	0.85
霍州市	19.83	18.60	12.44	6.17	0.15	0.04	0.92

17—75 主要农作物产量(2012年)

单位:吨

	粮食作物	夏粮	秋粮	油料	棉花	蔬菜
全市	**2222488**	**982160**	**1240328**	**21131**	**4054**	**1071907**
尧都区	261977	144827	117150	554	53	163144
曲沃县	180554	78213	102341	3040	1746	330884
翼城县	188505	105806	82670	850	76	35340
襄汾县	403301	200608	202693	2978	1183	215997
洪洞县	390004	215252	174752	1128	31	69767
古县	55890	20186	35704	376		8252
安泽县	106832	5233	101599	593		24875
浮山县	98381	51950	46431	1159	48	37869
吉县	48689	10248	38441	2120		10253
乡宁县	78086	41797	36289	1904		2563
大宁县	33297	2443	30854	428	136	4715
隰县	67588	80	67508	465		4307
永和县	47184	1526	45658	3691	189	10992
蒲县	56646	58	56589	503		9313
汾西县	55444	20776	34668	314	11	10112
侯马市	79580	37272	42308	818	564	66914
霍州市	70530	45887	24643	210	18	66611

17—76 主要农作物单位面积产量(2012年)

单位:千克/公顷

	粮食	夏粮	秋粮	油料	棉花	蔬菜
全市	**4364**	**4167**	**4532**	**1778**	**1311**	**48228**
尧都区	4727	4445	5127	2060	843	73908
曲沃县	5699	4863	6560	2397	1458	63071
翼城县	4463	4622	4275	2844	1685	60462
襄汾县	5181	4761	5675	2511	1908	35736
洪洞县	5339	4998	5828	2484	1034	35939
古县	3809	3032	4455	1484		26880
安泽县	4479	2522	4665	2520		36030
浮山县	3870	3387	4605	2735	1839	36560
吉县	3536	2159	4259	1620		29607
乡宁县	2699	2751	2642	1995		5640
大宁县	3177	1125	3713	1067	1419	14151
隰县	3203	1083	3210	1493		16088
永和县	2129	837	2246	1308	543	28352
蒲县	4593	825	4614	980		45900
汾西县	2343	1830	2816	546	665	24462
侯马市	5628	5325	5925	1766	920	79188
霍州市	3792	3690	3996	1398	477	72521

17—77 果园面积(2012年)

单位:公顷

	年末果园面积	苹果园	梨园	葡萄园	桃园	其他园
全市	**49040**	**30337**	**3304**	**2235**	**1135**	**12029**
尧都区	3059	1469	44	672	298	576
曲沃县	2117	1088	22	810	48	149
翼城县	4620	4266	43	49	122	140
襄汾县	2785	1873	37	69	149	657
洪洞县	983	327	20	11	64	561
古县	280	190	31	6	2	51
安泽县	187	77	32	11	8	59
浮山县	578	463	11	9	65	30
吉县	9731	9616	23	8	28	56
乡宁县	1341	963	9	350	12	7
大宁县	3106	2851	55	2	172	26
隰县	7658	4058	2826	47	11	716
永和县	10078	1139	36	122	7	8774
蒲县	509	458	42		2	7
汾西县	631	392	54	9	5	171
侯马市	483	270	8	58	120	27
霍州市	895	839	12	2	24	18

17—78 水果产量(2012年)

单位:吨

	水果产量	苹果	梨	葡萄	红枣	桃
全市	**518739**	**402451**	**24536**	**24149**	**32215**	**22209**
尧都区	57518	36323	706	4652	9000	4066
曲沃县	46967	30543	596	13064	662	895
翼城县	71239	64833	383	992	906	3014
襄汾县	83449	64685	1029	639	6943	7363
洪洞县	11145	4942	391	270	3851	1248
古县	1424	874	121	3	173	82
安泽县	1945	980	367	188	29	55
浮山县	11931	9227	415	289	428	831
吉县	126934	125904	236	56	110	258
乡宁县	11317	8110	207	1673	57	267
大宁县	4457	2861	607	59	75	768
隰县	48317	29432	17886	154	7	55
永和县	13406	2024	660	650	9898	54
蒲县	1880	1451	330		1	8
汾西县	3730	2576	362	32	3	55
侯马市	8959	4245	151	1402	38	2760
霍州市	14122	13442	91	26	33	431

17—79 建筑业企业总产值和竣工产值(2012 年)

单位:千元

	总产值	#建筑工程	#安装工程	竣工产值
全　市	**16450949**	**15591321**	**709177**	**12699497**
尧都区	10271304	9864829	370170	9002416
曲沃县	53361	53361		26721
翼城县	205688	184475	21213	156517
襄汾县	18466	18466		18466
洪洞县	194686	121536	19109	126884
古　县	41500	28500	13000	35000
安泽县	50264	50264		50264
浮山县	20418	19418	1000	20418
吉　县	94478	94478		91401
乡宁县	50730	36820	13910	38526
大宁县	128914	101764	27150	109139
隰　县	386294	354666	25293	296962
永和县	3550	3550		3550
蒲　县	114147	46797	67350	111017
汾西县	18883	18883		18883
侯马市	2748313	2739386		1439009
霍州市	2049953	1854128	150982	1154324

17—80 建筑业企业房屋建筑面积(2012 年)

单位:平方米

	房屋建筑施工面积	#本年新开工面积	#投标承包的面积
全　市	**6060328**	**2706812**	**5203359**
尧都区	279619	168328	192020
曲沃县	47554	28233	47554
翼城县	135297	86300	36933
襄汾县			
洪洞县	116838	5714	22851
古　县	24000	19000	19000
安泽县	31025		
浮山县	20337	12315	20337
吉　县	86505	74491	86505
乡宁县	9507	9507	9507
大宁县	98249	98249	54961
隰　县	266290	168586	266290
永和县	2563	2563	
蒲　县	12600	12600	12600
汾西县	23604	23604	23604
侯马市	4376147	1693201	3914881
霍州市	530193	304121	496316

17—81 按用途分房屋建筑竣工面积(2012 年)

单位:平方米

	合 计	住宅房屋	商业及服务用房屋	商厦房屋(批发和零售用房)	宾馆用房屋(住宿用房)	餐饮用房屋(餐饮用房)	商务会展用房屋	其他商业及服务用房屋(居民服务业用房)
全　　市	**1969677**	**1323393**	**124558**	**21939**	**61663**	**3874**	**923**	**36159**
尧都区	26561	18827	6192		3918	1351	923	
曲沃县	22321							
翼城县	64891	60591						
襄汾县								
洪洞县	48055							
古　县	19000	8500						
安泽县	29567	24213						
浮山县	14733	8022						
吉　县	79928	58725	10083					10083
乡宁县	6024	6024						
大宁县	78249	55261						
隰　县	208730	105723	39988	5027	13356	2523		19082
永和县	2563	2563						
蒲　县	12600	0						
汾西县	23604	23604						
侯马市	1116987	814541	44389		44389			
霍州市	215864	136799	23906	16912				6994

17—81 续表

单位:平方米

	办公用房屋	科研、教育、医疗用房屋	教育用房屋	医疗用房屋(卫生医疗用房)	文化、体育、娱乐用房屋	厂房及建筑物	厂房	仓库	其他未列明的房屋建筑物
全　　市	**117148**	**110079**	**83166**	**26913**	**10877**	**234459**	**201235**	**30624**	**18539**
尧都区		1542	1542						
曲沃县	1009	21312	1991	19321					
翼城县		2700	2700			1600			
襄汾县									
洪洞县	207	5166	1562	3604		42682	42682		
古　县	4500					6000	6000		
安泽县						5354	5354		
浮山县	6711								
吉　县		2028	2028			9092	9092		
乡宁县									
大宁县	1200	700	700			21088			
隰　县	35181	7702	3714	3988	7152	7683	7336	876	4425
永和县									
蒲　县									12600
汾西县									
侯马市	43534	60828	60828		3725	130771	130771	17685	1514
霍州市	24806	8101	8101			10189		12063	

17—82 按用途分房屋建筑竣工价值(2012 年)

单位:千元

	合　计	住宅房屋	商业及服务用房屋					
				商厦房屋(批发和零售用房)	宾馆用房屋(住宿用房)	餐饮用房屋(餐饮用房)	商务会展用房屋	其他商业及服务用房屋(居民服务业用房)
全　市	**2274572**	**1517973**	**165419**	**36142**	**77218**	**5073**	**1805**	**45181**
尧都区	39293	24823	12110		7663	2642	1805	
曲沃县	26721							
翼城县	75967	69907						
襄汾县								
洪洞县	23318							
古　县	35000	15657						
安泽县	50264	41162						
浮山县	20418	14713						
吉　县	83521	63497	9981					9981
乡宁县	7819	7819						
大宁县	80036	71690						
隰　县	243962	112887	53525	5701	18586	2431		26807
永和县	3550	3550						
蒲　县	13250							
汾西县	18883	18883						
侯马市	1271539	907956	50969		50969			
霍州市	281031	165429	38834	30441				8393

17—82 续表

单位:千元

	办公用房屋	科研、教育、医疗用房屋			文化、体育、娱乐用房屋	厂房及建筑物		仓　库	其他未列明的房屋建筑物
			教育用房屋	医疗用房屋(卫生医疗用房)			厂　房		
全　市	**179027**	**146749**	**116385**	**30364**	**15230**	**199057**	**175126**	**24038**	**27079**
尧都区		2360	2360						
曲沃县	1274	25447	3447	22000					
翼城县		4170	4170			1890			
襄汾县									
洪洞县	200	7175	1949	5226		15943	15943		
古　县						11052	11052		
安泽县						9102	9102		
浮山县	5705								
吉　县		1142	1142			8901	8901		
乡宁县									
大宁县	1440	840	840			6066			
隰　县	47873	6057	2919	3138	5612	11719	11517	695	5594
永和县									
蒲　县									13250
汾西县									
侯马市	81714	89742	89742		9618	118611	118611	4694	8235
霍州市	32530	9816	9816			15773		18649	

17—83 建筑业企业机械设备情况(2012 年)

	年末自有机械设备总功率(千瓦)	年末自有机械设备总台数(台)	年末自有机械设备净值(千元)
全　市	**1060754**	**18610**	**429584**
尧都区	783364	10826	292184
曲沃县	7526	583	7822
翼城县	34954	679	7240
襄汾县	15877	55	6222
洪洞县	54562	1179	28700
古　县	6300	25	5600
安泽县	4156	205	589
浮山县	2100	105	1000
吉　县	1890	58	406
乡宁县	6167	197	10970
大宁县	18657	132	2690
隰　县	25901	1092	15557
永和县	2166	30	2500
蒲　县	9078	505	8140
汾西县	4120	215	3800
侯马市	49385	1595	23651
霍州市	34551	1129	12513

17—84 建筑业企业劳动生产率(2012 年)

	企业数(个)	直接从事生产经营活动的平均人数(人)	按总产值计算的劳动生产率(元/人)	人均竣工产值(元/人)
全　市	**148**	**48792**	**337165**	**260278**
尧都区	85	28547	359803	315354
曲沃县	2	258	206826	103570
翼城县	3	1147	179327	136458
襄汾县	1	63	293111	293111
洪洞县	9	1284	151625	98819
古　县	1	305	136066	114754
安泽县	1	170	295671	295671
浮山县	2	112	182304	182304
吉　县	2	385	245397	237405
乡宁县	5	216	234861	178361
大宁县	5	1015	127009	107526
隰　县	5	2435	158642	121956
永和县	1	130	27308	27308
蒲　县	4	426	267951	260603
汾西县	1	112	168598	168598
侯马市	16	4514	608842	318788
霍州市	5	7673	267164	150440

17—85 建筑业企业资本金及资产(2012 年)

单位:千元

	实收资本	资产总计	#流动资产合计	#固定资产合计	固定资产原价合计	固定资产折旧	#本年折旧
全　市	**2943021**	**15943659**	**13355825**	**2115363**	**3126057**	**1340358**	**286531**
尧都区	1962646	10466951	8849234	1311558	2177621	1041562	221497
曲沃县	30750	78897	64129	14768	17886	8960	715
翼城县	49400	174928	120129	48915	60975	20759	14736
襄汾县	15100	26489	10612	15877	23704	7827	234
洪洞县	115542	317138	176566	104895	140384	35530	10515
古　县	15000	17071	7781	9290	8842	438	0
安泽县	21000	38225	19236	18988	26372	7384	7384
浮山县	16060	23512	8011	14131	16751	2620	480
吉　县	12380	51710	15418	21173	23363	2190	319
乡宁县	40500	87627	65176	21640	26534	4898	1795
大宁县	55060	74612	34351	33019	40682	13333	1980
隰　县	80569	228783	104129	124579	77677	11558	1641
永和县	8556	10656	6384	4272	4272	628	14
蒲　县	48660	110111	77516	32595	29137	4543	266
汾西县	4120	20040	10020	4870	4870	900	169
侯马市	335176	2684263	2429388	181398	263429	94359	15581
霍州市	132502	1532646	1357745	153395	183558	82869	9205

17—86 建筑业企业工程结算收入(2012 年)

单位:千元

	营业收入	主营业务收入	营业成本	主营业务成本	营业税金及附加	主营业务税金及附加	营业外收入
全　市	**16452164**	**16172727**	**14841771**	**14597815**	**547596**	**540922**	**19213**
尧都区	10339499	10226390	9423939	9340149	344020	341926	10679
曲沃县	9071	9071	7696	7696	303	303	
翼城县	192484	192484	139433	139433	6358	6358	207
襄汾县	18466	18466	14877	14877	833	833	
洪洞县	228412	228352	191245	191053	7528	7526	258
古　县	41500	41500	31120	31120	1494	1494	296
安泽县	50264	50264	41337	41337	1759	1759	
浮山县	20418	20418	19180	19180	420	420	
吉　县	91401	91401	64372	64372	2963	2963	
乡宁县	39774	36248	31858	30217	925	925	225
大宁县	131452	128940	113705	111673	4656	4574	
隰　县	214875	214052	155942	155873	7109	7109	3
永和县	3500	3500	3284	3284	117	117	
蒲　县	114147	113287	97311	88263	5257	3824	28
汾西县	18000	16867	13494	13494	520	520	
侯马市	2742221	2707663	2440873	2413605	91174	90633	523
霍州市	2196680	2073824	2052105	1932189	72160	69638	6994

17—87 建筑业企业费用情况(2012 年)

单位:千元

	管理费用	#差旅费	#工会经费	财务费用	应付职工薪酬
全　市	**689454**	**37328**	**13936**	**49910**	**1436509**
尧都区	383369	15624	12589	29813	895630
曲沃县	190	2	0	6	7636
翼城县	37747	1318	313	1977	49125
襄汾县	449	348	85	239	2203
洪洞县	10276	444	109	2521	35556
古　县	4574	150	90	130	8470
安泽县	5291	2108	85	190	4122
浮山县	247	2	1	0	5019
吉　县	165	17	9	35	7736
乡宁县	4624	177	21	-4	5270
大宁县	7418	4572	27	586	18533
隰　县	3204	438	2	1573	39301
永和县	45	30	1	0	1520
蒲　县	3689	1010	65	25	6308
汾西县	300	50	8	37	97
侯马市	170555	10600	147	12775	222885
霍州市	57311	438	384	7	127098

17—88 建筑业企业利润及税金情况(2012 年)

单位:千元

	利润总额	营业税金及附加	#工程结算税金及附加	#管理费用中的税金	营业利润	其他业务利润
全　市	**280144**	**564790**	**547596**	**17194**	**269053**	**29777**
尧都区	148485	351709	344020	7689	140123	25611
曲沃县	849	482	303	179	849	
翼城县	7666	6933	6358	575	7551	
襄汾县	840	849	833	16	840	
洪洞县	15653	7850	7528	322	15950	-135
古　县	4318	1618	1494	124	4182	
安泽县	-1805	1984	1759	225	-1805	
浮山县	568	421	420	1	568	
吉　县	23857	3102	2963	139	23857	
乡宁县	2230	1292	925	367	2041	
大宁县	3647	5403	4656	747	3651	127
隰　县	23977	8060	7109	951	23976	
永和县	50	122	117	5	50	
蒲　县	7701	5310	5257	53	7675	236
汾西县	2201	537	520	17	2201	
侯马市	18458	94544	91174	3370	20914	5
霍州市	21449	74574	72160	2414	16430	3933

17—89 土地和固定资产支出(2012年)

单位:千元

	土地和固定资产支出	房屋和建筑物	机器设备	运输工具	其他费用
全　市	**199902**	**14886**	**128409**	**36348**	**20259**
尧都区	154042	2711	113870	31801	5660
曲沃县					
翼城县	20089	3878	4215		11996
襄汾县					
洪洞县	1027		491	302	234
古　县					
安泽县					
浮山县	70		70		
吉　县					
乡宁县					
大宁县					
隰　县	320		76	33	211
永和县	2020		1400	620	
蒲　县			0		
汾西县	125		37	88	
侯马市	22209	8297	8250	3504	2158
霍州市					

17—90 邮电情况(2012年)

	邮政电信业务总量(万元)	#邮　政	固定电话用户(部)	移动电话用户(部)
全　市	**331776**	**24159**	**627243**	**3638520**
尧都区	111458	6212	189431	1140255
曲沃县	14950	970	35697	178287
翼城县	20474	2011	49240	229631
襄汾县	27151	2256	52060	335306
洪洞县	39111	1830	80942	457261
古　县	6517	649	11030	72291
安泽县	5845	721	13935	59092
浮山县	7847	882	8957	97927
吉　县	5675	369	8215	67829
乡宁县	16311	1713	18883	180351
大宁县	2844	289	4529	35393
隰　县	6946	550	10006	78140
永和县	3089	347	3715	34875
蒲　县	8631	863	11360	93192
汾西县	7541	903	10185	88613
侯马市	24168	2159	67817	230733
霍州市	23218	1436	51241	259343

17—91 公路通车里程(2012 年)

单位:公里

	公路通车里程(公里)	等级公路						等外公路
			高速公路	一级公路	二级公路	三级公路	四级公路	
全　市	**17816**	**17137**	**462**	**335**	**1849**	**2865**	**11627**	**679**
尧都区	1599	1585	23	117	144	574	727	14
曲沃县	599	596	18	21	145	224	188	3
翼城县	1252	1170	38	6	109	255	762	83
襄汾县	1327	1327	57	26	188	170	886	0
洪洞县	2064	2038	75	75	100	394	1394	26
古　县	921	912	0	0	132	78	701	9
安泽县	890	740	0	0	109	140	491	150
浮山县	855	846	0	0	92	67	687	9
吉　县	1457	1357	38	0	116	118	1086	101
乡宁县	1222	1206	51	0	192	204	760	15
大宁县	816	815	0	0	49	67	699	1
隰　县	835	820	51	0	89	39	641	16
永和县	895	821	10	0	92	23	696	74
蒲　县	910	810	0	34	141	108	526	100
汾西县	734	683	40	1	33	114	494	51
侯马市	403	403	16	31	57	196	103	0
霍州市	1038	1010	46	24	60	95	786	28

17—92 社会消费品零售总额(2012 年)

单位:万元

	社会消费品零售总额	城　镇		乡　村
			其中:城区	
全　市	**4182209**	**3454962**	**2002245**	**727247**
尧都区	1639451	1350779	1296536	288672
曲沃县	145608	112164		33444
翼城县	281855	201034		80821
襄汾县	287400	258552		28848
洪洞县	387471	267774		119697
古　县	65052	47000		18052
安泽县	60879	45564		15315
浮山县	58920	41154		17766
吉　县	47454	36633		10821
乡宁县	133136	114330		18807
大宁县	21785	19131		2655
隰　县	65637	57095		8542
永和县	32090	27767		4324
蒲　县	51783	45591		6192
汾西县	77391	64107		13283
侯马市	600160	562747	546528	37414
霍州市	226136	203541	159181	22595

17—93 公共财政收支总额(2012年)

单位:万元

	财政总收入	公共财政预算收入总额	#企业所得税	#增值税	公共财政预算支出总额	#一般公共服务	#教育	#农林水事务
全市	**2016048**	**1107773**	**74103**	**121555**	**2226858**	**243223**	**468120**	**235108**
尧都区	328172	130401	8221	9455	217872	21597	54596	20677
曲沃县	75046	25319	653	6246	98930	12001	21470	15465
翼城县	116966	54725	3381	7024	131524	17703	28230	13950
襄汾县	138600	70001	1234	9299	173611	19038	38251	18296
洪洞县	226055	94635	8739	13690	256094	21512	58954	22567
古县	100067	56282	3802	3858	86745	4722	13760	10756
安泽县	120058	48562	5443	7451	79450	6308	18627	14116
浮山县	46866	19809	536	3347	67392	7542	14128	7550
吉县	24563	10528	1243	1115	71267	8455	17650	11334
乡宁县	259302	155529	11726	8055	195794	17348	39529	17780
大宁县	4846	2802	123	102	60135	6992	13976	13055
隰县	11006	6435	236	261	76736	8162	18616	14442
永和县	5025	2350	70	234	52304	9799	11216	9816
蒲县	150699	75965	5695	6153	114077	9742	22319	10405
汾西县	17299	11517	173	393	67730	7651	16980	6787
侯马市	57798	29410	724	2834	90411	10943	20141	7736
霍州市	163009	72108	1251	10537	131659	13826	29364	7042

注:公共财政预算支出总额采用决算数据。

17—94 海关进出口情况

单位:万美元

	2010			2011			2012		
	进出口总额	进口	出口	进出口总额	进口	出口	进出口总额	进口	出口
全市	**65100**	**50550**	**14550**	**79596**	**58593**	**21003**	**82554**	**54829**	**27725**
尧都区	6010	127	5883	5501	86	5415	5860	6	5854
曲沃县	1817	911	906	759	73	686	790		790
翼城县	618		618	804		804	988		988
襄汾县	190		190	279		279	365		365
洪洞县	4198	413	3785	12857	1793	11064	14265	2780	11485
古县	866		866	976		976	1127		1127
安泽县									
浮山县				1		1	28		28
吉县							5		5
乡宁县							30		30
大宁县									
隰县	13		13	43		43	69		69
永和县									
蒲县									
汾西县									
侯马市	50446	48675	1771	56627	55363	1264	56700	51784	4916
霍州市									

17—95 利用外商直接投资额

单位:万美元

	2008		2009		2010		2011		2012	
	合同金额	实际使用金额	合同金额	实际使用金额	合同金额	实际使用金额	合同金额	实际使用金额	合同金额	实际使用金额
全市	**7179**	**28601**	**3132**	**11650**	**2220**	**7757**	**1255**	**9033**	**1431**	**13611**
尧都区	1410	865	371	1118		1636		1959	140	7142
曲沃县					1200	1200		2820		1479
翼城县			1103						1150	
襄汾县	2641	899		1743		757		1938		
洪洞县	138	529	932	225	396	390	116	621		642
古县		603	200			155	243	294		3280
安泽县										
浮山县										
吉县										
乡宁县		2347				1029				
大宁县										
隰县							304	128		108
永和县										
蒲县					500	1970		926		
汾西县							455			
侯马市	2990	572		54		89	137	95	39	849
霍州市		22786	526	8510		388			102	111

17—96 普通中小学基本情况(2012年)

单位:所、人

	普通中学				小学			
	学校数	专任教师数	毕业生数	在校学生数	学校数	专任教师数	毕业生数	在校学生数
全市	**295**	**21967**	**96127**	**274302**	**1296**	**22495**	**59335**	**310326**
尧都区	60	5525	24479	77109	186	4197	12073	67796
曲沃县	16	1061	4902	13134	46	951	2285	12267
翼城县	24	1706	7796	20685	101	1528	3776	20530
襄汾县	28	2184	10131	28301	117	1951	5839	29512
洪洞县	43	3350	15423	44862	276	3282	10343	55352
古县	9	505	1954	4856	52	687	1219	6972
安泽县	5	358	1872	4827	31	519	1515	5650
浮山县	6	467	2400	5977	27	682	1651	7160
吉县	9	542	2066	5856	34	774	2041	9061
乡宁县	17	1221	5247	14527	110	1626	3733	19779
大宁县	4	269	879	2522	22	548	1045	3875
隰县	6	555	2176	5772	59	761	2730	9686
永和县	3	255	836	2729	14	322	760	3831
蒲县	12	550	1384	4630	61	843	1408	8909
汾西县	12	813	3034	8514	39	910	1811	10918
侯马市	14	1142	4656	11952	44	1205	2878	15175
霍州市	27	1464	6892	18049	77	1709	4228	23853

17—97 医院及床位数

单位:个、张

	医院数						
	2006	2007	2008	2009	2010	2011	2012
全　市	**117**	**125**	**148**	**166**	**162**	**164**	**170**
尧都区	39	46	53	61	61	61	61
曲沃县	3	3	3	5	3	3	3
翼城县	2	2	7	8	8	7	8
襄汾县	7	7	9	9	9	10	10
洪洞县	8	8	11	12	11	15	16
古　县	1	1	2	2	3	3	3
安泽县	2	2	2	2	2	2	2
浮山县	2	2	2	3	3	3	3
吉　县	2	2	2	2	2	2	2
乡宁县	6	6	6	7	7	7	7
大宁县	3	3	3	3	2	2	2
隰　县	2	2	2	2	2	2	2
永和县	2	2	2	2	2	2	2
蒲　县	2	2	3	3	3	3	3
汾西县	1	1	3	4	4	4	4
侯马市	16	16	16	19	19	18	19
霍州市	19	20	22	22	21	20	23

17—97　续表

单位:个、张

	医院床位数						
	2006	2007	2008	2009	2010	2011	2012
全　市	**11944**	**13704**	**10235**	**10852**	**11181**	**11112**	**12052**
尧都区	3650	4125	4063	4406	4381	4295	4739
曲沃县	430	918	440	473	440	430	566
翼城县	749	769	500	530	564	544	715
襄汾县	1007	931	453	499	550	564	584
洪洞县	1268	1255	787	788	973	1022	1027
古　县	220	234	125	100	110	110	140
安泽县	269	278	151	161	161	161	200
浮山县	279	261	140	186	186	206	206
吉　县	330	330	140	160	160	160	160
乡宁县	532	962	372	402	402	395	393
大宁县	242	242	145	130	130	143	143
隰　县	294	300	160	195	195	195	195
永和县	210	194	120	128	148	160	160
蒲　县	331	336	157	160	240	240	190
汾西县	274	290	175	205	205	205	205
侯马市	645	1240	1220	1288	1297	1308	1305
霍州市	1214	1039	1087	1041	1039	974	1124

17—98 规模以上工业主要经济效益指标(2012年)

单位:亿元

	企业单位数(个)	#亏损企业	工业总产值(当年价格)	工业销售产值(当年价格)	#出口交货值	资产总计	流动资产合计	固定资产合计	固定资产原价
全　市	**374**	**140**	**1915.78**	**1856.95**	**5.99**	**2051.72**	**919.18**	**821.29**	**1140.91**
尧都区	52	30	231.14	217.55	3.55	253.30	96.38	121.75	246.73
曲沃县	26	7	230.10	222.65	0.42	222.09	102.92	115.98	118.76
翼城县	28	11	196.37	187.87	0.46	78.15	39.93	28.84	51.42
襄汾县	36	14	236.71	234.70	0.14	162.18	80.42	61.26	100.44
洪洞县	56	19	321.77	318.79	1.34	308.85	134.35	131.34	187.55
古　县	33	14	100.90	100.87		119.69	54.74	35.84	41.69
安泽县	10	2	80.88	76.83		104.74	33.07	47.93	46.34
浮山县	27	3	53.74	53.14		22.81	8.58	11.31	10.52
吉　县	3	1	11.83	7.60		13.07	5.43	5.87	8.11
乡宁县	26	6	99.49	91.29		143.44	60.01	40.32	44.88
大宁县	1	1	0.34	0.26		0.83	0.14	0.59	0.68
隰　县									
永和县									
蒲　县	19	9	63.17	49.88		146.67	61.54	55.30	37.36
汾西县	9	4	16.92	15.90		11.73	5.59	5.70	6.20
侯马市	27	12	125.28	123.74	0.07	114.21	73.00	37.99	45.15
霍州市	21	7	147.15	155.88		349.95	163.09	121.26	195.08

17—98　续表1

单位:亿元

	累计折旧	固定资产净值	负债合计	流动负债合计	非流动负债合计	所有者权益合计	#实收资本	主营业务收入
全　市	**441.15**	**699.76**	**1556.42**	**1143.12**	**350.24**	**490.84**	**281.31**	**1959.11**
尧都区	138.93	107.80	204.59	170.02	34.56	46.21	34.69	252.32
曲沃县	23.91	94.85	209.99	165.27	4.88	12.09	12.18	223.57
翼城县	24.89	26.53	45.69	37.77	6.52	32.03	23.66	193.82
襄汾县	43.09	57.35	97.86	94.07	3.77	64.32	46.59	225.77
洪洞县	68.85	118.70	211.61	177.09	33.65	97.24	32.45	405.94
古　县	12.14	29.55	106.02	87.94	13.30	12.93	17.15	104.92
安泽县	7.59	38.75	56.92	44.14	12.77	47.82	11.04	74.44
浮山县	2.43	8.09	14.35	13.75		8.45	4.29	48.18
吉　县	2.24	5.87	2.76	2.63		10.31	1.34	7.66
乡宁县	12.30	32.58	85.59	67.02	18.48	57.81	9.50	93.84
大宁县	0.08	0.60	0.22	0.22		0.61	0.69	0.25
隰　县								
永和县								
蒲　县	11.09	26.27	116.67	80.10	34.15	29.80	15.26	47.78
汾西县	0.76	5.44	12.94	11.40	0.77	-1.13	2.24	15.93
侯马市	17.52	27.63	97.29	73.27	12.54	16.91	18.32	116.50
霍州市	75.34	119.74	293.93	118.44	174.83	55.44	51.92	148.20

17—98 续表2

单位:亿元

	主营业务成本	主营业务税金及附加	销售费用	管理费用	财务费用	#利息支出	营业利润	利润总额	亏损企业亏损总额
全市	**1756.92**	**11.62**	**30.63**	**75.62**	**41.62**	**39.90**	**41.93**	**37.38**	**45.20**
尧都区	232.80	1.73	4.59	9.47	7.37	6.50	-3.58	-5.02	15.16
曲沃县	217.01	0.44	2.14	2.44	1.29	1.06	0.32	0.46	0.88
翼城县	178.28	0.51	2.70	6.03	1.04	0.95	5.37	5.27	1.59
襄汾县	215.78	0.67	1.94	3.27	4.13	3.95	2.30	0.50	1.19
洪洞县	373.70	2.31	8.39	10.95	6.38	7.17	4.78	4.59	6.99
古县	91.01	0.61	4.73	5.19	2.04	1.84	1.41	1.47	3.25
安泽县	58.43	1.11	2.03	4.67	0.76	0.70	7.47	7.47	0.68
浮山县	26.66	0.17	0.13	0.61	0.27	0.35	8.16	8.09	0.04
吉县	3.45	0.19	0.06	1.10	0.11	0.11	2.70	2.59	0.01
乡宁县	67.04	1.53	1.35	8.39	0.87	0.78	16.68	15.56	0.60
大宁县	0.21		0.02	0.05			-0.03	-0.10	0.10
隰县									
永和县									
蒲县	28.65	0.63	1.39	7.30	4.95	3.81	5.02	4.99	3.89
汾西县	15.65	0.06	0.31	0.44	0.18	0.17	-0.82	-0.79	0.92
侯马市	108.42	0.14	1.67	3.22	2.36	2.41	1.21	1.23	0.85
霍州市	139.81	1.52	-0.83	12.49	9.87	10.08	-9.05	-8.94	9.06

17—98 续表3

单位:亿元、人

	利税总额	本年应付职工薪酬	本年应交增值税	全部从业人员年平均人数	总资产贡献率(%)	资产负债率(%)	流动资产周转率(次/年)	成本费用利润率(%)	产品销售率(%)
全市	**126.95**	**88.32**	**77.94**	**185569**	**8.05**	**75.86**	**2.21**	**1.90**	**96.93**
尧都区	7.22	12.24	10.51	25360	5.40	80.77	2.82	-1.84	94.12
曲沃县	6.46	8.73	5.55	16941	3.34	94.55	2.18	0.21	96.76
翼城县	10.43	6.04	4.65	12362	14.53	58.47	5.52	2.46	95.67
襄汾县	7.03	4.27	5.86	16520	6.70	60.34	2.82	0.22	99.15
洪洞县	27.38	15.61	20.48	27103	10.96	68.52	3.05	1.14	99.07
古县	5.92	5.68	3.84	10407	6.47	88.58	1.93	1.42	99.96
安泽县	13.08	3.19	4.50	6792	13.15	54.34	2.25	11.34	95.00
浮山县	10.10	1.04	1.84	3721	45.48	62.90	5.61	29.23	98.89
吉县	4.28	1.17	1.49	1676	33.55	21.12	1.41	54.90	64.27
乡宁县	23.93	4.95	6.84	13904	17.16	59.67	1.59	20.04	91.76
大宁县	-0.08	0.02	0.02	148	-9.43	26.39	1.79	-35.21	75.10
隰县									
永和县									
蒲县	8.48	2.93	2.86	5016	8.34	79.54	0.78	11.78	78.96
汾西县	-0.64	0.42	0.09	1329	-3.98	110.27	2.85	-4.77	93.97
侯马市	2.47	4.94	1.09	12383	4.17	85.18	1.64	1.03	98.77
霍州市	0.88	17.10	8.31	31907	3.03	83.99	1.00	-5.17	105.93

十八、企业篇

资料整理人员

王福勤　申淑霞　刘　炜　李　丁

李晓华　张　栋　梁　茹　曹睿鹏

18—1 计划总投资5000万元以上项目投资一览表(2012年)

单位:万元

项目及项目名称	开工时间	投产时间	计划总投资	累计完成投资	2012年完成投资
山西省霍州至永和高速公路东段	201101		745659	615025	282305
山西省临汾市交通局祁临高速临汾北环段	200910	201205	89478	89478	148
山西省临汾市交通局京昆与青兰高速临汾联络线	201001	201205	126479	126479	3010
山西省隰延高速公路投资有限公司霍州至永和高速公路西段	201105		329288	297423	185432
山西省临汾至吉县高速公路	200908	201212	943283	943283	110800
山西张台地方铁路投资建设有限公司新建张礼至台头地方铁路	201104		186400	199700	96700
山西省临汾市尧都区东城开发建设八一路中段道路拓宽改造工程	201201	201212	32000	32000	32000
山西省临汾华翔纬泰精工机械有限公司年产2400万件压缩零部件	200810		9901	7996	0
山西省临汾市尧都区五一东路拓宽改造项目	201204	201212	48000	47160	47160
山西晋煤集团临汾晋牛煤矿投资有限责任公司90万吨改建一期工程	201110		81867	33895	25795
山西省临汾市城然天然气有限公司天然气利用工程	201003		9100	8299	0
山西省临汾市尧都区尧都公园建设项目	201105	201212	17000	17000	9000
山西临汾市尧都区枣林北街拓宽改造	201201		7994	5410	5410
山西省公路局临汾分局G108线霍州退沙至侯马凤城段改造工程	201204		107311	38000	38000
山西省临汾市尧都区尧陵文物管理所中国尧帝祭祀大殿	201103		5800	4500	800
山西省临汾市污水处理厂污水回用工程	200504		6489	3821	0
山西省临汾高速公路祁临段临汾土门收费站连接线拓宽改造工程	201203		10545	1543	1543
山西长胜公路有限公司长胜驾校	201109	201207	6680	6680	4030
山西天地衡建设工程项目管理有限公司还迁安置住房	200903		21000	17500	2687
山西省临汾市尧都区东城开发建设指挥部优东还迁小区	201201	201212	28500	28500	28500
山西省临汾市尧都区东城开发建设指挥部五一东路还迁小区	201203	201212	19000	13100	13100
山西省临汾市河西热电有限公司50万m3粉煤灰混凝土切块1.4亿块/年粉煤灰蒸压砖	201102	201212	8500	3500	0
山西亿佳美食品有限公司芦笋种植及深加工	201203	201212	11500	11500	11500
山西省临汾中石油昆仑天然气利用有限公司压缩天然气加气站	201201		6807	2000	2000
山西省临汾市尧都区水利局汾河治理改造工程	201208	201212	15000	15000	15000
山西临汾市铭城城市建设项目管理有限公司西赵路道路工程	201205		5900	924	924
山西省临汾市尧都区城中村改造工作领导组郭村改造一期工程	201102	201203	26000	26000	5000
山西省临汾市尧都区教育局薄弱学校设备购置			5050	4050	4050
山西省临汾市尧都区二中路拓宽改造项目部二中路拓宽改造	201207	201212	46000	46000	46000
山西森源农业开发有限公司日光温室精品蔬菜大棚建设项目	201204		9800	7015	7015
山西临汾市尧都区住房保障和城乡建设管理局东城城区环境整治工程	201201	201209	20000	20000	20000
山西省临汾市尧都区第二人民医院新建尧都区第二医院	201203		30251	10000	10000
山西省临汾市瑞亿商贸城有限公司锦悦城一期工程	201101	201204	29454	29454	6052
山西省临汾市尧都区涝洰河生态建设工程指挥部涝洰河龙湾映塬节点工程	201204	201212	48000	48000	48000
山西省临汾市尧都区汾北投资建设开发有限公司屯里桥北段汾河综合整治项目	201204	201212	31400	31400	31400
山西昌裕农业科技开发有限公司蔬菜一体化加工	201201		9563	4355	4355
山西奥坤量子农业科技有限公司食用菌基地及冻干加工生产线二期	201102		30000	19671	13371
山西省临汾市富尧仓储有限公司富尧仓储中心	201108	201207	8453	8453	4453
山西省临汾市尧都区农村公路建设领导组村村通水泥(油)路工程	201203	201208	11800	11800	11800
山西省临汾市尧都区机关事务管理局机关大院道路及附属设施改造工程	201110	201208	7000	7000	4400

18—1 续表1

单位:万元

项目及项目名称	开工时间	投产时间	计划总投资	累计完成投资	2012年完成投资
山西省临汾市尧都区东城开发建设指挥部鑫优还迁小区	201203	201212	18700	18700	18700
山西省同煤集团同地龙驭煤业有限公司煤矿技术改造2012年工程	201201		18155	16555	16555
山西省临汾市尧都区北外环拓宽改造项目部北外环拓宽工程	201206	201212	40000	40000	40000
山西省临汾尧王台现代农业示范区有限公司现代农业示范区建设	201008		75698	63343	13083
山西省临汾市尧都区滨河东路南延项目部滨河路南延	201207	201212	48000	48000	48000
山西光宇半导体照明股份有限公司年产100万千瓦大功率LED光源及应用项目	200610		50000	35273	9012
山西省临汾市尧都区河西重点工程拆迁安置办公室还迁安置工程	201203	201212	24500	24500	24500
山西省临汾市铭城城市建设项目管理有限公司北城壕西段防汛排水及道路工程	201205		6530	428	428
山西中科国磁新材料有限公司新建年产1000万吨高性能钕铁硼磁钢生产线	201204		7600	2050	2050
山西太原铁路局车站街经济适用房项目部临汾车站街经济适用房项目部	201202		43000	5443	5443
山西省天煜能源发展有限公司恒晋煤矿60万吨煤矿扩建一期	201110	201204	17000	17000	7000
山西省临汾市生活垃圾处理有限公司生活垃圾处理厂一期工程	200803	201212	8832	3100	67
山西省临汾市尧都区博业种植专业合作社冬枣一体化加工项目	201204	201211	6260	6260	6260
山西省大同煤矿临汾宏大胜利煤业有限公司60万吨煤矿改建	201207		20469	13200	13200
山西省临汾开发区科海科技研发中心新建科研楼	201005		46000	19249	0
山西省临汾市尧都区东城学校工程建设筹建处东城学校建设工程	201203	201212	13500	13500	9000
山西省临汾市住房和城乡建设局漪汾花园经济适用房二期	201108		28777	18570	7500
山西省临汾市鼎饰豪环保建材有限公司年产1.2亿块粉煤灰蒸压砖及年产15万平方米粉煤灰加气砼砌块	201001		5170	2600	0
山西省山焦临汾洗煤厂入洗原煤200万吨/年项目	201106		18000	15312	3000
山西省临汾市尧都区建设局惠民小区廉租房建设工程	200912	201212	5863	5863	1103
山西省临汾市尧都区农业委员会农业增产设施建设国家投资项目	201205	201211	5000	5000	5000
山西省临汾市煤炭气化公司城市输配工程	200805		5977	3131	35
山西省临汾市尧都区东城开发建设指挥部洰河堤坝道路工程	201202	201212	32000	32000	32000
山西省电力公司临汾供电分公司110KV电网改造工程	201203	201212	20611	20611	20611
山西省临汾市尧都区东城开发建设指挥部汾河综合治理坝堤道路工程	201204	201212	29800	29800	29800
山西格瑞蔚蓝节能科技有限公司锅炉节能水处理器	201106		5800	1430	200
山西省临汾市四通煤业有限公司干部疗养院	201201	201212	7000	7000	7000
山西省临汾市铭城城市建设项目管理有限公司古城公园二期工程	201205		11800	6762	6762
山西省电力公司临汾供电分公司220KV电网工程	201203	201212	43200	43200	43200
山西省临汾市尧都区东城开发建设指挥部规划十五路道路工程	201202	201212	28000	28000	28000
山西省太钢集团临汾钢铁有限公司临钢5#6#高层住房	201207		21736	4803	4803
山西省临汾市公共事业发展投资公司新医院项目部新医院1500张床位建设	201006		90320	72500	19068
山西临汾热电有限公司2*30万千瓦机组工程	200709	201212	330000	329580	17686
山西海姿焦化有限公司焦炉气制氨工程	201204		18000	800	800
山西省临汾市汾河生态建设工程有限公司汾河生态建设工程	200906		188000	140010	180
山西省临汾市住房和城乡建设局漪汾花园经济适用房建设工程	200911		37820	31459	13000
山西华德冶铸有限公司年产15万吨树脂砂铸造生产线	201104		14000	780	0
山西省电力公司临汾供电分公司电铁牵引配套工程	201203	201212	16370	16370	16370
山西省临汾市自来水公司安全饮水深度处理工程	201007	201209	5148	5180	875
山西省电力公司临汾供电分公司农村电网改造工程	201203	201212	16368	16368	16368

18—1　续表2

单位：万元

项目及项目名称	开工时间	投产时间	计划总投资	累计完成投资	2012年完成投资
山西省临汾市住房和城乡建设局临汾市集中供热一网八期工程	201108	201212	11600	5650	0
山西省临汾市绿环木业有限公司10万立方米中密度纤维板	200905	201212	9000	1841	0
山西省临汾双山新农村供热有限公司尧都区城市南部新农村集中供热	201001		10305	6485	500
山西省临汾市尧都区东城开发建设指挥部铸钢街道路南延拓宽改造工程	201203	201212	29600	29600	29600
山西省临汾市交通局一级客运西站	201010		15575	13838	5778
山西省临汾市住房和城乡建设局集中供热节能改造和分户计量工程	201007	201212	5200	1800	0
山西省临汾市尧都区汾北投资建设开发有限公司滨河东路北延	201207	201212	34200	34200	34200
山西煤销集团金辛达煤业公司90万吨煤矿建设项目	201110		61946	26546	18186
山西省公路局临汾分局省道桃临线木瓜沟至马务桥建设工程	200907		61700	12527	1042
山西省临汾市热力供应有限公司市区集中供热九期工程	201205		8000	2753	2753
山西省临汾市尧都区东城开发建设指挥部东城还迁工程东关项目一区	201102	201203	41100	41100	3300
山西临汾民航机场机场公路	201003		42570	35432	16467
山西省临汾市住房和城乡建设局五一路立交桥工程	201003		13704	12385	0
山西省临汾市尧都区东城开发建设指挥部东盛还迁小区一期	201204	201212	17000	17000	17000
山西省临汾西山能源有限公司90万吨煤矿改造工程	201201		13000	10000	10000
山西省临汾市尧都区农村公路建设领导组姑射山刘村至淹底旅游公路	201207	201212	6557	6557	6557
山西省临汾市尧都区东城开发建设指挥部福瑞还迁小区	201203	201212	18000	18000	18000
山西临汾海姿供气供热有限公司东城集中供热	200904		70000	31800	13018
山西汇丰源绿色农业发展有限公司生态园建设	200901	201211	8000	8000	3730
山西临汾建军钢材水暖交易市场有限公司建军钢材市场改造	201210		8000	5300	5300
山西省临汾市尧都区东城开发建设指挥部万华达还迁小区	201203	201212	19000	15300	15300
山西晋煤集团晟泰能源投资有限公司新梦源90万吨/年煤矿改建	201207		96683	11000	11000
山西省临汾市尧都区天骄商贸有限公司钢材商贸市场	201206	201212	6000	6000	6000
山西临汾市龙奎牧业有限公司龙奎牧业养殖项目	201104		5000	1805	1505
山西省临汾市尧都区林业局林业建设	201203	201212	19135	19135	19135
山西老年疗养基地怡心老年家园怡心老年家园	201201		27000	9102	9102
山西金达丰天然气开发有限公司东城区天然气输配工程	201103		10395	5984	0
山西省临汾市尧都区农村公路建设领导组农村街巷硬化工程	201203	201212	25100	25100	25100
山西省临汾市天鹅大酒店有限公司酒店建设	200706		30000	27720	0
山西馨圃农业开发有限公司蔬菜一体化加工项目	201204		8108	3753	3753
山西省临汾市尧都区东城开发建设指挥部万瑞还迁小区	201203	201212	28300	28300	28300
山西省临汾民航机场有限公司机场航站楼	201210		47300	19690	19690
山西中国移动通信集团山西有限公司临汾分公司移动通信网及传输网建设工程	201203	201212	22429	22429	22429
山西省临汾市仙洞沟风景名胜管理局姑射仙洞风景区基础设施建设项目	201202		9800	760	760
山西省中国联通临汾分公司移动网扩容工程	201205	201212	9480	9480	9480
山西省临汾市尧都区蓝宝煤业有限公司60万吨/煤矿改造项目	201110		8000	5700	0
山西省临汾市中德农牧科技发展有限公司养殖屠宰一体化	200810		46200	32521	14021
山西省临汾市环境监测站临汾市环境监测执法业务用房项目	201201		6500	2400	2400
山西煤销集团临汾尧都有限公司四通煤业50万吨煤矿改造工程	201203	201212	15000	19600	19600
山西省临汾市和盛煤业有限公司60万吨矿井建设兼并重组整合项目	201104	201212	46213	46213	26753

18—1 续表3

单位:万元

项目及项目名称	开工时间	投产时间	计划总投资	累计完成投资	2012年完成投资
山西省临汾天煜能源发展有限公司120万吨煤矿扩建工程	201101	201212	41000	41000	3000
山西省临汾市永荣实业有限公司3万吨金属钙及其附属产品项目	201201		8500	2000	2000
山西省临汾市尧都区职业技术学校建设指挥部新建校舍	201106		7318	4005	3005
山西省同世达煤化工集团有限公司更新改造	200807		5000	3041	800
山西省临汾市尧都区东城开发建设指挥部东城还迁工程东关项目二区	201102	201203	36500	36500	6800
山西省临汾志强钢铁有限公司25万吨精密铸件	201105		18500	7890	2400
山西省临汾市通达出租有限责任公司综合办公楼建设	201204	201209	5000	5000	5000
山西省临汾市广秀实业有限责任公司西里北铁矿建设	201201	201212	30000	30000	30000
山西省曲沃县晋国博物馆有限责任公司晋国博物馆二期工程	201204	201212	5830	5830	5830
山西立恒钢铁股份有限公司105MW燃气轮机联合循环发电项目	201201	201210	45000	45000	45000
山西省曲沃县住房保障和城乡建设管理局晋都文化公园建设	201209		7358	1190	1190
山西省曲沃县文物旅游管理中心晋国博物馆	200904	201205	9712	9712	216
山西省临汾市三泰高新建材有限公司150万m3混凝土搅拌站建设	201211	201212	6198	6198	6198
山西弘沃农业技术开发有限公司万亩果蔬基地建设一期	201102	201212	6500	6500	2300
山西通才工贸有限公司1860m3高炉配套工程	201207	201212	40000	40000	40000
山西立恒钢铁股份有限公司焦化燃机余热发电	201210	201212	5000	5000	5000
山西立恒钢铁股份有限公司年产80万吨矿渣微粉	201107	201206	12000	12000	2655
山西通才工贸有限公司年产160万吨双高线项目	201101	201205	66000	66000	24291
山西中宇钢铁有限公司120万吨双高线	201204		60000	30417	30417
山西中宇钢铁有限公司高炉余压TRT发电项目	201206	201212	11000	11000	11000
山西省曲沃县住房保障和城乡建设管理局城东区开发工程一期	201103		5000	4442	758
山西省曲沃县民政福利企业有限公司年产20万吨球墨铸铁型材生产线	201007		10370	8551	3200
山西通才工贸有限公司综合利用循环节能配套升级项目	201205	201209	15000	15000	15000
山西立恒钢铁有限公司年产145万吨焦化项目	201106	201207	180000	180000	68006
山西通才工贸有限公司铁前配料系统改造项目	201201	201207	21000	21000	21000
山西通才工贸有限公司烧结机技术改造项目	201201	201207	21000	21000	21000
山西通才工贸有限公司2#变电站建设项目	201203	201209	5000	5000	5000
山西立恒钢铁股份有限公司焦化循环水处理项目	201207	201212	10000	10000	10000
山西通才工贸有限公司年产24万吨锰铁合金项目	201012	201204	68000	68000	5287
山西省电力公司曲沃供电支公司新一轮农网改造升级工程	201105	201208	5481	5481	524
山西通才工贸有限公司炼钢三期技术改造项目	201204		16000	15700	15700
山西中宇钢铁有限公司2*450m^{3}高炉汽拖风机技术改造	201204	201212	7700	7700	7700
山西通才工贸有限公司年产26万吨活性石灰生产线	201203	201211	5500	5500	5500
山西省曲沃县乐昌镇初级中学新建乐昌中学	200911	201209	5950	5950	288
山西永益铸管股份有限公司年产30万吨铸管	201203		30000	21750	21750
山西国营锻造厂棚户区改造	201201		24560	2000	2000
山西省翼城县教育局汇丰学校建设	200905		9999	7410	700
山西煤层气集输有限公司煤层气输气管道	201203	201208	16000	16000	16000
山西省翼城县城乡建设局垃圾处理工程	201009	201212	7000	7000	1200
山西省翼城县晋能燃气有限公司集中供气工程	201202	201209	7200	7200	7200

18—1 续表4

单位:万元

项目及项目名称	开工时间	投产时间	计划总投资	累计完成投资	2012年完成投资
山西省翼城县城乡建设局汇丰路工程	201103	201209	16000	17467	1800
山西舜达锻造股份有限公司165MN第五条热模锻压生产线及机加工项目	201105		100700	50200	21706
山西省翼城县福旺铸造实业有限公司6万吨树脂砂机床铸件技改项目	201203	201212	5600	5600	5600
山西省阳泉煤业集团翼城石丘煤业有限公司煤炭整合技术改造	201206		11968	4249	4249
山西省阳泉煤业集团翼城下交煤业有限公司煤矿整合改建工程	201201		16033	7379	7379
山西省翼城县住房保障和城乡建设管理局唐霸文化生态观光园项目	201205		9940	4590	4590
山西省阳泉煤业集团翼城东沟煤业有限公司煤矿整合改建工程	201204		37281	3747	3747
山西省翼城县唐兴镇世家庄村民委员会晋源商贸城建设	201204	201212	6500	6500	6500
山西省翼城县城乡建设局汇丰路立交桥建设	201010	201209	10300	11140	1020
山西省翼城县大众饲料有限公司饲料加工二期工程	201201		10000	6810	6810
山西省阳泉煤业集团翼城堡子煤业有限公司煤矿整合扩建工程	201202		36882	6144	6144
山西省翼城县创新冶炼有限责任公司年产10万吨汽车零部件铸造生产线技改项目	201103	201212	15000	15000	6070
山西励鑫铸业有限公司年产15万吨铸管	201202	201212	18000	21600	21600
山西省翼城县唐兴镇北关村民委员会北关家私广场建设	201203	201212	5600	5600	5600
山西省翼城县亿通铸业有限公司汽车零部件铸造及机加工项目二期工程	201203	201212	12000	11900	11900
山西省阳泉煤业集团翼城汇崃煤业有限公司煤矿整合扩建工程	201202		26186	5888	5888
山西省阳泉煤业集团翼城河寨煤业有限公司煤矿整合扩建工程	201202		30516	4697	4697
山西省酒钢集团翼城钢铁有限责任公司焦炉干熄焦配套余热发电项目	201205		19768	2250	2250
山西晋煤集团翼城晟泰青洼煤业有限公司煤炭资源整合改建项目	201201		29102	9754	9754
山西省阳泉煤业集团翼城中卫青洼煤业有限公司煤炭资源整合改建工程	201212		17368	2729	2729
山西省阳泉煤业集团翼城上河煤业有限公司煤炭资源整合改建工程	201203		33930	3200	3200
山西省阳泉煤业集团晋南煤炭管理有限责任公司煤矿供电工程	201210		14000	5013	5013
山西省阳泉煤业集团翼城山凹煤业有限公司煤炭资源整合改建工程	201203		29581	1915	1915
山西省阳泉煤业集团翼城森杰煤业有限公司煤炭资源整合改建工程	201203		26929	2718	2718
山西省阳泉煤业集团晋南煤炭管理有限责任公司运煤公路项目建设	201205		15555	6202	6202
山西省翼城县古绵山旅游开发有限公司古绵山景区开发项目	201201		15000	8160	8160
山西省阳泉煤业集团翼城华泓煤业有限公司煤矿整合扩建工程	201202		24577	6882	6882
山西省三琪实业有限公司解放路时代购物广场西区工程	201201	201212	28000	28000	28000
山西省翼城县住房保障和城乡建设管理局颐欣园小区建设	201202	201212	9368	9368	9368
山西省襄汾县兴民林业开发有限公司丁村白莲种植加工及观光农业项目	201104		75000	39801	20716
山西省襄汾县强盛铁合金厂减速机配件及矿山耐磨件	201104		23360	17832	8370
山西省襄汾县人民医院医院门诊楼建设	201203		8025	5683	5683
山西省山西建滔万鑫达化工有限责任公司20万吨甲醇	200608	201205	87000	87000	11296
山西恒泰制动器股份有限公司商用制动毂技改项目	201104		23500	20636	10616
山西省襄汾县住房保障和城乡建设管理局农贸批发市场	201104	201204	5700	5700	1580
山西省襄汾荣世达机械制造有限公司缝纫机械制造	201202		35000	9850	9850
山西省襄汾县鼎临农业生态科技开发有限责任公司双龙湖生态旅游园区建设工程	201001		100000	60706	16400
山西省临汾银光实业有限公司年产6000吨新型纳米陶瓷涂料	201105	201212	13800	13800	7700
山西省襄汾县住房保障和城乡建设管理局滨河西路建设工程	201203	201212	11000	11000	11000
山西尧京酒业有限公司葡萄酒及葡萄生态园旅游项目	201203		46800	4700	4700

18—1 续表5

单位:万元

项目及项目名称	开工时间	投产时间	计划总投资	累计完成投资	2012年完成投资
山西省襄汾县张礼货物集运站基建处发运站	200607	201203	33000	33000	1300
山西省襄汾县鸿达钢铁集团有限公司汽车零部件及配件制造	201208		128000	7500	7500
山西省襄汾县万盛源天然气有限公司天然气开发一期	201101		22000	21556	6000
山西省襄汾县新兴冶炼有限公司风电系列及大型矿山机械制造	201101	201205	25000	25000	7058
山西省襄汾县住房保障和城乡建设管理局锣鼓公园及授时公园建设项目	201205		7526	5300	5300
山西省襄汾县宏宝源餐饮娱乐有限公司宏宝源休闲山庄建设项目	201203	201210	5500	5500	5500
山西中升钢铁有限公司高炉	201201	201205	30000	30452	30452
山西省三盛合酿造有限公司小米醋传统封缸生产线项目	201203	201210	9800	9800	9800
山西省襄汾县龍翔选煤厂年产120万吨精煤	201104	201205	9780	9780	4470
山西省襄汾县新金山特钢有限公司2×120t转炉项目	201204		56000	21313	21313
山西省襄汾县星源钢铁集团矿渣综合利用工程指挥部2500t/d熟料新型干法水泥生产线及年产150万吨水泥项目	201109	201206	28319	28619	21109
山西省襄汾县永祥选煤厂年产120万吨洗选精煤	201105	201205	9850	9850	3196
山西地中源煤炭运销有限公司扩建120万吨/年洗煤项目	201109	201205	11000	11000	5016
山西省襄汾县宏源煤焦化工程有限公司年产10万吨甲醇项目	201203		25000	15000	15000
山西奥格姆农业科技有限公司2万/a食用菌工厂化生产基地	201202	201212	9767	9767	9767
山西省襄汾县龙云飞石膏综合利用有限公司石膏制硫酸及其废渣综合利用项目	201202		48000	32756	32756
山西省襄汾县辉瑞制药有限公司200亿片固体制剂项目	201203		9000	5900	5900
山西省襄汾县交通运输局街巷硬化	201203	201212	33587	33587	33587
山西三盛合酿造有限公司二期醋厂建设	201109	201206	9300	9300	2880
山西省襄汾县邓庄森泉养殖专业合作社奶牛养殖基地建设项目	201204	201212	21500	21500	21500
山西省襄汾县昌祥建材有限公司15万立方米粉煤灰加气砼砌块项目	201201	201208	8558	8558	8558
山西省襄汾县林业局双龙湖湿地保护项目	201103		32757	20630	10000
山西省襄汾县兴盛源液化天然气物流有限公司加气站物流项目	201203	201208	6500	6500	6500
山西省襄汾县水利局百公里汾河治理与生态修复工程项目	201208		57500	17052	17052
山西省襄汾县鑫盛冶炼有限公司矿山机械制造	201203		25000	7560	7560
山西省襄汾县宏峰林纸业有限公司年产8.6万吨特种纸生产线技改项目	201203		25645	17800	17800
山西省襄汾县交通运输局一级公路路面改造工程	201203		28047	16713	16713
山西光大焦化气源有限公司焦炉干熄焦附属设施项目	201204		32207	18136	18136
山西省临汾市聚朋农牧科技有限公司鸵鸟、肉牛育肥基地	201206		8510	2000	2000
山西华翔投资有限公司华翔美的精密铸造循环利用工程项目	200908	201211	95846	95846	17929
山西省霍州煤电集团悦昌煤业有限公司煤矿矿井改造	201104	201208	33482	33482	21907
山西洪洞县鑫基商贸有限公司年处理6万吨农林废弃物循环经济资源利用项目	201205	201208	11000	11000	11000
山西省洪洞县昕宇投资建设有限责任公司汾河生态修复治理与保护工程一期工程	201205	201212	32000	32000	32000
山西省洪洞县大槐树镇湾里村委会城中村改造项目	201203	201206	13800	13800	13800
山西省洪洞县巨光装备有限公司矿山机电设备制造建设项目	201206	201209	5000	5100	5100
山西省洪洞县昕宇投资建设有限公司大槐树文化中心建设工程	201205		35000	23485	23485
山西洪洞县峰兴建设有限公司飞虹综合市场项目	201202	201212	5336	5336	5336
山西五洲昕宇农林科技发展有限公司洪洞天泽现代农业示范园	201203	201212	48000	48000	48000
山西省洪洞县住房保障和城乡建设管理局旧县衙扩建工程	201206	201212	5765	5765	5765
山西省洪洞县新丽都装饰城有限公司新丽都装饰城扩建工程	201201	201205	9796	9796	9796

18—1　续表6

单位:万元

项目及项目名称	开工时间	投产时间	计划总投资	累计完成投资	2012年完成投资
山西煤炭进出口集团洪洞陆成煤业有限公司煤矿矿井改造	201104	201212	35485	35485	21189
山西晋煤集团洪洞晋圣荣康煤业有限公司煤矿矿井改造	201203		44515	23850	23850
山西陆合集团恒泰南庄煤业有限公司煤矿矿井改造	201111		47000	34975	24600
山西省洪洞恒富美尔美陶瓷有限公司利用煤矸石年产3800万平方米仿古砖生产线	201202	201212	44300	44300	44300
山西临汾山水水泥有限公司日产4000吨新型干法水泥熟料生产线	201202		41000	32955	32955
山西秉鼎陶瓷有限公司新建利用煤泥煤矸石生产高档地砖项目	201202		72358	12000	12000
山西省洪洞县辛村乡南段村村民委员会城中村改造项目	201202	201209	24900	24900	24900
山西省洪洞县大槐树镇城东村委会城中村改造项目	201203	201209	29000	29000	29000
山西省洪洞县大槐树镇秦壁村委会城中村改造项目	201204	201211	15000	15000	15000
山西省霍州煤电集团张端煤业有限公司煤矿矿井改造	201103		47806	12696	3800
山西省洪洞县昕宇投资建设有限公司汾河生态修复治理与保护工程(橡胶坝、钢坝闸工程)	201201	201210	8475	8475	8475
山西省洪洞县明姜镇南社村委会南社小区	201205	201211	8900	8900	8900
山西洪洞县交通运输局赵克路改造	201205	201211	8200	8200	8200
山西汾河焦煤股份有限公司煤矿矿井改造	201204	201212	30150	30150	30150
山西省洪洞县热力供应公司集中供热扩建工程	201203	201212	25311	25311	25311
山西省洪洞县民生垃圾综合处理有限公司生活垃圾综合处理项目	201201	201212	10100	10100	10100
山西三维迈图化工有限公司三维集团VV-10项目	201105	201204	11000	11000	3500
山西焦化集团有限公司20万吨/年甲醇改扩建项目	201106		45590	27010	11990
山西省洪洞县住房保障和城乡建设管理局滨河东路还迁小区	201106	201211	13193	13193	9243
山西煤炭进出口集团洪洞县恒兴煤业有限公司煤矿矿井改造	201105	201212	55293	55293	45350
山西飞虹微纳米光电科技有限公司大功率白光LED用外延片及其芯片产业化建设项目	201102		165000	141180	43180
山西省洪洞县住房保障和城乡建设管理局洞南东街改造工程	201203	201206	6800	6800	6800
山西省临汾宇腾开发建设有限公司南环路项目	201111	201212	12417	12417	9632
山西省洪洞县住房保障和城乡建设管理局恒富西街建设工程	201204	201211	25000	26000	26000
山西省洪洞职业中学洪洞县职业中学建设项目工程	201201	201211	9951	9951	9951
山西省洪洞县昕宇投资建设有限责任公司新型产业工业园区汾河生态修复治理与保护工程(河道清淤)	201201	201207	9951	9951	9951
山西陆合集团基安达煤业有限公司煤矿矿井改造	201104		44000	41262	25690
山西洪洞县峰兴建设有限公司棚户区改造项目	201203		64566	19000	19000
山西省洪洞供电支公司电网建设工程	201104	201211	22484	22484	14799
山西省洪洞县昕宇投资建设有限公司洪洞县赵城至圪垌一级公路工程	201203		47913	14781	14781
山西焦化集团有限公司5#、6#焦炉配套干熄焦项目	201106	201212	20323	20323	5188
山西省洪洞县亿明半导体照明有限公司年产5万KW小功率LED光源及72万盏LED节能灯具配套项目	201105	20206	9890	9890	3790
山西大同煤矿集团临汾宏大洪崖煤业筹备组煤矿矿井改造	201203		47166	15015	15015
山西省虹通酒业有限公司综合楼建设项目	201204	201212	8559	8559	8559
山西省洪洞县大槐树镇常青三村村民委员会城中村改造项目	201203	201209	8900	8900	8900
山西省洪洞县住房保障和城乡建设管理局城区道路改造工程	201204	201208	16510	16510	16510
山西陆合集团万安煤业有限公司煤矿矿井改造	201111	201212	29597	29597	24597
山西省霍州煤电集团亿隆煤业有限公司煤矿矿井改造	201108	201206	16307	16670	3000
山西虹翔科技开发有限公司高纯金属有机源(MO源)新材料项目	201103	201209	9800	9800	865
山西洪洞县晋槐农贸综合开发市场湾里市场建设工程项目	201202	201206	6150	6150	6150

18—1 续表7

单位:万元

项目及项目名称	开工时间	投产时间	计划总投资	累计完成投资	2012年完成投资
山西古县东瑞煤业有限公司矿井兼并重组扩建项目	201104		28742	21552	10010
山西古县店上煤业有限公司60万吨改造工程	201106		34426	9899	7679
山西省古县利达焦化有限公司净脱硫工程	201207	201211	5000	5000	5000
山西省古县东方洗煤厂年入洗原煤180万吨洗煤扩建改造项目	201108	201209	5413	5413	3588
山西省冀中能源邢台矿业集团有限责任公司煤矿整合扩建	201201		47237	20000	20000
山西登福康煤业有限公司煤矿改造	201104		45298	12026	7476
山西省古县正泰煤气化有限公司2＊6WM煤气发电	201201	201208	5693	5693	5693
山西省古县鑫源选煤有限公司年入洗原煤60－120万吨洗煤扩建改造项目	201205	201211	5000	5000	5000
山西省古县老母坡煤业有限公司地面建设	201201	201212	5000	5000	5000
山西省古县人民医院新建医院	201008	201212	7545	7545	3333
山西省国新正泰新能源有限公司焦炉煤气制合成天然气项目	201212		20658	6000	6000
山西省古县教育局古县城镇寄宿制学校建设工程项目	201101	201206	9811	9811	854
山西省泓翔煤业有限公司煤矿井下改造	201204	201212	8700	8700	8700
山西蔺润煤业有限公司煤矿改造	201201	201209	5200	5200	5200
山西省古县晋豫焦化有限责任公司洗煤车间改造	201206	201211	5000	5000	5000
山西省古县住房保障和城乡建设管理局文昌新区道路工程	201203	201212	6000	5800	5800
山西鸿兴煤业有限公司煤矿基建	201201	201212	8593	8593	8593
山西省古县玉刚耐火材料有限公司筹备处年产3万吨不定型耐火材料项目	201208	201212	8761	8761	8761
山西省古县麦沟河农业生态园区有限公司综合开发园区项目	201105	201210	6000	6000	3200
山西古县兰花宝欣煤业有限公司井巷工程	201201	201210	7000	7000	7000
山西省临汾市引沁入汾五马水库工程建设项目部引沁入汾五马水库工程	200804	201210	15269	15269	1550
山西安吉欣源煤业有限公司煤矿整合扩建工程	201201		45395	20845	20845
山西泓翔煤业有限公司地面建设	201201	201212	8100	8100	8100
山西安鑫煤业有限公司轨道大巷工程	201204	201208	7462	7462	7462
山西省安泽县水利水保局西里水电站	200705	201207	6326	6326	406
山西安泽玉华煤业有限公司三万五变电站建设	201205	201207	8000	8000	8000
山西玉和泰煤业有限公司综采支架工程	201207	201211	5700	5700	5700
山西省安泽县住房保障和城乡建设局泽民路拓宽工程	201205		8800	7150	7150
山西省安泽县永鑫焦化有限公司年产100万吨焦化项目	200905	201207	122600	122600	21568
山西玉和泰煤业有限公司新副井改建工程	201202	201207	5000	5000	5000
山西玉和泰煤业有限公司皮带运输设备改建	201201	201207	5500	5500	5500
山西永鑫煤焦化有限责任公司年产6万吨合成氨	201201	201209	9800	9800	9800
山西安鑫煤业有限公司运输道及回风道改建	201207	201211	8554	8554	8554
山西省安泽县伦虎焦油加工厂年产15万吨焦油加工厂建设	201205		9570	3000	3000
山西省临汾市城燃天燃气有限公司安泽分公司城市集中供热供气	201104	201209	6200	6200	2140
山西省阳煤集团安泽登茂能煤业有限公司井巷改建项目	201205	201212	5700	5700	5700
山西省阳煤业集团安泽登茂通煤业有限公司技改项目	201201	201205	8000	8000	8000
山西省安泽县文体广电新闻出版局奥体中心建设	201107		8860	7851	6480
山西玉和泰煤业有限公司通风系统改造	201202	201211	5600	5600	5600
山西永鑫煤焦化有限责任公司和川引水项目	201204	201209	8000	8000	8000

18—1 续表 8

单位:万元

项目及项目名称	开 工 时 间	投 产 时 间	计 划 总投资	累计完成投资	2012 年完成投资
山西省滨伸置业有限公司清华园小区建设	201202	201209	7800	7800	7800
山西永鑫煤焦化有限责任公司上庄引水项目	201202	201207	6000	6000	6000
山西省安泽县住房保障和城乡建设管理局宏安园区	201202	201210	8000	8000	8000
山西省安泽县太岳焦化有限公司年产 12 万吨焦炉气制乙二醇项目	201005		125000	45800	21300
山西安鑫煤业有限公司井巷工程	201201	201206	9126	9126	9126
山西省浮山县扶贫局片区扶贫开发蔬菜产业项目	201104		7830	5878	3968
山西省浮山县恒宇农贸有限责任公司商贸一条街 1 号区建设项目	201207	201212	5000	5000	5000
山西省浮山县住建局垃圾处理厂	201009	201206	5000	5000	3000
山西省浮山县尧山水泥有限公司 120 万吨特种水泥	200807		10000	4381	0
山西省浮山县晋盛新型建筑材料有限公司年产 60 万平方米微晶玻璃板材	201202	201212	8750	8750	8750
山西省中强煤化有限公司年产 3 万吨活性炭	201102	201210	17060	17185	5776
山西中强煤化有限公司 300 万吨洗煤项目	201003		16000	6481	0
山西省中强福山煤业有限公司煤矿改造升级	201003	201210	52310	52310	7297
山西省中强煤化有限公司春山煤矿	200507		60000	49308	0
山西省浮山县文体广电新闻出版局文体活动中心	201101	201209	8000	8100	3365
山西省浮山县金贝汽车服务中心金贝汽车园	201007	201212	5163	5163	3771
山西省浮山县金玉矿业有限责任公司年产 1.5 亿块铁尾矿免烧砖	201208	201212	5100	5100	5100
山西省百恒粮油有限公司建厂	200611	201212	14000	14000	3770
山西省浮山县住建局怡馨花园	201007	201206	5380	5400	349
山西省浮山县天山凤凰生态园林开发有限公司千亩园林治理	200905	201210	20006	20006	8376
山西省浮山县中宝农业开发有限责任公司脱水果蔬及辣椒深加工	200903	201206	5300	5300	2100
山西省中强煤化有限公司集中供热(管网改造)	201111	201212	9800	9800	9320
山西省浮山县交通局街巷硬化	201204	201209	5485	5485	5485
山西省中强煤化有限公司年产 120 万吨焦化	201207		80000	10006	10006
山西顶吉食品开发有限公司年产 2 万吨果醋果酒深加工	201109		10000	6000	2240
山西省吉县商业总公司肉食糖酒改造一期工程	201203		8000	6500	6500
山西省吉县人祖山文化旅游文化旅游开发项目	201204		14000	12590	12590
山西省电力公司吉县供电支公司 110 千伏输变电建设项目	201203	201210	8500	8500	8500
山西省吉县交通运输局桃园至人祖山旅游公路建设	201204		12192	5800	5800
山西省吉县吉合热力供应公司县城集中供热工程	201203		6000	3000	3000
山西省吉县住房保障和城乡建设管理局祖师庙保障性住房建设	201205		8300	1400	1400
山西省吉县人祖山文化旅游开发有限公司人祖文化国际大厦	201203	201212	18000	18000	18000
山西省吉县昌盛煤业有限公司 160 万吨/年改造项目	201204		23000	12000	12000
山西省中石油煤层气有限责任公司临汾分公司地面集输工程	201202	201210	14000	14000	14000
山西省中石油煤层气有限责任公司临汾分公司明珠勘探钻井	201202	201210	8000	8000	8000
山西省中石油煤层气有限责任公司临汾分公司开发钻井	201202	201211	28000	28000	28000
山西省吉县霍州煤电集团大地煤业公司大地煤业桑峨矿井建设一期工程	201204	201212	9800	9800	9800
山西戎子酒庄有限公司职工住宅楼	201109		21128	9000	2900
山西省霍州煤电集团乡宁保鑫煤业有限公司 60 万吨改建	201106		30163	6447	0
山西省乡宁县城区热源厂热力供应	200906	201212	10115	9162	962

18—1 续表9

单位:万元

项目及项目名称	开工时间	投产时间	计划总投资	累计完成投资	2012年完成投资
山西乡宁焦煤集团王蟒沟煤业有限公司90万吨扩建	201204		52615	4343	4343
山西乡宁焦煤集团燕家河煤业有限公司60万吨改造	201111		37015	13629	7610
山西省乡宁县宏盛选煤有限公司400万吨洗煤厂	201009		9668	9539	713
山西华晋吉宁煤业有限责任公司300万吨扩建	201203		117551	63597	63597
山西华宁焦煤有限责任公司300万吨扩建	201203		93344	4908	4908
山西燃气产业集团有限公司煤层气管道工程临汾煤层气输气管道工程	201203		121311	88000	88000
山西煤炭运销集团金山煤业有限公司60万吨扩建	201109		48103	20040	8710
山西省霍州煤电集团乡宁昶元煤业有限公司60万吨扩建	201104		27042	16168	5007
山西中石化华东分公司非常规资源勘探开发指挥部煤层气勘探开发工程	201201		49000	28000	28000
山西省乡宁县西坡镇胡家岭村委王家沟移民新村	201103	201210	7338	7338	7338
山西乡宁焦煤集团富康源煤业有限公司120万吨矿井兼并重组建设项目	201207		65783	662	662
山西天润煤化集团德通煤业有限公司90万吨改建	201101		46573	30200	7200
山西省乡宁县昌宁镇营里村民委员会文家湾还迁小区	201207		7384	980	980
山西省乡宁县申南凹焦煤有限公司扩建120万吨矿井	200912		54000	27760	8000
山西乡宁焦煤集团通和煤业有限公司90万吨扩建	201109		46553	14627	7200
山西省乡宁县文体广电新闻出版局体育馆	201004		8034	7491	2887
山西乡宁焦煤集团东沟煤业有限公司60万吨原煤	201110		29963	10900	7900
山西省乡宁县平兴精煤有限公司180万吨精煤扩建	201203		9000	6900	6900
山西省乡宁县锦桥建材有限公司年产90万吨水泥粉磨	201203		6679	1420	1420
山西省乡宁县毛则渠煤炭有限公司90万吨扩建	201108		48992	27235	11000
山西保利裕丰煤业有限公司90万吨矿井扩建	201109		47355	14290	7960
山西乡宁焦煤集团延申岭煤业有限公司90万吨扩建	201204		35480	6664	6664
山西省乡宁县煤焦实业有限公司10万亩翅果油树木基地	200608		25860	19474	1213
山西霍州煤电集团乡宁沙坪煤业有限公司井巷工程改造	201101		5530	3638	0
山西省乡宁县云邱山旅游开发有限责任公司云邱山旅游开发二期工程	201202		14804	6744	6744
山西省乡宁县住房保障和城乡建设管理局粮食小区还迁房	201204		6290	2570	2570
山西省乡宁县凯达洗煤有限公司180万吨重介洗煤生产线	201203	201212	7000	7000	7000
山西华晋韩咀煤业有限责任公司300万吨扩建	201203		88819	15538	15538
山西省临吉高速乡宁互通连接线工程项目部临吉高速乡宁互通连接线工程	201205		14872	8650	8650
山西省乡宁县峰岭旅游开发有限责任公司峰岭景区建设项目	201007		9096	5650	0
山西省乡宁县谭坪提黄灌溉工程建设指挥部沿黄提水灌溉工程	201102		6199	4968	1965
山西省乡宁县住房保障和城乡建设局迎旭街续建工程	200907		8187	7650	2800
山西煤炭运销集团同富新煤业有限公司60万吨矿井扩建	201203		30783	5206	5206
中石油煤层气有限责任公司临汾分公司大宁区块地面建设项目	201202	201212	8200	8200	8200
中石油煤层气有限责任公司临汾分公司固井工程项目	201203	201212	8000	8000	8000
中石油煤层气有限责任公司临汾分公司大宁区块开发钻井项目	201204	201212	9800	9800	9800
山西省电网工程建设指挥部220千伏变电站建筑工程	201208		22560	11493	11493
山西省隰县住房保障和城乡建设管理局接官街保障性住房建设项目	201203	201211	7000	7000	7000
山西省隰县住房保障和城乡建设管理局堆银苑保障性住房建设项目	201203		5000	2800	2800
山西省隰县扶贫局农业综合治理项目	201204	201212	6165	6165	6165

18—1　续表 10

单位:万元

项目及项目名称	开工时间	投产时间	计划总投资	累计完成投资	2012年完成投资
山西省隰县机关事务管理局县城集中供气分输站建设项目	201203	201208	8620	8620	8620
山西省隰县机关事务管理局县城集中供气城市管网建设项目	201204	201209	5380	5380	5380
山西汾西正佳煤业有限责任公司90万吨矿井建设项目	201103	201209	44000	46220	20220
山西省隰县交通运输局乡镇街巷硬化项目	201205	201208	9318	9318	9318
山西省隰县机关事务管理局城市集中供热项目二期	201204	201210	5045	5045	5045
山西省隰县住房保障和城乡建设管理局西大街西延及西坡底旧城(棚户区)改造项目	201205	201211	9714	9714	9714
山西省临汾市煜佳合冶炼有限公司铸造生产线及机加工项目	201204		8500	2550	2550
山西省永和县粮油贸易总公司山西永和县美特好农产品存储加工配送中心	201209	201212	6450	6450	6450
山西省中海沃邦有限公司永和分公司煤层气开发利用项目	201204	201211	31000	31000	31000
山西省霍州煤电集团蒲县新乐煤业有限公司新乐煤业技术改造	201009		29853	21079	11747
山西潞安集团蒲县开拓煤业商贸有限公司整合矿井技术改造	201103		34462	9789	6589
山西省蒲县宏源煤业集团有限公司凤凰台扩建	201009		34156	9936	5843
山西省蒲县宏源煤业集团有限公司富家凹120万吨矿井建设	201009		39386	19339	10813
山西省蒲县城乡建设局蒲伊街改造	201205		16000	4500	4500
山西省蒲县中医院全民健康服务中心	201204		9624	3385	3385
山西煤炭进出口集团蒲县豹子沟煤业有限公司筹备处基建矿井	201101		55906	23448	17429
山西易恒天酒业有限公司易恒天白酒生产线项目二期	201203		5000	2150	2150
山西省蒲县城乡建设局北山公园	201205		6000	235	235
山西潞安集团蒲县黑龙关煤业商贸有限公司矿井改造	201101		61329	14066	8800
山西省蒲县城建局滨河大道	201107		13400	10770	5970
山西蒲县华胜煤业有限公司筹建处矿井改造	201012		53997	35870	20562
山西省蒲县伊田肥煤业有限公司伊田煤矿改造	201010		24242	20820	5620
山西省蒲县宏源煤业集团有限公司官庄河矿建	201009		31308	14705	7886
山西省蒲县宏源煤业集团有限公司北峪改建	201012		7300	6872	1302
山煤集团蒲县万家庄煤业有限公司筹备处基建矿井	201101		61870	27270	21136
山西潞安集团蒲县隰东煤业有限公司技术改造	201101		10299	9712	5308
山西省蒲县体育运动委员会蒲县奥林匹克体育中心	201102		7880	7570	5170
山西潞安集团蒲县黑龙煤业有限公司矿井改造	201102		67176	31455	24766
山西蒲县兰花焦煤有限公司矿井扩建	201103		24388	17913	12391
山西省蒲县新建高中工程指挥部新建高中	201109		9801	7830	5750
山西省蒲县超腾供热有限公司供暖工程	201108		5300	1230	0
山西煤炭运销集团蒲县昊兴塬煤业有限公司项目建设筹备组矿井改造	201106		16000	10150	9250
山西省蒲县交通局临午线荆坡村-蒲城工业园区连接线	201206		6206	4950	4950
山西潞安集团蒲县后堡煤业商贸有限公司矿井技术改造	201101		36904	21304	12600
山西潞安集团蒲县常兴煤业有限公司常兴煤业基建	201105		48020	23485	11886
山西省蒲县锦绣大桥工程指挥部锦绣大桥改造工程	201201		6304	5200	5200
山西潞安集团蒲县新良友煤业有限公司新良友煤矿改造	201009	201209	26065	26065	8520
山西省蒲县赢晟园铸造有限公司赢晟园铸造项目	201103		5100	900	0
山西省汾西县交通运输局农村街巷硬化工程	201206	201209	8300	8300	8300
山西省汾西县公路管理段店头到瓦窑圪塔公路建设	201206	201211	11000	11000	11000

18—1 续表 11

单位:万元

项目及项目名称	开工时间	投产时间	计划总投资	累计完成投资	2012年完成投资
山西省银源开煤炭地下气化科技有限公司临汾分公司煤层气开发	201109	201209	28000	28000	18400
山西万源汇科技开发有限公司汾西分公司新建沙棘育种良繁基地及深加工项目	201209		15000	9800	9800
山西省嘉阳煤矿嘉阳煤矿技改项目	201206	201206	8000	8000	8000
山西省汾西县洪昌养殖有限责任公司鸡场建设	201206	201212	28800	26000	26000
山西省住房保障和建设管理局临洮线汾西城区段拓宽改造项目	201205	201212	9000	9000	9000
山西省汾西县扶贫局养鸡厂建设	201106		7958	7370	2970
山西省汾西县交通运输局高速引线	201111		47177	41400	27600
山西方略保税物流中心有限公司易地扩建项目	201201		98000	78000	78000
山西省侯马市人民医院易地扩建项目	201012	201209	22000	22000	6413
山西海达投资发展有限公司高新技术孵化中心项目	200912	201206	35000	35000	10000
山西省侯马市交通运输局农村街巷硬化改造	201201		7324	5800	5800
山西旺龙药业集团有限公司医药产业园项目	201109		26000	12240	10240
山西省侯马市通盛集团益通天燃气有限公司乡镇天然气供暖项目	201105	201206	9513	9513	4513
山西省侯马物流中心侯马公路枢纽货运中心			30000	900	0
山西惠建电子有限公司液晶显示器、一体机	201201		20000	17000	17000
山西省侯马北方轻工城置业有限公司基础设施配套	201203	201206	5000	5000	5000
山西德邦橡胶制品有限公司年产450万平方米橡胶输送带技改项目	201202	201208	9000	9000	9000
山西省侯马市彭真故居扩建建设工程指挥部彭真故居扩建工程	201110	201208	7746	7746	6246
山西兴业钢铁炉料有限责任公司年产30万吨废钢铁加工配送循环利用项目	201012	201212	50000	50000	22000
山西华强钢铁有限公司高炉改造	201203	201208	12230	12230	12230
山西省侯马市威创动力机械有限公司年产15万吨铸造机加项目	201205	201212	16000	16000	16000
山西漳泽电力股份有限公司侯马热力分公司2*300MW热电联产工程	201010		286853	123106	0
山西省侯马市绿康源农业科技中心百万蛋鸡高新科技产业化养殖基地	201201	201206	12850	12850	12850
山西模范机械制造有限公司年产50万吨铸件项目	201205	201212	28474	28474	28474
山西省侯马市住房保障和城乡建设管理局财富大道住宅小区	201201	201212	15000	15000	15000
山西省侯马市众合特种钢有限公司年产1.5万吨电渣重熔特种钢	201201	201209	15000	15000	15000
山西省侯马经济开发区志盛新能源有限公司太阳能电池组件	201201	201209	6000	6000	6000
山西省侯马市住房保障和城乡建设管理局新田广场住宅小区	201201	201212	20450	20450	20450
山西省侯马市燕梦科技有限公司君鸿大酒店	200906	201212	8000	8000	8000
山西霍州煤电集团有限公司新乐技改	201205		29523	27387	27387
山西省霍州煤电集团有限责任公司曹村矿技改	201204	201210	7868	8050	8050
山西霍州煤电集团有限责任公司矿区煤矿技改	201202	201211	45000	46162	46162
山西省电力公司霍州支公司霍北220千伏输变电工程	201202	201210	14980	15215	15215
山西省霍州煤电集团有限责任公司团柏矿技改	201204	201211	8675	9107	9107
山西省霍州市粮食局辛置文化广场	201202	201212	9500	9700	9700
山西省霍州煤电集团有限责任公司李雅庄洗煤厂	201203	201212	17000	17000	17000
山西煤电集团有限责任公司丰裕煤业技改项目	201207		26742	20931	20931
山西省霍州市农业局日光温室建设	201205	201211	5600	5626	5626
山西省霍州市住房保障和城乡建设管理局开元盛典	201202	201209	7000	7010	7010
山西省霍州市交通局农村街巷硬化全覆盖工程	201203	201210	8240	8240	8240

18—1　续表 12

单位:万元

项目及项目名称	开工时间	投产时间	计划总投资	累计完成投资	2012 年完成投资
山西省霍州市住房保障和城乡建设局铁道兵营盘棚户区改造项目	201204		15000	10900	10900
山西省霍州市华怡商场扩建工程	201204	201212	5600	5856	5856
山西省霍州煤电集团有限责任公司水电公司技改项目	201204	201210	9600	9657	9657
山西省霍州市教育局职教中心工程	201204		9895	4440	4440
山西省霍州市辛置镇宏鑫搅拌站	201202	201212	9600	9750	9750
山西省霍州市住建局西张小区建设工程	201202	201212	5695	5826	5826
山西省涧河煤业有限公司力拓煤业综采技改项目	201107	201212	45222	45700	32900
山西霍州煤电集团有限责任公司张端技改项目	201204	201212	40486	40486	40486
山西省煤电集团有限责任公司棚户区改造项目	201206	201212	25957	25957	25957
山西省霍州市水利局汾河治理与生态修复工程	201209		15752	9310	9310
山西霍州煤电集团有限责任公司兴盛元煤矿技改项目	201202	201212	39000	39000	39000
山西省霍州市水利局南涧河高速桥至贾村段河道治理工程	201106		9852	6000	3000
山西省霍州市林溪晋茶精品酒店有限责任公司商贸服务基础设施扩建	201202		9000	6010	6010
山西省霍州煤电集团有限责任公司棚户区工程	201103	201209	39780	40733	8405
山西省霍州煤电集团有限责任公司沉陷区治理	201202		49000	42217	42217
山西省霍州煤电集团有限责任公司辛置煤矿技改项目	201204	201211	9878	9993	9993
山西霍州煤电集团有限责任公司亿隆技改项目	201203	201212	32940	32940	32940
山西省霍州市开元办东关居委会东关城中村建设工程	201204		24316	16804	16804
山西省霍州市城市建设工程项目开发中心霍东大道市政配套工程	201105	201212	5933	5976	4876
山西省霍州市房产管理局安民馨苑廉租住房建设项目	200909		5000	4900	1800
山西天然气股份有限公司焦炉煤气提氢－天然气综合液化项目	201204		15000	14310	14310
山西兆光发电有限责任公司热电联产供热技改项目	201103	201210	9660	9660	4552
山西省霍州市辛置镇南下庄村南下庄安居小区工程	201202	201211	8500	8810	8810
山西省霍州市外事旅游局中镇霍山七里峪景区入口片区入口引导区	201203	201210	5000	5312	5312
山西省霍州市建设局白龙商贸城工程	201001	201212	13600	13910	5890
山西省霍州市住建局江湾御景小区项目	201203	201212	9800	9950	9950
山西省霍州市住房保障和城乡建设管理局老府堡城市棚户区改造项目	201204		26000	17760	17760
山西霍州煤电集团有限责任总医院工程	201202	201212	9500	9810	9810
山西煤电集团有限责任公司煤矿整合扩建工程	201203	201209	8500	8791	8791
山西省霍州市大张镇大张村大张碧泉游乐场开发建设工程	201202	201211	8000	8180	8180
山西省煤电集团有限责任公司紫晟煤业技改项目	201207	201212	28192	28192	28192
山西省霍州市退沙街道办事处文笔塔绿色庄园	200906	201211	6000	6105	2405
山西省煤电集团有限责任公司	201206		40000	32206	32206
山西省霍州发电厂 2 * 60 万千瓦发电“以大代小”项目	200910	201212	472231	472231	24107
山西省霍州市化学工业有限责任公司节水技改项目	201201		5230	4450	4450
山西省霍州市住房保障和城乡建设管理局中镇中际花园	201212		40000	5600	5600
山西省霍州市住房保障和城乡建设管理局西张棚户区改造	201206		15000	9800	9800
山西省煤电集团有限责任公司腾晖煤业技改项目	201204		25564	21400	21400
山西省煤电集团有限责任公司海圣煤业技改项目	201206		20532	13200	13200
山西省煤电集团有限责任公司五星煤业技改项目	201208		19000	13600	13600

18—2 具有资质等级的房地产开发企业一览表

单位:万元

企业名称	当年完成投资	
	2012	2011
临汾平阳房地产开发有限公司	26801	38832
山西远洋房地产开发有限公司	23417	24200
山西信诺房地产开发有限公司	23228	1245
临汾茂杰房地产开发有限公司	22420	4759
临汾展源房地产开发有限公司	22407	
临汾瑞亿房地产开发有限公司	20708	
襄汾县浩琨房地产开发有限责任公司	17520	6716
襄汾县光大绿地房地产开发有限公司	16500	
临汾市融和置地房地产开发有限公司	16312	3000
临汾市金润房地产开发有限公司	16190	5000
临汾市紫旌房地产开发有限公司	16098	10865
襄汾县龙和房地产有限责任公司	13981	9223
山西仲雅苑房地产开发有限公司	13832	
侯马市通盛集团惠泽房地产开发有限公司	13710	9057
临汾五洲城建开发有限公司	13332	20697
侯马市房地产开发总公司	11537	342
临汾市金唐房地产开发有限公司	11380	
山西恒富煤化集团恒悦房地产开发有限公司	10346	
临汾亚太房地产开发有限公司	10256	9232
临汾市恒安房地产开发有限公司	10096	20183
侯马经济技术开发区仁和房地产开发有限公司	9889	212
侯马市凯强房地产开发有限公司	9643	
隰县天元房地产开发有限公司	9256	
临汾市金海湾房地产开发有限公司	8702	7444
山西永华房地产开发有限公司	8600	
临汾市鸿安世纪房地产开发有限公司	8530	9860
侯马经济技术开发区艺轩房地产开发有限公司	8000	3200
山西融辉房地产开发有限公司	7818	
山西通涛房地产开发有限公司	7721	17280
临汾广奇房地产开发有限公司	7621	
临汾市恒瑞业房地产开发有限公司	7477	
临汾通力房地产开发有限公司	7200	180
临汾市金华房地产开发有限公司	7200	
侯马市勇杰房地产开发有限公司	6500	4400
山西多力多房地产开发有限公司	6400	2599
山西利群房地产开发有限公司	6210	
临汾市盛年置业房地产开发有限公司	5800	
临汾市尧隆房地产开发有限公司	5300	5649
临汾市城投金科房地产开发有限公司	5000	
霍州煤电集团云厦房地产开发有限公司	4961	5619
临汾市金洋州房地产开发有限公司	4840	4671
襄汾县鑫盛源房地产开发有限公司	4500	
山西正基房地产开发有限公司	4425	4651
山西锦茂房地产开发有限公司	4300	
洪洞县同鑫城市建设项目管理有限公司	4117	1220
山西宏大宇房地产开发有限公司	4070	
临汾市博恒房地产开发有限公司	3901	2670
洪洞县恒昌房地产开发有限公司	3630	

18—2 续表

单位:万元

企业名称	当年完成投资	
	2012	2011
临汾力基房地产开发有限公司	3480	2750
临汾同世达房地产开发有限公司	3276	5200
洪洞县连三房地产开发有限公司	3194	1550
临汾市绿岛房地产开发有限公司	3032	12095
曲沃县恒源房地产开发有限公司	3000	
临汾市宏洲房地产开发有限公司	2184	1859
霍州市华怡房地产开发有限责任公司	2100	3660
侯马普天众恒房地产开发有限公司	2042	256
山西源宏房地产开发有限公司	1933	12011
侯马经济技术开发区中大房地产开发有限公司	1870	3744
山西范融房地产开发有限公司	1512	
临汾拓美房地产开发有限公司	1494	1430
临汾市富安房地产开发有限公司	1490	5060
临汾市岐东房地产开发有限公司	1483	6176
临汾康桥房地产开发有限公司	1345	9833
浮山县房地产开发公司	1247	1115
临汾市迎泰房地产开发有限公司	1200	
临汾市洋洲房地产开发有限公司	1136	2879
侯马市阳光置业房地产开发有限公司	1050	1050
临汾宇宁房地产开发有限公司	930	7895
临汾华融房地产开发有限公司	920	839
侯马市昊星房地产开发有限公司	677	783
临汾众合兴房地产开发有限公司	610	3371
临汾市新世纪房地产开发有限公司	470	
山西庆丰置业开发集团有限公司	449	153
临汾市朝暾房地产开发有限公司	365	465
山西宝泓房地产开发有限公司	364	600
侯马经济技术开发区泽宇房地产开发有限公司	300	1036
山西省翼城县北关村农工贸总公司房地产开发中心	300	475
洪洞县晋亨荟严开发有限公司	195	1415
侯马市康城房地产开发有限公司	100	142
临汾金圣房地产开发有限公司	99	4470
侯马市华翔房地产开发有限公司	69	1550
曲沃县贵苑房地产开发有限公司	48	42
临汾市派德森房地产开发有限公司		20026
侯马市新世界房地产开发有限责任公司		6130
临汾市惠信振业房地产开发有限公司		5090
临汾市尧都区创亿房地产开发有限公司		4364
山西新盛房地产开发有限公司		3027
山西陆尔发房地产开发有限公司		2000
洪洞县弘淦房地产开发有限公司		1943
曲沃县馥裕房地产开发有限公司		1368
侯马市宏诚房地产开发有限公司		944
霍州市天悦房地产开发有限责任公司		880
洪洞县业成房地产开发有限公司		600
山西康泰房地产开发有限公司		315
霍州市大地华城房地产开发有限公司		210
临汾市敏业房地产开发有限公司		67

18—3 规模以上工业企业

企业名称	企业规模	隶属关系
霍州煤电集团有限责任公司	大型	省属
山西立恒钢铁股份有限公司	大型	其他
山西焦化集团有限公司	大型	省属
太钢集团临汾钢铁有限公司	大型	省属
酒钢集团翼城钢铁有限责任公司	大型	省属
山西三维集团股份有限公司	大型	省属
山西新临钢钢铁有限公司	大型	省属
山西通才工贸有限公司	大型	其他
襄汾县星原钢铁集团有限公司	大型	其他
侯马北铜铜业有限公司	大型	省属
山西汾河焦煤股份有限公司	大型	省属
襄汾县新金山特钢有限公司	大型	其他
山西兆光有限责任公司	中型	省属
山西建邦集团铸造有限公司	中型	其他
山西省翼城城东钢铁有限责任公司	中型	其他
临汾万鑫达焦化有限责任公司	大型	其他
山西光大焦化气源有限公司	大型	其他
山西平阳重工机械有限责任公司	大型	中央
蒲县宏源煤业集团有限公司	中型	其他
临汾志强钢铁有限公司	大型	其他
山西春雷铜材有限责任公司	中型	中央
山西永鑫煤焦化有限责任公司	大型	其他
山西华宁焦煤有限责任公司	中型	中央
山西中升钢铁有限公司	大型	其他
曲沃县闽光焦化有限责任公司	中型	省属
古县利达焦化有限公司	中型	其他
山西寰达实业有限责任公司	中型	其他
山西霍宝干河煤矿有限公司	大型	省属
山西同世达煤化工集团有限公司	大型	其他
山西玉和泰煤业有限公司	大型	县属
山西大唐国际临汾热电有限责任公司	小型	中央
临汾四通焦化有限公司	大型	省属
山西安泽玉华煤业有限公司	中型	县属
安徽省皖北煤电集团临汾天煜能源发展有限公司	中型	省属
安泽县风山选煤厂	小型	其他
山西翼城首旺煤业有限责任公司	中型	省属
山西太岳焦化有限公司	中型	其他

注:1、本表按年主营业务收入从大到小排序;2、霍州煤电集团为集团数据,包括汾河焦煤等二级法人。

主要经济指标(2012 年)

单位:万元

企业控股情况	工业总产值	主营业务收入	资产总计	全年从业人员年平均人数(人)
国有控股	1493826	1919275	3542081	47215
私人控股	1444934	1410302	1324480	11125
国有控股	578608	1094229	940243	7199
国有控股	526454	806208	283673	6248
国有控股	774564	793374	247789	2480
国有控股	373672	703822	718279	2903
国有控股	552310	545251	216394	2752
私人控股	521889	487882	591361	2193
私人控股	387746	396651	220302	2200
国有控股	337623	316395	70304	1005
国有控股	301645	299158	466462	8436
私人控股	279713	279753	126900	1817
国有控股	278107	276568	657571	629
私人控股	288867	275955	148771	830
私人控股	260879	260879	31247	670
私人控股	244642	231899	392622	1898
私人控股	218592	230100	169556	1380
国有控股	244465	207543	443754	3435
私人控股	260718	186652	602409	522
私人控股	170114	165833	105242	1220
国有控股	167660	161508	98703	973
私人控股	166939	160524	366996	1864
国有控股	157826	151729	92174	926
私人控股	161763	148690	81524	781
国有控股	135144	140326	91135	803
私人控股	67179	131332	125446	668
私人控股	137085	125495	31768	301
国有控股	124991	122907	248485	1358
私人控股	128888	120224	233208	1404
集体控股	119052	115224	73628	1010
国有控股	113870	113870	272260	243
国有控股	112905	102201	115272	1620
私人控股	113263	102148	135459	471
国有控股	123017	99560	174865	535
私人控股	101700	89184	12519	64
国有控股	94857	89074	95546	856
私人控股	85289	85886	55238	641

18—3 续

企业名称	企业规模	隶属关系
山西华强钢铁有限公司	中 型	其 他
古县正泰煤气化有限公司	中 型	其 他
中国国电集团公司霍州发电厂	大 型	中 央
山西远中焦化有限公司	中 型	其 他
山西恒富煤化集团有限公司	中 型	其 他
翼城县宏信冶金技术有限公司	小 型	其 他
古县华东煤化有限公司	小 型	其 他
山西安鑫煤业有限公司	大 型	其 他
襄汾县众泰冶炼实业有限公司	中 型	其 他
山西省乡宁县地方国营台头煤矿	大 型	县 属
山西省襄汾县宏源煤焦化工有限公司	中 型	其 他
襄汾县鸿达钢铁集团有限公司	中 型	其 他
临汾顺泰实业有限公司	中 型	其 他
古县晋豫焦化有限公司	中 型	其 他
古县东方洗煤厂	小 型	其 他
翼城县亿通铸业有限公司	中 型	其 他
山西乡宁焦煤集团台头煤焦有限责任公司	大 型	县 属
翼城县飞翔铸管有限公司	大 型	其 他
翼城县创新冶炼有限责任公司	小 型	其 他
洪洞县赵城孙堡振兴煤化厂	小 型	其 他
山西华翔投资有限公司	大 型	其 他
洪洞县陆合煜明洗煤有限责任公司	小 型	其 他
洪洞县好义福利煤焦厂	小 型	村委会
襄汾县强盛铁合金厂	中 型	其 他
洪洞县赵城镇明达洗煤厂	小 型	其 他
霍州煤电集团辛置实业有限公司	中 型	省 属
洪洞县鸿淇煤化有限责任公司	小 型	其 他
襄汾县大邓永吉选矿厂	小 型	其 他
襄汾县金峰铁矿	小 型	其 他
洪洞县双益选煤厂	小 型	其 他
晋源实业有限公司	中 型	其 他
洪洞县富晟园洗煤有限公司	小 型	其 他
隆水实业集团有限公司	中 型	其 他
洪洞县泽宇洗煤厂	小 型	其 他
洪洞县虎头山洗煤厂	小 型	其 他
霍州市锦兴煤业有限公司	小 型	其 他
洪洞县鼎鑫洗煤有限责任公司	小 型	其 他

表1

单位:万元

企业控股情况	工业总产值	主营业务收入	资产总计	全年从业人员年平均人数（人）
私人控股	85974	83092	38776	423
私人控股	80568	82568	44123	594
国有控股	85658	81360	457228	1243
私人控股	78400	77728	32113	596
私人控股	66487	76880	237584	781
私人控股	73560	76755	6854	255
私人控股	76331	75511	6403	139
私人控股	86105	75101	320594	2000
私人控股	82094	72910	20894	465
国有控股	80036	72495	156489	1944
私人控股	72031	72402	44527	315
私人控股	79261	68351	57436	640
私人控股	79067	68093	91924	595
私人控股	66493	65496	46865	478
私人控股	65249	63812	49977	76
私人控股	63758	63758	20756	513
国有控股	64369	62043	47118	1756
私人控股	89844	61852	25780	760
私人控股	60255	61303	9533	730
私人控股	60496	60496	2033	164
私人控股	71337	60452	116764	1050
私人控股	60192	60192	5479	155
集体控股	60100	60100	8006	156
私人控股	60457	59665	18726	358
私人控股	58968	58968	2662	160
集体控股	50847	58623	22625	769
私人控股	58286	58286	2590	150
私人控股	58256	58256	3461	40
私人控股	58213	58213	1027	45
私人控股	57563	57563	2922	156
私人控股	83218	56864	32384	600
私人控股	56324	56324	6225	95
私人控股	76602	55640	64548	838
私人控股	55282	55282	1752	85
私人控股	55099	55099	2525	53
私人控股	54705	54705	2137	286
私人控股	54526	54526	3128	156

18—3 续

企业名称	企业规模	隶属关系
霍州市泓源煤业有限公司	小 型	县 属
洪洞县鑫基福利焦化厂	小 型	村委会
洪洞县远泰福利洗煤厂	小 型	村委会
洪洞县铭瑞煤化厂	小 型	村委会
洪洞县赵城康福洗煤厂	小 型	其 他
洪洞县诚信洗煤厂	小 型	其 他
山西乡宁焦煤集团神角煤业有限公司	中 型	县 属
安泽县东宝洗煤厂	小 型	其 他
襄汾县新兴冶炼有限公司	中 型	其 他
霍州市宝峰煤业有限公司	小 型	其 他
洪洞县蕾盛精煤厂	小 型	其 他
洪洞县远华洗煤厂	小 型	村委会
洪洞县鸿立选煤厂	小 型	其 他
洪洞县万森源煤化有限公司	小 型	其 他
古县金翔龙煤业有限责任公司	小 型	其 他
洪洞县赵城昭阳洗煤厂	小 型	其 他
襄汾县陶寺祺祥选矿厂	小 型	其 他
洪洞县兴泰选煤有限公司	小 型	其 他
古县宇安煤业有限责任公司	小 型	其 他
洪洞县佳源洗煤有限公司	小 型	其 他
山西励鑫钢铁有限责任公司	中 型	其 他
洪洞县龙泽选煤厂	小 型	其 他
大同煤矿集团临汾宏大矿业有限责任公司	大 型	省 属
古县飞龙煤化有限公司	小 型	省 属
襄汾县晋华焦铁有限公司	中 型	其 他
汾西县煤气化有限责任公司	中 型	市 属
霍州市昶隆选煤有限公司	小 型	其 他
山西省霍州市化学工业有限责任公司	中 型	其 他
洪洞县腾跃煤化有限公司	小 型	其 他
霍州中冶焦化有限责任公司	中 型	省 属
襄汾县陶临铁矿	微 型	其 他
山西华晋韩咀煤业有限责任公司	中 型	中 央
山西乡宁焦煤集团毛则渠煤炭有限公司	中 型	县 属
临汾晋能焦化有限公司	中 型	其 他
山西华翔同创铸造有限公司	中 型	其 他
山西乡宁焦煤集团申南凹焦煤有限公司	大 型	县 属
襄汾县万鑫原焦化有限公司	中 型	其 他

表2

单位:万元

企业控股情况	工业总产值	主营业务收入	资产总计	全年从业人员年平均人数（人）
国有控股	54460	54460	7933	55
集体控股	54291	54291	4673	90
集体控股	54203	54203	2103	86
集体控股	54121	54121	1016	93
私人控股	53978	53978	3525	130
私人控股	53971	53971	5987	150
国有控股	54257	53572	44392	694
私人控股	69725	53331	4137	48
私人控股	55135	53159	14280	420
私人控股	52948	52948	1686	284
私人控股	52923	52923	2280	45
集体控股	52529	52529	2595	160
私人控股	51859	51859	2884	101
私人控股	51809	51809	2795	142
私人控股	51791	51791	16216	100
私人控股	51791	51791	1763	35
私人控股	51742	51742	2516	35
私人控股	51554	51554	816	45
私人控股	52298	51183	21925	47
私人控股	51034	51034	2957	55
私人控股	51354	50741	38444	405
私人控股	50139	50139	2928	155
国有控股	59361	49060	169409	2187
国有控股	48057	48902	26501	296
私人控股	50165	48263	36350	560
国有控股	52330	47496	81771	548
私人控股	46946	46946	8026	65
私人控股	48321	46568	43206	751
私人控股	45522	45522	3402	54
国有控股	46480	45447	45027	668
集体控股	45231	44799	432	18
国有控股	44465	43911	120416	304
国有控股	49505	43764	227569	870
私人控股	49972	43487	51584	418
其　他	41086	43393	40044	554
国有控股	47771	42804	115383	1320
私人控股	77102	42488	43375	700

18—3 续

企业名称	企业规模	隶属关系
山西风雷钻具有限公司	大 型	中 央
山西华晋明珠煤业有限责任公司	中 型	县 属
山西宏强煤焦集团有限公司	中 型	其 他
乡宁县光华福利洗煤厂	小 型	村委会
古县锦华焦化有限公司	中 型	其 他
襄汾县腾达焦化厂	中 型	其 他
山西乡宁乌泥沟煤业有限公司	小 型	其 他
汾西县鑫鑫洗煤厂	小 型	其 他
安泽县通祥洗煤厂	微 型	其 他
翼城县钰烨铸造有限公司	中 型	其 他
山西蔺润煤业有限公司	中 型	其 他
翼城县永欣铸造有限公司	小 型	其 他
洪洞县卫程选煤有限公司	小 型	其 他
霍州市春源煤化厂	微 型	其 他
山西海姿焦化有限公司	中 型	其 他
洪洞县泓宇煤业有限责任公司	小 型	其 他
临汾乾升源洗煤有限公司	小 型	其 他
翼城县华煜离心球墨铸管有限责任公司	中 型	其 他
山西省蒲县开拓煤焦有限责任公司	小 型	乡 属
山西云鹏制药有限公司	中 型	其 他
霍州市汇银煤化厂	微 型	其 他
山西临汾尧都一平垣什一林煤矿有限公司	中 型	省 属
山西古县老母坡煤业有限公司	中 型	省 属
古县正大洗煤厂	小 型	其 他
山西永昌源煤气焦化集团有限公司	中 型	其 他
山西中条山新型建材有限公司	中 型	省 属
山西蒲县宏源集团郭家山煤业商贸有限公司	小 型	其 他
霍州市万达洗煤厂	微 型	其 他
古县宝丰焦化有限公司	中 型	其 他
洪洞华清煤焦化学有限公司	中 型	其 他
山西建滔万鑫达化工有限责任公司	中 型	其 他
乡宁县台头镇万盛源洗煤有限公司	小 型	其 他
翼城县振丰机械制造有限公司	中 型	其 他
山西煤炭运销集团吉县盛平煤业有限公司	中 型	省 属
蒲县众鑫煤焦铁有限公司	小 型	其 他
洪洞县赵城浩瀚洗煤厂	小 型	其 他
翼城县大众饲料有限公司	中 型	其 他

表3

单位:万元

企业控股情况	工业总产值	主营业务收入	资产总计	全年从业人员年平均人数（人）
国有控股	37590	42099	136311	1036
国有控股	56702	41874	78004	785
私人控股	51576	41715	61061	830
集体控股	24486	41386	5294	71
私人控股	40292	39893	24849	370
私人控股	70454	39306	31148	470
私人控股	32971	38357	54743	402
私人控股	36531	38179	9459	68
私人控股	38559	38015	2527	18
私人控股	46180	37960	27593	250
私人控股	37833	37833	56452	410
私人控股	34818	37744	9793	175
私人控股	37422	37422	3703	71
私人控股	37277	37071	4726	0
其　他	40170	36967	63882	555
私人控股	36966	36966	983	42
私人控股	33683	36826	19917	136
私人控股	48717	36750	23045	360
其　他	37461	36374	8827	70
私人控股	36106	35347	11269	320
私人控股	34898	34898	4026	0
国有控股	34986	34469	24859	499
私人控股	35214	34352	52901	486
私人控股	35730	34336	1201	50
私人控股	29996	34260	45525	668
国有控股	33141	34031	51388	402
私人控股	42129	33967	34437	226
私人控股	33823	33823	3456	0
私人控股	34183	33764	13862	328
私人控股	28211	33272	68739	495
港澳台商控股	33046	32727	61760	449
私人控股	32936	32215	9111	47
其　他	32051	32051	7587	495
国有控股	56770	31335	50571	863
私人控股	44619	31172	5952	50
私人控股	30447	30447	1904	67
私人控股	14515	30389	38102	280

18—3 续

企业名称	企业规模	隶属关系
古县安安煤化有限公司	小 型	其 他
霍州煤电集团李雅庄工贸有限公司	中 型	省 属
乡宁县城关营里福利洗煤厂	小 型	乡 属
山西贾罕世纪洗煤有限公司	小 型	其 他
霍州煤电集团煤化多种经营公司	中 型	省 属
汾西县朝阳食品有限责任公司	中 型	其 他
山西古县晋辽柳沟煤业有限公司	中 型	省 属
襄汾县福康铸造有限责任公司	小 型	其 他
浮山县康达冶炼有限公司	小 型	其 他
山西乡宁隆博煤业有限公司	中 型	其 他
山西乡宁瑞政煤业有限公司	小 型	县 属
浮山县三利矿业有限公司	小 型	其 他
浮山县北峰选矿厂有限责任公司	小 型	其 他
汾西县朝阳农牧有限责任公司	小 型	其 他
洪洞县段家山洗煤厂	小 型	其 他
洪洞县昕海煤化有限公司	小 型	其 他
山西蒲县蛤蟆沟煤业有限公司	中 型	其 他
浮山县圣鑫选矿厂	小 型	其 他
山西省乡宁县宏鑫洗煤厂	小 型	其 他
浮山县新华选矿厂	小 型	其 他
山西金尧焦化有限公司	中 型	县 属
山西东诚钢铁有限公司	中 型	其 他
浮山县盛鑫选矿厂	小 型	其 他
浮山县怀明选矿厂	小 型	其 他
霍州市陈文军洗煤厂	小 型	其 他
蒲县金浩轩洗煤有限责任公司	小 型	其 他
临汾市尧都区泰华冶炼厂	小 型	其 他
浮山县烜通选矿有限公司	小 型	其 他
浮山县贯里东沟铁矿	小 型	其 他
浮山县国明选矿厂	小 型	其 他
山西省浮山县尧浮选矿厂	小 型	其 他
山西省泓翔煤业有限公司	中 型	其 他
山西潞安集团蒲县常兴煤业有限公司	中 型	省 属
浮山县集成行选矿总厂	小 型	县 属
山西锦城铁业有限公司	小 型	其 他
山西鸿丰达铸业有限公司	小 型	其 他
山西临汾染化(集团)有限责任公司	中 型	市 属

表4

单位:万元

企业控股情况	工业总产值	主营业务收入	资产总计	全年从业人员年平均人数(人)
私人控股	29933	29933	14432	107
集体控股	29592	29768	10455	650
集体控股	29682	29061	1578	45
私人控股	30304	28966	8102	85
集体控股	28905	28890	14137	688
私人控股	29806	28414	1513	518
国有控股	27621	27482	112708	850
私人控股	30208	27340	2868	135
私人控股	31914	27226	25561	145
私人控股	37503	27136	41816	630
国有控股	29401	27049	55844	409
私人控股	30142	26614	10527	72
私人控股	31040	26521	4246	88
私人控股	26265	26519	1640	91
私人控股	25966	25966	1388	35
私人控股	25100	25101	7325	85
私人控股	49228	25023	56016	405
私人控股	28224	24937	6240	114
私人控股	25308	24646	1977	34
私人控股	27164	24013	4526	84
国有控股	19763	23994	21363	339
私人控股	27271	23837	19162	375
私人控股	23837	23716	4031	65
私人控股	26169	23621	2667	70
私人控股	23488	23488	556	60
私人控股	32570	23425	5903	42
私人控股	27128	23345	20622	278
私人控股	25741	23103	9335	92
私人控股	25627	22631	752	77
私人控股	25634	22514	2511	72
私人控股	23851	22261	2073	79
私人控股	26792	22176	105585	531
国有控股	27464	22084	39401	432
集体控股	24407	21357	807	65
私人控股	25352	21323	1388	147
私人控股	17997	21251	5976	287
国有控股	16961	21221	32118	1001

18—3 续

企业名称	企业规模	隶属关系
山西华德冶铸有限公司	中 型	其 他
襄汾县龙腾达化工有限公司	小 型	其 他
浮山县地方国营圪塔岭金矿	小 型	县 属
山西汤荣机械制造股份有限公司	中 型	市 属
浮山县地方国营北峰铁矿	小 型	县 属
襄汾县鑫盛冶炼有限公司	小 型	其 他
洪洞县永丰洗煤厂	小 型	村委会
襄汾县成功焦化有限公司	小 型	其 他
翼城县钰丰铸造有限公司	小 型	其 他
山西临汾热电有限公司	小 型	中 央
古县鑫源选煤有限公司	小 型	其 他
山西森润煤化有限公司	小 型	其 他
山西光宇半导体照明股份有限公司	中 型	其 他
古县古阳镇金堆村鑫鑫选煤厂	小 型	其 他
蒲县吴锦煤业有限责任公司	小 型	其 他
国营山西锻造厂	中 型	中 央
浮山县天顺地宝铁矿有限公司	小 型	其 他
山西同世达煤化工集团隆顺焦铁有限公司	中 型	其 他
乡宁呈祥洗煤有限责任公司	小 型	其 他
山西古县晋辽下辛佛煤业有限公司	中 型	省 属
古县嬴通煤业有限公司	小 型	其 他
浮山县南畔东沟铁矿有限公司	小 型	其 他
霍州煤电集团团柏多种经营公司	中 型	省 属
霍州煤电集团白龙多种经营公司	中 型	省 属
曲沃县民政福利企业有限公司	中 型	其 他
洪洞县光荣福利煤焦厂	小 型	村委会
浮山县晋盛选矿有限责任公司	小 型	其 他
阳泉煤业集团安泽登茂通煤业有限公司	中 型	省 属
古县永航选煤有限公司	小 型	其 他
山西盛格特太阳能科技有限公司	小 型	其 他
山西蒲县北峪煤业有限公司	小 型	其 他
临汾威顿水泥有限责任公司	小 型	其 他
洪洞县浩泰选煤有限公司	小 型	其 他
临汾市巨腾洗煤有限公司	小 型	其 他
山西森润铸造焦有限公司	小 型	其 他
山西安吉欣源煤业有限公司	中 型	其 他
山西天美食品有限公司	小 型	其 他

表5

单位:万元

企业控股情况	工业总产值	主营业务收入	资产总计	全年从业人员年平均人数(人)
其　他	24954	21188	12491	442
私人控股	20430	21093	12157	200
国有控股	24456	20945	912	75
其　他	20917	20858	35924	909
国有控股	21683	20683	9823	242
私人控股	21182	20552	27979	177
集体控股	20364	20364	3311	30
私人控股	19320	20220	8099	276
私人控股	9952	19951	4422	158
国有控股	19738	19738	278532	236
私人控股	19646	19428	8594	33
私人控股	4512	19269	53623	200
私人控股	19905	19204	27801	420
私人控股	19331	18644	6824	60
私人控股	13981	18371	3488	36
国有控股	17800	18227	32175	1055
私人控股	21641	18201	3440	115
私人控股	19447	18201	51528	477
私人控股	21474	18190	3375	45
国有控股	16930	18051	90845	857
私人控股	18294	17898	5001	52
私人控股	21981	17865	3971	174
集体控股	17655	17764	8431	540
集体控股	17741	17741	15646	906
私人控股	25752	17309	22764	420
集体控股	16490	17184	13659	79
私人控股	20180	17025	2700	62
国有控股	20288	16682	74246	610
私人控股	15499	16243	4649	60
私人控股	15887	15887	11688	72
私人控股	14394	15604	54054	108
私人控股	16771	15310	18566	138
私人控股	14460	14917	7869	50
私人控股	14898	14730	2007	31
其　他	21143	14368	19691	280
私人控股	15902	14257	74771	518
私人控股	8146	14116	8482	80

18—3 续

企业名称	企业规模	隶属关系
山西鸿兴煤业有限公司	中 型	省 属
古县鸿金煤业有限责任公司	小 型	市 属
山西亿佳美食品有限公司	小 型	其 他
山西乡宁李子坪煤业有限公司	小 型	县 属
侯马市特种机械厂	中 型	中 央
洪洞县舜风煤业有限责任公司	小 型	其 他
曲沃县三星铸造有限公司	小 型	其 他
曲沃县福瑞达商贸有限公司	小 型	其 他
临汾宝珠制药有限公司	小 型	其 他
山西晋宏盛钢铁有限公司	中 型	其 他
山西鼎强铸造有限公司	小 型	其 他
山西潞安集团蒲县伊田煤业有限公司	中 型	省 属
山西蒲县曹村煤矿有限公司	小 型	其 他
山西同世达煤化工集团双山焦铝有限公司	小 型	其 他
山西太子湖食品有限公司	小 型	其 他
洪洞县瑞峰选煤有限公司	小 型	其 他
山西登福康煤业有限公司	中 型	省 属
山西巨龙焦化有限公司	中 型	其 他
蒲县祥瑞煤焦化有限公司	小 型	其 他
古县鹏锐煤化有限公司	小 型	其 他
山西威顿新型建材有限公司	小 型	其 他
临汾市集中供热有限公司	小 型	其 他
侯马旺旺食品有限公司	中 型	其 他
乡宁县鑫源福利洗煤厂	小 型	乡 属
古县严鑫煤化有限公司	小 型	其 他
山西古县店上煤业有限公司	中 型	省 属
山西鑫旺工贸有限公司	小 型	其 他
山西潞安集团蒲县隰东煤业有限公司	小 型	省 属
山西潞安集团蒲县黑龙关煤业有限公司	中 型	省 属
液化空气(临汾)有限公司	小 型	其 他
山西鼎浩能源有限公司	小 型	其 他
山西潞安集团蒲县开拓煤业有限公司	中 型	省 属
临汾拥军再生资源利用有限公司	小 型	其 他
山西长林环保机械设备有限公司	小 型	其 他
临汾市电力电缆有限责任公司	小 型	其 他
山西潞安集团蒲县黑龙煤业有限公司	中 型	省 属
侯马市东鑫机械铸造有限公司	中 型	其 他

表 6

单位:万元

企业控股情况	工业总产值	主营业务收入	资产总计	全年从业人员年平均人数(人)
国有控股	14899	13933	28079	518
国有控股	18208	13917	6972	60
私人控股	15812	13865	9060	222
国有控股	16402	13787	11841	340
国有控股	18234	13382	32842	916
私人控股	13380	13380	5039	48
私人控股	14854	13124	4280	101
私人控股	13014	13014	1881	42
私人控股	12567	12830	4626	120
私人控股	11536	12496	15758	535
私人控股	12478	12478	1291	259
国有控股	10787	12329	164109	674
私人控股	19011	12253	23451	168
私人控股	14727	12149	21433	220
私人控股	10100	11708	6390	174
私人控股	12257	11535	19738	88
国有控股	13675	11345	37467	647
私人控股	15456	11127	8405	450
私人控股	13105	11018	16249	258
私人控股	10895	10895	7195	37
私人控股	8870	10865	7961	57
私人控股	10032	10736	47598	112
外商控股	11233	10624	9383	510
集体控股	12924	10489	7034	32
私人控股	10221	10250	2297	50
国有控股	13025	10171	21336	538
私人控股	9928	10037	4727	83
国有控股	11706	10033	36696	278
国有控股	12103	10012	111118	527
外商控股	9966	9966	26240	23
私人控股	4930	9818	56172	47
国有控股	13039	9291	54278	223
私人控股	9168	9168	6705	65
私人控股	6015	9093	17041	186
私人控股	10551	9018	10234	69
国有控股	9481	8951	214740	380
私人控股	8097	8521	5124	395

18—3 续

企业名称	企业规模	隶属关系
安泽县伦虎焦油加工厂	小 型	其 他
临汾兴达洗煤有限公司	小 型	其 他
临汾市尧都区金瑞源洗煤有限公司	小 型	其 他
浮山县鸿飞选矿厂	小 型	其 他
山西同世达煤化工集团欧环焦化有限公司	小 型	其 他
襄汾县鸿达集团水泥建材有限公司	小 型	其 他
临汾市鸿江煤业有限公司	小 型	其 他
山西德玺化学工业有限责任公司	小 型	乡 属
浮山县新通选矿有限公司	小 型	其 他
山西卓锋钛业有限公司	小 型	市 属
曲沃县三星焦化实业有限公司	微 型	其 他
洪洞华润恒富燃气有限公司	小 型	其 他
山西嘉阳煤业有限公司	微 型	省 属
临汾市地豪煤业有限公司	小 型	其 他
侯马市众合特种钢有限公司	小 型	其 他
山西省曲沃县海达润滑油有限公司	微 型	其 他
翼城县宝腾煤业有限公司	小 型	其 他
侯马普天通信电缆有限公司	中 型	中 央
曲沃县盛源建材有限公司	小 型	其 他
山西兴业钢铁炉料有限责任公司	小 型	其 他
山西煤炭运销集团古县东瑞煤业有限公司	小 型	省 属
山西正杰电气工程有限公司	小 型	其 他
临汾华翔纬泰精工机械有限公司	中 型	其 他
山西晋煤集团洪洞晋圣荣康煤业有限公司	中 型	其 他
蒲县长益晟发电有限公司	小 型	其 他
侯马市汇丰建材有限责任公司	小 型	县 属
襄汾县腾达建材水泥厂	小 型	其 他
山西九成焦化有限责任公司	小 型	其 他
浮山县鼎圣选矿厂	小 型	其 他
曲沃县天泉淀粉加工有限公司	小 型	其 他
浮山县玉生选矿有限责任公司	小 型	其 他
洪洞县昌兴煤业有限公司	小 型	其 他
临汾市挚远洗精煤有限公司	微 型	其 他
洪洞县佳盛煤焦化有限公司	小 型	其 他
翼城县鑫泽矿业有限公司	小 型	其 他
山西省临汾市自来水公司	中 型	市 属
山西恒泰制动器股份有限公司	小 型	省 属
襄汾县荣世达机械制造有限公司	中 型	其 他

表 7

单位:万元

企业控股情况	工业总产值	主营业务收入	资产总计	全年从业人员年平均人数(人)
私人控股	7836	8351	2010	66
私人控股	10210	8346	14372	35
私人控股	6205	7851	547	20
私人控股	7809	7809	3699	78
私人控股	8382	7572	14170	125
私人控股	7763	7555	17380	170
私人控股	7488	7446	6701	20
私人控股	6994	7418	10159	86
私人控股	7407	7407	8337	62
私人控股	10321	7165	22072	172
私人控股	6793	6964	0	0
港澳台商控股	6734	6693	7142	121
国有控股	6621	6621	6863	0
私人控股	5119	6605	2454	20
私人控股	6602	6602	6273	45
私人控股	6299	6367	1277	15
私人控股	5972	6230	2846	45
国有控股	6138	6157	39270	325
私人控股	6275	6091	4618	105
私人控股	6015	6015	3783	30
国有控股	5961	5962	24327	230
私人控股	5842	5842	6033	115
私人控股	6346	5816	17590	662
其　他	5651	5804	54572	270
私人控股	5835	5782	19944	247
私人控股	4322	5777	22577	148
私人控股	6274	5768	3676	101
私人控股	6387	5450	37724	180
私人控股	5382	5382	9991	68
私人控股	5113	5232	10270	79
私人控股	5149	5149	2675	75
私人控股	5770	5139	2615	29
私人控股	2068	5139	3229	16
私人控股	7014	5029	15038	50
私人控股	2796	5012	3509	222
国有控股	5737	4979	27142	503
国有控股	4712	4933	22830	333
私人控股	5648	4834	11075	302

18—3　续

企业名称	企业规模	隶属关系
山西新源华康化工股份有限公司	小 型	其 他
曲沃县恒通铸造有限公司	小 型	其 他
山西九磐管桩有限公司	小 型	其 他
翼城县飞越冶金材料有限公司	小 型	其 他
洪洞县宏裕建材有限公司	小 型	其 他
山西古县金威镁业有限公司	微 型	其 他
汾西县玉匣铸业有限公司	小 型	其 他
临汾市金蒲源煤业有限公司	小 型	其 他
临汾市尧都区民富实业有限公司	微 型	其 他
翼城县鸿晨纺织有限公司	小 型	其 他
浮山县亨通选矿厂	小 型	其 他
洪洞县康老焦化实业有限公司	小 型	其 他
侯马市模范机械制造有限公司	中 型	其 他
山西华阳染化有限公司	小 型	省 属
临汾市建能新型墙材有限公司	小 型	其 他
山西五江工贸有限公司	中 型	其 他
临汾市环源建材有限公司	小 型	其 他
山西旺龙药业集团有限公司	小 型	其 他
山西众大纺织有限公司	中 型	其 他
翼城县茂翔精煤有限责任公司	微 型	其 他
山西光宇电源有限公司	小 型	其 他
洪洞县赵城镇常鑫洗煤厂	小 型	其 他
吉县鑫源洗煤厂	小 型	县 属
山西方圆塑业有限公司	小 型	其 他
翼城县安泰污泥加工有限公司	小 型	其 他
临汾市伟业建材有限公司	小 型	其 他
山西恒源高岭土有限公司	小 型	其 他
曲沃康宝生物单采血浆有限公司	小 型	其 他
翼城县兰鑫纺织有限责任公司	小 型	其 他
山西华维包装制品有限公司	小 型	其 他
临汾市尧都锐丰建材水泥有限公司	小 型	其 他
汾西县海丰洗煤厂	小 型	其 他
翼城县海涛贸易有限公司	小 型	其 他
洪洞县尧业煤化有限公司	小 型	其 他
山西乡宁县惠源焦煤有限公司	小 型	县 属
洪洞县三兴煤焦有限公司	小 型	其 他
山西易恒天酒业有限公司	小 型	其 他
山西天极磁材有限责任公司	小 型	其 他

表 8

单位:万元

企业控股情况	工业总产值	主营业务收入	资产总计	全年从业人员年平均人数(人)
私人控股	5120	4592	2661	170
私人控股	4778	4539	4139	98
私人控股	518	4457	7632	106
私人控股	4013	4457	2487	120
私人控股	4007	4318	6244	166
港澳台商控股	4147	4256	8004	150
私人控股	8937	4210	11442	25
私人控股	3303	4162	2846	20
私人控股	4002	4002	3908	18
私人控股	4297	3999	6466	80
私人控股	3943	3943	5162	67
私人控股	3617	3937	2620	28
私人控股	3377	3861	9065	358
国有控股	4603	3700	3482	155
私人控股	3697	3691	7929	120
私人控股	3466	3595	5138	298
私人控股	3561	3561	6329	99
私人控股	2034	3481	15836	269
私人控股	3514	3449	5254	410
私人控股	0	3444	1263	16
私人控股	3906	3374	7387	142
私人控股	3373	3373	3189	30
集体控股	4800	3360	2091	28
私人控股	3691	3358	3692	35
私人控股	3323	3323	1476	257
私人控股	3314	3303	15771	135
私人控股	1430	3218	8267	120
私人控股	2742	3199	2810	38
私人控股	3057	3086	2373	118
私人控股	3271	3066	1760	120
私人控股	2500	2985	15176	170
私人控股	2984	2984	871	23
私人控股	0	2982	1719	38
私人控股	2559	2967	5625	30
私人控股	2921	2928	16878	257
私人控股	4872	2917	11387	52
私人控股	11445	2900	12994	157
私人控股	4034	2897	2488	23

18—3 续

企业名称	企业规模	隶属关系
山西临汾华盛有限责任公司	小 型	其 他
山西丰谷农业科技有限公司	小 型	其 他
霍州煤电集团劳保服装厂	小 型	省 属
临汾市同力达水泥建材有限公司	小 型	其 他
汾西县康达洗煤厂	小 型	其 他
临汾市尧都区环能新型墙材有限公司	小 型	其 他
翼城昶元纺织有限责任公司	小 型	其 他
蒲县鑫永鑫精密铸造有限公司	小 型	其 他
曲沃县华泰美包装制品有限公司	小 型	其 他
大宁县同德化工有限公司	小 型	其 他
临汾市三泰高新建材有限公司	小 型	其 他
临汾市和城建材有限公司	小 型	其 他
临汾市晋杭水泥建材有限公司	小 型	其 他
临汾烨达耐磨材料有限公司	小 型	其 他
山西亚华制盖有限公司	小 型	其 他
临汾海姿供气供热有限公司	小 型	其 他
曲沃县旭东建材有限公司	小 型	其 他
洪洞县堤村乡飞跃煤焦厂	小 型	其 他
霍州市海燕农化实业有限公司	微 型	其 他
山西银康铸业有限公司	小 型	其 他
洪洞县广胜选煤实业公司	小 型	村委会
汾西县昱强洗煤厂	小 型	其 他
洪洞县运旺煤化有限公司	小 型	其 他
侯马市雅峰纺织制衣有限公司	小 型	其 他
霍州市万通建材有限公司	小 型	其 他
曲沃县昌达塑料包装有限公司	小 型	其 他
曲沃三江丰源米业有限公司	小 型	其 他
山西康威制药有限责任公司	小 型	其 他
侯马市风雷管模制造有限公司	小 型	中 央
侯马市中晋机械有限公司	小 型	其 他
侯马市新光机械制造厂	小 型	县 属
翼城县福旺铸造实业有限公司	小 型	其 他
洪洞县慧鹏煤化有限公司	小 型	其 他
侯马市新利焦化煤气有限公司	小 型	其 他
山西华晋吉宁煤业有限责任公司	微 型	省 属
山西古县兰花宝欣煤业有限公司	微 型	市 属
山西中强福山煤业有限公司	微 型	其 他
山西晋韵钢铁有限公司	微 型	其 他
山西保利裕丰煤业有限公司木凹沟煤矿	微 型	中 央

表 9

单位:万元

企业控股情况	工业总产值	主营业务收入	资产总计	全年从业人员年平均人数（人）
私人控股	2054	2844	3053	60
私人控股	2745	2745	1278	20
集体控股	2708	2708	1647	95
私人控股	2679	2697	3039	70
私人控股	3205	2690	2436	26
私人控股	2701	2667	3713	109
私人控股	2607	2621	1525	148
私人控股	2609	2609	2675	213
私人控股	2808	2606	240	28
私人控股	3443	2519	8333	148
私人控股	2505	2505	8220	118
私人控股	2217	2479	5995	68
私人控股	2422	2474	3125	78
私人控股	2450	2450	1333	71
私人控股	2486	2410	7071	138
私人控股	2406	2406	24074	118
私人控股	2365	2358	2387	40
私人控股	2301	2301	1960	32
私人控股	2172	2172	1213	19
私人控股	3629	2159	8264	116
集体控股	2370	2140	1928	30
私人控股	2550	2139	1318	30
其　他	2100	2100	1692	20
私人控股	1529	2086	1518	20
私人控股	2016	2042	3564	50
私人控股	2014	2018	947	80
私人控股	2020	2001	2878	34
私人控股	1974	1912	7349	134
私人控股	1686	1667	1597	52
私人控股	3326	1520	2424	60
私人控股	1229	1450	2791	100
私人控股	1145	1361	6838	44
私人控股	1349	1317	2054	41
私人控股	0	323	19642	65
国有控股	0	0	99035	548
国有控股	11189	0	77796	587
私人控股	943	0	76292	800
私人控股	0	0	11243	233
国有控股	2100	0	85479	493

18—4 具有资质等级的建筑业企业一览表(2012年)

单位:千元、人

单位名称	建筑业总产值	主营业务收入	从业人员期末人数
中铁十二局集团第一工程有限公司	6862720	6878358	13527
山西省第一建筑工程公司	2230713	2240183	2056
霍州煤电集团云厦建筑工程有限公司	1797317	1832369	6650
山西路桥第二工程有限公司	1088735	1051508	2005
山西平阳路桥有限公司	418926	424030	592
临汾送变电工程公司	208712	203695	1054
山西奥威路桥实业有限公司	206044	210458	1289
临汾市水利机械工程局	158800	109350	270
山西临汾市政工程集团有限责任公司	156265	88845	351
山西省隰县建安工程有限公司	148558	100532	945
山西凯吉建筑工程有限公司	131225	117932	720
临汾市城建工程有限责任公司	128963	117172	718
临汾市渝飞矿山工程有限公司	100002	100003	1101
翼城县北关建筑安装有限责任公司	99783	86579	177
大宁县建筑设备安装总公司	98600	98600	900
山西天丰钢结构有限公司	97955	97955	220
临汾临能送变电工程有限公司	91315	90671	471
山西省隰县古建筑有限公司	87624	80214	517
吉县壶口建筑发展有限公司	86598	83521	248
侯马市华翔建安有限公司	86400	84900	505
翼城县建筑安装工程总公司	84692	84692	728
临汾市建筑工程总公司	83332	98913	661
霍州市建筑安装有限公司	81262	80448	460
霍州市市政工程有限公司	81227	79872	498
临汾汾能电力科技试验有限公司	80882	53994	860
山西省侯马市建筑安装总公司	80360	53663	500
山西焦化集团临汾建筑安装有限公司	74127	54649	279
霍州煤电集团建筑工程多种经营公司	68640	68689	259
蒲县博源电力承装有限公司	67350	66490	230
山西耀泽公路工程有限公司	62252	1317	348
侯马市市政工程公司	57450	56956	193
曲沃县宏远建筑工程有限公司	53361	9071	243
隰县昕源水利水保工程有限公司	53000	645	59
临汾市市政建设养护有限公司	50986	27771	243

18—4 续表1

单位:千元、人

单位名称	建筑业总产值	主营业务收入	从业人员期末人数
洪洞县鑫顺建筑机械设备运输有限公司	50574	50574	275
安泽县建安工程有限责任公司	50264	50264	178
侯马市新城建筑安装有限公司	49680	38743	210
临汾市尧电电力有限责任公司	48956	107339	194
山西名流建筑装饰设计工程有限公司	44296	43982	155
临汾市第二建筑工程总公司	42452	85221	280
山西省古县建筑安装工程有限责任公司	41500	41500	385
侯马市勇杰建筑安装有限责任公司	34993	34993	188
山西省隰县建筑工程有限公司	34860	31344	320
山西冶建建设工程有限公司	33379	34939	226
山西长胜公路工程有限公司	31563	31563	89
临汾铸诚建筑工程有限公司	28836	23831	271
洪洞县三利建筑有限公司	26029	28080	290
临汾万佳基础有限公司	25792	25792	113
洪洞县恒泰建筑安装有限公司	24613	24613	104
临汾市鑫明预拌有限公司	24504	24504	140
霍州市工程建设有限公司	21507	12446	190
翼城县电力实业有限公司	21213	21213	141
山西华地基础工程有限公司	20660	19138	158
浮山县振兴建筑安装工程有限公司	20418	20418	102
汾西县鼎新建筑行有限责任公司	18883	16867	10
临汾市科海自动化给水消防工程有限公司	18859	22491	120
襄汾县晋阳路桥工程有限公司	18466	18466	66
临汾市安泰消防工程器材有限公司	16856	16856	135
乡宁昌能电力工程有限公司	16797	16797	83
山西省蒲县晋瑞建筑工程有限责任公司	16380	16380	110
侯马市北辰建筑有限责任公司	15910	22765	30
大宁县佳淇市政工程有限公司	15464	15464	50
山西省蒲县兴达建筑安装有限责任公司	15276	15276	95
蒲县晋通路桥建设有限公司	15141	15141	62
临汾市第三建筑安装工程公司	14529	14529	201
山西临汾晋洪工程有限公司	14484	14879	37
山西恒富集团金属结构有限公司	14365	14365	110

18—4 续表2

单位：千元、人

单位名称	建筑业总产值	主营业务收入	从业人员期末人数
乡宁县纵横装饰有限公司	13910	10818	51
乡宁县振兴矿山工程有限公司	12198	1030	100
侯马市广丰建安有限责任公司	12100	11000	218
临汾新尧兴电力科技有限公司	12006	12006	72
临汾市阳光佳美装饰有限公司	11123	10450	58
山西东方星装饰设计工程有限公司	11116	11116	38
临汾市第一建筑安装总公司	10600	10141	72
侯马经济技术开发区汉飞钢构彩板工程有限公司	9973	8662	58
临汾市永康消防工程有限公司	9574	9635	47
临汾市鑫光建材有限公司	9368	14419	26
侯马市恒裕建筑安装有限责任公司	8355	7564	30
山西嘉宏铁路建设有限公司	8125	8553	165
吉县吉宁市政建筑工程有限公司	7880	7880	113
山西省乡宁县建筑总公司	7819	7500	102
山西金雨电力工程有限公司	7772	7772	110
临汾枫叶装饰工程有限公司	7072	4970	67
临汾市卓尔亚装潢设计工程有限公司	6963	6963	313
大宁县景尧建筑安装有限公司	6578	4066	200
山西弘昌路桥工程有限责任公司	6510	6313	34
山西骏通路桥有限公司	6297	7074	42
山西万腾峰路桥有限公司	5800	7300	45
山西尧通电信工程有限公司	5728	9117	80
山西天舒空调净化设备有限公司	5500	5500	15
临汾市广怡兴装饰有限公司	5342	783	36
山西利诚铁建工程有限公司	5305	5724	16
临汾市燎原城市照明有限公司	5134	5054	27
山西省临汾市永泰建筑有限公司	5098	5098	68
山西华通耐特路桥有限责任公司	4696	4696	18
临汾市中安交通工程有限责任公司	4575	4575	34
临汾市万路通实业有限公司	4455	14815	61
临汾市泉通管道工程有限公司	4328	5012	64
山西地盛建设工程有限公司	4314	3552	53
大宁县农林水综合开发有限公司	4272	3420	69

18—4 续表3

单位:千元、人

单位名称	建筑业总产值	主营业务收入	从业人员期末人数
大宁县瑜美工程建设有限公司	4000	7390	51
山西通惠空调机电工程有限公司	3747	3747	30
山西千瑞电力工程有限公司	3673	5375	60
永和县通用建筑有限公司	3550	3500	137
洪洞县市政工程有限责任公司	3400	54493	325
山西恒业基础工程有限责任公司	3269	3519	65
山西安信钢结构有限责任公司	2924	2641	12
临汾世纪欣电子科技有限公司	2418	2418	12
临汾市金方鑫正塑铝门窗有限公司	2407	2407	6
临汾市尧都区大自然装饰工程有限公司	2189	2189	20
临汾艺勇装饰有限公司	2166	2166	20
山西康辉路桥有限公司	2013	2013	28
山西融智送变电工程有限公司	1920	4442	25
山西金衡建筑起重设备安装工程有限责任公司	1920	1921	30
洪洞县博大钢结构有限公司	1578	1578	45
临汾市尚唐建筑装饰工程有限公司	1220	120	10
临汾市金展旭装饰工程有限公司	960	2405	41
临汾市成美装饰有限公司	820	820	16
山西省临汾市乡镇建筑安装公司	813	1082	32
临汾市盛祥伟业建筑装饰工程有限公司	772	772	16
临汾祥龙消防设备开发有限公司	766	862	30
临汾市华创美业装潢设计工程有限公司	502	502	5
临汾市天虹建筑装修工程有限公司	490	490	4
临汾市方达地暖工程有限公司	413	295	0
山西犇成装饰安装有限公司	407	407	3
临汾市天邦钢结构有限公司	346	347	8
临汾市晋升装饰工程有限公司	270	324	5
临汾市天韵装饰设计工程有限公司	137	1137	8
临汾市宝鹏建设工程有限公司	113	113	8
山西临汾圆方装饰有限公司	79	79	4
山西吉鑫彩钢结构有限公司	57	57	0
临汾顺泰源钢结构有限公司	43	43	10
乡宁县凯博拆迁有限责任公司	6	103	7